本书成果受到如下项目资助：
国家自然科学基金面上项目：“空间集聚优势与制造业高质量发展研究：理论机制、效应识别与政策优化”（项目编号：72073071）
江苏高校“青蓝工程”中青年学术带头人培养项目
中国博士后科学基金面上一等资助项目：“依托产业集聚推进制造业价值链升级的作用机制研究”（项目编号：2019M650042）

Research on Producer Services Agglomeration and Urban Economic Transformation and Development

生产性服务业集聚与城市经济转型发展研究

韩　峰◎著

中国财经出版传媒集团
经济科学出版社
Economic Science Press

图书在版编目（CIP）数据

生产性服务业集聚与城市经济转型发展研究／韩峰著．—北京：经济科学出版社，2021.3
ISBN 978-7-5218-2445-2

Ⅰ.①生… Ⅱ.①韩… Ⅲ.①生产服务-服务业-影响-城市经济-转型经济-经济发展-研究-中国 Ⅳ.①F726.9 ②F299.22

中国版本图书馆 CIP 数据核字（2021）第 052202 号

责任编辑：孙怡虹　赵　岩
责任校对：杨　海
责任印制：王世伟

生产性服务业集聚与城市经济转型发展研究
韩　峰　著
经济科学出版社出版、发行　新华书店经销
社址：北京市海淀区阜成路甲 28 号　邮编：100142
总编部电话：010-88191217　发行部电话：010-88191522
网址：www.esp.com.cn
电子邮箱：esp@esp.com.cn
天猫网店：经济科学出版社旗舰店
网址：http：//jjkxcbs.tmall.com
北京季峰印刷有限公司印装
710×1000　16 开　23.75 印张　350000 字
2022 年 9 月第 1 版　2022 年 9 月第 1 次印刷
ISBN 978-7-5218-2445-2　定价：95.00 元
（图书出现印装问题，本社负责调换。电话：010-88191510）

前　言

目前中国经济已由高速增长转向高质量发展阶段。然而，中国各地区城市经济发展依然面临着地方政府过度干预、地方保护主义和市场分割不断加深、动能转换乏力、结构升级缓慢、节能环保压力加剧、发展质量不高等诸多不平衡、不协调和不可持续的突出问题。这些问题的解决，关键在于找准城市经济转型升级动力机制，推进城市经济走向转型发展之路。党的十九大报告指出，要支持传统产业优化升级，加快发展现代服务业，瞄准国际标准提高水平。2019 年政府工作报告中也指出，要促进先进制造业和现代服务业融合发展，加快建设制造强国。《中共中央关于制定国民经济和社会发展第十四个五年规划和二〇三五年远景目标的建议》也提出了推动现代服务业与先进制造业深度融合的要求。这昭示着政府依托现代服务业发展推进制造业和经济转型发展的强烈愿景。作为现代服务业重要组成部分的生产性服务业，其发展和集聚势必在推进城市经济转型发展中发挥重要作用。但是，目前对于生产性服务业集聚效应的识别和测度方法、适宜性集聚模式的选择等方面的研究，现存文献仍不够全面、深入或完全缺失。本书正是为弥补这些不足或缺失而作的努力。

本书从生产性服务业集聚的具体机制入手，在集聚经济理论、新经济地理理论、熊彼特内生增长理论、企业贸易附加值理论、企业污染排放理论的基础上，系统探讨生产性服务业集聚影响城市经济转型发展问题，提出了依托生产性服务业集聚促进中国城市经济向“效率提升”“结构升级”“绿色转型”“质量升级”等四个方面内容转型的方向、机制和路径，并综合利用地区、城市和行业的多维数据和空间计量、宏观计量等方法，实证检验了生产性服务业集聚的城市经济转型升级效应。本书主要得到了以下主要结论：(1) 生产性服务业专业化集聚与多样化集聚均促进了本市绿色全要素生产率，且专业化集聚显著提升了周边城市的绿色全要素生产率，而多样化集聚却显著降低了周边城市的绿色全要素生产率。(2) 生产性服务业专业化集聚通过发挥规模经济效应和技术外溢效应对本地和周边地区制造业结构升级均产生了显著促进作用，而多样化集聚仅通过规模经济效应促进了本地区制造业结构升级，且长期效应大于短期；进一步研究发现，地方政府盲目跟进中央的相似产业政策是导致生产性服务业低质量多样化集聚，进而未对周边地区产生空间外溢效应的重要原因。(3) 生产性服务业专业化与多样化集聚均能有效推动制造业向价值链高端攀升，其中生产性服务业专业化集聚可通过技术溢出效应放大企业生产率对制造业价值链攀升的促进作用，多样化集聚则通过规模经济效应弱化了企业成本对制造业价值链攀升的消极影响。(4) 生产性服务业专业化和多样化集聚主要从供给方面通过技术溢出效应作用于城市化，且专业化集聚的作用效果更明显；生产性服务业空间集聚规模侧重从需求方面通过规模经济效应作用于城市化；生产性服务业专业化集聚对西部地区作用甚于东、中部地区；而多样化集聚则对东部和中部相对发达地区影响更显著；生产性服务业空间集聚规模对城市化的影响由东向西依次递减。(5) 国内、国际市场均加强了东部地区生产性服务业空间规模经济效应、中西部地区生产性服务业专业化集聚效应以及中部地区多样化集聚效应的作用效果；但对东部地区生产性服务业专业化和多样化集聚效应、中西部地区空间规模经济效应的影响效果，国内和国际市场则存在明显差异。(6) 生产性服务业多样化集聚仅对本市环境质量提升有促进作用，而生产性服务业专业化集聚则对本市和邻市环境质量均具有显著提升效应；城市建设用地在工业及相关领域的偏向性配置进一步削弱了生产性服务业集聚对本市和邻市环境质量的提升效应；除特大及超大城市外，大城市、中小城市生产性服务业集聚模式与城市规模间均存在不同程度的错配现象，进而导致生产性服务业集聚无法充分发挥碳减排效应。(7) 生产性服务业集聚显著提升了本地区经济增长质量，但对邻近地区经济增长质量却产生了抑制作用，且该影响效果因生产性服务行业和城市规模不同而存在明显的异质性特征。

与现有研究相比，本书的创新性贡献主要体现在以下三个方面。首先，尽管已有大量文献从生产性服务业发展和集聚视角，探讨了城市经济增长的影响机制，然而鲜有研究对生产性服务业集聚影响城市经济转型发展的机制进行系统分析。笔者不仅为中国城市经济发展方式转变、促进高质量发展提供了一个新的研究视角和思路，也是对中国目前关于生产性服务业集聚与城市经济发展的相关研究的有益补充。其次，以往研究多数从集聚经济单方面研究生产性服务业集聚对城市经济发展的推进机制，而生产性服务业作为一种人力资本密集型和知识密集型产业，其作用机制并非仅限于集聚经济外部性，还会通过影响技术创新、生产效率、节能减排等作用于城市经济发展，但从某一方面机制来分析生产性服务业集聚对城市经济发展的影响并不能全面科学地反映城市经济转型发展中生产性服务业集聚的综合作用效果。本书在理论框架方面，将集聚外部性和新经济地理理论、熊彼特内生增长理论、企业污染排放理论、贸易附加值理论等有效结合起来，构建系统的生产性服务业集聚影响城市经济转型发展的空间分析框架和理论模型，弥补了现有研究中单一理论分析的片面性。最后，本书采用空间计量、潜力模型和宏观计量相结合的方法，量化生产性服务业集聚中不同空间关联机制的空间特征及作用方式。一是构建不同空间尺度的空间权重矩阵，利用空间杜宾模型测度各类集聚机制的空间溢出效应、识别不同溢出效应（或关联机制）的有效作用距离；二是利用潜力模型测度有效距离范围内生产性服务业集聚外部性的各类空间关联机制；三是将有效距离范围内生产性服务业集聚的各类空间集聚效应与 SLX 模型和宏观计量模型相结合，进一步分析计量模型存在的内生性问题以及不同等级城市和地区间空间集聚外部性的异质性作用效果。

总之，本书是对“生产性服务业驱动城市经济发展”相关理论和实证分析的进一步补充和拓展，不仅为中国依托生产性服务业集聚持续推进城市经济转型发展提供了崭新的分析框架，而且也为实践中有效发挥各地区生产性服务业集聚优势，实现各地区城市经济转型升级和高质量发展提供了理论支撑和现实依据。本书估算的生产性服务业专业化集聚外部性、多样化集聚外部性及空间集聚规模等指标不仅可为后续研究直接测度生产性服务业集聚经济外部性提供重要统计指标，而且为评价各地区生产性服务业发展策略的有效性提供了重要依据。

本书是在笔者多年深耕“生产性服务业集聚与城市经济转型”这一主题所形成成果的基础上补充修改完成的。部分研究成果已陆续发表在《管理世界》《数量经济技术经济研究》《统计研究》、*International Regional Science Review* 等期刊。现即将付梓，不足之处，请各位同仁多多批评指正。

韩峰

2022 年 2 月

目　录

第一章

绪　论

第一节　研究背景和意义

结构性问题是导致中国城市经济发展中资源、环境问题的重要来源。党的十八届三中全会提出，坚持走中国特色城镇化道路，就要推动产业和城镇融合发展，提高城市综合承载能力。在工业结构性矛盾突出、增速趋缓情况下，积极稳妥发展现代生产性服务业或许成为改造工业结构、推进城市经济转型升级，进而促进产城融合、顺利推进新型城镇化的突破口。然而，现阶段中国城市经济面临突出转型压力：一是功能和结构升级压力，表现为工业重工化、制造业“空心化”和服务业低端化（王恕立，胡宗彪，2012），结构性问题突出；二是节能环保压力，产业和城镇盲目发展导致能源资源高消耗和粗放利用，环境污染严重，多数城市出现雾霾天气，影响经济的可持续发展和居民健康生活；三是科技创新压力，表现为生产性服务业和高新技术产业发展质量不高，创新人才不足，缺乏创新动力；四是协调发展压力，城市间定位趋同，产业互补性不高。如何依托生产性服务业破解城市经济转型压力，成为本书的主要任务。

与制造业相比，生产性服务业具有更强的空间集聚效应（顾乃华，2011）。国际经济危机中，中国外贸企业依托各种生产性服务连接的供应链体系而创造的“抱团取暖”的经验（裴长洪等，2011），便是生产性服务业集聚提升制造业竞争力、促进城市经济发展的集中体现。可见，工业结构问题突显情况下，加快生产性服务业发展，可同时实现保增长、调结构等多重目标（吕政，2009），有助于促进城市经济实现转型升级和高质量发展。然而目前系统研究生产性服务业集聚影响城市经济发展转型的文献较少，国内外研究主要沿着生产性服务业与制造业互动关系、生产性服务业集聚机制以及生产性服务业集聚对制造业发展的影响三类展开。

第一类研究从产业层面分析了生产性服务业与制造业（或工业）间的关系。这在理论上主要表现为“需求遵从论”“供给主导论”“互动论”和“融合论”（顾乃华等，2006），且分别以圭列里和梅利西亚尼（Guerrieri & Meliciani，2003）、埃斯瓦兰和科特瓦尔（Eswaran & Kotwal，2002）、迪亚斯·富恩特斯（Díaz-Fuentes，1999）、伦德瓦尔和博拉斯（Lundvall & Borras，1998）为代表。在实证上，大多学者以供给主导论和互动论为基础展开研究，其中供给主导论方面有阿斯勒森和伊萨克森（Aslesen & Isaksen，2007）、布赖森（Bryson，2008）、卡斯泰拉奇（Castellacci，2008）、顾乃华（2006，2010）、江静等（2007）、江波和李美云（2012）等；而互动论方面主要有卡姆巴赫（Kalmbach，2005）、吕政等（2006）、高觉民和李晓慧（2011）等。这些理论和实证研究显示，生产性服务部门不仅通过产业关联效应对工业和整体经济产生乘数作用，而且还能够促进创新并产生技术外部经济。第二类研究从空间层面探讨了生产性服务业集聚机制。在较长时期内，对生产性服务业集聚的实证研究大多停留在对集聚这一特征事实的统计描述阶段（李文秀、胡继明，2008；程大中，2008；王恕立、胡宗彪，2012），系统的理论和经验研究依然不足（申玉铭等，2009；江小娟，2013）。近年来，国内外学者主要从两个方面对生产性服务业集聚机制展开研究：（1）基于外部性理论探讨生产性服务业集聚的内在机制，认为生产性服务业集聚源于知识溢出效应和直接的投入产出联系（Kolko，2007）；（2）基于新经济地理理论探讨生产性服务业与制造业间的协同集聚机制，认为生产性服务业与制造业协同集聚主要得益于上下游产业链产生的规模经济效应（Andersson，2004；陈建军、陈菁菁，2011；陈国亮、陈建军，2012；Ke et al.，2013）。第三类研究跳出生产性服务业集聚本身，转而关注其对制造业竞争力和城市经济发展的影响。由于生产性服务业较易形成学习效应和规模经济（Banga，2005；Drucker & Feser，2012），其空间集聚势必深化和加强这两种效应，进而对城市经济产生更为深刻的影响（郑凯捷，2008）。基布尔和威尔金森（Keeble & Wilkinson，2000）强调生产性服务业集聚的“集体学习过程”对于创新环境演化的重要性。顾乃华（2011）进一步将生产性服务业集聚提高城市工业全要素生产率的微观机制归纳为知识扩散、劳动力蓄水池和投入品共享与风险投资分散效应等方面。杜传忠等（2013）也证实经济圈中生产性服务业与制造业间耦合协调度的提高有助于提升区域经济竞争力。

综合而言，目前研究从以上三类对生产性服务业集聚及其与制造业间的关系进行了深入探讨。这些研究主要有以下特点：（1）对生产性服务业的研究多侧重产业层面，空间维度研究不足；（2）认同生产性服务业集聚影响城市经济发展的机制来自要素和市场两个方面，但并未从理论与实证上探讨二者的具体来源及其在同一框架下的影响差异；（3）强调生产性服务业集聚对城市经济转型的重要性，但多侧重城市工业获利能力、制造业竞争力及经济增长的研究，缺乏对城市经济转型的明晰界定。本书将在界定城市经济发展转型内涵基础上，以外部性、新经济地理、新新经济地理和内生增长理论为基础，探讨依托生产性服务业集聚破解城市经济发展转型中上述问题的路径和机制，为中国加快发展现代服务业、促进经济发展方式转变，进而实现经济高质量发展提供理论支撑和现实依据。

第二节 研究脉络与内容框架

一、研究脉络

本书针对生产性服务业集聚与城市经济转型发展这一主题，重点探讨了以下七个问题：（1）生产性服务业在不同区位城市的分布特征是怎样的？（2）中国生产性服务业集聚的具体形式和来源是什么？（3）如何在集聚经济和新经济地理框架下构建生产性服务业专业化集聚、多样化集聚和生产性服务业集聚的空间关联指标？（4）高质量发展背景下，城市经济转型的路径是怎样的？（5）如何构建理论框架来分析生产性服务业集聚在促进城市经济向“效率提升”“结构升级”“绿色转型”“质量升级”转型中的作用机制？（6）生产性服务业专业化集聚和多样化集聚究竟对城市经济转型发展产生怎样的影响？（7）生产性服务业集聚对于中国城市经济集约发展、高效发展、结构转型、绿色发展和城市经济协调发展有何重要启示？

针对新常态下中国城市经济面临的资源、环境、结构及持续性问题，本书沿着“现实问题→解决问题的理论与机制→理论与方法创新→解决问题的政策”的思路，首先依托生产性服务业集聚，以集聚外部性、新经济地理、新新经济地理和内生增长理论为基础探讨破解转型压力，促进城市经济向“集约高效”“结构优化”“绿色发展”“质量高端”转型的路径和机制，进而通过实证分析检验以上机制、识别生产性服务业有效集聚模式和空间集聚效应的来源，最后设置切实可行的城市经济转型政策方案。具体而言，本书主要开展了以下分析和探讨。（1）探讨生产性服务业集聚与城市效率提升间的关系。这部分主要是在集聚经济理论基础上梳理生产性服务业集聚对全要素生产率和工业能源效率的作用机制，进而使用城市层面面板数据和空间计量方法分析生产性服务业集聚对城市全要素生产率和工业能源效率的影响。(2) 探讨生产性服务业集聚与城市结构转型升级间的关系。这部分主要包含三部分内容：一是在集聚经济和熊彼特内生增长理论基础上，构建生产性服务业集聚影响制造业结构升级的空间分析框架，并采用动态空间杜宾模型和省际面板数据对生产性服务业集聚影响制造业结构升级的机制进行实证分析；二是结合集聚经济理论和附加值贸易理论构建生产性服务业集聚影响制造业价值链升级的理论框架，探讨生产性服务业集聚对制造业价值链升级的作用；三是在集聚经济和新经济地理理论基础上，将生产性服务业集聚引入新经济地理的分析框架构建理论模型，以城市面板数据为样本探讨生产性服务业集聚对城市化的影响，研究生产性服务业集聚在城市化这一社会经济转型中的作用。(3) 探讨生产性服务业集聚与城市绿色转型间的关系。这部分主要基于集聚经济理论，采用城市面板数据和空间计量模型分析了生产性服务业集聚对能源利用结构优化、碳排放以及城市环境质量的影响。(4) 从空间技术外溢和规模经济效应的综合视角考察生产性服务业集聚对城市经济增长质量的影响。这部分首先基于集聚经济理论探讨了生产性服务业集聚对经济增长的影响，进而从动能转换、结构升级、增长效率、节能减排和成果共享五个方面分析了生产性服务业集聚对城市经济增长质量的影响。(5) 基于各方面研究结论，从国家层面、城市层面和生产性服务行业层面分别提出依托生产性服务业集聚推进城市经济转型升级的政策建议，探寻利用现代生产性服务业发展和集聚驱动城市经济转型升级，进而实现城市经济高质量发展的途径和方式。本书的逻辑框架如图 1-1 所示。

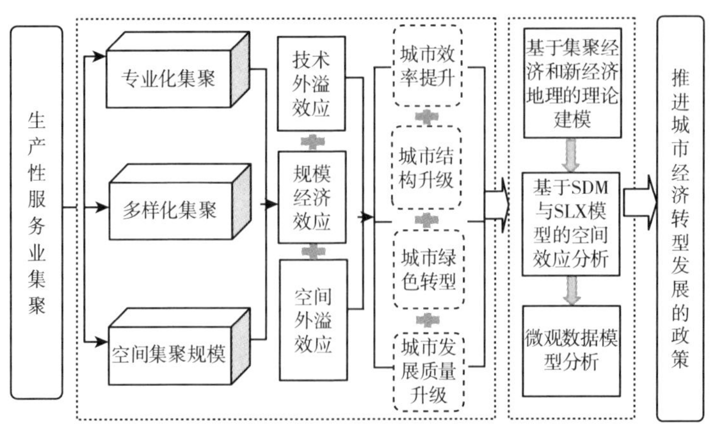

图 1-1　生产性服务业集聚影响城市经济转型发展的逻辑框架

二、内容框架

本书内容共有七章，其逻辑结构和基本内容如下：

第一章是对本书的综合介绍和说明。该章主要介绍本书的背景、意义、研究思路、内容框架、研究方法以及可能的创新点。

第二章主要探讨生产性服务业集聚与城市效率提升间的关系。其中，第一节主要分析生产性服务业集聚对城市全要素生产率的影响。该章节基于集聚经济理论梳理生产性服务业集聚对全要素生产率的影响效应及其空间外溢机制，进而通过构建空间计量模型、利用城市面板数据实证检验生产性服务业集聚对全要素生产率的影响，并分别基于土地财政视角和不同等级城市的异质性视角对该影响机制进行进一步分析。第二节探讨生产性服务业集聚对城市工业能源效率的影响。该章节在梳理生产性服务业集聚对工业能源效率影响机制的基础上，构建动态空间杜宾模型，利用城市面板数据对生产性服务业集聚影响工业能源效率的短期和长期空间效应进行实证分析，并基于不同生产性服务行业和不同工业能源效率指标对实证结果进行拓展分析。

第三章主要分析生产性服务业集聚对城市经济结构升级的作用。其中，第一节探讨了生产性服务业集聚对制造业结构升级的影响。该章节首先对生产性服务业集聚影响制造业结构升级的文献进行系统梳理，进而在集聚经济和熊彼特内生增长理论的基础上构建生产性服务业集聚影响制造业结构升级的空间分析框架，然后利用省级面板数据和动态空间杜宾模型对生产性服务业集聚促进制造业结构升级的动态空间效应进行实证分析，最后基于分时段样本、不同地区样本和不同生产性服务业行业的异质性视角对基本回归结果进行了拓展分析。第二节研究了生产性服务业集聚对制造业价值链升级的影响。该章节中利用企业出口国内附加值率近似反映制造业价值链升级状况，将生产性服务业集聚外部性引入基和唐（Kee & Tang, 2016）的企业出口国内附加值率分析框架中，利用城市面板数据和工业企业微观数据的匹配数据探讨了生产性服务业集聚对制造业价值链升级的影响。为使研究更为深入，该章还进一步基于企业贸易类型、企业所在地区、企业所在城市以及企业所有制性质等对生产性服务业集聚影响制造业价值链升级的机制进行异质性检验。除制造业结构升级可作为城市经济结构升级的重要体现外，城市化的推进也可作为经济社会转型的重要衡量指标。

该章第三节进一步探讨了生产性服务业集聚对城市化的影响。该章节基于集聚经济理论和新经济地理理论的综合视角构建理论和计量模型，利用城市面板数据和系统GMM方法探讨了生产性服务业集聚对城市化的影响，并进一步基于国内外市场的综合作用视角和不同地区的异质性视角对生产性服务业集聚影响城市化的作用机制进行了更为深入的探讨。

第四章主要研究生产性服务业集聚对城市绿色转型发展的影响。第一节分析生产性服务业集聚对能源利用结构优化的影响。该章节在集聚经济理论基础上归纳总结生产性服务业集聚影响能源利用效率的理论机制并提出相应的研究假说，进而利用省级面板数据和动态空间杜宾模型对生产性服务业集聚影响工业能源效率的动态空间效应进行实证分析，最后从不同生产性服务行业视角对生产性服务业集聚影响工业能源效率的作用机制进行了异质性分析。第二节探讨生产性服务业集聚对城市碳排放的影响。该章节在梳理生产性服务业集聚对碳排放影响机制的基础上，采用空间杜宾模型和空间滞后解释变量模型相结合的方法，利用城市面板数据对生产性服务业集聚影响城市碳排放的机制进行了实证分析。在实证分析中，该章节不仅进一步对不同空间范围内生产性服务业集聚影响碳排放的空间尺度进行了细致探讨，而且从不同等级城市和不同生产性服务行业的异质性视角对生产性服务业集聚影响碳排放的空间效应进行了拓展分析。第三节通过测算城市环境质量的综合指标，探讨了生产性服务业集聚对城市环境质量的影响。该章节将生产性服务业集聚外部性引入科普兰和泰勒（Copeland & Taylor，1994）的污染排放模型，构建生产性服务业集聚影响城市环境质量的空间分析框架，进而使用空间杜宾模型和空间滞后解释变量模型对生产性服务业集聚影响城市环境质量的机制进行实证检验。该章节中还进一步引入了土地市场对生产性服务业集聚效应的调节作用，探讨了城市土地资源错配对生产性服务业集聚影响城市环境质量作用效果的调节效应及其传导机制，进一步丰富了生产性服务集聚对生态环境质量影响效应的研究。

第五章主要探讨生产性服务业集聚在城市经济增长质量提升中的作用。第一节主要基于生产性服务业集聚的空间外溢效应探讨城市经济增长问题。该章节在集聚经济和新经济地理理论基础上，将生产性服务业集聚的空间外溢效应引入新经济地理理论，构建生产性服务业集聚通过技术外溢效应影响城市经济增长的空间分析框架。在此基础上，该章节使用面板回归模型和分位数回归模型相结合的方法识别了生产性服务业集聚的空间技术外溢效应的空间作用边界，探讨了不同地区和不同经济增长分位数下生产性服务业集聚通过空间技术外溢效应对城市经济增长的异质性作用。第二节是将生产性服务业集聚的技术外溢效应和规模经济效应纳入统一分析框架，在集聚经济理论和新经济地理理论基础上构建理论和计量模型，使用城市面板数据和系统GMM（generalized method of moment）方法探讨不同地区和不同经济增长分位数情况下生产性服务业集聚对城市经济增长的异质性作用。第三节主要探讨了生产性服务业集聚对城市经济增长质量的影响。该章节通过综合以上章节的研究内容，从动能转换、结构升级、增长效率、绿色转型、成果共享等方面梳理生产性服务业集聚影响城市经济增长质量的作用机制，构建城市经济增长质量指标，并利用空间杜宾模型和空间滞后解释变量模型相结合的方法，采用城市面板数据对生产性服务业集聚影响城市经济增长质量的空间效应进行了实证分析。除基本的空间计量分析外，该章节中还进一步引入地方政府干预变量，探讨了政府干预情况下生产性服务业集聚对城市经济增长质量的影响效应；进一步基于不同生产性服务行业和不同等级城市视角探讨了生产性服务业集聚对城市经济增长质量的异质性空间影响，从而为各地区因地制宜地制定生产性服务业发展策略、选择适宜的生产性服务业集聚模式，推进城市经济转型升级和高质量发展提供理论支撑和现实依据。

第六章内容则是在以上研究结果的基础上提出生产性服务业集聚推进城市经济转型发展的政策建议。其中，第一节是依托生产性服务业集聚促进城市效率提升的政策建议，第二节是依托生产性服务业集聚促进城市经济结构升级的政策建议，第三节是依托生产性服务业集聚推进城市经济实现绿色转型的政策建议，第四节则是从生产性服务业集聚视角提出的促进城市经济发展质量升级的政策建议。

第七章用以对各篇章内容进行总结并对后续需要进一步研究的方向和内容进行概括。

第三节 研究方法

研究工作开展过程中，本书主要使用理论建模、空间计量、宏观计量、微观计量以及基于潜力模型的空间关联分析方法对生产性服务业集聚及其空间外部性影响城市经济转型发展的机制进行深入探讨。具体而言，主要在研究工作中用到了以下方法：

一、理论建模

本书基于生产性服务业集聚视角探讨城市经济转型发展的机制和路径，分别从生产性服务业集聚与城市效率提升、生产性服务业集聚与城市结构升级、生产性服务业集聚与城市绿色转型以及生产性服务业集聚与城市经济发展质量升级等四个相对独立而又密切相关的方面，构建生产性服务业集聚影响城市经济转型发展的空间分析框架。具体而言，为探讨生产性服务业集聚的空间技术外溢效应、规模经济效应对城市经济增长的影响，本书将生产性服务业集聚外部性引入新经济地理模型构建相应的理论框架；为分析生产性服务业集聚对城市环境质量的影响，通过将生产性服务业集聚的空间外部性引入科普兰和泰勒（Copeland & Taylor，1994）的污染排放模型构建生产性服务业集聚影响城市环境质量的空间分析框架；为研究生产性服务业集聚对城市化的影响，本书在新经济地理模型基础上推导人口城市化的决定方程，并将生产性服务业集聚外部性引入其中，从而得到生产性服务业集聚影响人口城市化的理论分析框架；为探讨生产性服务业集聚对制造业结构升级的影响，本书结合集聚经济理论和熊彼特内生增长理论来构建生产性服务业集聚影响制造业结构升级的空间分析框架。

二、空间计量分析与宏观计量分析

本书在研究城市经济转型发展中生产性服务业集聚空间关联机制的衰减特征、作用范围时，综合运用了空间滞后解释变量模型（spatial of X model，SLX）与空间杜宾模型（spatial urbin model，SDM）两类空间计量模型。其中SDM模型用于度量不同地理范围空间矩阵下生产性服务业集聚的空间溢出效应及其空间边界，SLX模型则用于处理核心解释变量（生产性服务业集聚）的内生性问题。由于空间自回归模型（spatial autoregressive model，SAR）和SDM模型无法直接控制解释变量的内生性问题，而SLX模型则可以通过结合工具变量法和两阶段最小二乘法来处理解释变量的内生性问题。除空间计量之外，为检验和对比分析空间计量模型估计结果的稳健性，传统的宏观计量方法比如面板数据相关估计方法（固定效应模型、随机效应模型、FGLS模型、GMM模型等），在本书实证研究中也进行了广泛运用。

三、基于潜力模型的空间关联效应分析法

本书在分析特定空间边界范围内生产性服务业集聚外部性以及不同类型城市间生产性服务业集聚的空间外溢效应时用到了潜力模型来测度不同类型的空间关联机制。潜力模型从其产生之日起，便具有空间相互作用的内在含义。典型的潜力模型是 $P_i = \sum_{j=1}^{n}(M_j/d_{ij}^{\gamma})$，其中 M_j 相当于物理学中的质量，一般用城市 j 的人口或经济总量表示，d_{ij} 为两城市中心间的距离，γ 为距离衰减参数。本书通过结合 SLX 模型和潜力模型对生产性服务业集聚的空间外溢效应进行了准确测度和分析。此外，利用潜力模型测度空间关联性的另一优势在于能够脱离传统空间计量模型中的权重矩阵，而精准测度任何距离范围内的空间效应。

第四节 研究创新

第一，本书提出从“效率提升”“结构升级”“绿色转型”“质量升级”四个方面提出依托生产性服务业集聚促使城市经济转型发展的机制和路径，有效补充和拓展了现有对中国城市经济发展理论分析的研究。

高质量发展背景下促进城市经济转型升级是中国经济发展中的新课题，目前已有大量文献针对中国城市经济发展机理展开深入探讨，且多数研究认为促进动能转换，推动经济增长由依靠劳动和资本等传统要素向依靠人力资本、技术等新要素转变是中国推进城市经济转型发展的有力抓手。诸多学者也从生产性服务业发展和集聚视角，探讨了城市经济增长的影响机制。然而鲜有研究对生产性服务业集聚影响城市经济转型发展的机制进行系统分析。本书提出了依托生产性服务业集聚推动城市经济“效率提升”“结构升级”“绿色转型”“质量升级”，进而实现经济转型发展的命题，这不仅为中国城市经济发展方式转变、促进高质量发展提供了一个新的研究视角和思路，也是对中国目前关于生产性服务业集聚与城市经济发展的相关研究的有益补充。

第二，本书在理论框架方面，将集聚外部性和新经济地理理论、熊彼特内生增长理论、企业污染排放理论、贸易附加值理论等有效结合起来，构建

系统的生产性服务业集聚影响城市经济转型发展的空间分析框架和理论模型，弥补了现有研究中单一理论分析的片面性。

以往研究多数从集聚经济单方面研究生产性服务业集聚对城市经济发展的推进机制，而生产性服务业作为一种人力资本密集型和知识密集型产业，其作用机制并非仅限于集聚经济外部性，还会通过影响技术创新、生产效率、节能减排等作用于城市经济发展，但从某一方面机制来分析生产性服务业集聚对城市经济发展的影响并不能全面科学地反映城市经济转型发展中生产性服务业集聚的综合作用效果。本书综合城市经济转型发展中的“效率提升”“结构升级”“绿色转型”“质量升级”四个方面，将本质上具有互补性的集聚外部性理论、新经济地理理论、熊彼特内生增长理论和贸易附加值理论等统一于同一空间分析框架，为有效反映生产性服务业集聚推进城市经济转型发展的真实动因，实现城市经济发展方式转变和高质量发展提供学理支撑和依据。

第三，在研究方法上，本书采用空间计量、潜力模型和宏观计量相结合的方法，量化城市经济转型发展中生产性服务业集聚的不同空间关联机制的空间特征及作用方式。

目前多数研究在测度生产性服务业集聚效应的空间关联机制方面存在以下不足：其一，多数研究并未具体界定不同空间关联机制的空间边界，而是在同一空间尺度下进行实证研究，例如，未分别界定专业化集聚、多样化集聚等集聚外部性的空间尺度，这就无法具体判定各类空间作用机制对城市经济发展的影响差异；其二，未具体考察生产性服务业集聚中不同空间集聚效应（空间技术外溢效应和规模经济效应等）的作用效果差异。本书采用空间计量、潜力模型和宏观计量相结合的方法，量化生产性服务业集聚中不同空间关联机制的空间特征及作用方式。首先，构建不同空间尺度的空间权重矩阵，利用空间杜宾模型测度各类集聚机制的空间溢出效应、识别不同溢出效应（或关联机制）的有效作用距离；其次，利用潜力模型测度有效距离范围内生产性服务业集聚外部性的各类空间关联机制；最后，将有效距离范围内生产性服务业集聚的各类空间集聚效应与 SLX 模型和宏观计量模型相结合，进一步分析计量模型存在的内生性问题以及不同等级城市和地区间空间集聚外部性的异质性作用效果。

本书的技术路线如图 1－2 所示。

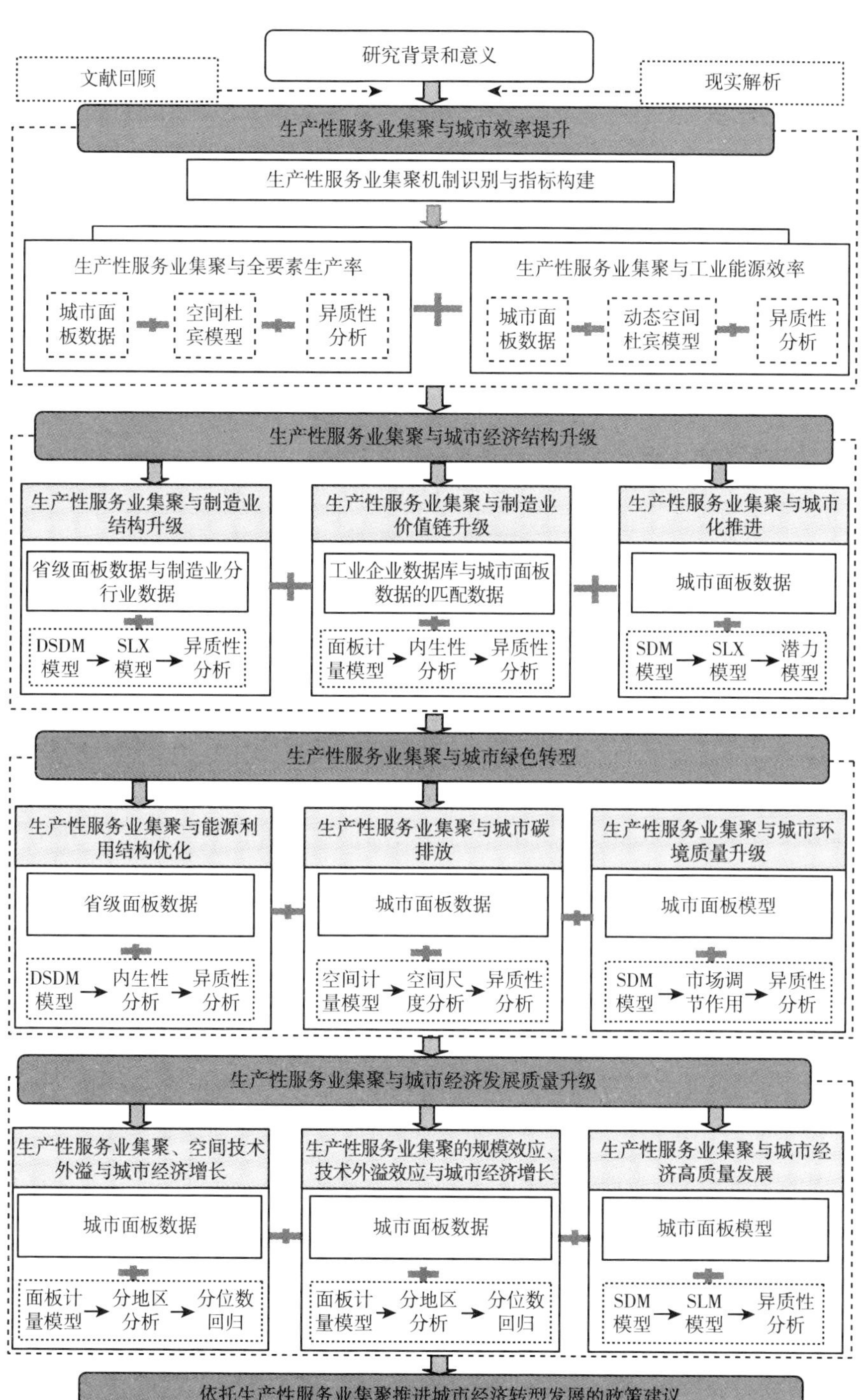

研究背景和意义
文献回顾
现实解析
生产性服务业集聚与城市效率提升
生产性服务业集聚机制识别与指标构建
生产性服务业集聚与全要素生产率
城市面板数据
空间杜宾模型
异质性分析
生产性服务业集聚与工业能源效率
城市面板数据
动态空间杜宾模型
异质性分析
生产性服务业集聚与城市经济结构升级
生产性服务业集聚与制造业结构升级
省级面板数据与制造业分行业数据
DSDM模型
SLX模型
异质性分析
生产性服务业集聚与制造业价值链升级
工业企业数据库与城市面板数据的匹配数据
面板计量模型
内生性分析
异质性分析
生产性服务业集聚与城市化推进
城市面板数据
SDM模型
SLX模型
潜力模型
生产性服务业集聚与城市绿色转型
生产性服务业集聚与能源利用结构优化
省级面板数据
DSDM模型
内生性分析
异质性分析
生产性服务业集聚与城市碳排放
城市面板数据
空间计量模型
空间尺度分析
异质性分析
生产性服务业集聚与城市环境质量升级
城市面板模型
SDM模型
市场调节作用
异质性分析
生产性服务业集聚与城市经济发展质量升级
生产性服务业集聚、空间技术外溢与城市经济增长
城市面板数据
面板计量模型
分地区分析
分位数回归
生产性服务业集聚的规模效应、技术外溢效应与城市经济增长
城市面板数据
面板计量模型
分地区分析
分位数回归
生产性服务业集聚与城市经济高质量发展
城市面板模型
SDM模型
SLM模型
异质性分析
依托生产性服务业集聚推进城市经济转型发展的政策建议

图1-2 本书的技术路线

第二章

生产性服务业集聚与城市效率提升

第一节 生产性服务业集聚与全要素生产率提升

一、引言

在中国经济“新常态”背景下，提升绿色全要素生产率、协调环境保护与经济增长、实现经济高质量发展，对转变经济发展方式具有重要意义。生产性服务业作为知识和技术密集型的高附加值服务业，其集聚可以引发知识溢出效应和技术溢出效应，从而有利于绿色全要素生产率的提升。然而，在中国式财政分权体制下，土地财政成为地方政府以地谋发展、弥补财政支出缺口的重要选择。地方政府多偏向性配置于工矿仓储用地的土地策略，造成商业和服务业用地相对不足，影响了生产性服务业的有效集聚，对城市绿色全要素生产率产生了重要影响。本章节旨在评估土地财政与生产性服务业集聚对绿色全要素生产率的影响，为中国如何通过调整土地财政政策、优化生产性服务业布局进而提升城市绿色全要素生产率提供可行的政策建议。

从现有文献看，国内外学者对土地财政、生产性服务业集聚与绿色全要素生产率的研究主要集中在两个方面：一是土地财政对经济增长的影响。一方面，学者认为土地财政不仅有利于推动土地城镇化，而且对促进区域经济增长的作用日益凸显。大多数的实证研究结果表明土地要素如同劳动力要素在长期促进经济增长的不同阶段起着至关重要的作用（Metzemakers & Louw，2005；Li et al.，2008；Deng et al.，2010；Loupias & Wigniolle，2013；Du et al.，2011）。另一方面，部分学者认为尽管土地财政是深化地方经济发展和城镇化进程的有力推手，但其不可持续会引发一系列问题（Cai et al.，2013；Zhang & Barnett，2014），土地财政对于中国城市发展来说是一把双刃剑（Tian & Ma，2009）。也有学者认为土地财政与经济增长的关系存在区域差异，越发达地区的土地财政对经济增长的影响越大（Ding & Lichtenberg，2011）。

二是生产性服务业集聚对经济增长或全要素生产率的影响。马歇尔（Marshall）、雅各布斯（Jacobs）和以克鲁格曼（Krugman）为代表的新经济地理学派的研究为解释经济增长中生产性服务业集聚的作用奠定了理论基础（Marshall，1890，1961；Jacobs，1969）。部分学者基于空间外溢视角（Qiu & Fang，2013）、产业关联视角（Puga，1999）以及价值链视角等来检验生产性服务业集聚与经济增长或生产效率之间的关系。研究结果发现生产性服务业集聚通过提高技术扩散效率、知识溢出效应和新技术搜寻效应（Glaeser & Shleifer，1992；Duranton & Puga，2003；Wood，2006；Wiig & Isaksen，2007），促进信息扩散与知识交流，从而有利于优化要素投入结构与提高资源利用效率，推动产业升级与城市环境质量的提升。由此可见，生产性服务业集聚不仅是一种明显的经济现象，更是缓解产能过剩和环境约束，实现城市经济转型升级的重要途径。

纵观已有文献研究，目前有关土地财政作用于经济增长以及生产性服务业集聚作用于全要素生产率的研究较为丰富，但仍然存在以下问题：一是目前基于土地财政与生产性服务业集聚的统一框架来探讨绿色全要素生产率提升机制的影响研究相对较少；二是目前的文献并没有加入时空因素进而系统分析土地财政与生产性服务业集聚作用于绿色全要素生产率的空间外溢效应。

因此，与现有文献相比，本章节的贡献集中在以下三点：第一，在引入环境和能源约束要素的基础上运用 bootstrap-DEA 方法来测度绿色全要素生产率，以反映城市绿色全要素生产率的真实性变化；第二，将土地财政与生产性服务业集聚因素融入空间经济或集聚经济理论的框架中，利用 2003 ~ 2015 年 283 个地级及以上城市面板数据，采用空间杜宾模型系统地检验了土地财政与生产性服务业集聚影响绿色全要素生产率的内在机理和实现机制；第三，进一步系统探讨了行业与地区异质性下土地财政与生产性服务业集聚对绿色全要素生产率的影响及其空间溢出效应。

二、现实背景与机理分析

（一）现实背景

自 1994 年分税制改革以来，在以国内生产总值（gross domestic product，

GDP）和财政收入为绩效考核指标的“压力型体制下”，地方政府预算压力进一步增大。为缓解财政困难，地方政府往往通过协议土地出让方式来筹集资金以维持地方财政支出、达成政府绩效。土地财政逐渐成为地方政府官员推动地方经济增长的重要筹码，因此要理解中国经济增长的逻辑，就离不开对土地财政的深入考察。据中国财政部数据显示：2017 年上半年国有土地使用权出让收入为 18836 亿元，而 2018 年上半年国有土地使用权出让收入高达 26941 亿元，同比增长 43%。[①] 由此可见，地方政府对土地财政的依赖程度逐渐增长。巨额的土地财政收入，一方面，促进了基础设施的快速发展，推进了中国的工业化与城市化进程；另一方面，过度依赖土地财政所导致的要素价格扭曲、资源配置效率低下等负面效应也越来越明显。

总体上看，中国生产性服务业规模发展快，对社会经济发展的贡献不断上升，但是内部发展不平衡、发展质量不高，在全球产业链分工体系中仍处于中低端水平。据《中国统计年鉴》显示，2014～2016 年中国生产性服务业增加值（现价）总计分别为 1.85 万亿元、2.08 万亿元、2.26 万亿元，且生产性服务业增加值占 GDP 的比重分别为 28.99%、30.12%、30.33%。其中，2016 年批发零售业（31.59%）和金融业（27.08%）占比将近六成（58.67%），其余依次为交通运输、仓储和邮政业（14.65%），信息传输、计算机服务和软件业（9.70%），租赁和商务服务业（8.63%），科学研究和技术服务业（6.46%），规模最小的是水利、环境和公共设施管理业（1.88%）。

（二）机理分析

根据集聚经济和空间经济理论，土地财政与生产性服务业集聚可通过以下四个方面对绿色全要素生产率产生影响。

1. 土地财政对绿色全要素生产率的影响机制

在当前中国的土地分配制度下，土地财政扩张将会增加土地要素供给，生产者经营规模扩大，生产效率提高。实际中，地方政府在以 GDP 为核心的政绩考核指标体系的激励下，大量出让低价工业用地和工业园用地以促进工业化与城镇化的发展，并且在短期内有可能形成产业集聚发挥规模经济效应进而提升地区全要素生产率（邵朝对，2016）；此外，工业用地的价格低廉有可能吸引高新技术企业进行外来投资，由此产生的知识溢出效应也会在短期内提升资源利用率、降低能源消耗，进而提升城市绿色全要素

① 参见 http://www.mof.gov.cn/zhengwuxinxi/caizhengxinwen/201807/t20180713_2961117.htm。财政部新闻办公室，财政部 2018 年上半年财政收支情况新闻发布会实录，2018 年 7 月 13 日。

生产率。从长期来看，由于政府对土地出让依赖程度的加剧会导致企业面临的要素价格信号被扭曲，大量生产率低的工业型企业因用地成本低得以进入园区投资，而生产率高的服务型企业却因面临较高的地价选择不进入或是投资不足，这种企业间资源配置效率的低下导致该城市全要素生产率的降低（李力行等，2016）。地方政府官员为达到任期内财政经济绩效，除了廉价过度出让工业用地外，还会高价限制性出让商业与住宅用地以实现土地资本化（李勇刚和罗海艳，2017），即“双二手”供地策略。这种以土地开发来促进城市化“大跃进”的发展方式会导致资本密集型或重工业企业的偏向性发展，强化以工业为主的产业结构刚性，而工业领域又是高污染、高能耗、高排放的重要来源，进而影响城市绿色全要素生产率。本章节由此提出假设1。

假设1：在短期内土地财政会吸引大量外来投资形成产业集聚，发挥知识溢出与规模经济效应以提升绿色全要素生产率；在长期内土地财政会偏向性地促进重工业企业发展，导致产业结构刚性以工业为主，这种高污染、高能耗、高排放的企业直接降低了城市环境质量，进而影响城市绿色全要素生产率。

2. 生产性服务业集聚对绿色全要素生产率的影响机制

集聚经济理论和空间经济理论不仅提出城市的专业化集聚程度越高，受到的马歇尔外部性效应影响越大，城市多样化集聚程度越高，则受益于雅各布斯外部性效应的影响越大，而且认为知识溢出效应和知识生产效益对经济地理的集聚作用已经越来越明显。一方面，产业集聚区往往存在前沿知识、技术方面的优势，集聚区内企业通过近距离面对面交流与互动，能够产生较强的知识和技术的外溢效应（Wood，2006）。基布尔等（Keeble et al.，2002）认为由于生产性服务业属于知识密集型行业，其空间集聚可以从集聚学习和创新环境等角度来探寻集聚利益。在集聚学习和知识溢出效应作用下，更多高能耗资源技术被低碳节能生产技术所取代，不仅创造出新的经济效益，同时也极大提升环境污染治理的效果（Han et al.，2017），进而提高了企业的绿色全要素生产率。另一方面，在空间上形成集聚的生产性服务业关联行业和企业会共享基础设施、要素资源以及市场信息等，促进了企业生产专业化与集中化，使集群具有明显的规模经济效应（Qiu & Fang，2013）。由于产业内集聚的规模经济效益有利于促进企业生产专业化与集中化，进而可以缩小企业生产各个环节的运营成本，从而提高能源利用效率（Han et al.，2018），最终有效提升城市绿色全要素生产率。本章节由此提出假设2。

假设2：生产性服务业集聚有利于发挥现代服务业集聚的知识和技术溢出效应与规模经济效应，提高低碳节能生产技术的利用率，降低运营成本，提升城市绿色全要素生产率。

3. 土地财政与生产性服务业集聚对绿色全要素生产率的影响

集聚经济本质上是指由于资源集中而带来的规模经济和正的外部效应。而土地作为经济活动和城市经济集聚的空间载体，为中国经济的持续稳定增长提供了强大动力和保障（邵朝对等，2016）。在以经济绩效为核心的政绩考核体系的驱动下，地方政府通过创建各类工业园区，廉价出让工业用地，竞相提高工业用地的协议出让面积占比（李力行等，2016），以最大化招商引资带动产业的集聚发展，并从中获取巨额财政收入。但这种“以地谋发展”的模式使得用地结构和要素价格产生错配，工业用地供应偏高，生产性服务业用地供应相对不足（李勇刚和罗海艳，2017），引发现代服务业难以形成空间上的有效集聚，行业之间的规模效应得不到有效发挥，致使产能过剩、土地资源利用效率降低以及环境污染治理成本增加进而影响绿色全要素生产率。本章节由此提出假设3。

假设3：土地财政政策导致生产性服务业集聚的规模经济效应和技术外溢效应得不到有效发挥，致使产能过剩与环境污染治理成本增加，进而影响城市绿色全要素生产率。

4. 土地财政与生产性服务业集聚通过空间外溢效应影响绿色全要素生产率

土地财政的增长存在溢出效应，一个地区的土地财政政策会影响到邻近地区，一个地区在制订土地出让计划时会参照自己邻市的发展状况而设定一个合意水平，从而不落后于他人。然而，土地财政政策主要是通过低价出让土地的方式进行招商引资，从而吸引优势产业或品牌企业等产生溢出效应，进而促使地区产业得以快速发展（李力行等，2016），又由于各地区之间基于生产要素流动以及技术溢出效应等进行贸易往来，致使地区产业结构也会受到周边地区的影响约束，因此地方政府的土地出让行为也存在空间竞争效应。已有研究亦显示，生产性服务业集聚与制造业集聚、工业生产效率及经济发展之间在空间上存在协同效应（Ke et al.，2014），一个城市受到城市规模和城市发展方向等因素影响，城市内部的生产性服务业发展与本地工业发展很难完全匹配，某些工业的生产性服务需求只能通过周边城市来满足，其自身提供的生产性服务也可能惠及周边城市。此外，生产性服务业与制造业在空间上的协同集聚作用可以有效提高生产设备与基础设施的集约利用，从而降低公共成本，提升节能减排效果，进而提高周边城市的绿色全要素生产率。本章节由此提出假设 4。

假设 4：土地财政与生产性服务业集聚均对城市绿色全要素生产率具有空间溢出效应。土地财政有利于吸引优势产业或品牌企业等形成集聚从而产生规模经济效应，进而促使地区产业得以快速发展，又由于各地区之间基于生产要素流动以及技术溢出效应等进行贸易往来，致使地区绿色全要素生产率也会受到周边地区的影响约束。

三、计量模型设置与数据说明

（一）变量测度与数据说明

根据数据的可得性和有效性原则，本章节最终选取 2003～2015 年中国 283 个地级及以上城市的面板数据进行分析。数据来源于 2004～2016 年《中国城市统计年鉴》《中国统计年鉴》和《中国国土资源年鉴》。本书计算了 7 个生产性服务业行业专业化集聚和多样化集聚指标，包括交通运输仓储和邮政业、批发零售业、租赁和商业服务业、金融业、信息传输和计算机软件业、科学研究和技术服务业、环境治理和公共设施管理业等。本章节所有货币价值数据以 2003 年价格为基准进行平减。

1. 被解释变量

本章节的被解释变量为城市绿色全要素生产率（GTFP）。目前关于全要素生产率的测算主要有两种方法：一是以“索洛余值”为代表的参数估计方法；二是后期发展起来的以数据包络分析（DEA）为基础的非参数估计方法——Malmquist 指数模型与 SBM 模型等（Schatze et al.，2018）。由于考虑期望产出的方向性 SBM-Bootstrap 模型相对于其他方法而言可以更有效地反映现实，因此本章节借鉴采用方向性 SBM-Bootstrap 模型（Huang and Hua，2018），并利用 MaxDEA 软件测算绿色全要素生产率。

与传统的生产函数不同，考虑了能源、环境因素的生产技术必须要体现节能、环保的目标。由于能源可以像传统的投入（如资本、劳动）一样纳入生产率的分析框架，因此构造生产边界的难点在于将环境因素考虑进来。根据费尔等（Fare et al.，2007）的思路，将中国每一个城市看作一个生产决策单位构造每一时期的最优生产前沿面。假设每一个城市使用 N 种投入 $x=(x_1, x_2, \cdots, x_N)\in R_N^+$，最终生产出 M 种期望产出 $y=(y_1, y_2, \cdots, y_M)\in R_M^+$，以及 K 种非期望产出 $b=(b_1, b_2, \cdots, b_K)\in R_K^+$，用 $P(x)$ 表示生产可能性集：

$$P(x)=\{(y,b):x\text{ 可以生产出}(y,b)\}, x\in R_N^+, y\in R_M^+, b\in R_K^+ \quad (2.1)$$

假设在 $t=1, \cdots, T$ 期，第 $i=1, \cdots, I$ 城市投入产出向量为（$x^{t,i'}$，$y^{t,i'}$，$b^{t,i'}$），每个横截面观测值的权重为 λ_i^t，运用数据包络分析（DEA）可以将环境技术模型化为：

$$P^t(x^t) = \left\{(y^t, b^t): \sum_{i=1}^{I} \lambda_i^t y_{im}^t \geqslant y_{im}^t, \forall m; \sum_{i=1}^{I} \lambda_i^t x_{in}^t \leqslant x_{in}^t, \forall n; \sum_{i=1}^{I} \lambda_i^t b_{ik}^t = b_{ik}^t, \forall k; \sum_{i=1}^{I} \lambda_i^t = 1, \lambda_i^t \geqslant 0, \forall i\right\} \tag{2.2}$$

当 $\sum_{i=1}^{I} \lambda_i^t = 1$ 时，生产前沿面表示为规模报酬可变（VRS），当 $\sum_{i=1}^{I} \lambda_i^t = 0$ 时，则表明生产前沿面表示为规模报酬不变（CRS）。

传统 DEA 方法具有一些参数估计不可比拟的优点，但对样本评价会产生偏差，而忽略了统计检验问题，Bootstrap-DEA 模型可以弥补传统 DEA 方法的不足，通过重复抽样来模拟数据生成过程，以此修正样本估计结果存在的偏差。具体的算法步骤为：

（1）针对某一样本数据组（x_i，y_i，b_i），通过求解线性规划计算 $\hat{\theta}_h$：

$$\hat{\theta}_h = \min\left\{\theta \leqslant \sum_{i=1}^{I} \lambda_i y_n; \theta x_i \geqslant \lambda_i x_i; \theta b_i \geqslant b_i; \theta \geqslant 0; \sum_{i=1}^{I} \lambda_i = 1; \lambda_i \geqslant 0\right\}$$
$$(\theta \text{ is comprehensive efficiency}, 0 < \theta \leqslant 1) \tag{2.3}$$

（2）从式（2.3）中产生一组随机的样本 θ_{ir}^*：

$$\theta_{ir}^* = \{\theta_{1r}^*, \theta_{2r}^*, \cdots, \theta_{ir}^*\} \tag{2.4}$$

（3）通过式（2.4）求解：

$$x_{ir}^* = \left(\frac{\hat{\theta}_h}{\theta_{ir}^*}\right) x_i \tag{2.5}$$

（4）通过式（2.5）求解：

$$\hat{\theta}_{ir}^* = \min\left\{\theta \mid y_n \leqslant \sum_{i=1}^{I} \lambda_i y_n; \theta x_i \geqslant \lambda_i x_{ir}^*; \theta b_i \geqslant b_i; \theta \geqslant 0; \sum_{i=1}^{I} \lambda_i = 1; \lambda_i \geqslant 0, i = 1, 2, \cdots, I\right\} \tag{2.6}$$

（5）重复 Z 次步骤①～步骤④，得到一组估计值：

$$\{\hat{\theta}_{ir}^*, r = 1, 2, \cdots, R\} \tag{2.7}$$

本章节为保证置信区间的覆盖度，将样本数据集的 Z 设定为 100。

参考福山和韦伯（Fukuyama & Weber，2009）的方法，将考虑资源环境包括期望产出下的SBM方向性距离函数定义如下：

$$\vec{S}_v^t(x^{t,i'},y^{t,i'},b^{t,i'},g^x,g^y,g^b) = \max_{s^x,s^y,s^b} \frac{\frac{1}{N}\sum_{n=1}^{N}\frac{s_n^x}{g_n^x} + \frac{1}{M+K}\left[\sum_{m=1}^{M}\frac{s_m^y}{g_m^y} + \sum_{k=1}^{K}\frac{s_k^b}{g_k^b}\right]}{2}$$

$$\begin{aligned} \text{s.t. } & \sum_{i=1}^{I}\lambda_i^t x_{in}^t + s_n^x = x_{i'n}^t, \forall n; \sum_{i=1}^{I}\lambda_i^t y_{im}^t - s_m^y = y_{i'm}^t, \forall m; \\ & \sum_{i=1}^{I}\lambda_i^t b_{ik}^t + s_k^b = b_{i'k}^t, \forall k; \sum_{i=1}^{I}\lambda_i^t = 1, \lambda_i^t \geqslant 0, \forall i; \\ & s_n^x \geqslant 0, \forall n; s_m^y \geqslant 0, \forall m; s_k^b \geqslant 0, \forall k \end{aligned} \tag{2.8}$$

式（2.8）中，$\vec{S}_v^t$ 表示VRS下的方向性距离函数，若去掉权重变量和为1的约束，则用$\vec{S}_c^t$ 表示CRS下的方向性距离函数；（$x^{t,i'}$，$y^{t,i'}$，$b^{t,i'}$）分别代表每个城市投入向量、期望产出向量以及非期望产出向量；（g^x，g^y，g^b）分别代表投入压缩、期望产出扩张和非期望产出压缩的方向向量；（s_n^x，s_m^y，s_k^b）分别为投入、期望产出和非期望产出的松弛变量；松弛变量测度的是观测点偏离生产前沿的程度，因此（s_n^x，s_m^y，s_k^b）分别表示投入过度使用、期望产出生产不足、非期望产出过度排放的量；福山和韦伯（Fukuyama & Weber，2009）的研究认为：当不存在松弛效应时，SBM方向性距离函数与传统的方向性距离函数相等；如果存在松弛效应，SBM方向性距离函数大于传统的方向性距离函数。合意产出数据采用各城市第二、三产业总值，非合意产出采用碳排放与SO_2排放量，生产投入采用城市的资本存量、劳动力投入以及能源消耗量。劳动力投入采用各城市年底就业总人数表示，城市资本存量用永续盘存法来计算，具体计算方法参考韩和柯（Han & Ke，2016），碳排放和能源消耗量测算借鉴谢等（2017）的方法。

2. 核心解释变量

（1）土地财政（LF），本章节根据各地级市土地出让收入来表征土地财政（邵朝对，2016）。

（2）生产性服务业专业化集聚（SP），该指标参考埃斯库拉等（Ezcurra et al.，2006）的计算方法，即：

$$SP_i = \sum_S \left| \frac{E_{is}}{E_i} - \frac{E'_s}{E'} \right| \tag{2.9}$$

E_{is}代表城市 i 生产性服务行业 s 的就业人数，E_i 为城市 i 总就业人数，E'_s 表示除城市 i 外的某生产性服务行业 s 的就业人数，E′为除城市 i 外的全国总就业人数。

（3）生产性服务业多样化集聚（DV），本书采用改进的库姆斯（Combes，2000）产业多样化指标来衡量生产性服务业多样化集聚水平，公式表示为：

$$DV_i = \sum_S \frac{E_{is}}{E_i}\left[\frac{\dfrac{1}{\sum\limits_{s'=1,s'\neq s}^{n}\left[\dfrac{E_{is'}}{(E_i - E_{is})}\right]}}{\dfrac{1}{\sum\limits_{s'=1,s'\neq s}^{n}\left[\dfrac{E_{s'}}{(E - E_s)}\right]^2}}\right]^2 \tag{2.10}$$

E 为全国总就业人数，E_s 代表全国生产性服务业 s 的就业人数。

3. 其他变量

本章节主要考虑了三个控制变量：第一，人力资本（EDU）。人力资本以高等学校与普通中学在校学生数占总人口比重来表示。第二，财政支出占比（FES）。本书以城市财政支出占全市 GDP 比重表示地方政府对经济发展的干预程度。第三，外商直接投资（FDI）。本书利用 2003 ~ 2015 年外商直接投资流量数据并通过历年人民币对美元年平均汇率换算成人民币，再除以 GDP 平减指数来表征外商直接投资。表 2 - 1 报告了中国地级及以上城市土地财政、生产性服务业集聚、绿色全要素生产率及其他变量的样本统计值。

表 2 - 1　中国地级及以上城市绿色全要素生产率及其他变量的样本统计值

变量	均值	标准差	最小值	最大值
绿色全要素生产率（lnGTFP）	-0.401	0.267	-1.315	0.000
生产性服务业专业化集聚（lnSP）	-1.106	0.407	-2.987	0.560
生产性服务业多样化集聚（lnDV）	-0.120	0.144	-1.245	0.314
土地财政（lnLF）	11.824	1.559	5.262	16.572
外商直接投资（lnFDI）	10.669	3.543	-5.716	16.193
财政支出占比（lnFES）	-2.005	0.464	-3.465	0.661
人力资本水平（lnEDU）	-2.662	0.320	-4.962	-0.943

（二）计量模型设定

根据前文机理分析可知，土地财政与生产性服务业集聚通过产业集聚以及空间协同作用对绿色全要素生产率产生影响，故本章节模型中分别加入土地财政与生产性服务业专业化集聚和多样化集聚的交互项，并加入外商直接投资（FDI）、财政支出占比（FES）、人力资本（EDU）等其他控制变量，以此构建基准计量模型：

$$\ln GTFP_{it} = a + \theta_1 \ln SP_{it} + \theta_2 \ln DV_{it} + \theta_3 \ln LF_{it} + \lambda_1 \ln SP_{it} \times \ln LF_{it} + \lambda_2 \ln DV_{it} \times \ln LF_{it} + \phi_1 \ln FDI_{it} + \phi_2 \ln FES_{it} + \phi_3 \ln EDU_{it} + \varepsilon_{it} \quad (2.11)$$

其中，i 为城市，t 为年份。GTFP 为城市绿色全要素生产率，SP、DV 分别为城市生产性服务业专业化集聚和多样化集聚，LF 表示土地财政，ε 为误差项。此外，在计量模型设置中有可能会遗漏制度环境、区位条件、区域政策等变量，这些不可观测遗漏变量也可能对绿色全要素生产率产生影响并导致空间依赖性，因此有必要将空间效应纳入计量分析中。具体空间计量模型设定为如下形式：

$$\ln GTFP_{it} = \alpha + \rho \sum_{j=1, j\neq i}^{N} W_{ij} \ln GTFP_{jt} + \beta X_{it} + \sum_{j=1, j\neq i}^{N} W_{ij} X_{ijt} \theta + \mu_i + \nu_t + \varepsilon_{it}$$

$$\varepsilon_{it} = \varphi \sum_{j=1, j\neq i}^{N} W_{ij} \varepsilon_{jt} + \phi_{it} \quad (2.12)$$

其中，ε_{it}为误差项；μ_i，ν_t 分别表示不可观测的地区效应和时间效应；ρ 和 ϕ 分别为空间滞后系数和空间误差系数；W_{ij}代表空间权重矩阵；X 为包含土地财政、生产性服务业专业化集聚、生产性服务业多样化集聚和其他控制变量在内的自变量向量。式（2.12）为空间交互效应的一般嵌套模型，在实证分析中，根据 ρ，θ，ϕ 取值是否为 0 的不同，空间计量模型也有所不同（Anselin，2003）。由于本章节重点在于研究土地财政与生产性服务业集聚对绿色全要素生产率的空间溢出作用，因此本章节将着重检验空间杜宾模型。

四、空间计量检验与结果分析

（一）中国城市绿色全要素生产率的空间相关性分析

本章节采用莫兰指数（Moran's I）指数探讨城市间绿色全要素生产率的空间相关性。为准确刻画观测数据集在空间上的特征、分布格局及其相互联系，本章节利用纬度（Latitude）和经度（Longitude）位置测算空间单元之间的地表距离来构建地理距离空间权重矩阵，计算公式如下所示：

$$W_{ij} = 1/d_{ij}^2, i \neq j \quad (2.13)$$

其中，d_{ij}^2表示两个城市之间经纬度的地表距离，且 i≠j，i = j 时则W_{ij}为 0，地理衰减指数为2。在进行空间计量分析前，本章节均对各矩阵进行标准化处理。通过测算，绿色全要素生产率的面板 Moran's I 指数值为0.0871，且在1%的显著性水平下显著，表明在控制解释变量后中国城市绿色全要素生产率具有非常显著的空间关联性，绿色全要素生产率较高的城市周边也必然集聚着大量拥有较高绿色全要素生产率水平的城市，这与李和吴（Li & Wu，2016）的结论一致 。

（二）空间计量结果分析

安瑟林（Anselin，1988）认为几乎所有的空间数据都具有空间依赖性或空间自相关的特征，因而本章节采用空间计量模型来探讨土地财政与生产性服务业集聚如何作用于绿色全要素生产率的机制。根据埃尔霍斯特（Elhorst，2003）研究思路，本部分选择具有时间与空间双重固定效应的空间杜宾模型进行估计。其检验结果如表2-2所示。

表2-2　空间计量模型检验

检验内容	检验方法	地理模型矩阵	
		统计值	伴随概率
SAR模型与SEM模型检验	LM-lag 检验	7.4924	0.0060
	R-LM-lag 检验	12.5130	0.0000
	LM-err 检验	5.3954	0.0200
	R-LM-err 检验	10.4160	0.0010
空间杜宾模型的固定效应检验	SFE-LR	3576.0967	0.0000
	TFE-LR	479.8801	0.0000
SDM模型的Hausman检验	Hausman 检验	34.3072	0.0077
SDM模型的简化检验	Wald-lag 检验	47.2510	0.0000
	LR-lag 检验	51.4242	0.0000
	Wald-err 检验	48.9316	0.0000
	LR-err 检验	53.0706	0.0000

其一，根据LM检验结果显示，地理模型矩阵测算中R-LM-lag-test、LM-lag-test、LM-err-test和R-LM-err-test均在1%及以上显著性水平上通过检验，且LM检验及其稳健形式R-LM检验均选择SAR模型。其二，非空间效应模型被拒绝，进而利用空间面板极大似然法（LR-test）检验，结果显示固定效应的计量模型中应同时控制空间和时间双重固定效应。其三，Hausman检验显示地理距离矩阵支持时空双重固定效应的SDM模型。其四，Wald-lag检

验、LR-lag 检验、Wald-err 检验与 LR-err 检验结果均通过显著性检验，表明空间与时间双重固定效应的 SDM 模型不可简化为 SAR 模型或 SEM 模型。因此，根据以上空间计量模型选择标准，空间与时间双重固定效应的 SDM 模型是本章节最优的空间面板模型。

为便于比较，本章节将 SAR 模型与面板固定效应结果予以展示，实证结果如表 2-3 所示。为准确判定各解释变量对绿色全要素生产率的影响，使用莱萨奇和佩斯（LeSage & Pace，2009）提出的方法来进一步估计空间杜宾模型中的直接与间接效应，结果见表 2-4。

表 2-3　空间计量估计结果

变量	FE 模型	SAR 模型	SDM 模型
lnSP	0.0548*** (4.38)	0.0095 (0.92)	0.0076 (0.75)
lnDV	0.0848** (2.02)	0.0368 (1.45)	0.0461* (1.81)
lnSP × lnLF	-0.0302*** (-4.39)	-0.0143*** (-2.66)	-0.0129** (-2.40)
lnDV × lnLF	-0.0647*** (-2.80)	0.0113 (0.83)	0.0167 (1.22)
lnLF	0.0174*** (3.38)	0.0022 (0.43)	0.0008 (0.16)
lnFES	-0.0664*** (-3.41)	-0.1546*** (-8.01)	-0.1524*** (-7.83)
lnFDI	0.0064** (2.50)	0.0052*** (2.94)	0.0052*** (2.92)
lnEDU	0.0152 (0.68)	-0.0115 (-0.72)	-0.0125 (-0.75)
W × lnSP	—	—	0.0992*** (2.92)
W × lnDV	—	—	-0.2043** (-2.15)
W × lnSP × lnLF	—	—	-0.0528*** (-2.99)
W × lnDV × lnLF	—	—	-0.0438 (-0.91)

续表

变量	FE 模型	SAR 模型	SDM 模型
W × lnLF	—	—	0.0294 * (1.85)
W × lnFES	—	—	−0.0448 (−0.72)
W × lnFDI	—	—	0.0200 *** (3.33)
W × lnEDU	—	—	0.0551 (1.11)
ρ	—	0.1209 *** (3.17)	0.0715 * (1.85)
Log-Likelihood	—	1576.5349	1602.5051
Observations	3679	3679	3679
Number of city	283	283	283
R-squared	0.0105	0.6525	0.6572

注：*、**、*** 分别表示在 10%、5%、1% 的显著性水平下显著，括号内为 t 统计量。

表 2-4　直接效应与间接效应估计结果

效应	lnSP	lnDV	lnSP × lnLF	lnDV × lnLF	lnLF	lnFES	lnFDI	lnEDU
直接效应	0.0089 (0.86)	0.0448 * (1.76)	−0.0134 *** (−2.58)	0.0165 (1.23)	0.0009 (0.17)	−0.1528 *** (−7.86)	0.0054 *** (2.99)	−0.0120 (−0.71)
间接效应	0.1098 *** (3.05)	−0.2125 ** (−2.15)	−0.0578 *** (−2.99)	−0.0458 (−0.93)	0.0309 * (1.86)	−0.0599 (−0.87)	0.0220 *** (3.45)	0.0578 (1.08)
总效应	0.1186 *** (3.19)	−0.1677 * (−1.65)	−0.0713 *** (−3.57)	−0.0293 (−0.59)	0.0318 * (1.92)	−0.2127 *** (−3.08)	0.0274 *** (4.12)	0.0458 (0.88)

注：*、**、*** 分别表示在 10%、5%、1% 的显著性水平下显著，括号内为 t 统计量。

从解释变量来看：首先，土地财政（lnLF）对绿色全要素生产率具有正向效应，且土地财政对周边城市绿色全要素生产率的间接效应在 10% 的显著性水平上通过了检验，说明地方政府在短期内通过“经营土地”获取巨额财政收入开展大规模的城市基础设施建设，周边城市也可以通过资源共享受到本市基础设施改善所带来的福利效应，进而对周边城市的绿色全要素生产率具有显著的空间外溢效应；其次，生产性服务业专业化集聚（lnSP）提升了绿色全要素生产率，且其对周边城市绿色全要素生产率具有更强的正向空间溢出效应，表明本市通过发挥当地比较优势促进生产性服务业专业化集聚，加快城市间技术扩散速度与溢出效应，从而有效促进周边城市实现专业化与规模化生产，进而提升周边城市的绿色全要素生产率；最后，生产性服务业多样化集聚（lnDV）虽然对本市绿色全要素生产率具有正向影响，但对周边城市的绿色全要素生产率具有负向影响且效果显著，说明中国地方政府在发展过程中，由于存在增长竞争和策略性互动行为，使得“大而全”“小而全”的发展模式在空间上传导，导致不同地区生产性服务业低质量、多样化集聚，致使生产性服务业集聚的跨区域空间关联效应被削弱，从而对周边地区绿色全要素生产率产生负向的空间外溢效应。从交互项来看，无论是从直接效应还是间接效应，土地财政与生产性服务业专业化集聚的交互项参数估计均显著为负，从而表明土地财政不仅弱化了绿色全要素生产率的提升效应，而且通过地方政府的策略性互动也对生产性服务业专业化集聚对周边城市绿色全要素生产率的提升效应产生抑制作用，这可能是政府对土地出让行为的长期依赖会加剧土地资源配置扭曲，导致资本密集型或重工业企业的偏向性发展，强化以工业为主的产业结构刚性，阻碍了生产性服务业有效集聚，以致于难以发挥规模经济效应与技术外溢效应，从而降低了城市的绿色全要素生产率；但是在财政最大化和政治晋升激励作用下，各地方政府的土地财政政策存在策略性互动行为，使得一个地区的土地出让行为会对另一个地区的土地出让行为产生示范效应，从而对周边城市生产性服务业集聚效应产生抑制作用。土地财政与生产性服务业多样化集聚空间交互项的直接效应与间接效应均未通过显著性检验，这说明土地财政并未对生产性服务业多样化集聚效应产生明显影响，从而表明土地财政并未改变各地区生产性服务业低质量、多样化的发展结构，也就未能对生产性服务业多样化集聚效应产生明显影响。

从控制变量参数估计来看，财政支出占比（lnFES）对城市绿色全要素生产率产生负向影响，且 lnFES 的直接效应通过了1%的显著性检验而间接效应却不显著，这说明政府干预在一定程度上直接影响了本市绿色全要素生产率的提升，即地方政府为达到任期内财政经济绩效而降低企业进入园区标准，吸引处于中低端的企业进入园区进行投资以获得经济增长，进而导致高污染、高能耗、高排放的企业在贡献地方财政收入的同时也降低城市绿色全要素生产率。外商直接投资（lnFDI）对城市绿色全要素生产率无论是直接效应还是间接效应均具有显著的提升作用，且间接效应的系数估计值大于直接效应，表明外商直接投资对周边城市绿色全要素生产率具有明显的空间溢出效应。外商直接投资的流入会导致国外企业挤占国内市场份额形成“优胜劣汰”的竞争局面（Kugler，2006），迫使国内企业进行技术改革、提高资源配置效率，进而提升绿色全要素生产率。人力资本水平（lnEDU）对本市绿色全要素生产率产生负向影响，对邻市绿色全要素生产率产生正向影响，但效果均不显著。

（三）行业异质性效应

城市中每个细分生产性服务业行业自身的专业化程度被表征为专业化集聚（lnSP），而每个细分行业在城市中所面临的行业多样化水平被称为多样化集聚（lnDV）。我们进一步根据库姆斯（Combes，2000）的方法将式（2.9）和式（2.10）的生产性服务业专业化集聚和多样化集聚指标分解至每个生产性服务业细分行业，以期探讨土地财政、细分行业专业化集聚及多样化集聚对绿色全要素生产率的影响。回归结果见表2-5。

表2-5 行业层面的异质性检验

细分生产性服务行业		批发零售业	交通运输、仓储和邮政业	租赁和商业服务业	金融业	科学研究和技术服务业	信息传输、计算机服务业	环境治理和公共设施管理业
lnSP	直接效应	0.0042 (1.50)	0.0020 (0.70)	-0.0009 (-0.25)	-0.0020 (-0.61)	0.0047 (1.33)	-0.0026 (-0.85)	0.0041 (1.40)
	间接效应	0.0124 (1.18)	0.01160 (1.13)	0.0250* (1.92)	-0.0032 (-0.27)	0.0005 (0.05)	0.0206* (1.88)	0.0221* (1.86)
	总效应	0.0167 (1.56)	0.0136 (1.30)	0.0241* (1.76)	-0.0052 (-0.42)	0.0052 (0.42)	0.0180 (1.57)	0.0262** (2.11)
lnDV	直接效应	-0.0317*** (-3.65)	0.0017 (0.20)	-0.0130** (-2.13)	0.0534*** (6.08)	0.0246*** (3.14)	0.0259*** (3.34)	0.0306*** (4.12)
	间接效应	0.0081 (0.22)	-0.0694** (-2.07)	-0.0135 (-0.59)	-0.1220*** (-3.96)	-0.0816*** (-2.76)	-0.0462 (-1.52)	-0.0213 (-0.68)
	总效应	-0.0236 (-0.62)	-0.0677** (-1.98)	-0.0266 (-1.11)	-0.0687** (-2.17)	-0.0569* (-1.86)	-0.0203 (-0.65)	0.0093 (0.29)
lnLF	直接效应	0.0009 (0.18)	0.0009 (0.18)	-0.0002 (-0.03)	0.0015 (0.29)	0.0001 (0.02)	0.0023 (0.46)	0.0010 (0.20)
	间接效应	0.0338 (1.89)	0.0276 (1.60)	0.0249 (1.47)	0.0269 (1.53)	0.0315 (1.75)	0.0332 (1.90)	0.0370 (2.23)
	总效应	0.0347 (1.95)	0.0285 (1.66)	0.0248 (1.43)	0.0284 (1.58)	0.0316 (1.78)	0.0356 (2.02)	0.0381** (2.27)

续表

细分生产性服务行业		批发零售业	交通运输、仓储和邮政业	租赁和商业服务业	金融业	科学研究和技术服务业	信息传输、计算机服务业	环境治理和公共设施管理业
lnSP×lnLF	直接效应	0.0019 (1.10)	0.0001 (0.05)	-0.0061 *** (-3.31)	-0.0007 (-0.39)	-0.0049 ** (-2.46)	-0.0020 (-1.12)	-0.0043 ** (-2.39)
	间接效应	-0.0029 (-0.43)	-0.0098 ** (-2.38)	-0.0075 (-0.96)	-0.0078 (-1.15)	-0.0110 (-1.55)	-0.0087 (-1.27)	-0.0140 * (-1.89)
	总效应	-0.0010 (-0.15)	-0.0097 (-1.40)	-0.0137 * (-1.65)	-0.0085 (-1.19)	-0.0159 ** (-2.17)	-0.0107 (-1.49)	-0.0183 ** (-2.35)
lnDV×lnLF	直接效应	-0.0008 (-1.16)	0.0104 ** (2.33)	-0.0253 ** (-2.25)	0.0016 (0.31)	-0.0183 *** (-4.88)	-0.0052 (-1.25)	0.0045 (1.20)
	间接效应	-0.0003 (-0.02)	0.0445 *** (3.06)	-0.0253 ** (-2.25)	-0.0067 (-0.37)	-0.0359 ** (-2.52)	-0.0336 ** (-2.15)	0.0093 (0.63)
	总效应	-0.0011 (-0.06)	0.0549 *** (3.82)	-0.0374 *** (-3.19)	-0.0051 (-0.27)	-0.0543 *** (-3.80)	-0.0388 ** (-2.50)	0.0137 (0.91)

注：*、**、*** 分别表示在10%、5%、1%的显著性水平下显著，括号内为t统计量。

从生产性服务业细分行业估计结果来看，批发零售业的多样化集聚显著降低了本市的绿色全要素生产率，且土地财政与批发零售业的生产性服务业专业化和多样化集聚空间交互项的直接效应与间接效应均未通过显著性检验。交通运输、仓储和邮政业的多样化集聚显著降低了邻市的绿色全要素生产率，土地财政弱化了交通运输、仓储和邮政业的专业化集聚对周边城市绿色全要素生产率的提升效应，且土地财政促进了交通运输、仓储和邮政业的多样化集聚对本市绿色全要素生产率的提升效应。这说明地方政府为达到绩效考核指标，将土地财政收入偏向性投向个人任期内能获取收益的包含地铁、高铁、机场建设等城市基础设施建设项目，这不仅可以提升地区运输能力，缩短时间成本和交易成本，而且增强了本市交通运输、仓储和邮政业专业化和多样化集聚水平，从而有利于本市绿色全要素生产率的提升，而本市交通运输、仓储和邮政业的发展对周边地区人口、要素产生虹吸效应，从而不利于邻市绿色全要素生产率的提升。租赁和商业服务业的专业化集聚显著提升了邻市的绿色全要素生产率，其多样化集聚却显著降低了本市的绿色全要素生产率，土地财政强化了租赁和商业服务业的专业化集聚和多样化集聚对城市绿色全要素生产率的抑制作用，其原因可能是租赁和商业服务业属于低端生产性服务业，具有附加值低、交易频率低等属性，导致本市难以发挥由集聚所带来的知识溢出效应与技术溢出效应，而且地方政府不仅将土地大部分以低价形式出让给工业，还会高价限制性出让商业与住宅用地以实现土地资本化，使得租赁和商业服务业集聚程度不足，导致信息不对称与成本上升，造成资源浪费，从而不仅降低了本市的绿色全要素生产率，也削弱了周边城市绿色全要素生产率。

金融业的多样化集聚对本市的绿色全要素生产率具有显著的促进作用，对邻市却具有显著的负向效应，且土地财政与金融业的生产性服务业专业化和多样化集聚空间交互项的直接效应与间接效应均未通过显著性检验，说明金融业的多样化集聚有助于发挥本市知识溢出效应、技术溢出效应以及高端人才蓄水池效应，有效提升本市能源利用效率和绿色全要素生产率，而本市金融业的发展会吸引周边地区人口、资本等要素的流入，从而不利于邻市绿色全要素生产率的提升。科学研究和技术服务业的多样化集聚显著提升了本市绿色全要素生产率，却显著降低了邻市的绿色全要素生产率。土地财政弱化了科学研究和技术服务业专业化和多样化集聚对本市绿色全要素生产率的提升作用，土地财政强化了科学研究和技术服务业多样化集聚对周边城市绿色全要素生产率的抑制作用。这意味着与专业化集聚模式相比，科学研究和技术服务业集聚更易于在多样化产业集聚背景下对本市绿色全要素生产率的提升发挥规模经济效应和技术外溢效应。信息传输计算机服务业的专业化集聚与多样化集聚均显著提升了城市的绿色全要素生产率，土地财政弱化了信息传输计算机服务业多样化集聚对本市绿色全要素生产率的提升作用。这一结果表明随着中国信息化水平提高和互联网经济的发展，生产性服务业交易速度进一步加快、中间成本降低。要素组合方式和企业生产方式向价值链高端攀升，使得能源利用效率得到提高，进而推动城市绿色全要素生产率提升。但是由于地方政府土地财政政策的策略性互动行为，导致城市基础设施建设项目支出比重过大，挤占了政府用于提升信息化水平的研发支出，从而使得信息传输计算机服务业未能发挥知识溢出效应以及技术溢出效应，导致本市绿色全要素生产率降低。环境治理和公共设施管理业的专业化集聚促进了邻市绿色全要素生产率的提升，而其多样化集聚对本市绿色全要素生产率具有显著的促进作用，土地财政弱化了环境治理和公共设施管理业专业化集聚对周边城市绿色全要素生产率的提升作用。说明环境治理和公共设施管理业专业化和多样化集聚不仅有助于降低本市污染水平，而且对周边城市污染水平的降低起到积极作用，从而提升了城市绿色全要素生产率，而地方政府偏向性配置工矿仓储用地的土地策略，抑制了环境治理和公共设施管理业的发展，不利于其规模经济效应和减排效应的发挥，从而弱化了环境治理和公共设施管理业专业化集聚对周边城市绿色全要素生产率的提升作用。

总的生产性服务业集聚结果是细分行业生产性服务业集聚结果的整体表现，但是由于中国生产性服务业各行业发展水平以及专业化与多样化集聚程度不尽相同，所以对各城市绿色全要素生产率的影响也存在差异。从行业整体上来看，生产性服务业专业化集聚有利于提升绿色全要素生产率，其中租赁和商业服务业，信息传输、计算机服务业以及环境治理和公共设施管理业的效果最为显著，这可能是由于相对于多样化发展而言，专业化的工业发展方式依然在中国产业发展中处于主导地位，生产性服务业专业化集聚有利于加快城市间技术扩散速度与溢出效应，从而有效促进城市实现专业化与规模化生产，进而提升城市绿色全要素生产率。然而，生产性服务业多样化集聚整体上却不利于促进绿色全要素生产率的提升，其中交通运输、仓储和邮政业，金融业以及科学研究和技术服务业对绿色全要素生产率产生明显抑制作用，这表明由于中国生产性服务业低质量、多样化的发展倾向以及政府干预特征较为明显，使得生产性服务业多样化集聚难以发挥规模经济效应和技术外溢效应，而且在行政干预下地方政府可能放松了对企业环境污染的监管力度、缓解了企业节能约束，最终导致绿色全要素生产率的降低。

（四）地区异质性效应

由于东、中、西部地区之间的自然地理环境、要素禀赋、政策支持与经济发展程度等均有差异，土地财政与生产性服务业集聚亦可能对城市绿色全要素生产率产生不同的影响效果和作用方式，因此本章节对不同地区的城市样本分别进行估计。分地区城市样本的估计结果如表 2－6 所示。①

从分地区城市样本估计结果来看：东部地区的生产性服务业专业化集聚显著提升了本市绿色全要素生产率，而其多样化集聚却显著降低了邻市绿色全要素生产率。无论是从直接效应还是间接效应来看，东部地区的土地财政抑制了生产性服务业专业化集聚对本市绿色全要素生产率的提升效应，且其直接效应的系数估计值通过了 1% 的显著性水平；然而，东部地区的土地财政却弱化了生产性服务业多样化集聚对邻市绿色全要素生产率的抑制作用，且其间接效应的系数估计值通过了 1% 的显著性水平。这说明东部地区由于

① 参考中国国家统计局 2017 年 1 月公布的对东、中、西部的划分，东部地区包括北京、天津、河北、辽宁、上海、江苏、浙江、福建、山东、广东、海南 11 个省份；中部地区包括山西、吉林、黑龙江、安徽、江西、河南、湖北、湖南 8 个省份；西部地区包括内蒙古、广西、重庆、四川、贵州、云南、西藏、陕西、甘肃、青海、宁夏、新疆 12 个省份，西藏因数据缺失，未列入在内。

城市规模大、密度高、交通方便、城市发展水平较好，使得同时具有高度的专业化集聚与多样化集聚，专业化集聚又是建立于多样化集聚的基础之上，土地财政可能弱化了多样化集聚对绿色全要素生产率的阻碍效应作用，而降低了专业化集聚对绿色全要素生产率的提升作用。对于中部地区来说，生产性服务业专业化与多样化集聚均显著提升了城市绿色全要素生产率，而对西部地区来说，生产性服务业专业化集聚对邻市的绿色全要素生产率具有显著的促进作用，且其生产性服务业多样化集聚却显著抑制了邻市的绿色全要素生产率。中西部地区的土地财政与生产性服务业专业化集聚和多样化集聚空间交互项的直接效应与间接效应均未通过显著性检验。这可能是由于中西部地区因受地理限制，城市平均规模较小且分布稀疏，城市间交通不及东部便利，使得本身的经济发展水平比较低，对土地财政依赖度较低，对生产性服务业集聚的抑制影响反而不明显。

表 2-6　分地区估计结果

地区		lnSP	lnDV	lnLF	lnSP × lnLF	lnDV × lnLF
东部地区	直接效应	0.0466 ** (2.49)	0.0899 (1.64)	0.0141 * (1.70)	-0.0357 *** (-3.76)	0.0213 (0.80)
	间接效应	-0.0562 (-0.73)	-0.9277 *** (-3.94)	-0.0258 (-0.81)	-0.0029 (-0.08)	0.3617 *** (3.06)
	总效应	-0.0096 (-0.12)	-0.8378 *** (-3.54)	-0.0117 (-0.37)	0.0386 (-1.06)	0.3830 *** (3.27)
中部地区	直接效应	0.0201 (1.13)	0.2191 *** (3.64)	-0.0045 (-0.48)	-0.0050 (-0.42)	-0.0341 (-1.09)
	间接效应	0.3014 ** (2.65)	0.1053 (0.29)	0.0141 (0.22)	-0.1116 (-1.46)	-0.3078 (-1.47)
	总效应	0.3215 ** (2.72)	0.3244 (0.85)	0.0096 (0.14)	-0.1165 (-1.48)	-0.3418 (-1.58)
西部地区	直接效应	0.0049 (0.25)	0.0105 (0.20)	-0.0089 (-1.03)	0.0125 (1.26)	0.0201 (0.66)
	间接效应	0.1982 *** (3.03)	-0.4054 ** (-2.28)	-0.0286 (-1.37)	0.0244 (0.74)	-0.0947 (-0.97)
	总效应	0.2031 *** (3.14)	-0.3948 ** (-2.20)	-0.0375 * (-1.85)	0.0369 (1.11)	-0.0743 (-0.76)

注：*、**、*** 分别表示在 10%、5%、1% 的显著性水平下显著，括号内为 t 统计量。

五、稳健性检验

为进一步验证模型实证结果的稳健性，本章节进行了一系列稳健性检验。

一是改变土地财政的衡量指标。本章节根据邵朝对等（2016）的方法，选取人均土地出让收入作为土地财政的替代变量进行稳健性检验。结果如表2-7第一栏、第二栏所示。

表2-7 稳健性检验结果

变量	人均土地出让收入占比		经济距离		引力模型	
	直接效应	间接效应	直接效应	间接效应	直接效应	间接效应
lnSP	0.0497*** (4.00)	-0.1320 (-1.60)	0.0126 (1.27)	0.0000 (0.00)	0.0086 (0.84)	0.1154*** (3.33)
lnDV	0.1021*** (2.99)	0.1023 (0.43)	0.0393 (1.57)	-0.0045 (-0.04)	0.0408 (1.57)	-0.2043* (-1.94)
lnSP×lnLF	-0.0131 (-1.55)	0.0146 (0.23)	-0.0113** (-2.12)	-0.0293* (-1.70)	-0.0137** (-2.47)	-0.0561*** (-3.21)
lnDV×lnLF	-0.0050 (-0.24)	-0.2718* (-1.63)	0.0121 (0.88)	-0.0458 (-0.85)	0.0142 (1.02)	-0.0266 (-0.51)
lnLF	0.0086** 2.26	0.0053 0.21	0.0000 (0.00)	0.0284** (1.99)	0.0011 (0.21)	0.0218 (1.42)
lnFES	-0.0464*** -4.18	-0.0116 (-0.18)	-0.1757*** (-9.07)	0.1035** (2.10)	-0.1509*** (-7.81)	-0.0746 (-1.21)
lnFDI	-0.0059*** (-4.17)	-0.0106 (-1.08)	0.0052*** (3.04)	0.0001 (0.01)	0.0051*** (2.87)	0.0204*** (3.54)
lnEDU	-0.0307** -2.04	0.0313 (0.31)	-0.0023 (-0.15)	-0.1952*** (-3.71)	-0.0087 (-0.52)	0.0330 (0.65)

注：*、**、***分别表示在10%、5%、1%的显著性水平下显著，括号内为t统计量。

从变量系数来看，首先，无论是直接效应还是间接效应，人均土地出让收入对绿色全要素生产率产生正向影响，这表明土地财政无论是从绝对规模还是相对规模来说，均会提升城市绿色全要素生产率；其次，生产性服务业专业化集聚与土地财政空间交互项的直接效应为负，间接效应为正，说明土地财政弱化了生产性服务业专业化集聚对本市绿色全要素生产率的提升效应，而强化了周边城市的提升效应；最后，生产性服务业多样化集聚与土地财政空间交互项的直接效应和间接效应均为负，表征土地财政弱化了生产性服务业多样化集聚对本市及周边城市绿色全要素生产率的提升效应。

二是改变空间权重矩阵设定。本章节分别运用经济距离矩阵与引力模型矩阵来代替地理距离模型矩阵对绿色全要素生产率进行稳健性检验。稳健性检验结果如表2-7第三栏、第四栏、第五栏、第六栏所示。由表2-7稳健性结果可知，分别运用经济距离矩阵和引力模型作为空间权重矩阵，与地理距离模型矩阵作为空间权重矩阵对绿色全要素生产率进行空间实证检验的结果相似，其结果进一步验证了本书结论的稳健性。

三是考虑内生性的系统 GMM 估计。根据集聚经济与空间经济原理，生产性服务业通过集聚发挥技术溢出效应与规模经济效应，从而提高低碳节能生产技术利用率、降低运营成本，提升城市绿色全要素生产率；土地财政也有利于吸引优势产业或品牌企业等形成集聚从而产生规模经济效应，进而促使地区产业得以快速发展，城市绿色全要素生产率提高。然而，城市绿色全要素生产率的不断提升对地区土地财政与生产性服务业集聚也会产生促进作用。因此土地财政、生产性服务业集聚与绿色全要素生产率之间可能存在联立内生性。并且由于数据的可得性，有些不可观测遗漏变量也可能致使解释变量与随机扰动项之间存在相关性，导致参数估计系数有偏和不一致。为得到无偏、一致的估计量，本章节采用广义矩（GMM）估计进行检验。另外，面板广义矩估计法有差分广义矩估计（DIFGMM）和系统广义矩估计（SYSGMM）之分，由于差分 GMM 估计量的有限样本特性较差，尤其是当滞后项和随后的一阶差分项存在非常弱的相关性时，工具变量较弱，此时采用系统广义矩估计更有效、偏差也更小。表2-8报告了基于内生性情况下不同空间权重矩阵的系统 GMM 估计结果。

表2-8　系统 GMM 估计结果

变量	地理距离	经济距离	引力模型
lnSP	0.0262*** (3.44)	0.0304*** (3.24)	0.0157** (1.91)
lnDV	0.0131 (0.56)	-0.0205 (-0.75)	0.0097 (0.42)
lnSP×lnLF	-0.0103*** (-3.14)	-0.0092*** (-2.68)	-0.0114*** (-3.46)
lnDV×lnLF	0.0509*** (5.41)	0.0324*** (2.87)	0.0489*** (4.22)

续表

变量	地理距离	经济距离	引力模型
lnLF	0.0266*** (4.67)	0.0355*** (6.17)	0.0261*** (4.67)
W×lnSP	0.0332* (1.99)	0.0351 (1.6)	0.0499*** (2.64)
W×lnDV	-0.1512*** (-2.79)	0.0565 (0.91)	-0.0447 (-0.72)
W×lnSP×lnLF	0.0289** (2.02)	0.0202 (1.21)	-0.0087 (-0.52)
W×lnDV×lnLF	0.0036 (0.08)	-0.1459*** (-2.84)	-0.0333 (-0.69)
W×lnLF	-0.0163** (-2.12)	-0.0578*** (-7.11)	-0.0293*** (-3.78)
W×lnGTFP	0.9910*** (16.85)	0.8347*** (12.56)	0.8112*** (10.99)
W×lnGTFP(-1)	-0.1173*** (-2.66)	-0.3134*** (-6.86)	-0.3557*** (-8.42)
lnGTFP(-1)	0.2322*** (6.44)	0.3574*** (9.54)	0.3760*** (10.9)
Control Variable	YES	YES	YES
Wald 检验	706.72 [0.000]	827.28 [0.000]	595.76 [0.000]
Sargan 检验	165.66 [0.048]	162.93 [0.065]	164.81 [0.053]
Hansen 检验	132.20 [0.600]	138.73 [0.443]	151.27 [0.191]
AR(1)检验	-7.69 [0.000]	-8.33 [0.000]	-8.50 [0.000]
AR(2)检验	-0.72 [0.470]	1.65 [0.099]	1.28 [0.199]
样本数	3113	3113	3113

注：本书所有估计用“xtabond2”程序完成；所有回归模型均为Two-step；内生变量为W×lnGTFP、W×lnGTFP(-1)和lnGTFP(-1)；圆括号中为z统计值；方括号中为伴随概率；*、**、***分别表示在10%、5%、1%的显著性水平下显著。

在进行回归时，本章节将被解释变量与解释变量的空间滞后项作为解释变量，然后在一般空间杜宾模型中加入被解释变量的时间滞后一期项，将静态空间杜宾模型转变成动态空间杜宾模型，并采用系统 GMM 方法进行估计。如表 2 - 8 所示：首先，Wald 检验均在 1% 水平上拒绝了解释变量系数为 0 的原假设；其次，Hansen 检验统计量对应的 P 值均大于 10%，这表明不存在工具变量过度识别的问题，模型的工具变量设置整体有效；最后，各计量方程残差的一阶差分存在自相关，且基于地理距离权重矩阵与引力模型权重矩阵下的二阶差分不存在自相关，因此不能拒绝原模型中残差无自相关的假设。从解释变量来看，其参数估计符号均未发生改变，且其显著程度提高，与静态模型的估计结果相似。

第二节　生产性服务业集聚与工业能源效率提升

一、引言

新常态下，“转方式、调结构、稳增长”成为中国经济发展的主题。2000 ~ 2014 年中国 GDP 年均增长率为 9.8%，同期工业能耗年均增长率高达 7.9%，经济增长率仅比能耗增长率高 1.9 个百分点。[①] 工业作为中国国民经济的重要组成部分和经济增长的主要驱动力，已成为能源消耗的主要领域（陈诗一，2009；王文举和李峰，2015）。促进工业能源利用由粗放向集约，产业结构由高污染、高能耗、高排放向绿色、高效、低碳转型成为中国经济发展中“转方式、调结构”的题中之意。为促减排、降能耗，党的十八届五中全会明确提出了绿色发展理念。2016 年政府工作报告中也进一步提出了“十三五”时期单位国内生产总值能耗下降 15% 的降耗目标。在能耗强度约束趋紧情况下，若在产业结构调整中强制实行限制“三高”产业政策、缩减工业比重，则可能会在一定时期内降低经济增速和就业水平，给经济发展带来不利冲击。如何在稳增长的同时，通过调整经济结构、转变发展方式，提高工业能源利用效率，成为同时摆在“两型社会”建设和经济稳定发展面前的重要现实课题。

生产性服务业是伴随现代制造业生产方式变化而发展起来的服务业，具

① 资料来源：2001 ~ 2015 年《中国统计年鉴》。

有技术含量高、规模经济显著、生产率提高快、低能耗低污染等特点（段文斌等，2016）。依托现代服务业和生产性服务业集聚促进产业结构优化、积极转变发展方式成为近年来政府和学界高度关注的改革热点。2016 年政府工作报告强调，要在“十三五”期间做大高技术产业、现代服务业等新兴产业集群，打造动力强劲的新引擎。已有研究也表明，与工业相比，生产性服务业具有更强的集聚效应和地方化经济趋势（Krugman，1991a）。生产性服务业集聚能够通过深化劳动分工、延伸产业价值链或利用其与制造业间的产业互动、推动生产技术创新等途径实现绿色增长（宣烨，2012；刘胜和顾乃华，2015；余泳泽等，2016）。可见，在工业结构性矛盾凸显、节能减排压力增大情况下，发展现代生产性服务业、促进生产性服务业集聚，则可成为优化产业结构、提高能源利用效率，实现“稳增长、降能耗”双重目标的突破口。然而目前系统探讨集聚与能源效率的研究多关注于制造业（师博和沈坤荣，2013；韩峰等，2014），直接从生产性服务业集聚视角研究能源效率提升机制的文献尚不多见，对于能源效率变化中生产性服务业不同集聚模式的内在影响机制更是缺乏深入的认识，尤其是缺乏对生产性服务业细分行业异质性的集聚模式及其集聚效应的实证检验。此外还需要特别指出的是，能源利用并非单纯局域问题，而是在很大程度上会通过产业转移、政府干预和环境治理的“搭便车”等机制传导至邻近地区。这就要求中国各地方政府在节能降耗过程中必须坚持属地管理与区域联动相结合的原则，积极采取联防联控的措施对能源利用中固有的空间效应加以考察和控制，但目前鲜有研究从空间互动视角系统考察生产性服务业集聚对能源效率的影响。即使有研究涉及到能源利用的空间相关性问题，但所构造的空间权重矩阵多基于简单的 0 ~ 1 邻阶矩阵，对于空间依赖是来源于内生空间交互效应还是外生空间交互效应并未进行系统探讨，也未在空间效应中考虑能源利用的“路径依赖”特征。本章节试图在集聚经济和新经济地理理论基础上构建计量模型，以中国 2003 ~ 2014 年 283 个地级及以上城市面板数据为样本，运用动态空间杜宾计量模型系统探讨生产性服务业集聚对能源利用效率的内在机制及其空间效应，以弥补现有研究在这方面的不足。

二、文献综述

关于集聚效应，胡佛（Hoover，1936）从静态视角将其划分为专业化集聚经济和多样化集聚经济。单个企业既可以受到来自同行业专业化集聚外部效应的影响，又可以受到跨行业多样化集聚外部效应的影响。而马歇尔

（Marshall，1890；1961）最早从动态角度研究了区域产业专业化集聚，他强调同一产业的集中分布和专业分工有助于企业降低成本、协同发展，因此同行业企业的专业化集聚经济外部性又称为马歇尔外部性。专业化程度越高的城市越受益于马歇尔集聚外部性。产业在某一区域的专业化集聚将对周边地区产生三种外部效应：劳动力“蓄水池”效应、中间投入品的规模经济效应、知识溢出效应。聚集区内的厂商可以根据自身需要便捷地从劳动力“蓄水池”内获得所需劳动力，技术工人也能在区域市场内随时找到与自身劳动技能相匹配的专业性工作，这既降低了搜寻成本也提高了劳动力市场效率，同时地理上的区位优势和邻近性也降低了劳动力流动成本；中间品市场能为厂商提供专业化服务，利用位置邻近等便利条件，节约运输成本和交易成本，形成规模经济和范围经济；技术工人在聚集区内通过正式或非正式的学习交流，传递信息技术，有助于企业技术创新、生产效率提高和竞争力增强。与之相对应的是雅各布斯（Jacobs，1969）的多样化集聚经济，他强调城市和区域经济发展主要受益于产业间的多样化集聚，因为它能够提供支撑区域发展的多样化中间投入品（Abdel-Rahman & Fujita，1990），因此跨行业企业的多样化集聚经济外部性又称为雅各布斯外部性。多样化水平越高的城市受到的雅各布斯外部性就越大。多样化集聚外部性的来源主要有：（1）中间投入品共享，特别是以金融、法律、物流等为代表的生产性服务业集中提供的中间服务品；（2）多样化产业集聚能提供拥有不同劳动技能的娴熟劳动力，提高劳动力市场匹配效率，降低失业率和交易成本；（3）容易形成规模经济；（4）多样化集聚有利于互补企业形成知识溢出和“集体学习”，实现互补性和差异化知识创造、积累与扩散，提高企业创新能力。而以克鲁格曼（Krugman，1991b）为代表的新经济地理学派强调市场规模在产业空间分布和劳动生产率提升中的决定作用。维奈尔斯（Venables，1996）则在此基础上构建了生产性服务业与制造业垂直关联模型，指出制造业对生产性服务品的需求规模和种类决定了生产性服务市场的广度和深度，而生产性服务业集聚可通过上下游产业的投入产出关联产生规模经济效应，为制造业发展提供廉价多样的中间服务，降低生产成本，提高制造业生产率效率。

根据集聚经济和新经济地理理论，生产性服务业集聚可通过三种路径对城市工业能源效率产生影响：一是生产性服务业集聚能够吸引高技能人才集聚、加速人力资本积累，从而形成专业技能人才“蓄水池”，提高能源利用的技术水平和效率；二是生产性服务业集聚通过与制造业的投入产出关联产生规模经济效应，有助于降低制造业厂商生产和交易成本，推进制造业向价值链高端攀升，提高能源利用效率；三是生产性服务业集聚通过技术外溢效应激发制造业企业创新潜能，推进新技术尤其是节能技术的创新、推广和应用，促进能源利用效率提升。

1. 生产性服务业集聚、高技能人才共享与能源利用效率

伊列雷斯（Illeris，1989）指出劳动力“蓄水池”效应是生产性服务业集聚的最主要动因。由于生产性服务业具有明显的知识密集型和技术密集型特征，因而生产性服务业专业化和多样化集聚均有助于吸引高技能人才集聚、加速人力资本积累，提高技术吸收及创新能力，进而提高能源利用效率、降低碳排放。李思慧（2011）认为人力资本是加快技术创新研发过程和技术吸收过程的主要投入要素，对于研发产生的技术与工艺创新，以及通过技术引进和扩散产生的技术吸收、工艺改进都具有重要的影响。一方面，生产性服务业集聚有助于形成高技能人才“蓄水池”，使企业便捷地获得所需的专业技能劳动力和科技服务人才，节约了企业对专业人才的搜寻和培训成本，在能源消耗量一定的条件下提高了生产效率；另一方面，生产性服务业集聚通过吸引高技能人才集聚，加速人力资本积累，人力资本水平提升既有助于企业提高自身自主创新能力，又能使其更好地学习吸收外来生产技术经验，提高能源利用的技术水平。可见，生产性服务业集聚通过吸引高技能人才集聚和人力资本积累提高了劳动生产率和能源利用效率，有助于抵消能源消费中的规模报酬递减作用，促进能源资源优化配置，提高能源利用效率（魏楚和沈满洪，2009）。

2. 生产性服务业集聚、规模经济效应与能源利用效率

新经济地理理论认为，企业倾向于定位在大市场区域生产发展。出于运输成本和区域便利性考虑，上下游关联企业在规模经济和范围经济作用下亦随之跟进，企业集聚数量的增加和产品多样化水平的提高又进一步扩大了市场规模，从而形成区域内产业链上下游企业协调互动、市场规模与企业集聚循环累积的发展过程。由于在同一地区集聚和生产易于加剧企业竞争，制造业企业在设计和研发上寻求个性化突破的成本亦越来越高，加之市场对劳动分工细化和服务专业化的要求不断提高，促使制造业企业将原本内置的中间服务环节外包给专业性更强的生产性服务业企业，由此形成生产性服务业围绕制造业布局的多样化产业集群。亚伯拉罕和泰勒（Abraham & Taylor，1996）认为，多数制造业企业正是由于从外部市场购买生产性服务可以节约成本，获得规模经济收益，才逐步放弃生产性服务的自给自足。徐从才和丁宁（2008）认为服务外移将促使专业化效率提升和交易成本降低，而生产性

服务业集聚带来的上下游产业关联效应和规模经济效应将有助于提升制造业生产率。生产性服务业与制造业依托价值链而进行的协同集聚有利于发挥中间服务品生产的规模经济效应，降低制造业生产成本和交易成本，促使制造业向价值链高端攀升，提升能源利用效率。其一，生产性服务业集聚带来的规模经济效应可促使制造业企业在生产中使用更多节能环保的生产技术和服务来替代高能耗资源，促进生产环节向低污染、高附加值的两端延伸（刘胜和顾乃华，2015）；其二，生产性服务业与制造业在空间中的协同集聚有助于对基础设施和生产设备进行最大化的集约利用，从而降低公摊成本，达到节能减排效果；其三，生产性服务业集聚的规模经济效应可降低制造业企业生产成本，在能耗一定的条件下最大可能增加产出绩效。段文彬和余泳泽（2011）的研究发现，机械、石油和煤炭冶金等行业在服务外包和规模经济的作用下能够有效提升能源利用效率。

3. 生产性服务业集聚、知识溢出效应与能源利用效率

生产性服务业作为一种典型的知识密集型和技术密集型行业，较易形成学习效应（Banga，2005），其空间集聚势必深化和加强企业间信息和知识、尤其是缄默知识的转移和传播，提高企业技术进步水平和劳动生产率（沈能和赵增耀，2014）。马歇尔和雅各布斯分别认为产业的专业化集聚和多样化集聚便利了知识的交流传播，有助于创新的形成发展。格拉泽等（Glaese et al.，1992）指出专业化集聚和多样化集聚均有助于区域内企业的联系沟通与交流合作，并将由这两种集聚方式产生的知识外溢效应称为动态外部性。在后工业时代，经济发展不再只是简单的工业生产，生产性服务已融入到经济发展的各个层面而成为新型技术和创新的主要提供者和传播者（顾乃华，2010）。一方面，生产性服务业集聚产生的知识溢出早已突破传统制造业的行业和空间局限，使溢出效果更加明显（沈能，2013）；另一方面，作为知识密集型和技术密集型行业，生产性服务业能通过人力资本积累和知识技术外溢，将先进的生产技术、专业的知识信息与前沿的创新理念嵌入生产制造环节中，提高制造业的技术研发、产品设计和科学管理水平，促进要素生产率的全面提升。生产性服务业集聚不仅聚集了大量专业技术工人，而且增加了技术人员正式和非正式合作交流的机会，易于产生新思想新观念、激发创新思维，在区域内形成良好的集体学习和创新环境（Keeble & Nacham，2002）。在集体学习和知识溢出效应的作用下，企业可通过在生产中以先进的节能设备替代落后老化的生产设备，以及利用清洁能源替代化石能源来提高能源利用效率。加尔巴乔等（Garbaccio et al.，1999）认为技术进步是推动中国

能源强度下降的决定因素。师博和沈坤荣（2013）认为能源效率在本质上来源于技术进步与技术外溢效应，旨在分享技术外溢效应的产业集聚具备了推动能源效率持续提升的可能。

综上所述，生产性服务业集聚可通过三种路径作用于工业能源效率：一是吸引高技能人才集聚、加速人力资本积累，通过提升能源利用的技术水平提高能源利用效率；二是生产性服务业专业化和多样化集聚有利于发挥中间服务品生产的规模经济效应，降低生产成本和交易成本，促使制造业向价值链高端攀升，提高能源利用效率；三是生产性服务业集聚能够有效促进知识传播和技术扩散，进而推进制造业企业在集体学习中提高全要素生产率和能源利用效率。本书将以中国地级及以上城市为样本，研究并检验城市层面生产性服务业集聚对工业能源效率的上述作用机制。与现有文献相比，本章节的贡献在于：（1）利用2003～2014年中国地级及以上城市面板数据且同时采用城市层面地理距离权重矩阵、经济距离权重矩阵和综合反映地理邻近性和经济邻近性的引力模型空间权重矩阵对生产性服务业集聚影响工业能源效率的空间交互效应进行探讨；（2）构建了动态空间杜宾面板计量模型进行实证检验，在同时考虑工业能源效率的时间滞后效应、空间滞后效应和时空双重滞后效应的条件下，对生产性服务业集聚影响工业能源效率的空间效应进行分析；（3）进一步将动态空间杜宾模型的估计结果分解为短期直接效应、短期间接效应、长期直接效应和长期间接效应四个方面，以全面分析生产性服务业集聚对工业能源效率的动态影响。

三、计量模型、变量测度与数据说明

（一）计量模型设定

假设代表性城市的生产函数可以写为与 Griliches（1979）生产函数类似的柯布—道格拉斯形式：

$$Y_{it} = AL_{it}^{\alpha}K_{it}^{\beta}F_{it}^{\varphi}E_{it}^{\gamma}e^{\varepsilon_{it}}, \alpha + \beta + \varphi + \gamma = 1 \tag{2.14}$$

其中，Y_{it}为城市 i 在第 t 期的总产出，L_{it}、K_{it}、F_{it}、E_{it}分别为城市生产中投入的劳动力、国内资本、外商直接投资和能源。A 为由本地经济规模、制度安排和技术条件决定的全要素生产率。α、β、φ、γ 为城市非农产出对各生产要素的弹性系数，ε 为随机误差。式（2.15）两边同时除以 E 得到：

$$EE_{it} = Al_{it}^{\alpha}k_{it}^{\beta}f_{it}^{\varphi}e^{\varepsilon_{it}} \tag{2.15}$$

其中，$EE_{it}=\frac{Y_{it}}{E_{it}}$，为单位能源产出，即能源效率；$l_{it}=\frac{L_{it}}{E_{it}}$、$k_{it}=\frac{K_{it}}{E_{it}}$和$f_{it}=\frac{F_{it}}{E_{it}}$分别为劳动力、国内资本和外资存量与能源消耗的比值，劳动—能源比、资本—能源比和外资—能源比衡量了一个地区劳动力和资本等非能源要素投入对能源要素的替代能力。能源替代是以增加非能源要素投入、减少能源要素投入为主的生产要素的重新配置，是在一条等产量线上要素的不同组合（Ma & Stern, 2008）。长期来看，由于把能源作为投入品的生产者和最终消费者均可改变其能源偏好和选择，因而各能源及其与各要素间的替代关系也是变化的，能源替代成为降低能源利用强度重要的方式之一。

技术进步和全要素生产率提升是能源利用效率提升的另一重要途径。集聚经济理论认为，技术外部性或技术外溢是促使全要素生产率提升和技术进步的重要因素（Fujita & Thisse，2002；范剑勇等，2014）。关于技术外部性的来源，马歇尔（Marshall，1890；1961）、阿罗（Arrow，1962）和罗默（Romer，1986）认为知识外溢来源于同一产业内的厂商集聚，而雅各布斯（Jacobs，1969）则认为重要的知识溢出往往来自核心产业之外，大量多样化的产业在相近地域上的集聚比那些相近产业的集中更能促进创新和增长。梁琦等（2014）则进一步指出，集聚是空间经济分布变化的一个动态概念，专业化和多样化实质上是集聚在任意一个时点上的两种不同形态。生产性服务业作为国民经济的重要组成部分，其空间分布形态在一定时期内也应有专业化和多样化集聚之分。正如席强敏（2015）所言，城市体系中生产性服务业在不同发展水平和不同规模城市中可能同时存在着专业化与多样化两种发展模式。一方面，与制造业相比，生产性服务业具有更强的集聚效应（Meliciani & Savona, 2014），其专业化集聚或多样化集聚的技能劳动力共享和技术外溢效应均有助于技术进步和能源利用效率的提升；另一方面，根据新经济地理理论，不论专业化集聚还是多样化集聚，生产性服务业集聚规模的提高，有助于为制造业企业提供优质、便捷和廉价的商业和生产服务，增进能源效率。因而，全要素生产率可看作生产性服务业专业化集聚和多样化集聚的增函数，即：

$$A=A_0S_i^{\theta_1}D_i^{\theta_2}\quad \theta_1>0,\theta_2>0 \tag{2.16}$$

其中，A_0为常数。S_i、D_i分别为生产性服务业专业化集聚和多样化集聚；θ_1和θ_2分别表示生产性服务业专业化集聚和多样化集聚的弹性系数，综合反映了能源利用中生产性服务业专业化集聚和多样化集聚的高技能人才“蓄水池”效应、规模经济效应以及技术外溢效应的大小。将式（2.16）带入式（2.15）并对两边取对数得：

$$\ln EE_{it} = a + \theta_1 \ln S_{it} + \theta_2 \ln D_{it} + \alpha \ln l_{it} + \phi \ln k_{it} + \varphi \ln f_{it} + \varepsilon_{it} \quad (2.17)$$

其中，$a = \ln A_0$。式（2.17）显示，能源效率是劳动—能源比、内资—能源比、外资—能源比和生产性服务业专业化和多样化集聚的函数。除以上因素外，根据相关文献论述，影响能源利用强度的变量还可能有城镇化水平、人力资本水平、政府干预等。魏等（Wei et al.，2003）认为城镇化对能源消耗产生两方面的影响：一是城镇化推进带来的工业化和人口集聚导致能源消耗增加；二是城镇化进程同时伴随着资源的优化配置、经济结构的优化调整及技术进步等，这将导致能源利用率提升和能耗降低，又有利于降低能源利用强度。王蕾和魏后凯（2014）以及郭文和孙涛（2015）对中国城镇化影响能源消费的实证研究显示，城镇化对能源消费的净效应为正，城镇化推进增加了经济发展的能源消费压力，提高了能源利用强度。因而有必要在计量分析中在式（2.17）基础上引入城镇化变量。除城镇化外，人力资本水平是影响能源效率的另一重要因素。尹宗成等（2008）的研究显示人力资本对提高中国能源效率具有显著的正向影响；李思慧（2011）进一步认为人力资本通过影响技术吸收能力和技术创新能力来作用于能源效率。然而以上因素变动对能源效率的影响，并未触及宏观经济运行中能源利用强度变化的深层制度原因。师博和沈坤荣（2013）认为在财政分权和晋升锦标赛体制下，地方政府基于保护税收和促进经济增长的干预行为将对能源利用效率产生三方面的作用：一是地方政府过度干预导致重复建设、过度投资和严重的资源浪费，要素配置被扭曲、能源利用效率降低；二是企业在地方政府“政策租”影响下缺乏降低能源消耗支出的动力；三是为促进经济增长、吸引企业投资，地方政府可能会降低环境标准，吸引高能耗企业投资。因而政府干预也是影响地区能源效率的重要变量。若以 Urban 表示城镇化水平、EDU 代表人力资本水平、GOV 表示地方政府干预程度，则式（2.17）可进一步扩展为：

$$\begin{aligned} \ln EE_{it} = a + \theta_1 \ln S_{it} + \theta_2 \ln D_{it} + \alpha \ln l_{it} + \phi \ln k_{it} + \varphi \ln f_{it} \\ + \lambda_1 \ln Urban_{it} + \lambda_2 \ln EDU_{it} + \lambda_3 \ln GOV_{it} + \varepsilon_{it} \end{aligned} \quad (2.18)$$

其中，$\lambda_1 \sim \lambda_3$为控制变量弹性系数。与环境质量相关的能源利用效率还将具有明显的外部性特征。一方面，工业能源效率可能在空间上存在负相关关系。若环境污染具有跨区域扩散效应，则地方政府在政治晋升激励下为获得更多经济增长机会，可能在制定环境标准时存在“搭便车”的行为，因而一地区环境治理的好处可通过空间外溢使邻近区域受益，地方政府治理污染、提升能源利用效率的积极性因此而降低。曾文慧（2008）对中国省级面板数据的实证研究进一步发现地方政府环境治理强度在空间上存在明显的策略互动。一地区为改善环境质量而提高能源效率的努力可能使其他地区减少提高能源利用效率的激励。另一方面，工业能源效率也可能存在正的空间相关性。一是地区间的增长竞争会间接地表现在能源利用标准的竞争上。在增长竞争和政治晋升压力下，一地区通过降低环境标准和能源利用强度标准而吸引企业投资、获得增长优势的做法可能诱发其他地区地方政府的类似行为，从而使各地区工业能源效率呈现“一损俱损”的特征。二是一地区改善工业能源效率的行为可能促使另一地区地方政府受到公众舆论及政绩考核压力的影响而在制定节能减排政策时，采取类似行为，这种“示范效应”将使各地区工业能源效率表现出“一荣俱荣”的特征。三是受到产业转移、工业集聚及交通、通信设施发展等经济机制影响，工业能源效率也可能表现出“一荣俱荣”的特征。已有研究也进一步证实，中国省域能源消费存在显著为正的空间相关性或空间关联特征（吴玉鸣和李建霞，2008；刘华军等，2015）。除能源利用效率具有空间关联效应外，已有研究亦显示生产性服务业集聚与制造业集聚、工业生产效率及经济发展之间在空间上存在协同效应（Ke et al. 2014；席强敏等，2015），因而某一城市 i 的生产性服务业集聚也可能对另一城市 j 的工业能源效率产生影响。此外，我们在计量模型设置中也遗漏了诸如制度环境、区位条件、区域政策等变量，这些不可观测遗漏变量也可能对区域能源利用效率产生影响并导致空间依赖性。任何忽略空间相关性的计量检验都将无法得到一致性的参数估计。因此，有必要将空间效应纳入计量分析中。我们通过引入空间计量模型来刻画和分析能源利用效率及生产性服务业专业化和多样化集聚的空间关联效应。具体模型设定为如下形式：

$$\ln EE_{it} = \alpha + \rho\sum_{j=1,j\neq i}^{N} w_{ij}\ln EE_{jt} + X_{it}\beta + \sum_{j=1}^{N} w_{ij}X_{ijt}\theta + \mu_i + \nu_t + \varepsilon_{it}, \varepsilon_{it} = \psi\sum_{j=1,j\neq i}^{N} w_{ij}\varepsilon_{jt} + \mu_{it} \tag{2.19}$$

其中，ε_{it}为残差；μ_i、ν_i分别表示地区效应、时间效应。ρ 和 ψ 分别为空间滞后系数和空间误差系数。w_{it}代表空间权重矩阵。其中，X 为包含生产性服务业专业化、多样化集聚和其他控制变量在内的自变量向量。

空间依赖关系的产生源于三类不同的空间交互效应：一是不同区位被解释变量间的内生交互效应；二是某一区位独立的解释变量与另一区位被解释

变量间的外生交互效应；三是不同区位误差项间的交互效应。其中内生交互效应和外生交互效应是空间外溢效应的主要来源，而误差项间的交互效应却并未包含外溢效应的信息（Vega & Elhorst, 2015）。一般情况下，像式（2.19）这类包含所有空间交互效应的模型，我们称为一般嵌套模型（general nesting spatial model，GNS）。而在实际计量检验中，若 $\rho \neq 0$、$\theta = 0$、$\psi = 0$，则式（2.19）为空间自回归模型（SAR），该模型测度了内生空间交互作用产生的空间外溢效应；若 $\rho = 0$、$\theta = 0$、$\psi \neq 0$，则式（2.19）为空间误差模型（spatial error model，SEM），该模型考察了随机干扰过程的空间依赖性；若 $\rho = 0$、$\theta \neq 0$、$\psi = 0$，则式（2.19）为空间滞后解释变量模型（SLX），该模型仅包含了外生的空间交互效应；若 $\rho \neq 0$、$\theta \neq 0$、$\psi = 0$，则式（2.19）为空间杜宾模型（SDM），该模型同时包含了内生和外生的空间交互效应；若 $\rho \neq 0$、$\theta = 0$、$\psi \neq 0$，则式（2.19）为广义空间自回归模型（spatial autoregressive combined model，SAC），该模型像 SAR 模型一样，仅包含内生的空间交互效应；若 $\rho \neq 0$、$\theta \neq 0$、$\psi \neq 0$，则式（2.19）为空间杜宾误差模型（spatial Durbin error model，SDEM），该模型像 SDM 一样，同时度量了由内生交互效应和外生交互效应产生的空间外溢效应。由于本书重点在于研究生产性服务业集聚对碳排放的空间溢出作用，因而本书将着重检验 SDM 模型的适用性。

式（2.19）隐含地假定工业能源效率会随本地各影响因素的改变而瞬时发生相应变化，未考虑到各地区能源效率变化中调整性的时间滞后效应。事实上，包括能源效率在内的各类宏观经济变量往往具有一定的路径依赖特征，即当期结果可能受到前期水平的影响（邵帅等，2013）。已有研究也显示区域能源效率具有显著的惯性特征和时间上的依赖性（师博和沈坤荣，2013）。因而本书根据埃尔霍斯特（Elhorst，2012a），将式（2.19）扩展为包含动态效应的空间计量模型，即：

$$\begin{aligned} \ln EE_{it} &= \alpha + \tau \ln EE_{i,t-1} + \rho \sum_{j=1,j\neq i}^{N} w_{ij} \ln EE_{jt} + \eta \sum_{j=1,j\neq i}^{N} w_{ij} \ln EE_{j,t-1} \\ &\quad + X_{it}\beta + \sum_{j=1}^{N} w_{ij} X_{ijt}\theta + \mu_i + \nu_t + \varepsilon_{it} \\ \varepsilon_{it} &= \psi \sum_{j=1,j\neq i}^{N} w_{ij}\varepsilon_{jt} + \mu_{it} \end{aligned} \tag{2.20}$$

其中，τ 和 ρ 分别为滞后一期能源效率及其空间滞后项的弹性系数。

（二）数据来源与变量测度

本章节样本为除陇南、中卫和巢湖三市的 2003 ~ 2014 年全国 283 个地级及以上城市。数据主要来自2004～2015年的《中国城市统计年鉴》和《中国区域经济统计年鉴》；用于基期调整的各省市价格指数来自2003年以来的《中国统计年鉴》。以下详细说明本章节有关指标和测度的设置过程。

（1）能源效率EE。目前天然气、液化石油气和电力是有统计的城市主要能源，且这三类能源占到城市市辖区能源总消耗量的50%以上，因而利用这三类能源测算的能源效率可以基本代表城市整体的能源使用效率。对于城市能源效率的测算，本章节首先将城市市辖区天然气、液化石油气和电力的工业消耗量按照“各种能源折标准煤参考系数”统一折算为标准煤使用量[①]；其次，计算城市非农业GDP与城市工业能源使用量（以标准煤衡量）的比值，从而获得各城市能源利用效率指标（元/吨）。

（2）生产性服务业专业化集聚（SP）和生产性服务业多样化集聚（DV）的指标构建方法与本章第一节一致，在此不再赘述。

（3）其他变量。本章节结合柯等（Ke et al.，2014）和席强敏等（2015）的研究对生产性服务业进行分类：根据中国城市分行业就业统计口径，把19个行业中的交通运输、仓储和邮政业，信息传输、计算机服务和软件业，批发零售业，金融业，租赁和商务服务业，科学研究和技术服务业，环境治理和公共设施管理业等七个行业合并代表生产性服务业。各行业就业人数为单位从业人员数（万人），数据直接取自历年《中国城市统计年鉴》。由于《中国城市统计年鉴》中没有报告城镇人口或城镇化水平数据，本章节以城市人口规模（Pop）近似代表城镇化水平，城市人口规模以市辖区年末总人口表示。人力资本（EDU）以中学及以上学生数占总人口比重表示；城市资本存量和FDI存量用永续盘存法来计算，具体计算方法参考韩峰和柯善咨（2013）；政绩考核体制和税收最大化激励是地方政府干预经济发展的重要原因，本章节参考陆铭和欧海军（2011）的研究，以城市财政收入占市辖区GDP比重（GOV）表示地方政府对经济发展的干预程度。市辖区生产总值（单位：万元）数据直接取自《中国城市统计年鉴》。城市非农就业以市辖区单位从业人员与个体从业人员之和（单位：万人）表示。所有货币价值的数据以2003年不变价计算。表2-9报告了中国地级及以上城市生产性服务业集聚、能源利用效率及其他变量的样本统计值。

① 天然气、液化石油气和电力折标准煤参考系数分别为1.3300千克标准煤/立方米、1.7143千克标准煤/千克、0.1229千克标准煤/千瓦时。

表 2-9　　中国地级及以上城市工业能源效率及其他变量的样本统计值

变量	均值	标准差	最小值	最大值
能源效率（EE，元/吨）	100707	105692.6	537.1828	1750579
市辖区总人口（Urban，万人）	132.7776	165.4053	14.0800	1787.0000
劳动力—能源比（l，人/吨）	1.2690	1.8296	0.0095	26.5331
资本—能源比（k，元/吨）	343363.6	472606.6	3363.0170	211548367
FDI 存量—能源比（元/吨）	20372.01	36197.67	24.27	715265.5
生产性服务业专业化集聚（SP）	0.4619	0.1790	0.0995	1.7774
生产性服务业多样化集聚（DV）	0.8874	0.1682	0.3476	1.5439
中学和大学生数比重（EDU,%）	10.6034	4.1051	0.8701	29.6527
政府干预（GOV,%）	8.5264	4.6024	0.4648	47.7808

四、空间计量检验与结果分析

（一）中国城市工业能源效率和生产性服务业集聚的空间相关性分析

判断能源效率的空间相关性有助于研究生产性服务业集聚作用下不同地区能源效率变动的空间传导机制。Moran's I 用于探讨地区间变量的空间相关性和反映地区间集聚格局特征，具体公式为：

$$\text{Moran's I} = \frac{n}{\sum_{i=1}^{n}\sum_{j=1}^{n}W_{ij}} \times \frac{\sum_{i=1}^{n}\sum_{j=1}^{n}W_{ij}(X_i - \bar{X})(X_j - \bar{X})}{\sum_{i=1}^{n}(X_i - \bar{X})^2} \tag{2.21}$$

式（2.21）中，X_i 为区域 i 的观测值；W_{ij} 为空间权重矩阵。根据式（2.21），Moran's I 值取值范围位于［-1，1］，在给定显著性水平下，若 Moran's I 值为正，表明相似观测值的区域在空间集聚分布，反之，则表明相似观测值的区域呈离散分布；若 Moran's I 值接近为 0，则表明相似观测值的区域在空间上呈随机分布。

由式（2.21）可以看出，准确度量个体间的空间相关关系，关键在于构造适当的空间权重矩阵。传统空间计量文献主要采用相邻权重矩阵。然而，相邻矩阵由于仅基于空间单元间是否相邻（是否有共同的顶点或边）来表征不同区域观测数据集的相互关系，因而无法反映地理上相互接近但并非相连的空间单元间的空间影响，也不能完全体现各空间单元间经济上的相互作用。本章节主要采用地理距离矩阵、经济距离矩阵和引力模型矩阵等进行空间计量分析。

（1）地理距离矩阵。城市间的地理距离是影响产业和人口空间分布的重要因素。地理距离权重矩阵 W_{djv} 可设定为：

$$W_{djv} = 1/d_{jv}^2, \quad j \neq v \tag{2.22}$$

其中，djv 是使用经纬度数据计算的城市间距离，且 j≠v，j = v 时则为 0，2 为地理衰减参数。

（2）经济距离矩阵。本章节根据张学良（2012）对经济距离的设置方法。采用人均 GDP 构建经济距离空间权重矩阵 W_{pergdp}：

$$W_{pergdp} = 1/\left|\overline{Q}_j - \overline{Q}_v\right|, \quad j \neq v \tag{2.23}$$

其中，j≠v，$\overline{Q}_j$ 为 2003～2014 年城市 j 的人均 GDP 均值。经济距离矩阵度量了城市间经济上的邻近性，经济发展水平越接近的城市可能具有相似的生产性服务业集聚模式和能源利用策略。

（3）引力模型矩阵。地理邻近和经济关联是影响经济活动空间布局的重要因素。现实中纵然两城市紧密相邻，但由于其具有迥然不同的经济发展水平和运行模式，二者的空间联系可能并不密切；反之，即使两城市具有相似的经济运行模式和发展水平，但由于其在地理上相距遥远，也不可能存在非常密切的空间关联。因而，地区间的空间关联可能来自地理邻近和经济联系的双重影响。基于此，本章节采用引力模型构建了综合反映地理与经济距离的空间权重矩阵，该权重矩阵能够更好地拟合变量空间影响随距离增加而连续衰减的特征（侯新烁等，2014）。

$$W_{gav} = (\overline{Q}_j \times \overline{Q}_v)/d_{jv}^2, \quad j \neq v \tag{2.24}$$

在进行空间计量分析前，本章节均对各矩阵进行标准化，使各行元素之和等于 1。基于各空间权重矩阵，本章节计算了能源利用效率指标的面板和截面 Moran's I 值。如表 2－10 所示，地理距离矩阵、经济距离矩阵和引力模型矩阵的面板 Moran's I 值分别为 0.1260、0.1178 和 0.1146，伴随概率均为 0.0000，

表 2－10　城市能源利用效率的面板全局 Moran's I 值

项目	地理距离矩阵	经济距离矩阵	引力模型矩阵
Moran's I 值	0.1260 [0.0000]	0.1178 [0.0000]	0.1146 [0.0000]
解释变量数	12	12	12
样本量	3396	3396	3396

因而能源效率的面板全局 Moran's I 值在控制解释变量后表现出显著为正的空间关联性，即能源利用效率较高的城市周边也必然集聚着大量拥有较高能源利用效率的城市。

为考察空间相关性的稳健性，图 2-1 进一步列出了地理距离、经济距离和引力模型空间权重矩阵的历年能源利用截面 Moran's I 值，其 P 值均在 5% 及以上水平通过显著性检验。该图显示，历年经济距离权重矩阵能源效率 Moran's I 值基本在 0.120 附近波动，并未表现出明显变化趋势；地理距离矩阵 Moran's I 值表现出平稳上升的趋势，而引力模型权重矩阵的 Moran's I 值在研究期内表现出明显上升趋势且其空间相关性明显大于地理矩阵和经济矩阵。因而能源效率在综合了地理邻近性和经济邻近性后其空间相关性具有明显提高趋势，能源效率在空间上的相互作用和空间关联更易于发生在地理上相互接近且经济上联系密切的城市之间。

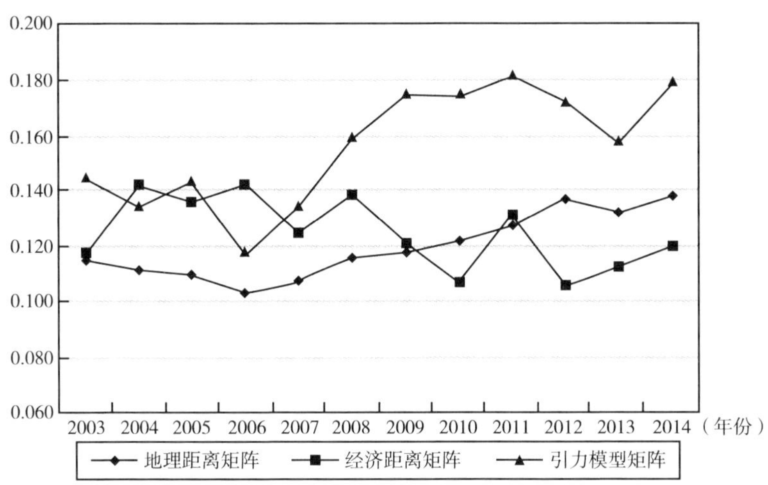

图 2-1 各权重矩阵历年能源效率的 Moran's I 值

（二）空间计量估计策略

为精确研究生产性服务业集聚对城市工业能源效率的影响及其空间效应，还需要进一步对其进行空间计量检验。选择适宜的空间计量方法有助于准确反映空间依赖产生的原因以及不同空间关联机制的作用效果。本章节参考埃尔霍斯特（Elhorst，2012b）的检验思路，采用“具体到一般”和“一般到具体”相结合的方法对空间计量模型进行检验。其一，按照从具体到一般的检验思路，估计非空间效应模型（nonspatial model）并利用拉格朗日乘数法（LM）来检验是否使用 SAR 或者 SEM 模型。如果 LM-lag 通过检验而非 LM-err，则选择 SAR 模型，反之则选择 SEM 模型；如果 LM-lag 与 LM-err 均通过检验，则需进一步比较 R-LM-lag 与 R-LM-err。若 R-LM-lag 通过检验而非 R-LM-err，则选择 SAR 模型，反之亦然。其二，如果非空间效应模型被拒绝，那么需要根据“一般到具体”的检验思路来估计空间杜宾模型（SDM），利用似然比（LR-test）检验计量模型是否存在空间固定效应（spatial fixed effects，SFE）或时间固定效应（time fixed effects，TFE）。其三，进行 Hausman 检验，进一步判断面板空间杜宾计量模型是采用固定效应还是随机效应估计方法。其四，通过 Wald 或 LR 检验法检验假设：H_0^1：$\theta=0$ 和H_0^2：$\theta+\rho\beta=0$，用以判断空间杜宾模型是否会简化为空间自回归（SAR）或空间误差模型（SEM）。如果以上两个假设均被拒绝，则 SDM 模型是估计空间面板模型的最佳选择；若第一个假设无法被拒绝，且 LM（R-LM）亦指向 SAR 模型，那么 SAR 模型更好地拟合了空间面板数据；若第二个假设无法被拒绝且 LM（R-LM）亦指向 SEM 模型，那么 SEM 是空间计量估计中的最优模型；若 LM（R-LM）指向的模型与 Wald 或 LR 的检验结果不一致，则 SDM 更适用于估计空间面板模型，这是因为 SDM 同时是空间自回归和空间误差模型的一般化形式。表 2-11 报告了空间计量模型的检验结果。

表 2-11　各类空间权重矩阵下的空间计量模型检验

检验内容	检验方法	地理距离矩阵		经济距离矩阵		引力模型矩阵	
		统计值	伴随概率	统计值	伴随概率	统计值	伴随概率
SAR 模型与 SEM 模型检验	LM-lag 检验	33.8183	0.0000	5.9189	0.0150	48.2212	0.0000
	R-LM-lag 检验	1.6360	0.2010	78.0640	0.0000	0.6441	0.4220
	LM-err 检验	288.0785	0.0000	158.6495	0.0000	223.8883	0.0000
	R-LM-err 检验	255.8962	0.0000	230.7946	0.0000	176.3112	0.0000
空间杜宾模型的固定效应检验	SFE-LR 检验	4135.3476	0.0000	3627.5698	0.0000	4192.3861	0.0000
	TFE-LR 检验	79.2587	0.0000	97.6339	0.0000	40.6919	0.0000
	STFE-LR 检验	4272.9059	0.0000	3807.8194	0.0000	4342.4784	0.0000
SDM 模型的 Hausman 检验	Hausman 检验	2417.3780	0.0000	1451.2496	0.0000	2817.7651	0.0000
SDM 模型的简化检验	Wald-lag 检验	333.2969	0.0000	926.6552	0.0000	277.7672	0.0000
	LR-lag 检验	317.9618	0.0000	779.5809	0.0000	233.1389	0.0000
	Wald-err 检验	160.2265	0.0000	462.4883	0.0000	147.3873	0.0000
	LR-err 检验	217.4735	0.0000	690.0655	0.0000	189.6056	0.0000

首先，来看 LM 检验结果。地理距离矩阵、经济距离矩阵和引力模型矩阵估计中 LM-lag 检验、LM-err 检验和 R-LM-err 检验均在 5% 及以上显著性水平通过检验，而地理距离矩阵和引力模型矩阵 R-LM-lag 检验却未通过显著性检验，因而 LM（R-LM）检验指向 SEM 模型。其次，由于非空间效应计量模型的原假设被拒绝，因而需估计空间杜宾模型，并检验其是否具有固定效应。空间杜宾模型的空间、时间和时空双重固定效应 LR 检验结果均显示，固定效应的计量模型中应同时控制空间和时间双重固定效应。再次，由于计量模型中存在时空双重固定效应，因而需要进一步采用 Hausman 检验判断 SDM 模型是采用时空双重固定效应还是随机效应更为合适。表 2－11 检验结果显示地理距离矩阵、经济距离矩阵和引力模型矩阵估计中 Hausman 检验均支持时空双重固定效应的 SDM 模型。最后，各权重矩阵估计中时空双重固定效应 SDM 模型的 Wald-lag、LR-lag、Wald-err、LR-err 统计量均通过了显著性检验，表明双重固定效应的 SDM 模型不可简化为 SAR 模型或 SEM 模型。可见，LM（R-LM）检验指向的模型与 Wald 或 LR 检验结果出现了分歧，则根据上述空间计量模型选择标准，双重固定效应的 SDM 模型更适用于估计本章节的空间面板模型。

（三）生产性服务业集聚影响工业能源效率的空间计量估计结果

由于双重固定效应的 SDM 模型更适合于估计式（2.20）的计量方程，因而本章节需估计具有时空双重固定效应的动态空间杜宾模型。为便于比较和检验各变量参数估计的稳健性，本章节还估计了具有双重固定效应的非动态空间杜宾模型。表 2－12 报告了生产性服务业集聚对工业能源效率的空间面板计量估计结果。

表 2－12　生产性服务业集聚对工业能源效率影响的空间面板计量估计结果

变量	地理距离矩阵		经济距离矩阵		引力模型矩阵	
	具有固定效应的非动态 SDM	具有固定效应的动态 SDM	具有固定效应的非动态 SDM	具有固定效应的动态 SDM	具有固定效应的非动态 SDM	具有固定效应的动态 SDM
lnSP	0.0118 (1.06)	0.0041 (0.36)	0.0076 (0.67)	－0.0001 (－1.05)	0.0096 (0.86)	0.0027 (0.22)
lnDV	0.0352 (1.53)	0.0245 (1.16)	0.0628*** (2.73)	0.0412** (1.97)	0.0350 (1.52)	0.0239 (1.13)
lnl	0.2295*** (20.44)	0.2030*** (18.89)	0.2284*** (20.40)	0.2012*** (18.87)	0.2295*** (20.47)	0.2024*** (18.84)
lnk	0.6789*** (55.37)	0.6679*** (55.80)	0.6743*** (54.85)	0.6647*** (55.76)	0.6790*** (55.52)	0.6684*** (55.91)

续表

变量	地理距离矩阵		经济距离矩阵		引力模型矩阵	
	具有固定效应的非动态 SDM	具有固定效应的动态 SDM	具有固定效应的非动态 SDM	具有固定效应的动态 SDM	具有固定效应的非动态 SDM	具有固定效应的动态 SDM
lnf	0.0072 ** (2.21)	0.0052 * (1.71)	0.0106 *** (3.25)	0.0073 ** (2.45)	0.0077 ** (2.38)	0.0056 * (1.87)
lnUrban	0.2154 *** (7.83)	0.2051 *** (7.87)	0.2050 *** (7.45)	0.2077 *** (8.03)	0.2154 *** (7.86)	0.2063 *** (7.94)
lnEDU	0.0321 ** (1.98)	0.0285 * (1.86)	0.0185 (1.27)	0.0221 (1.43)	0.0310 * (1.91)	0.0276 * (1.81)
lnGOV	−0.1225 *** (−12.09)	−0.0972 *** (−10.29)	−0.1258 *** (−12.39)	−0.1002 *** (−10.60)	−0.1219 *** (−12.05)	−0.0959 *** (−10.17)
lnEE(−1)		0.0912 *** (10.35)		0.0959 *** (10.87)		0.0910 *** (10.31)
W×lnEE	0.2883 *** (7.65)	0.2795 *** (6.58)	0.1045 *** (3.12)	0.1374 *** (3.86)	0.2750 *** (8.05)	0.2753 *** (6.67)
W×lnEE(−1)		0.0122 ** (2.44)		0.0165 ** (2.55)		0.0103 ** (2.05)
W×lnSP	−0.0707 * (−1.90)	−0.0547 (−1.62)	−0.0445 (−1.47)	−0.0138 (−0.54)	−0.0548 (−1.49)	−0.0397 (−1.16)
W×lnDV	0.1979 *** (2.66)	0.0986 (1.53)	−0.1594 ** (−2.45)	−0.0871 (−1.56)	0.2073 *** (2.78)	0.1085 * (1.68)
W×lnl	−0.0714 ** (−2.01)	−0.0759 ** (−2.23)	−0.0851 ** (−2.47)	−0.0942 *** (−2.76)	−0.1018 *** (−3.08)	−0.0867 *** (−2.71)
W×lnk	−0.2734 *** (−5.93)	−0.2428 *** (−5.14)	−0.0285 (−0.66)	−0.0609 (−1.33)	−0.2379 *** (−5.43)	−0.2281 *** (−4.98)
W×lnf	0.0316 *** (2.95)	0.0200 ** (2.17)	−0.0017 (−0.73)	0.0107 (0.64)	0.0194 *** (2.88)	0.0132 ** (2.35)
W×lnUrban	−0.2006 ** (−2.49)	−0.1039 (−1.35)	−0.0806 (−1.09)	−0.0840 (−1.22)	−0.2212 *** (−2.69)	−0.1326 * (−1.71)
W×lnEDU	−0.1788 *** (−3.47)	−0.1268 *** (−2.60)	−0.0474 (−1.03)	−0.0872 ** (−1.96)	−0.2155 *** (−3.97)	−0.1650 *** (−3.21)
W×lnGOV	−0.0344 (−0.97)	−0.0018 (−1.08)	0.0446 * (1.73)	0.0641 *** (2.59)	−0.0274 (−0.74)	−0.0113 (−0.32)
log-lik	1932.4154	2625.3703	1882.2433	2591.9323	1932.1606	2824.1803
R^2	0.9723	0.9766	0.9713	0.9761	0.9724	0.9788

注：***、**和*分别表示在1%、5%和10%水平上显著，圆括号内为t检验值，log-lik为log-likelihood，lnEE（−1）和W×lnEE（−1）分别表示滞后一期工业能源效率和滞后一期工业能源效率的空间滞后项。

非动态 SDM 模型中仅包含工业能源效率的空间滞后效应，而动态 SDM 模型中不仅包含空间滞后效应，还包含其时间滞后效应和时空滞后效应。单从空间效应来看，无论动态还是非动态 SDM 估计，空间滞后系数在三种权重矩阵设定下均在 1% 水平上显著为正，从而证明中国各城市工业能源效率在空间上存在明显的集聚特征。受地方政府竞争、产业转移、工业集聚及要素和产品贸易等经济机制驱动，本地区工业能源效率与地理或经济上相邻地区的工业能源效率密切相关，表现出“一荣俱荣、一损俱损”的空间特征。单从时间维度来看，工业能源效率的时间滞后系数 τ 在三种权重矩阵估计中均在 1% 水平显著为正，说明各地区工业能源效率变化具有明显的路径依赖特征，当期工业能源效率的较高水平将导致下一期能源效率水平继续走高，从而表现出“滚雪球效应”。这一结果意味着工业能源效率提升具有不可逆性，当期提升能源效率所做努力将对后续能源利用效率提升产生深远的积极影响，反之亦然。因而致力于提升能源效率的工作必须常抓不懈，以防止能源效率在低水平上出现路径依赖。从时空滞后效应来看，工业能源效率的时空滞后系数 η 在三种空间权重矩阵估计中均在 5% 水平显著为正，表明上一期地理或经济上相邻地区的工业能源效率水平促进了本地区当期能源效率的提高。这就意味着邻近地区工业能源效率提升对本地区产生了“示范效应”，即面对之前邻近地区（或经济增长水平与本地区相近的周边地区）工业能源效率的提高，本地区政府出于公众舆论对于节能减排压力及政绩考核的考虑[①]，可能将其视为“榜样”而在随后的节能减排政策及实施中不断模仿周边地区，以提高自身的能源利用效率。

另外，为分析把非动态模型扩展为动态空间面板数据模型是否能够增加模型解释力，本章节还使用 LR 检验来验证变量 lnEE(−1) 和 W × lnEE(−1) 系数的联合检验是否通过显著性检验。地理距离权重矩阵、经济距离矩阵和引力模型矩阵情形下 LR 检验的结果分别是：2 × (2625.3703 − 1932.4154) = 1385.9098，2 × (2591.9323 − 1882.2433) = 1419.3780，2 × (2824.1803 − 1932.1606) = 1784.0394，其自由度均为 2，该检验结果均通过了 1% 的显著性检验，证实了使用具有动态效应的扩展模型更具有解释力。进一步从三种空间权重矩阵的估计效果来看，无论动态 SDM 还是非动态 SDM，引力模型矩阵估计的 log-likelihood 值及 R^2 值均优于地理距离和经济距离空间权重矩阵。

---

① 自“十一五”规划中提出节能减排约束性指标以来，中国政府对于地方官员的考核指标已经由单纯的 GDP 逐步向综合考虑经济绩效和环境绩效的“绿色 GDP”过渡。

因而下文我们重点关注引力模型矩阵的动态 SDM 估计结果。

当存在空间溢出效应时，某个解释变量变化不仅引起本地区能源利用效率随之变化，同时也会对邻近地区工业能源效率产生影响，并通过循环反馈作用引起一系列调整变化（邵帅等，2016）。然而在包含全局效应设定的 SDM 模型中，变量的参数估计值及其显著性仅代表各变量的作用方向和影响效果，并非代表其对碳排放的边际影响，因而并未直接捕获解释变量对被解释变量的全部影响。正如莱萨奇和佩斯（LeSage & Pace，2009）所言，通过使用一个或更多空间回归模型设定的点估计（ρ、η、θ 或 ψ）来判定是否存在空间溢出效应的做法可能导致错误的结论。但他们同时指出，对不同空间模型设定（spatial model specifications）中变量变化的偏微分解释则可作为检验是否存在空间溢出效应假设的更为有效的基础。因而我们并不能依据表 2-12 中动态和非动态 SDM 模型的点估计结果来比较分析不同模型生产性服务业集聚及其他解释变量对能源效率的作用效果，也无法判定生产性服务业集聚及其他变量是否对工业能源效率产生明显空间外溢效应。为获得这些信息，本章节采用莱萨奇和佩斯（2009）的方法，根据表 2-12 的参数估计结果进一步估算了各类空间权重矩阵动态空间杜宾模型中生产性服务业集聚及其他控制变量对工业能源效率的直接效应和间接效应。其中，直接效应反映了本地区生产性服务业集聚等解释变量对城市工业能源效率的影响，其中包含了空间反馈效应，即本地区某影响因素变动通过影响邻近城市工业能源效率，邻市工业能源效率又反过来影响本地区能源利用效率这一循环往复的过程；间接效应则表示邻近地区生产性服务业集聚对本地区工业能源效率的空间影响，反映了空间溢出效应。此外，由于本文使用的是动态空间面板数据模型，根据式（2.20），可将直接效应和间接效应进一步分解为在时间维度上的短期效应和长期效应，分别反映生产性服务业集聚及其他控制变量对工业能源效率的短期即时影响和考虑时间滞后效应的长期影响。直接效应和间接效应的短期和长期效应计算公式分别为：

$$dirst = [(I - \rho W)^{-1}(\beta_k I_N + \theta_k W)]^{\bar{d}} \tag{2.25}$$

$$indst = [(I - \rho W)^{-1}(\beta_k I_N + \theta_k W)]^{\overline{rsum}} \tag{2.26}$$

$$dirlt = [((1 - \tau)I - (\rho + \eta)W)^{-1}(\beta_k I_N + \theta_k W)]^{\bar{d}} \tag{2.27}$$

$$indlt = [((1 - \tau)I - (\rho + \eta)W)^{-1}(\beta_k I_N + \theta_k W)]^{\overline{rsum}} \tag{2.28}$$

其中，dirst、indst、dirlt、indlt 分别为短期直接效应、短期间接效应、长期直接效应和长期间接效应；$\bar{d}$ 为计算矩阵对角线元素均值的运算符，$\overline{rsum}$ 表示计算矩阵非对角线元素行和平均值的运算符。表 2 – 13 报告了基于表 2 – 12 中动态 SDM 估计结果而测算的各解释变量影响效应分解结果。

表 2 – 13　　　　生产性服务业集聚对工业能源效率影响的效应估计

权重矩阵	效应	lnSP	lnDV	lnl	lnk	lnf	lnUrban	lnEDU	lnGOV
地理距离矩阵	短期直接效应	0.0027 (0.24)	0.0176 (0.77)	0.2049*** (17.79)	0.6777*** (52.27)	0.0061** (1.97)	0.2038*** (7.41)	0.0288* (1.78)	-0.0970*** (-9.65)
	短期间接效应	-0.1020** (-2.06)	-0.3275*** (-4.30)	0.0854*** (4.88)	0.5364*** (6.85)	0.0409* (1.84)	-0.0536*** (-2.72)	0.0173 (1.07)	-0.0047 (-0.15)
	长期直接效应	0.0026 (0.21)	0.0182 (0.72)	0.2260*** (17.78)	0.7486*** (51.63)	0.0068** (2.00)	0.2243*** (7.40)	0.0318* (1.78)	-0.1069*** (-9.62)
	长期间接效应	-0.1190** (-2.04)	-0.3818*** (-4.11)	0.1140*** (4.71)	0.6735*** (6.34)	0.0482* (1.85)	-0.0485** (-1.96)	0.0222 (1.14)	-0.0123 (-0.32)
经济距离矩阵	短期直接效应	-0.0018 (-0.16)	0.0409* (1.89)	0.2017*** (17.59)	0.6708*** (54.38)	0.0079** (2.54)	0.2076*** (7.55)	0.0224 (1.37)	-0.0993*** (-9.75)
	短期间接效应	-0.1076*** (-2.69)	-0.0660 (-1.24)	0.0408*** (3.85)	0.3459*** (6.64)	0.0268 (1.43)	-0.0806*** (-5.75)	0.0036 (0.28)	0.0322 (1.29)
	长期直接效应	-0.0025 (-0.20)	0.0450* (1.87)	0.2236*** (17.75)	0.7448*** (52.78)	0.0089** (2.56)	0.2296*** (7.53)	0.0248 (1.37)	-0.1098*** (-9.76)
	长期间接效应	-0.1236*** (-2.67)	-0.0742 (-1.21)	0.0556*** (3.68)	0.4259*** (6.04)	0.0311 (1.43)	-0.0834*** (-4.87)	0.0052 (0.34)	0.0326 (1.13)
引力模型矩阵	短期直接效应	0.0003 (0.03)	0.0183 (0.80)	0.2039*** (17.93)	0.6788*** (51.50)	0.0063** (1.98)	0.2067*** (7.47)	0.0289* (1.77)	-0.0960*** (-9.67)
	短期间接效应	-0.1181** (-2.38)	-0.3050*** (-4.09)	0.0845*** (4.91)	0.5368*** (6.92)	0.0411* (1.84)	-0.0517** (-2.57)	0.0145 (0.90)	-0.0036 (-0.12)
	长期直接效应	0.0011 (0.56)	0.0194 (0.77)	0.2247*** (17.85)	0.7485*** (51.40)	0.0071** (2.00)	0.2274*** (7.43)	0.0318* (1.77)	-0.1056*** (-9.69)
	长期间接效应	-0.1354** (-2.35)	-0.3489*** (-3.95)	0.1064*** (4.51)	0.6469*** (6.18)	0.0474* (1.84)	-0.0495** (-2.01)	0.0180 (0.95)	-0.0087 (-0.24)

注：***、** 和 * 分别表示在 1%、5% 和 10% 水平上显著，圆括号内为 t 检验值。

总体来看，同一因素的作用方向和作用效果在地理距离矩阵和引力模型矩阵估计中几乎完全一致，而 lnf、lnEDU、lnGOV、lnSP 和 lnDV 等多数变量在经济距离矩阵情形下的估计结果却表现出明显差异。这意味着与经济邻近性相比，生产性服务业集聚及其他控制变量对工业能源效率的空间作用更多地受到地理距离的影响。而且无论直接效应还是间接效应，除城市化外的各变量长期效应均大于短期效应（绝对值），从而说明生产性服务业集聚及其他多数控制变量对工业能源效率均具有更加深远的长期影响。由于引力模型矩阵估计结果与地理距离矩阵基本一致且引力模型矩阵情形下各因素估计效果明显优于地理距离矩阵和经济距离矩阵，因而我们主要以引力模型矩阵情形下的估计结果来解释生产性服务业集聚及其他控制变量对工业能源效率的影响。

首先来看各控制变量对工业能源效率的影响。劳动力—能源比（lnl）、国内资本—能源比（lnk）与FDI—能源比（lnf）的直接效应在短期和长期中均显著为正，说明劳动力、内资和外资等非能源要素投入对能源要素具有明显的替代效应；其间接效应亦显著为正表明本地区劳动力、资本等要素对能源利用的替代效应对周边地区工业能源效率提升具有示范效应。以城市规模表征的人口城市化水平提升在短期和长期内对本地区工业能源效率的影响均显著为正，但对周边城市的溢出效应显著为负，这意味着本地区城市规模的扩大对能源利用产生了明显的规模经济效应，从而有效提高了能源利用效率，但人口向本地区迁移、流动和集聚可能弱化了其他地区人口集聚给能源利用带来的规模效应。与其他变量不同，人口城市化间接效应的长期影响小于短期效应，从而说明人口城市化对周边工业能源效率的负向溢出效应随时间推移不断降低。人力资本水平（lnEDU）提升在短期和长期均有助于本地区工业能源效率的提高，但对周边地区影响不显著，说明人力资本并未对城市工业能源效率产生明显空间外溢效应。政府干预程度（lnGOV）的长期和短期直接效应均显著为负，且间接效应也为负但未通过显著性检验，说明政府对经济的过度干预将降低能源利用强度标准、使资源配置被扭曲，降低了本地区能源利用效率，但能源利用效率在空间中并未出现“一损俱损”的局面。其原因可能在于，“十一五”规划以来、尤其中国经济发展进入新常态以后，各地方政府政绩考核指标已经由单纯的GDP逐步向综合考虑经济绩效和环境绩效的“绿色GDP”过渡，一地区政府过度干预带来的能源效率损失可能给其他地区地方政府行为带来警示效应，降低对能源利用强度标准及经济活动的干预力度以避免“重蹈覆辙”，避免了能源利用中“一损俱损”结果的出现。

其次分析生产性服务业专业化和多样化集聚对工业能源效率的影响。表2-13结果显示，无论从长期还是短期来看，生产性服务业专业化和多样化集聚的直接效应均未通过显著性检验，说明生产性服务业专业化和多样化集聚并未对本市产生预期中的能源效率提升效应。其可能的解释是：一是现阶段中国生产性服务业，尤其是高端生产性服务业[①]发展滞后导致生产性服务业集聚对工业能源效率的技术外溢效应和规模经济效应无法得到充分发挥。2014 年第三产业就业人员占总就业比重达到了 40.6%，但生产性服务业却仅占第三产业就业的 39.8%，而生产性服务业中包含信息传输、计算机服务和软件业，金融业，科学研究和技术服务业在内的高端行业的比重也仅为 37.3%。这意味着中国总体服务业发展中代表现代服务业发展方向的生产性服务业发展是滞后的，而在生产性服务业中批发零售业，租赁和商务服务业，交通运输、仓储和邮政业等低端行业却占到 60% 以上。生产性服务业、尤其是高端生产性服务业发展的严重滞后将使生产性服务业集聚效应受到极大限制，不利于高端生产服务在制造业价值链中的有效嵌入和工业能源利用效率的有效提升。二是虽然目前中国生产性服务业规模不断扩大、发展速度不断提高，但中国整体产业结构仍处于全球价值链的中低端（余泳泽，2011），单位产品能耗依然较高，这就使得生产性服务业集聚水平不断提高，但其提高能源利用效率的效果却未得到显著提升。三是受地方政府对产业发展的干预影响，城市内部的生产性服务业发展与城市规模、本地工业发展需求等可能并非完全匹配（席强敏等，2015），出现了背离当地比较优势和工业结构的盲目发展现象，导致生产性服务业与制造业互动不足，从而生产性服务业集聚未对本市能源利用效率产生明显影响。

进一步从生产性服务业集聚的间接效应估计结果来看，多样化集聚和专业化集聚对邻市能源利用效率的影响显著为负，这说明生产性服务业集聚显著降低了邻近城市的能源利用效率，且多样化集聚的作用效果明显大于专业化集聚。这一与预期相悖的结论可能正反映了中国生产性服务业与制造业空间联动和协同集聚中存在的问题。第一，尽管多数研究已证实中国生产性服务业与制造业在空间中存在协同定位或集聚现象（陈国亮和陈建军，2012；Ke et al.，2014），但对于协同集聚的行业结构类型却不得而知。在中国，除北京、上海、广州、深圳等大型城市生产性服务业结构中高端行业占比较大外，其他多数城市生产性服务业中 60% 以上是批发零售业，租赁和商务服务

① 本章节根据宣烨和余泳泽（2014）的方法，借助人均产出和研发强度等指标将金融业，信息传输、计算机服务和软件业，科学研究、技术服务和地质勘查业，环境治理和公共设施管理业等定义为高端生产性服务业，而将交通运输、仓储和邮政业，批发零售业，租赁和商务服务业等定义为低端生产性服务业。数据来源于 2015 年《中国第三产业统计年鉴》。

业，交通运输、仓储和邮政业等低端生产性服务业。这些低端生产性服务业由于不具有知识或技术密集特点，不仅难以发挥空间集聚效应，而且其服务对象往往是本市及邻近城市的劳动密集型和资本密集型制造业。劳动和资本密集型制造业由于处于价值链中低端，单位产品能耗较高，因而邻市生产性服务业集聚可能提高了本市单位 GDP 能耗，阻碍能源利用效率提升。此外，根据 2015 年《中国工业经济统计年鉴》数据计算，除以上几个大型城市外，中国多数城市制造业结构中劳动密集型、资本密集型和技术密集型行业占比分别为 31.8%、41.4% 和 26.8%。席强敏等（2015）认为劳动和资本密集型行业因其生产过程较为简单，主要与批发零售、交通运输和仓储等低端生产性服务业互动较多。当本市劳动和资本密集型行业，尤其是资本密集型行业占比较大时，邻市低端生产性服务业集聚非但不能降低本市单位产出能耗，反而阻碍能源效率的进一步提升。第二，地方政府在政治晋升和政绩考核压力下，可能存在忽视当地发展现状而盲目跟进中央生产性服务业发展政策的行为，同时在生产性服务业发展中各地方政府间也可能存在示范和模仿行为，致使各地生产性服务业同构现象严重，进而出现了各城市生产性服务业“小而全、大而全”的低层次多样化发展模式（韩峰等，2015）。生产性服务业结构同质及其在空间上的不断传导将导致生产性服务业出现整体规模偏小、低水平重复建设和资源错配等问题（程大中，2008），阻碍制造业技术提升和能源效率改善。因而与专业化集聚相比，生产性服务业多样化集聚对邻市工业能源效率具有更强的负空间溢出效应。

五、生产性服务业细分行业集聚对工业能源效率的影响

由于生产性服务业集聚对工业能源利用效率的空间效应与城市生产性服务业内部结构有关，我们进一步根据库姆斯（Combes，2000）的方法将生产性服务业专业化集聚和多样化集聚指标分解至每个生产性服务业细分行业，以期探讨每个细分行业专业化集聚及其面临的行业多样化集聚对工业能源效率的影响。表 2－14 报告了引力模型矩阵情形下动态面板 SDM 模型的短期和长期生产性服务业分行业集聚的直接效应和间接效应测算结果。其中，生产性服务业细分行业专业化集聚指标（lnSP）衡量了城市中每个细分行业自身的专业化水平，而多样化集聚（lnDV）反映了每个细分行业在城市中所面临的行业多样化水平。

表 2-14　生产性服务业细分行业集聚对工业能源效率影响的效应估计

细分行业	效应	lnSP	lnDV	lnl	lnk	lnf	lnUrban	lnEDU	lnGOV
交通运输、仓储和邮政业	短期直接效应	-0.0052*	0.0250**	0.2058***	0.6770***	0.0063**	0.2075***	0.0261	-0.0946***
		(-1.70)	(1.96)	(18.30)	(51.93)	(2.04)	(7.51)	(1.58)	(-9.63)
	短期间接效应	-0.1039**	-0.2898***	0.0800***	0.5154***	0.0368*	-0.0527***	0.0049	0.0070
		(-2.23)	(-4.04)	(4.76)	(6.82)	(1.68)	(-2.76)	(0.67)	(0.39)
	长期直接效应	-0.0059*	0.0269*	0.2267***	0.7465***	0.0070**	0.2284***	0.0288	-0.1041***
		(-1.74)	(1.91)	(18.15)	(52.40)	(2.06)	(7.50)	(1.58)	(-9.66)
	长期间接效应	-0.1185**	-0.3293***	0.0989***	0.6123***	0.0422*	-0.0519**	0.0066	0.0043
		(-2.22)	(-3.87)	(4.31)	(6.03)	(1.69)	(-2.18)	(0.73)	(0.20)
批发零售业	短期直接效应	-0.0016	0.0233	0.2055***	0.6770***	0.0063*	0.2053***	0.0268*	-0.0955***
		(-0.58)	(1.55)	(17.89)	(50.94)	(1.92)	(7.25)	(1.68)	(-9.07)
	短期间接效应	-0.1063**	-0.2916***	0.0801***	0.5137***	0.0375*	-0.0544***	0.0099	0.0043
		(-2.29)	(-4.00)	(4.84)	(6.79)	(1.67)	(-2.72)	(1.35)	(0.24)
	长期直接效应	-0.0020	0.0251	0.2263***	0.7460***	0.0070*	0.2258***	0.0295*	-0.1050***
		(-0.64)	(1.60)	(17.80)	(49.50)	(1.95)	(7.25)	(1.68)	(-9.04)
	长期间接效应	-0.1207**	-0.3300***	0.0977***	0.6052***	0.0427*	-0.0526**	0.0122	0.0076
		(-2.27)	(-3.87)	(4.35)	(5.94)	(1.69)	(-2.25)	(1.33)	(0.77)
租赁和商务服务业	短期直接效应	-0.0044	0.0209	0.2052***	0.6772***	0.0064**	0.2060***	0.0267*	-0.0952***
		(-1.27)	(1.41)	(17.60)	(54.38)	(2.05)	(7.60)	(1.69)	(-9.38)
	短期间接效应	-0.1098***	-0.2934***	0.0807***	0.5171***	0.0378*	-0.0533***	0.0064	0.0010
		(-2.37)	(-4.03)	(4.78)	(6.74)	(1.71)	(-2.70)	(0.82)	(0.25)
	长期直接效应	-0.0051	0.0223	0.2262***	0.7473***	0.0071**	0.2269***	0.0295*	-0.1048***
		(-1.32)	(1.36)	(17.74)	(53.18)	(2.07)	(7.59)	(1.68)	(-9.39)
	长期间接效应	-0.1255**	-0.3344***	0.1006***	0.6182***	0.0434*	-0.0522**	0.0084	-0.0028
		(-2.36)	(-3.90)	(4.51)	(6.20)	(1.71)	(-2.20)	(0.88)	(-0.12)
金融业	短期直接效应	-0.0013	0.0152	0.2045***	0.6778***	0.0065**	0.2042***	0.0260	-0.0961***
		(-0.45)	(1.12)	(17.92)	(51.14)	(2.04)	(7.45)	(1.61)	(-9.37)
	短期间接效应	-0.1174**	-0.2984***	0.0832***	0.5259***	0.0370*	-0.0536***	0.0107	-0.0076
		(-2.56)	(-3.99)	(4.96)	(6.90)	(1.69)	(-2.69)	(1.47)	(-0.39)
	长期直接效应	-0.0018	0.0160	0.2254***	0.7474***	0.0072**	0.2247***	0.0286	-0.1058***
		(-0.53)	(1.07)	(17.81)	(51.05)	(2.06)	(7.44)	(1.61)	(-9.38)
	长期间接效应	-0.1342**	-0.3409***	0.1041***	0.6310***	0.0426*	-0.0522**	0.0134	-0.0130
		(-2.55)	(-3.85)	(4.61)	(6.23)	(1.68)	(-2.15)	(1.47)	(-0.57)

续表

细分行业	效应	lnSP	lnDV	lnl	lnk	lnf	lnUrban	lnEDU	lnGOV
信息传输、计算机服务和软件业	短期直接效应	0.0048 (1.59)	0.0251 (1.25)	0.2051 *** (17.71)	0.6780 *** (51.74)	0.0064 ** (1.96)	0.2071 *** (7.26)	0.0270 * (1.68)	-0.0953 *** (-9.83)
	短期间接效应	-0.1178 (-1.43)	-0.1943 (-0.96)	0.0831 *** (4.88)	0.5289 *** (6.85)	0.0386 * (1.71)	-0.0520 *** (-2.65)	0.0086 (0.86)	0.0059 (0.31)
	长期直接效应	0.0055 * (1.69)	0.0269 * (1.80)	0.2258 *** (17.70)	0.7472 *** (51.01)	0.0071 ** (1.98)	0.2277 *** (7.26)	0.0298 * (1.70)	-0.1049 *** (-9.79)
	长期间接效应	0.1344 ** (2.41)	0.2345 *** (3.82)	0.1027 *** (4.41)	0.6288 *** (6.11)	0.0442 * (1.71)	-0.0510 ** (-2.12)	0.0085 (0.90)	0.0030 (0.13)
科学研究和技术服务业	短期直接效应	-0.0027 (-0.71)	0.0236 * (1.68)	0.2049 *** (17.90)	0.6776 *** (52.40)	0.0065 ** (2.07)	0.2056 *** (7.15)	0.0284 * (1.77)	-0.0953 *** (-9.44)
	短期间接效应	-0.1203 (-1.55)	0.2980 *** (4.06)	0.0845 *** (5.02)	0.5329 *** (6.91)	0.0406 * (1.84)	-0.0517 ** (-2.54)	0.0101 (1.20)	0.0037 (0.18)
	长期直接效应	-0.0033 (-0.77)	0.0253 * (1.69)	0.2259 *** (17.93)	0.7475 *** (51.78)	0.0072 ** (2.09)	0.2263 *** (7.14)	0.0313 * (1.77)	-0.1050 *** (-9.42)
	长期间接效应	-0.1377 (-1.52)	0.3398 *** (3.94)	0.1055 *** (4.61)	0.6383 *** (6.17)	0.0467 * (1.84)	-0.0501 ** (-2.02)	0.0129 (1.23)	0.0056 (0.94)
环境治理和公共设施管理业	短期直接效应	0.0002 (0.05)	0.0192 (1.42)	0.2053 *** (18.00)	0.6774 *** (51.29)	0.0065 ** (2.07)	0.2046 *** (7.36)	0.0270 (1.62)	-0.0955 *** (-8.93)
	短期间接效应	-0.1205 (-1.41)	-0.1982 (-0.83)	0.0847 *** (4.92)	0.5311 *** (6.65)	0.0386 * (1.69)	-0.0522 ** (-2.53)	0.0135 * (1.70)	-0.0022 (-0.11)
	长期直接效应	0.0201 ** (2.34)	0.0203 ** (2.36)	0.2263 *** (17.85)	0.7472 *** (51.44)	0.0073 ** (2.09)	0.2252 *** (7.34)	0.0298 (1.62)	-0.1052 *** (-8.95)
	长期间接效应	0.1382 ** (2.39)	0.1415 *** (3.69)	0.1068 *** (4.42)	0.6408 *** (6.01)	0.0445 * (1.69)	-0.0501 ** (-1.97)	0.0167 * (1.67)	-0.0071 (-0.32)

注：***、** 和 * 分别表示在1%、5%和10%水平上显著，圆括号内为t检验值。

表2-14中除生产性服务业专业化和多样化集聚变量外，劳动力—能源比（lnl）、国内资本—能源比（lnk）与FDI—能源比（lnf）等控制变量的参数估计与表2-5基本一致，在此不再赘述。交通运输、仓储和邮政业专业化集聚的短期、长期直接效应和间接效应均显著为负，说明无论在短期还是长期，交通运输、仓储和邮政业的专业化发展均不利于本市和邻市工业能源效率的有效提升。交通运输、仓储和邮政业多样化集聚的短期和长期直接效应

为正，但间接效应均显著为负，表明交通运输、仓储和邮政业选择与其他生产性服务业共生的多样化集聚有助于发挥其对本市工业能源效率的提升效应，但由于中国交通运输网络发达地区往往也是经济相对发达地区，这些地区一般会对周边地区人口、要素产生虹吸效应，从而在自身因规模效应和技术外溢效应提升能源利用效率的同时，相对削弱了周边城市人口和要素的集聚效应而不利于其工业能源效率的提升。批发零售业与租赁和商务服务业的动态SDM 估计结果一致，其短期和长期直接效应均未通过显著性检验，而间接效应均显著为负，意味着批发零售业、租赁和商务服务业等低端生产性服务业集聚非但未对本市工业能源效率产生明显提升效应，反而显著降低了邻市工业能源效率，进一步印证了前文低端行业占比较大情况下生产性服务业集聚提高了邻市单位产出能耗的结论。进一步从交通运输、仓储和邮政业，批发零售业及租赁和商务服务业专业化和多样化集聚的短期和长期间接效应参数估计来看，低端细分生产性服务业面临的多样化集聚的间接效应明显大于专业化集聚，从而印证了生产性服务业多样化集聚对邻市工业能源效率具有更强的负向空间溢出效应的结论。

在生产性服务业内部结构中金融业一般被视为高端行业，且多数研究显示金融发展有助于推动产业集聚和技术外溢，提高资源配置效率和要素生产率（Aghionand Howitt，2005；张晓蒂和王永齐，2010；解维敏和方红星，2011）。然而，表 2 - 14 估计结果显示，金融业专业化和多样化集聚的短期和长期直接效应均未通过显著性检验，而其间接效应却显著为负。这一与预期相悖的结论意味着，中国各城市金融业集聚对本地区工业能源效率提升的高端人才蓄水池效应、规模经济效应和技术外溢效应并没有得到充分、有效发挥，而且对邻市工业能源效率也产生了明显抑制作用。其原因可能与中国金融服务对象特征及金融业发展中的政府干预因素有关。首先，为降低金融风险，城市金融部门更多地愿为国有企业和大型重工企业提供金融服务，而国有企业和大型重工企业多为资本密集型行业，具有较高的单位产出能耗，因而金融业集聚水平不断提高，但其提高能源利用效率的效果可能并未得到明显提升。其次，企业发展与融资渠道和融资成本密切相关，可靠的融资支持是政府为获得增长优势而对辖区内企业提供的主要“政策租”之一（师博和沈坤荣，2013）。为获得增长竞争优势，地方政府有能力也有意愿通过金融机构贷款影响企业投融资行为，进而影响制造业集聚水平和效益。在政府的过度金融干预下，金融业集聚可能导致制造业集聚脱离市场规律和当地比较优势，不利于发挥集聚的技术外溢效应和规模经济效应，造成资源配置扭曲，降低能源利用效率。地区间政府的竞争行为和策略性互动将通过示范效应使金融集聚对能源效率提升的抑制作用在空间中不断扩散，形成负的外溢效应和反馈机制。

信息传输、计算机服务和软件业专业化和多样化集聚的短期直接效应和间接效应均未通过显著性检验，但其长期直接效应和间接效应显著为正，说明信息传输、计算机服务和软件业集聚对工业能源效率提升仅有长期效应而无短期影响。这一结果意味着，目前中国信息化和工业化融合水平可能依然偏低，尤其是信息化带动工业化方面依然落后于现实的需要，从而使得信息传输、计算机服务和软件业发展在短期内未能对城市工业能源效率产生明显影响。但随着中国信息化水平提高和互联网经济的发展，“互联网+”应用领域的不断延伸和拓展将进一步加快交易速度、降低中间成本，推动要素组合方式和企业生产方式向价值链高端攀升，在长期内提高能源利用效率。科学研究和技术服务业专业化集聚的短期和长期效应均未通过显著性检验，而其多样化集聚的短期和长期直接效应、间接效应显著为正。这意味着与专业化集聚模式相比，科学研究和技术服务业集聚更易于在多样化的产业环境中对本市和邻市的工业能源效率提升发挥规模经济效应和技术外溢效应，本地区清洁技术的研发和服务除提升本市能源利用效率外，还会通过示范效应促使周边地区加强清洁技术研发和应用而提升工业能源利用效率。环境治理和公共设施管理业集聚的参数估计与信息传输、计算机服务和软件业类似，其专业化和多样化集聚均未对工业能源效率产生短期效应，而长期直接效应和间接效应显著为正，因而环境治理和环境规制仅有长期效应而无短期效果。在中国目前产业结构状况和经济发展阶段下，环境治理水平和环境规制强度提高短期内可能会给工业企业带来较为明显的成本效应，并对企业发展产生一定消极影响（周县华和范庆泉，2016），因而无法显著提升工业能源利用效率，但在长期内，成本上升将对工业企业发展形成明显倒逼机制，促使企业采用新技术、推行集约生产方式，进而提高能源利用效率。尽管研究目的和方法有所差异，但环境治理与公共管理业集聚对工业能源效率的动态影响效果与韩峰和扈晓颖（2011）的研究结论具有一定一致性。他们在探讨环境规制对技术进步的动态影响时也指出，环境规制力度提高对技术进步的促进作用具有明显滞后效应，因而无法在短期内产生明显影响，但长期内环境规制对技术进步具有明显促进作用和持续效应。

综合以上估计结果可以看出，生产性服务业专业化和多样化集聚的分行业估计结果表现各异。具体而言，交通运输、仓储和邮政业，批发零售业以及租赁和商务服务业等低端生产性服务业的专业化和多样化集聚无论在短期

还是长期均显著降低了周边城市工业能源利用效率，且金融业专业化和多样化集聚也对邻市工业能源利用效率产生明显抑制作用。而信息传输、计算机服务和软件业及环境治理和公共设施管理业的专业化和多样化集聚却在长期内对本市和周边城市工业能源效率产生了明显的促进作用，且科学研究和技术服务业多样化集聚在短期和长期也明显提升了本市和邻市工业能源效率。这一结果说明，尽管高端生产性服务业与低端生产性服务业集聚整体上对工业能源效率产生了截然不同的空间溢出效应，但由于中国生产性服务业集聚和发展中的低端化倾向和政府干预特征依然较为明显，较高比重低端生产性服务业集聚对工业能源效率的负向溢出效应在整体上掩盖了高端生产性服务业集聚的能源效率提升效应，从而使得生产性服务业集聚反而在短期和长期均降低了周边城市工业能源效率。

六、生产性服务业集聚影响工业能源效率的稳健性检验

为检验生产性服务业集聚对工业能源效率影响的稳健性，本章节进一步使用数据包络分析（DEA）法，依据拖恩和松井（Tone & Tsutsui，2010）构建的综合径向和非径向特点的 EBM 模型，对能源效率进行测度，并将其引入式（2.20）进行动态空间计量估计。拖恩和松井（Tone & Tsutsui，2010）指出，对于具有 k 个投入要素（x）和 v 个产出（y）的 n 个决策单元，EBM 模型可表示为：

$$
\begin{aligned}
&\phi^* = \min_{\theta,\lambda,\bar{s}}\left(\theta - \varepsilon_x \sum_{i=1}^{k} \frac{\bar{\omega}_i \bar{s}_i}{x_{i0}}\right) \\
&\text{s.t. } \theta x_0 - X\lambda - \bar{s} = 0 \\
&\qquad \lambda Y \geqslant y_0,\quad \lambda \geqslant 0,\quad \bar{s} \geqslant 0
\end{aligned}
\tag{2.29}
$$

其中，ϕ^* 为 EBM 模型测度的最优效率值，θ 是以径向测算为基础的规模报酬不变模型（CCR）的径向效率值，$\bar{s}$ 为非径向的投入要素的松弛向量，λ 是权重向量，$\bar{\omega}_i$ 是第 i 个投入要素的权重，ε_x 为同时含有径向 θ 和非径向松弛的核心参数，X 和 Y 分别为投入和产出矩阵。由于能源消耗除能够保持经济增长外，还会产生二氧化碳（CO_2）和二氧化硫（SO_2）等并导致环境污染，因而测算能源效率时，除将经济增长作为期望产出外，还需利用方向性距离函数将环境污染纳入为非期望产出，这样测算的工业能源效率才更符合现实。本章节选择 283 个地级及以上城市的劳动力、资本存量和能源消耗量作为投

入要素，以非农业 GDP 和环境污染代理变量 CO_2 和 SO_2 排放量作为产出变量。其中多数城市的 SO_2 排放量来自历年《中国环境统计年鉴》，缺失数据从各省、地级市年鉴和相关网站统计公报中采集补齐。各地级及以上城市 CO_2 排放量来源于能源消费，而目前有统计的城市工业能源消费主要有天然气、液化石油气和电力等。其中，电力需求是带来 CO_2 排放量增加的主要原因。中国“富煤、贫油、少气”的资源禀赋特征和相对低廉的煤炭价格，决定了中国电力生产对煤炭的高度依赖性。林伯强和蒋竺均（2009）指出，燃煤发电产生的 CO_2 排放是所有发电燃料中最高的，电力工业占中国整体碳排放比重近一半。可见，以煤为主的电力结构整体提升了中国 CO_2 排放总量。由城市工业用电而导致的碳排放量可表示为：

$$C_e = \varphi(\eta \times E_e) \tag{2.30}$$

其中，C_e 为工业用电的碳排放量；φ 为煤电燃料链温室气体排放系数，折合等效 CO_2 为 1.3023 千克/千瓦时；η 为煤电发电量在总发电量中的比例①；E_e 为城市工业用电量。在此基础上，城市工业行业碳排放估算公式可表示为：

$$I = C_n + C_p + C_e = \kappa E_n + \gamma E_p + \varphi(\eta \times E_e) \tag{2.31}$$

其中，C_n 为工业消耗天然气的碳排放量，C_p 为工业消耗液化石油气的碳排放量；E_n 为城市工业消耗天然气量，E_p 为城市工业消耗液化石油气量；κ、γ 分别为天然气和液化石油气消耗的二氧化碳排放系数②。采用 EBM 模型测算的能源效率，本章节得到了生产性服务业集聚对工业能源效率的动态空间计量估计结果。利用该估计结果可进一步测算生产性服务业集聚对 EBM 能源效率的长期、短期直接效应和间接效应如表 2－15 所示。③

表 2－15 显示，除个别参数估计外（如交通运输、仓储和邮政业专业化集聚的短期直接效应、金融业专业化和多样化集聚的短期与长期直接效应、信息传输计算机服务和软件业专业化集聚的短期直接效应等），生产性服务业整体及细分行业专业化和多样化集聚对 EBM 能源效率的影响效果与表 2－13

① 根据 2004～2015 年《中国电力年鉴》，2003～2014 年煤电发电量在总发电量中的平均比例分别为 82.9%、82.5%、81.8%、83.3%、83.3%、81.2%、81.8%、80.8%、82.5%、78.6%、79.2%、80.3%。

② 根据中国合同能源管理网（http://www.emcsino.com/html/news_info.aspx?id=9267）的数据，天然气的二氧化碳排放系数为 2.1622 千克/立方米，液化石油气的二氧化碳排放系数为 3.1013 千克/立方米。

③ 由于控制变量估计结果与表 2－13 和表 2－14 基本一致，限于篇幅，表 2－15 中未将这些结果列出，欢迎感兴趣的读者来函索取详细结果。

表 2-15 生产性服务业集聚对 EBM 能源效率的影响效应

变量	效应	生产性服务业整体	交通运输、仓储和邮政业	批发零售业	租赁和商务服务业	金融业	信息传输、计算机服务和软件业	科学研究和技术服务业	环境治理和公共设施管理业
lnSP	短期直接	0.0164 (1.53)	-0.0205 (-1.47)	0.0102 (1.05)	-0.0285 (-1.61)	0.0136 (0.45)	0.0408 * (1.69)	-0.0275 (-1.17)	0.0152 (1.01)
	短期间接	-0.2785 *** (-3.46)	-0.2251 *** (-3.22)	-0.1872 ** (-2.44)	-0.1988 ** (-2.43)	-0.2169 ** (-2.33)	-0.2017 (-1.62)	-0.1648 (-1.35)	-0.1928 (-1.56)
	长期直接	0.0762 (1.56)	-0.0566 ** (-2.35)	0.0211 (1.64)	-0.0105 (-1.31)	0.0231 * (1.83)	0.0534 * (1.72)	-0.0219 (-0.69)	0.0817 ** (2.40)
	长期间接	-0.3561 ** (-2.55)	-0.3061 ** (-2.50)	-0.2287 *** (-2.68)	-0.2575 ** (-2.43)	-0.3356 *** (-2.71)	0.1494 ** (2.55)	-0.2581 (-1.64)	0.2075 *** (2.93)
lnDV	短期直接	0.0259 (1.09)	0.0369 (1.15)	-0.0469 (1.35)	0.0372 (1.45)	0.0563 (1.34)	0.0315 (1.25)	0.0516 ** (2.08)	0.0400 (1.03)
	短期间接	-0.4627 *** (-4.33)	-0.3159 *** (-3.47)	-0.3460 *** (-4.26)	-0.3924 ** (-2.49)	-0.3758 *** (-3.36)	-0.2381 (-1.65)	0.3206 *** (3.88)	-0.2012 (-1.24)
	长期直接	0.0367 (1.38)	0.0492 ** (2.10)	-0.0517 (1.13)	0.0658 (1.63)	0.0562 ** (2.07)	0.0483 ** (1.99)	0.0523 * (1.82)	0.0983 ** (2.45)
	长期间接	-0.6982 *** (-5.32)	-0.4599 *** (-3.53)	-0.4290 *** (-3.41)	-0.4783 *** (-4.32)	-0.4913 *** (-3.60)	0.3528 *** (3.96)	0.3980 *** (4.39)	0.3264 *** (3.55)

注：***、** 和 * 分别表示在 1%、5% 和 10% 水平上显著，圆括号内为 t 检验值。

和表 2-14 基本一致。但在测算能源效率过程中考虑到 CO_2 和 SO_2 等非期望产出后，交通运输、仓储和邮政业，批发零售业，租赁和商务服务业，金融业及生产性服务业整体的专业化和多样化集聚对周边城市工业能源效率的负向空间外溢效应明显大于表 2-13 和表 2-14 的结果。这意味着低端生产性服务业和金融业集聚除降低周边城市单位能耗的经济增长效应外，还提高了其 CO_2 和 SO_2 等污染物的排放水平，加剧了邻市环境污染，进一步降低了包含环境质量的 EBM 能源效率。这一方面说明低端生产性服务业集聚导致周边城市劳动密集型和资本密集型的低端制造业集聚，而环境治理的“搭便车”倾向则会进一步抑制高能耗集聚企业的减排行为，降低 EBM 能源效率；另一方面则说明政府借助金融业对制造业施加的干预行为不仅不会产生规模经济效应和技术外溢、促进能源效率提升，反而在行政干预下放松了对企业污染排放的监管力度、扭曲了要素配置、软化了企业节能约束，最终使得能源效率恶化。除负向溢出效果更为明显外，信息传输、计算机服务和软件业，环境治理和公共设施管理业的专业化和多样化集聚对工业能源效率的长期直接和间接促进作用以及科学研究和技术服务业多样化集聚的能源效率提升效应也明显大于之前的估计结果，这说明信息传输、计算机服务和软件业，科学研究和技术服务业以及环境治理和公共设施管理业等高端生产性服务业的专业化或多样化集聚不仅显著提升了本市或邻市能源投入的经济增长效应，而且降低了污染排放、提升了环境质量。可见，将能源效率指标由单位能源投入的GDP 替换为考虑环境质量的 EBM 能源效率后，生产性服务业及其细分行业集聚对能源效率的影响效果仅在作用程度方面甚于前者，从而并未发生本质改变，估计结果具有较强的稳健性。

七、小结

伴随中国经济发展进入新常态，促进现代服务业尤其是生产性服务业发展成为实现“稳增长、降能耗”双重目标的重要抓手，系统评估生产性服务业集聚的能源效率提升效应对于现阶段推进“转方式、调结构”具有重要的现实意义。本章节在集聚经济和新经济地理理论基础上，以中国 283 个地级及以上城市面板数据为样本，采用动态空间杜宾模型探讨了生产性服务业集聚对工业能源效率的影响。结果显示，无论从短期还是长期来看，生产性服务业专业化和多样化集聚均未对本市能源效率产生明显影响，但却显著降低了邻市的能源利用效率，且该负向外溢效应的长期影响大于短期，多样化集聚的作用效果大于专业化集聚。细分行业估计结果显示，信息传输、计算机服务和软件业，科学研究和技术服务业及环境治理和公共设施管理业的专业化或多样化集聚不同程度地提升了本市和邻市工业能源效率，而交通运输、仓储和邮政业，批发零售业，租赁和商务服务业等低端生产性服务业以及金融业的专业化和多样化集聚无论在短期还是长期却显著降低了周边城市工业能源效率。由于中国生产性服务业发展中的低端化倾向依然较为明显，较高比重低端生产性服务业集聚对工业能源效率的负向溢出效应在整体上可能掩盖了高端生产性服务业集聚的正向溢出效应，从而使得生产性服务业集聚在短期和长期均未有效提升周边城市工业能源效率。

第三章

生产性服务业集聚与城市结构升级

本章节主要分析生产性服务业集聚对城市经济结构升级的作用。其中，第一节探讨了生产性服务业集聚对制造业结构升级的影响，在集聚经济和熊彼特内生增长理论的基础上构建生产性服务业集聚影响制造业结构升级的空间分析框架，利用省级面板数据和动态空间杜宾模型对生产性服务业集聚促进制造业结构升级的动态空间效应进行实证分析。第二节研究了生产性服务业集聚对制造业价值链升级的影响，利用企业出口国内附加值率近似反映制造业价值链升级状况，将生产性服务业集聚外部性引入基和唐（Kee & Tang，2016）的企业出口国内附加值率分析框架中，利用城市面板数据和工业企业微观数据的匹配数据探讨了生产性服务业集聚对制造业价值链升级的影响。由于城市化也是城市经济社会结构变化的重要反映。第三节探讨了生产性服务业集聚对城市化的影响，基于集聚经济理论和新经济地理理论的综合视角构建理论和计量模型，利用城市面板数据和系统 GMM 方法探讨了生产性服务业集聚对城市化的影响，并进一步基于内外市场的综合作用视角和不同地区的异质性视角对生产性服务业集聚影响城市化的作用机制进行了更为深入的探讨。

第一节　生产性服务业集聚与制造业结构升级

一、引言

目前中国经济已由高速增长转向高质量发展阶段，正处于转变发展方式、优化经济结构、转换增长动力的重要关口，制造业发展的水平和质量直接决定了经济发展的质量和效益。《中国制造2025》指出，实现经济提质增效关键在于推动制造业由大变强。十九大报告也进一步提出了加快发展先进制造业，加快建设制造强国，提高供给体系质量的要求。推进以制造业为主体的实体经济转型升级已成为决定中国经济能否顺利实现高质量发展的关键因素。近年来，各地区纷纷响应并跟进中央产业政策，积极探索实现制造业结构升级的有效路径。其中，不乏地方政府将促进生产性服务业集聚发展作为推进新型城镇化和经济结构转型升级的重要抓手。在地方产业政策推动下，生产性服务业集聚规模和质量不仅得到明显提升，而且也对重塑经济活动空间结构产生了重要影响。一方面，生产性服务业在东部沿海地区以及其他地区的发达省份迅速集聚，而制造业则不断向中西部地区和欠发达省份转移，生产性服务业与制造业在空间上开始形成跨区域协同集聚态势（陈建军等，2016）；另一方面，"京津冀""长三角"长江中游城市群、长江经济带等横跨不同省份的大型城市群的规划建设，使禁锢省际要素和经济活动自由流动的藩篱不断被打破，城市产业功能更加明晰，不同区域中的生产性服务业和制造业以城市群和重点城市为载体实现优势互补、相互联动（Ke et al.，2014）。生产性服务业集聚产生的外部经济已经不再仅限于本城市或本地区，而是在更大空间范围内对制造业转型升级产生影响。那么，生产性服务业集聚对制造业结构升级的空间作用机制究竟怎样？各地区依托生产性服务业集聚推进制造业结构升级的作用效果有何差异？这些问题的解答，对于科学评估各地区产业政策的有效性、促进各地区依托生产性服务业集聚找准制造业结构升级路径，进而推进经济实现高质量发展具有重要的现实意义。

理论上而言，作为上游产业，生产性服务业空间集聚可通过中间投入的规模经济效应和知识外溢效应等机制（Venables，1996；Maine et al.，2010；韩峰等，2014），推进制造业专业化分工、延伸产业价值链、降低交易成本、提高技术进步水平，进而实现制造业结构升级。然而，目前直接探讨生产性服务业集聚与制造业结构升级的理论和实证研究并不多见。即使有少数文献涉及制造业结构升级问题，其研究多是基于制造业劳动生产率、技术效率、工业利润率等对生产性服务业集聚推进制造业结构升级的作用机理进行间接探讨（盛丰，2014；刘奕等，2017），而未直接深入制造业结构内部研究生产性服务业集聚在制造业行业由低端向高端演进中的深层次作用机制，对于制造业结构升级中生产性服务业究竟应选择何种集聚模式更是不得而知。此外还需进一步指出的是，生产性服务业集聚和制造业结构调整并非单纯局域问题，而是在很大程度上会通过产业转移、要素流动、商品贸易以及地方政府的策略性互动等机制对邻近地区产生影响。这就要求中国各地政府在产业政策制定和经济结构调整过程中必须坚持属地管理与区域联动相结合的原则，积极采取区域协同协作方式对结构调整中固有的空间效应加以考察和控制，但目前鲜有从空间互动视角系统考察生产性服务业集聚对制造业结构升级影响机制的相关文献，也未在空间效应中考虑制造业结构升级在时间维度上的“路径依赖”特征。鉴于此，本章节试图基于集聚经济理论和熊彼特内生增长理论构建理论框架和动态空间计量模型，运用中国1997～2015年31个省份的面板数据，系统考察生产性服务业集聚推进制造业结构升级的空间作用机制，以期为各地区产业政策制定提供有益借鉴。

二、文献综述

制造业结构升级主要是指制造业部门中拥有先进技术和较高生产率水平的行业占比不断提高、制造业行业层次不断提升的过程，具体表现为制造业结构由低端技术行业向高端技术行业、低附加值行业向高附加值行业或由低端要素密集型行业向技术密集型行业的转型升级过程，体现了传统制造业行业向现代行业转换的能力，技术含量较低行业向技术含量较高行业转换的能力。陈建军和陈菁菁（2011）认为推进制造业转型升级，应重点关注城市中生产性服务业发展与集聚的作用。集聚经济效应有专业化集聚经济与多样化集聚经济之分（Hoover，1936），而相应的生产性服务业集聚也可分为专业化和多样化两种集聚模式（席强敏，2015；韩峰和谢锐，2017）。梁琦等（2014）则进一步指出，集聚是空间经济分布变化的一个动态概念，专业化和多样化实质上是集聚在任意一个时点上的两种不同形态。生产性服务业专业化集聚和多样化集聚可共同对制造业结构升级产生影响。

生产性服务业专业化集聚反映了同一类生产性服务行业在某一地区的空间分布状态。马歇尔（Marshall，1890；1961）最早从动态角度研究了区域产业专业化集聚，他强调同一产业的集中分布和专业分工更有助于产生集聚经济外部性，因而称为马歇尔外部性。专业化集聚水平越高的地区越受益于马歇尔集聚外部性。生产性服务业在某一区域的专业化集聚可同时产生规模经济和技术外溢两类效应。一方面，生产性服务业专业化集聚所形成的中间服务市场能为制造业厂商提供专业化的生产性服务，利用位置邻近等便利条件，节约运输成本和交易成本，形成规模经济和范围经济；另一方面，专业化集聚促使掌握相似生产性服务技术的员工在聚集区内的生产性服务行业内部以及生产性服务业与制造业之间展开正式或非正式的学习交流，传递信息技术，有助于制造业企业技术创新、生产效率提高和竞争力增强。而生产性服务业多样化集聚则反映了不同类型生产性服务业在同一地区的空间分布状态。雅各布斯（Jacobs，1969）认为跨行业的多样化集聚同样可对经济活动产生规模经济和技术外溢两种效应。首先，多样化的生产性服务业集聚能够提供支撑区域发展所需的多样化中间服务品，从而使制造业在中间服务品共享中实现规模经济效益（Abdel-Rahman & Fujita，1990），特别是以金融、法律、物流等为代表的生产性服务业集中提供的中间服务品，则有助于降低制造业企业生产成本和交易成本，提高生产效率；其次，生产性服务业多样化集聚有利于互补企业形成知识溢出和“集体学习”，实现互补性和差异化知识创造、积累与扩散，提高企业创新能力。从这个意义上说，多样化集聚经济外部性又称为雅各布斯外部性。生产性服务业多样化集聚水平越高的城市受到的雅各布斯外部性就越大。

目前关于生产性服务业与制造业关系的国内外研究主要集中在生产性服务业集聚与制造业效率提升（Francois，1990；Eswaran & Kotwal，2002；宣烨和余永泽，2017）、生产性服务业与制造业协同定位（吕政等，2006；高觉民和李晓慧，2011；陈建军和陈菁菁，2011；Ke et al.，2014）、生产性服务业集聚与经济增长（Illeris，1989；Combes，2000；Banga，2005；韩峰等，2014）三个方面。这些研究尽管从不同侧面论证了生产性服务业集聚在促进制造业发展中产生的规模经济效应和技术外溢机制，但均未深入制造业内部的结构变化，从理论和实证上直接、系统地探讨生产性服务业集聚对制造业结构升级的影响机制。尽管有研究在理论上指出生产性服务业集聚可通过发挥集聚外部性推进制造业结构升级（刘奕等，2017），但对于生产性服务业集聚的规模经济效应和技术外溢效应究竟如何引起制造业结构变化依然知之甚少。事实上，规模经济效应和技术外溢效应是直接作用于厂商生产过程并促进要素生产率提升的重要机制，并不能直接对制造业结构调整起作用。多数研究先验地认为只要生产性服务业集聚产生了规模经济效应或技术外溢效应便会直接对制造业结构升级产生影响的理论设想，实际上掩盖了二者更深层次的作用机制。另外，目前多数关于制造业结构升级的文献主要基于制造业内部不同细分行业的比例关系来探讨制造业结构升级问题。而事实上，制造业结构升级与制造业部门间的比例关系是两个既相互联系又存在较大差异的概念。制造业结构升级强调高技术和高生产率行业占比不断提高、产业层次不断提升的过程，而制造业结构的比例关系（制造业中高技术行业或高效率行业占比大小）则更加侧重结构调整的结果或状态。某一地区制造业结构升级水平较高代表该地区制造业结构中拥有较高技术创新能力的行业与其他行业相比具有更强的生命力和发展速度，因而该地区在高技术行业带动下具有较强的制造业升级能力，但该高技术行业在该地区的比重却不一定会很高。本书研究重心并不在于探讨制造业结构在生产性服务业集聚作用下是否实现某种状态的结果，而是紧扣“制造业结构升级”过程，基于制造业内部不同行业增长率差异，分析各地区制造业结构在生产性服务业集聚效应作用下的升级能力。

技术创新是驱动经济社会结构变迁的最根本的动力来源（Aghion & Howitt，1992；Ngai & Pissarides，2007；易信和刘凤良，2015）。恩盖和皮萨里德斯（Ngai & Pissarides，2007）和陈体标（2008）指出，伴随技术进步水平不断提高，部门间技术进步率差异会进一步引起部门间相对价格变化，进而从供给端推动产业结构调整。卡佩罗（Capello，2007）则进一步指出，集聚经济外部性推进区域经济转型和发展的重要机制之一便是降低了创新活动的不确定性。从这个意义上说，生产性服务业集聚要对区域制造业结构升级产生影响，势必要通过发挥其规模经济效应和技术外溢效应首先对区域技术创新产生促进作用。具体而言，生产性服务业集聚可通过降低创新风险、降低创新协调成本、促进集体学习和知识的社会化过程等方面提高创新活动成功概率、提升技术创新水平。首先，生产性服务业集聚降低了创新风险。空间及地理邻近性促进了不同类型生产性服务部门间以及生产性服务业与创新主体（中间产品厂商）间信息的快速交换和面对面交流，强化了生产性服务与中间产品厂商间的交叉促进和动态互动，使得创新过程中信息收集、筛选和转换更为便利，创新价值链各环节的分工更为深化。这种严格分工和协同协作促进了专业化知识在生产性服务业尤其是高端生产性服务业各部门及创新主体间的相互学习和传播，使其能够有效评估集聚区内创新链条不同环节中供应商的质量，从而促进创新价值链内部的纵向整合和创新效率提升（Becattini，2004）。此外，生产性服务业集聚也有助于生产性服务业各部门与中间产品创新厂商间建立稳定的合作关系，由此形成合作者之间共担风险的机制，这也有助于降低创新活动的不确定性。其次，生产性服务业集聚降低了创新过程中的协调成本。生产性服务业集聚能够促使创新链条中供应商与需求商之间、生产性服务部门与创新厂商之间形成两种不同的经济和社会关系（Capello，2007）：第一种是非正式的“非贸易”关系以及一系列因高技术劳动力工作流动和厂商间模仿而产生的缄默知识转移；第二种是更正式的、覆盖整个区域的合作协议，这些协议存在于技术发展、职业和在职培训以及生产性服务供给等领域的厂商、集体参与者以及公共机构之间。这些经济和社会关系共同构成生产性服务集聚区中的创新社会环境。与单个创新厂商的创新行为相比，由生产性服务厂商、创新厂商以及各类经济社会关系构成的社会创新环境的整体创新效应更具优势（Camagni & Capello, 2002）。创新的社会环境有助于促进信息收集的便利性和交易成本的降低（Williamson, 2002），从而降低与创新有关的常规和战略决策的事前协调成本，进而简化集体行为。在信息有限和昂贵以及可能的机会主义行为存在情况下，创新过程中的协调成本较高。而由生产性服务业集聚而产生的社会创新环境则有助于降低这些成本。其原因在于社会创新环境不仅使信息传播更为容易，通过邻近性和社会凝聚力为协调决策的执行提供便利，而且通过培养信任和实施威胁性社会制裁措施阻止机会主义行为。构建威胁性社会制裁以阻止机会主义行为，一方面，源于集聚区内共同价值和相似行为规范，并通过形成信任和忠诚的关系发挥积极作用，另一方面，可以对于机会主义行为产生快速孤立和惩罚（Camagni & Rabellotti, 1997; Arrighetti et al., 2008），从而降低创新过程中的不确定性。最后，生产性服务业集聚促进了创新过程中知识的社会化和集体学习动态效率，提高了创新效率。社会创新环境中的学习通过创新链条中供应商与需求商在忠诚和信任的稳定持久性合作基础上，以一种自发的、社会化的方式在生产性服务厂商与中间产品创新厂商之间、以及地方劳动力市场中产生（Capello, 2007）。这些关系使知识在创新链条中不同厂商之间系统地、隐性地转移，进而引发了增量性的创新过程和特定的技术轨道；而生产性服务业集聚区中高技术劳动力频繁的工作变换和有限的外向流动性共同促进了厂商间知识积累和集体学习过程。可见，在频繁的人事流动、创新链条中供应商和需求商之间强烈的创新互动作用下，生产性服务业集聚使知识和信息通过研发、生产、营销和战略规划部门间的相互作用而转移，进而推进了创新活动风险的社会化、提高了区域创新效率。

生产性服务业集聚不仅通过技术外溢效应和规模经济效应作用于技术创新、进而对本地区制造业结构升级产生影响，还可能对周边地区制造业结构升级产生空间外溢效应。柯等（Ke et al., 2014）指出，生产性服务业集聚除对本地区制造业空间分布有影响外，还与周边地区制造业集聚存在协同效应。席强敏等（2015）探讨了生产性服务业集聚模式对工业劳动生产率的影响及其空间外溢效应，指出生产性服务业多样化集聚而非专业化集聚对周边城市工业劳动生产率具有显著的空间外溢效应。从这个意义上说，某一地区生产性服务业集聚也可能通过这种协同效应对另一地区的制造业结构升级产生影响。盛丰（2014）认为交通便捷程度和信息化水平提高是生产性服务业集聚对周边地区制造业升级产生空间外溢效应的重要机制。韩峰和柯善咨（2012）通过研究制造业集聚的空间来源，指出中间服务品空间可得性在100公里范围内显著促进了制造业集聚。余泳泽等（2016）则进一步指出200公里是生产性服务业专业化集聚空间外溢的密集区。尽管这些研究从不同视角探讨了生产性服务业集聚的空间外溢效应及其作用差异，但他们的研究结论均意味着生产性服务业集聚不仅可对本地区制造业结构优化产生影响，而且对周边地区也会产生明显的空间外溢效应。

综合来看，生产性服务业集聚可通过发挥规模经济效应和技术外溢效应降低创新风险、降低创新协调成本、促进集体学习和知识的社会化等方面提高制造业创新活动成功概率和技术创新水平，进而对制造业结构升级产生影响。生产性服务业集聚的技术创新机制将集聚经济理论和技术创新理论结合于同一分析框架，从而为探讨生产性服务业集聚推进制造业结构升级的理论机制提供了理论支撑和依据，但目前结合这两方面理论框架从生产性服务业集聚视角直接研究制造业结构转型升级机制的文献却相对较少。本书拟在集聚经济理论和熊彼特内生增长理论的综合框架下构建理论模型，探讨生产性服务业集聚通过技术外溢效应和规模经济效应降低制造业创新风险或不确定性，进而通过影响制造业行业间技术进步增长率差异引起部门间产品的相对价格变化，最终从供给端推动制造业结构升级的作用机制；并在此基础上采用动态面板空间杜宾模型对以上机制进行空间计量分析。与现有文献相比，本章节贡献在于：首先，在集聚经济理论和熊彼特内生增长理论基础上，将生产性服务业集聚的空间外部性与制造业厂商创新过程相结合构建生产性服务业集聚影响制造业结构升级的空间分析框架，探讨生产性服务业集聚推进制造业结构升级的内在作用机制及其空间效应；其次，构建了动态面板空间杜宾模型、并采用系统广义矩方法进行稳健性检验，在同时考虑制造业结构空间滞后效应、时间滞后效应和时空双重滞后效应条件下，对生产性服务业集聚推进制造业结构升级的机制及其短期和长期空间效应进行较为全面的经验识别；再次，利用省级层面增长目标数据测算各地区增长竞争水平，进而探讨增长竞争影响下生产性服务业专业化集聚、多样化集聚对制造业结构升级的作用效果；最后，综合考虑生产性服务业集聚的地区和行业异质性特征，从分时段、分地区和细分行业角度全面考察生产性服务业集聚对制造业结构升级的直接效应和间接效应，为各地区差别化地制定产业结构调整政策提供必要经验支持和决策参考。

三、理论框架与计量模型

（一）理论分析框架

本节溯源于熊彼特内生增长理论，在阿吉翁和豪威特（Aghion & Howitt, 2009）基础上，将生产性服务业集聚的空间外部性与制造业厂商创新过程相结合，构建生产性服务业集聚影响制造业结构升级的空间分析框架，探讨生产性服务业集聚推进制造业结构转型升级的作用机制及其空间效应。与外生增长理论和传统熊彼特内生增长理论相比，本节构建的结构升级空间分析框架不仅强调技术创新在经济增长中的关键性作用（Aghion & Howitt, 1992），从而更加科学和客观地论证了技术进步这一经济增长的本质动力来源，而且能够解释经济增长过程中不同部门间的结构变化，从而有助于理清生产性服务业集聚、技术创新及制造业结构升级之间的内在作用机制。

假设经济中有 n 个地区，每个地区有 K 个制造业行业，每个制造业行业生产一种最终产品；劳动力和中间产品是制造业行业代表性厂商为生产最终产品所需的要素投入，且所有最终产品和生产要素均在完全竞争市场中交易；厂商选择使用的中间产品拥有最新技术，中间产品部门的技术创新决定了行业乃至整个经济体的技术进步水平，而技术创新成功的概率则依赖于中间产品厂商的研发投入以及金融、信息传输、科学研究与技术服务等生产性服务业的发展和集聚水平。

1. 制造业行业最终产品部门厂商行为

本书参照阿吉翁和豪威特（Aghion & Howitt, 2009）对熊彼特增长模型中最终产品生产函数的设定方式来构建制造业行业最终产品的生产函数。假定各制造业行业最终产品的生产均需两种生产要素投入：劳动和专业化中间产品，且中间产品的连续统为 1。即：

$$Y_{ikt} = L_{ikt}^{\alpha} \int_0^1 A_{ikt,m}^{\alpha} y_{ikt,m}^{1-\alpha} d_m \tag{3.1}$$

式（3.1）中，Y_{ikt} 为地区 i 中制造业行业 k 生产的最终产品数量；L_{ikt} 为制造业行业 k 的劳动投入，且有 $\sum_{k=1}^{K} L_{ikt} = L_{it}$，其中，$L_{it}$ 为制造业总就业量；$y_{ikt,m}$ 是用于生产第 k 个制造业行业最终产品的专业化中间产品 m；$A_{ikt,m}$ 为中间产品 m 的生产效率或技术水平。α 为最终产品生产中劳动力的密集使用程度，1 - α 为最终产品生产对中间产品的密集使用程度，且 0 < α < 1。该生产

函数的设定形式意味着，制造业行业最终产品生产技术规模报酬不变，满足凹性特征和稻田条件。在劳动力价格（劳动工资，w_{ikt}）和中间产品价格（$p_{ikt,m}$）既定的条件下，制造业行业代表性厂商通过选择劳动力和中间产品的最优要素组合来实现利润最大化。若地区 i 制造业行业 k 代表性厂商最终产品价格为 P_{ikt}，则该行业代表性厂商的利润为：

$$\pi_{ikt} = P_{ikt} L_{ikt}^{\alpha} \int_0^1 A_{ikt,m}^{\alpha} y_{ikt,m}^{1-\alpha} d_m - w_{ikt} L_{ikt} - \int_0^1 p_{ikt,m} y_{ikt,m} d_m \tag{3.2}$$

在劳动力市场和中间产品市场完全竞争情况下，对式（3.2）取最优化的一阶条件，得到：

$$w_{ikt} = \alpha P_{ikt} L_{ikt}^{\alpha-1} \int_0^1 A_{ikt,m}^{\alpha} y_{ikt,m}^{1-\alpha} d_m \tag{3.3}$$

$$p_{ikt,m} = (1-\alpha) P_{ikt} L_{ikt}^{\alpha} A_{ikt,m}^{\alpha} y_{ikt,m}^{-\alpha} \tag{3.4}$$

式（3.3）和式（3.4）显示，均衡状态下地区 i 制造业行业 k 中劳动力价格与第 m 类中间产品价格等于各自的边际产品价值。

2. 制造业行业中间产品部门厂商行为

制造业行业 k 中的中间产品只能作为该行业最终产品生产的投入品，且使用拥有最新技术的最近系列中间产品进行最终产品的生产。中间产品在完全竞争市场中交易，且中间产品的生产以该制造业行业最终产品作为要素投入，并以一比一的生产技术进行生产。为防止其他中间产品厂商通过不断创新中间产品来获取垄断利润，制造业行业内各中间产品厂商都会竞相增大研发投入力度来提高中间产品生产效率和生产技术水平，然而研发活动是否能够成功则取决于创新风险的大小。假设 t 时刻制造业行业 k 中第 m 种中间产品 $y_{ikt,m}$ 创新成功的风险或不确定性以概率 $1-\tau_{ikt,m}$ 来表示，则 $\tau_{ikt,m}$ 便代表技术创新成功的可能性。某一地区技术创新成功的概率 $\tau_{ikt,m}$ 越大，则代表该地区拥有更高的技术创新能力。若创新成功情况下，中间产品生产效率 $A_{ikt,m}$ 被改进的程度为 γ_k（$\gamma_k \geqslant 1$），则当期生产效率 $A_{ikt,m} = \gamma_k A_{ikt-1,m}$；而创新未成功情况下，由于中间产品生产效率未被改进，其生产效率将与原生产效率 $A_{ikt-1,m}$ 保持一致，即 $A_{ikt,m} = A_{ikt-1,m}$。中间产品厂商的生产效率可表示为：

$$A_{ikt,m} = \begin{cases} \gamma_k A_{ikt-1,m}, & \text{概率为 } \tau_{ikt,m} \\ A_{ikt-1,m}, & \text{概率为 } 1-\tau_{ikt,m} \end{cases} \tag{3.5}$$

制造业行业 k 中的第 m 种中间产品厂商通过选择最优最终产品投入量来实现利润最大化。中间产品厂商利润函数可表示为：

$$\pi_{ikt,m} = p_{ikt,m} y_{ikt,m} - P_{ikt} y_{ikt,m} \tag{3.6}$$

将式（3.4）代入式（3.6）可进一步得到中间产品厂商最优化行为的利润函数为：

$$\pi_{ikt,m} = (1-\alpha) P_{ikt} L_{ikt}^{\alpha} A_{ikt,m}^{\alpha} y_{ikt,m}^{1-\alpha} - P_{ikt} y_{ikt,m} \tag{3.7}$$

对式（3.7）取一阶条件，可得到制造业行业 k 第 m 类中间产品厂商的最优产量：

$$y_{ikt,m}^{*} = (1-\alpha)^{\frac{2}{\alpha}} L_{ikt} A_{ikt,m} \tag{3.8}$$

式（3.8）显示，制造业行业 k 中研发生产第 m 类中间产品的厂商所获得的最优产量与制造业行业 k 劳动力使用量 L_{ikt} 以及第 m 类中间产品生产效率 $A_{ikt,m}$ 成正比。将式（3.8）代入式（3.7）可得到制造业行业 k 中第 m 类中间投入产品厂商的利润：

$$\pi_{ikt,m}^{*} = \alpha (1-\alpha)^{\frac{2-\alpha}{\alpha}} P_{ikt} L_{ikt} A_{ikt,m} \tag{3.9}$$

为了进行创新，中间产品厂商必须不断增加最终产品投入以进行研发活动，研发投入越多，则创新成功的概率就越大。具体地，制造业行业 k 中第 m 类中间产品厂商在时刻 t 创新成功的概率 $\tau_{ikt,m}$，取决于用于研发的最终产品投入量 $R_{ikt,m}$。根据阿吉翁和豪威特（Aghion & Howitt，2009），研发成功概率与研发投入之间的关系可表示为：

$$\tau_{ikt,m} = \phi_{ikt} \left(\frac{R_{ikt,m}}{L_{ikt} A_{ikt,m}^{*}} \right)^{\eta} \tag{3.10}$$

其中，ϕ_{ikt} 反映了研发部门 k 的效率参数，$A_{ikt,m}^{*}$ 为创新成功后新型中间产品的生产率，η 是取值为 0 ~ 1 的弹性系数。$R_{ikt,m}/L_{ikt}$ 反映了劳均研发投入量，用于规避因人口规模扩张而产生的规模效应的影响。对式（3.10）进行变形，可得到研发投入量的决定方程：

$$R_{ikt,m} = \left(\frac{\tau_{ikt,m}}{\phi_{ikt}} \right)^{\frac{1}{\eta}} L_{ikt} A_{ikt,m}^{*} \tag{3.11}$$

中间产品厂商通过选择最优研发投入量来实现利润最大化。中间产品厂商创新成功时可获得收益 $\pi_{ikt,m}^{*}$，而创新失败时则获得零收益。中间产品厂商创新的利润函数可表示为：

$$\Pi = \pi_{ikt,m}^{*} \tau_{ikt,m} - P_{ikt} R_{ikt,m} \tag{3.12}$$

将式（3.9）和式（3.11）代入式（3.12），并对 $\tau_{ikt,m}$ 取一阶条件得到：

$$\tau_{ikt,m} = (\alpha\eta)^{\frac{\eta}{1-\eta}}(1-\alpha)^{\frac{\eta(2-\alpha)}{\alpha(1-\eta)}}\phi_{ikt} = \Omega\phi_{ikt} \tag{3.13}$$

其中，$\Omega = (\alpha\eta)^{\frac{\eta}{1-\eta}}(1-\alpha)^{\frac{\eta(2-\alpha)}{\alpha(1-\eta)}}$。式（3.13）显示，创新成功概率依赖于参数 α、η 以及制造业行业 k 的研发效率 ϕ_{ikt}，而与制造业中间产品的具体类型无关，即 $\tau_{ikt,m} = \tau_{ikt}$。对式（3.13）取对数，并写为矩阵形式，可得到：

$$\tau_{kt} = \Omega + \Phi_{kt} \tag{3.14}$$

3. 生产性服务部门

要提高创新活动研发效率，中间产品厂商不仅需要对研发活动的可行性、研发效益及研发过程中存在的投资风险等进行系统、全面的评估、分析和把握，而且需要充足且稳定的研发资金来源、充分的信息支持、强大的科研实力支撑、专业化的品牌经营和营销服务以及稳定的社会环境支持。而这些均离不开咨询、金融、信息传输、商务服务、科学研究和技术服务等生产性服务业的支撑。中间产品厂商的研发活动也往往集中于生产性服务业集聚水平较高的地区，从而可以就近获得所需生产性服务品，降低交易成本和生产成本，提高研发效率（Oakey et al.，1980；Keeble，1990；Maier & Sedlacek，2005）。卡佩罗（Capello，2007）指出，集聚经济外部性推进区域经济发展的重要机制之一便是降低了创新活动的不确定性，而由于生产性服务业集聚区内拥有高度集中的专业化的先进服务业（尤其是金融保险、信息传输、科学研究和技术服务等高端生产性服务行业），因而具有较强的承受创新活动风险的能力。生产性服务业集聚不仅使生产性服务业自身内部不同行业之间，而且使生产性服务业与制造业之间在经济和地理上更为接近。这种空间邻近性和创新环境的稳定性加强了生产性服务业不同部门、生产性服务业与创新主体以及创新主体之间的协同效率，支撑着不同经济主体集体学习和知识的社会化进程，从而产生了创新的动态优势，提升了制造业行业研发效率（Camagni & Capello，2002）。基于此，制造业厂商可通过接近生产性服务业集聚中心来获得技术创新的动态优势，进而降低创新过程的不确定性，提高研发活动效率 ϕ_{ikt}。因而制造业行业研发效率可看作区域内生产性服务业集聚水平的增函数，即：

$$\phi_{ikt} = \kappa SP_{it}^{\lambda_1} DV_{it}^{\lambda_2} \tag{3.15}$$

其中，κ 代表所有地区所共有的外生技术进步；SP 为生产性服务业专业化集聚，DV 为生产性服务业多样化集聚；λ_1、λ_2分别为生产性服务业专业化集聚和多样化集聚的创新效率参数。胡佛（Hoover，1936）在探讨产业区位理论时最早将集聚外部性划分为专业化集聚经济和多样化集聚经济两种类型。此后，大量文献以制造业部门为研究对象探讨了专业化和多样化两种集聚模式在区域发展中的作用差异（Combes & Gobillon，2015）。生产性服务业作为国民经济的重要产业部门，其空间集聚也必然存在专业化和多样化两类形态。目前已有不少研究从专业化和多样化两种发展模式探讨了生产性服务业的空间集聚效应（韩峰等，2014；席强敏等，2015），本书也基于专业化集聚和多样化集聚两种集聚模式探讨生产性服务业集聚对制造业结构升级的影响。

中间产品厂商创新活动所需生产性服务并非完全来自本地区，一些创新活动亟须但本地生产性服务供给无法满足需求时，周边地区的生产性服务供给便成为保障本地区创新活动顺利推进的有效支撑。目前已有研究证实，生产性服务业集聚除对地区自身制造业发展、工业生产率和全要素生产率具有促进作用外，还对周边地区具有明显的空间外溢效应（Ke et al. 2014；席强敏等，2015；余泳泽等，2016），因而某一地区生产性服务业集聚在对自身创新效率产生影响外，也可能通过空间外溢效应对另一地区的制造业行业创新活动，进而结构升级产生影响。此外，根据埃图尔和科赫（Ertur & Koch，2007）的研究，技术创新不仅依赖于本地区的特征变量和生产要素，而且也受到其他地区技术创新能力的影响（经济系统中所有其他地区 j）。地区间技术进步的这种相互依赖通过空间外部性而起作用，且某一地区生产性服务业专业化和多样化集聚产生的技术外部性将突破区域界线并延伸到其他地区，但由于在地理距离以及由社会经济和制度等差异所导致的各类摩擦影响下，地区间存在的边界效应将导致空间外溢的强度逐渐减弱。基于此，根据埃图尔和科赫（Ertur & Koch，2007）的研究，进一步将式（3.15）扩展为：

$$\phi_{ikt} = \kappa SP_{it}^{\lambda_1} DV_{it}^{\lambda_2} \prod_{j \neq i}^{N} SP_{jt}^{\vartheta_1 w_{ij}} DV_{jt}^{\vartheta_2 w_{ij}} \phi_{jkt}^{\delta w_{ij}} \quad (3.16)$$

其中，$SP_{jt}^{\vartheta_1 w_{ij}}$、$DV_{jt}^{\vartheta_2 w_{ij}}$和$\phi_{jkt}^{\delta w_{ij}}$分别为周边地区 j 生产性服务业专业化集聚、生产性服务业多样化集聚以及制造业行业 k 研发效率的地理加权平均。δ 和 ϑ_1、ϑ_2分别表示空间中技术创新能力和生产性服务业专业化集聚、多样化集聚的相互依赖程度。本书以外生的摩擦项 w_{ij}（$j=1, \cdots, N$ 且 $j \neq i$）来表示地区 i 与其周边地区 j 间的关联程度；地区间关联程度越高，则 w_{ij}越大。

区域间技术创新的依赖性意味着必须将所有地区看作一个整体的系统来分析。对式（3.16）取对数，并写为矩阵形式，则有：

$$\Phi_{kt} = \kappa + \lambda_1 SP_t + \lambda_2 DV_t + \vartheta_1 WSP_t + \vartheta_2 WDV_t + \delta W\Phi_{kt} \quad (3.17)$$

其中，Φ_k为制造业行业 k 研发效率的 $n\times1$ 矩阵；SP 和 DV 分别为生产性服务业专业化集聚和多样化集聚的 $n\times1$ 矩阵；W 为包含空间摩擦项 w_{ij}的 $n\times n$ 维矩阵，且 $i=j$ 时，$w_{ij}=0$。若 $\vartheta_1\neq0$、$\vartheta_2\neq0$、$\delta\neq0$ 且 $1/\vartheta_1$、$1/\vartheta_2$、$1/\delta$ 并非矩阵 W 的特征根，则式（3.17）可重写为：

$$\Phi_{kt}=(I-\delta W)^{-1}\kappa+\lambda_1(I-\delta W)^{-1}SP_t+\lambda_2(I-\delta W)^{-1}DV_t$$
$$+\vartheta_1(I-\delta W)^{-1}WSP_t+\vartheta_2(I-\delta W)^{-1}WDV_t \tag{3.18}$$

式（3.18）显示，各地区制造业行业 k 研发效率或技术创新能力取决于该地区及其周边地区生产性服务业专业化集聚和多样化集聚水平。将式（3.18）代入式（3.14）得到：

$$\tau_{kt}=\Gamma+\lambda_1(I-\delta W)^{-1}SP_t+\lambda_2(I-\delta W)^{-1}DV_t$$
$$+\vartheta_1(I-\delta W)^{-1}WSP_t+\vartheta_2(I-\delta W)^{-1}WDV_t \tag{3.19}$$

其中，$\Gamma=\Omega+(I-\delta W)^{-1}\kappa$。式（3.19）显示，本地和周边地区生产性服务业专业化集聚和多样化集聚通过提升制造业行业 k 研发效率，进而对中间产品厂商创新成功概率产生了促进作用。

4. 制造业结构升级

将第 j 类中间产品厂商的最优产量代入制造业行业 k 最终产品生产函数式（3.1），可得到劳动力投入量 L_{ikt}时，制造业行业 k 最终产品厂商的最优产量 Y_{ikt}^*：

$$Y_{ikt}^*=(1-\alpha)^{\frac{2(1-\alpha)}{\alpha}}L_{ikt}A_{ikt} \tag{3.20}$$

其中，$A_{ikt}=\int_0^1 A_{ikt,m}d_m$，代表制造业行业 k 每类中间产品的平均生产效率或制造业行业 k 的平均技术进步水平。式（3.20）显示，制造业行业 k 最终产品厂商的最优产量是劳动投入量 L_{ikt}、行业平均技术进步水平 A_{ikt}以及中间产品密集使用程度 $1-\alpha$ 的增函数。由于式（3.13）显示中间产品创新厂商创新活动成功概率取决于制造业行业 k 的研发效率 ϕ_{ikt}，而与制造业中间产品的具体类型无关，因而均衡时制造业行业 k 各类中间产品的创新概率应趋于一致，本书将均衡时各类中间产品创新成功概率设定为 τ_{ikt}。进一步根据式（3.5），制造业行业 k 中间产品平均生产效率 A_{ikt}可表示为如下形式：

$$A_{ikt}=\int_0^1\gamma_{ik}A_{ikt-1,m}\tau_{ikt,m}d_m+\int_0^1A_{ikt-1,m}(1-\tau_{ikt,m})d_m$$
$$=\gamma_{ik}A_{ikt-1}\tau_{ikt}+A_{ikt-1}(1-\tau_{ikt})=A_{ikt-1}[(\gamma_{ik}-1)\tau_{ikt}+1] \tag{3.21}$$

根据式（3.21），制造业行业 k 的技术进步增长率可表示为：

$$r_{ikt}=\frac{A_{ikt}-A_{ikt-1}}{A_{ikt-1}}=\frac{A_{ikt-1}[(\gamma_{ik}-1)\tau_{ikt}+1]-A_{ikt-1}}{A_{ikt-1}}=(\gamma_{ik}-1)\tau_{ikt} \tag{3.22}$$

技术进步是制造业结构升级的根本动力（杨智峰等，2016）。干春晖等（2011）认为产业结构之所以发生转变，原因在于各产业在技术要求、技术吸收能力及技术进步速度方面的差异导致各产业增长速度出现较大分异。可见，那些技术改进程度较大、技术要求较高且技术进步增长率较高的行业往往是结构转型升级的重要取向。从这个意义上说制造业结构升级可看作制造业内部高技术进步增长率行业份额不断提高而其他行业份额不断降低的过程，或者与其他制造业行业相比，高技术进步增长率行业产值（或就业）以更快速度增长的过程。干春晖等（2011）在使用“经济服务化”过程反映产业结构状况时指出，第三产业增长率快于第二产业增长率，是经济结构服务化和产业结构高级化的最主要特征。以此类推，如果制造业结构内部高端技术行业增长率快于其他行业增长率，那么制造业结构必然具有明显的升级趋向和较强的升级能力。为准确刻画制造业结构转型升级过程，本书假定经济中存在一个制造业通用生产部门，该通用部门的产品由各制造业行业最终产品依据其重要性程度以 CES 生产函数进行生产，即：

$$Y_{it}=\left(\sum_{k=1}^{K}\varpi_k Y_{ikt}^{\rho}\right)^{\frac{1}{\rho}} \tag{3.23}$$

其中，$\rho=\frac{\sigma-1}{\sigma}$，$\sigma$ 为各行业最终产品间的替代弹性且大于 1，Y_{it} 为通用产品产量，ϖ_k 为制造业行业 k 最终产品在通用产品生产中的重要性程度。若 P_{it} 为制造业通用产品价格，则均衡状态下制造业通用部门利润最大化条件可表示为：

$$P_{ikt}=P_{it}\varpi_k\left(\frac{Y_{it}}{Y_{ikt}}\right)^{1-\delta} \tag{3.24}$$

若模型中的制造业行业 k 属于技术改进程度（γ_k）较大且技术进步增长率较高的行业，那么由式（3.24）可知，该行业相对于制造业结构中其他行业 g 的产出比值可表示为：

$$\frac{Y_{ikt}}{Y_{igt}}=\frac{\left(\frac{P_{it}\varpi_{ik}}{P_{ikt}}\right)^{\frac{1}{1-\delta}}Y_{it}}{\left(\frac{P_{it}\varpi_{ig}}{P_{igt}}\right)^{\frac{1}{1-\delta}}Y_{it}}=\left(\frac{P_{igt}}{P_{ikt}}\cdot\frac{\varpi_k}{\varpi_g}\right)^{\frac{1}{1-\delta}} \tag{3.25}$$

由于劳动力市场完全竞争，劳动力要素可在行业间自由流动，因而制造业行业 k 与行业 g 劳动力的边际产品价值相等。由此得到：

$$\alpha P_{ikt}L_{ikt}^{\alpha-1}\int_0^1 A_{ikt,m}^{\alpha}y_{ikt,m}^{1-\alpha}d_m = \alpha P_{igt}L_{igt}^{\alpha-1}\int_0^1 A_{igt,m}^{\alpha}y_{igt,m}^{1-\alpha}d_m \tag{3.26}$$

将制造业行业 k 与行业 g 中间产品厂商的最优产量 $y_{ikt,m}^{*}=(1-\alpha)^{\frac{2}{\alpha}}L_{ikt}A_{ikt,m}$ 和 $y_{igt,m}^{*}=(1-\alpha)^{\frac{2}{\alpha}}L_{igt}A_{igt,m}$ 代入式（3.26）可得到地区 i 行业 k 与行业 g 最终产品价格比与技术进步水平比之间的关系，即：

$$\frac{P_{ikt}}{P_{igt}}=\frac{A_{igt}}{A_{ikt}} \tag{3.27}$$

由式（3.27）可知，行业 k 与行业 g 最终产品价格与技术进步水平之间呈反比例关系。进一步将式（3.27）代入式（3.25）得到：

$$\frac{Y_{ikt}}{Y_{igt}}=\left(\frac{A_{ikt}}{A_{igt}}\cdot\frac{\varpi_k}{\varpi_g}\right)^{\frac{1}{1-\delta}} \tag{3.28}$$

将式（3.28）两边取自然对数，并结合式（3.22）得到：

$$\frac{\dot{Y}_{ikt}}{Y_{ikt}}-\frac{\dot{Y}_{igt}}{Y_{igt}}=\frac{1}{1-\delta}\left(\frac{\dot{A}_{ikt}}{A_{ikt}}-\frac{\dot{A}_{igt}}{A_{igt}}\right)=\frac{(r_{ikt}-r_{igt})}{1-\delta}=\frac{1}{1-\delta}(\gamma_{ik}-\gamma_{ig})\tau_{ikt} \tag{3.29}$$

式（3.29）显示，在其他条件不变的情况下，地区 i 制造业行业间的产出增长率差异取决于行业间的创新程度（γ_1，γ_2，γ_3，…，γ_K）及其创新概率 τ_{ikt}。结合式（3.28）和式（3.29）可以发现，技术改进程度较大的制造业行业 k 增长率快于其他行业 g 时，该行业相对于其他制造业行业 g 的产出份额也会相应增加，由此制造业结构朝着高端化方向演进。令 $U_{it}=\frac{\dot{Y}_{ikt}}{Y_{ikt}}-\frac{\dot{Y}_{igt}}{Y_{igt}}$、$r=\gamma_{ik}-\gamma_{ig}$、$\nu=\ln\frac{1}{1-\delta}$，并对式（3.29）取对数，写为矩阵形式：

$$U_t=v+r+\tau_{kt} \tag{3.30}$$

其中，r 为行业创新程度的 n×1 矩阵；U 为技术领先行业与其他行业增长率差异的 n×1 矩阵，实际上反映了地区结构升级能力。将式（3.19）代入式（3.30）并在两边同乘以（I－δW），整理得到：

$$U_t=\Psi+\delta WU_t+r+\lambda_1SP_t+\lambda_2DV_t-\delta Wr+\vartheta_1WSP_t+\vartheta_2WDV_t \tag{3.31}$$

其中，$\Psi = (\Theta + v)(I - \delta W)$。将式（3.31）由矩阵形式写为一般形式，则地区 i 制造业结构升级的决定方程可表示为：

$$\ln U_{it} = \Psi + \delta \sum_{j \neq i}^{N} w_{ij} U_j + \ln r_i + \lambda_1 \ln SP_{it} + \lambda_2 \ln DV_{it} - \delta \sum_{j \neq i}^{n} w_{ij} \ln r_j + \vartheta_1 \sum_{j \neq i}^{n} w_{ij} \ln SP_{jt} + \vartheta_2 \sum_{j \neq i}^{n} w_{ij} \ln DV_{jt} \quad (3.32)$$

式（3.32）显示，与其他行业相比，制造业结构升级不仅与本地区行业间技术创新程度及生产性服务业专业化集聚和多样化集聚水平有关，而且还取决于周边地区制造业结构升级、行业间技术创新程度及生产性服务业专业化集聚和多样化集聚水平。可见，与其他制造业行业相比，本地和周边地区生产性服务业集聚更有助于拥有较大技术创新程度的制造业行业提高产值增长率和产值份额，从而促进制造业结构由低端向高端攀升。

（二）动态空间计量模型设定

式（3.32）显示制造业结构调整并非是某一地区自身独有的经济现象，而是在不同地区间具有明显的空间依赖性，同时包含了被解释变量和解释变量空间滞后项，称为空间杜宾模型。除式（3.32）中的解释变量外，大量研究显示制造业结构升级还可能受到劳动力供给（阳立高等，2017）、人力资本（代谦和别朝霞，2006；张桂文和孙亚南，2014）、城市化水平（蓝庆新和陈超凡，2013）、国内资本（何大安，2001；郭凯明等，2018）和外商直接投资（裴长洪，2006；刘宇，2007）等因素的空间影响。[①] 由于存在空间依赖，一地区影响制造业结构升级的所有因素都可通过地区间制造业结构调整中的空间依赖性或空间关联效应而作用于周边地区的制造业结构升级。本书通过在式（3.32）中加入这些控制变量及其空间滞后项来拓展空间计量模型，并加入计量估计中的误差项 ε 得到以下空间杜宾模型：

---

① 在劳动力供给方面，阳立高等（2017）指出，劳动力成本上升背景下劳动力供给变化是影响制造业升级的重要因素。人力资本方面，多数研究认为代表劳动力质量的人力资本水平提高有助于促进制造业结构升级。其中，代谦和别朝霞（2006）发展了一个动态比较优势模型研究人力资本对发展中国家产业结构升级的影响，结果指出人力资本水平不断提高有利于发展中国家产业结构高级化发展。张桂文和孙亚南（2014）指出，中国人力资本与产业结构演进具有较强的耦合关联性。在城市化影响制造业结构升级方面，蓝庆新和陈超凡（2013）的研究结论显示，新型城镇化对产业结构升级具有显著促进作用，有利于提升产业发展层次。在国内资本影响产业结构方面，何大安（2011）指出，投资流向和投资量对于重塑国内产业结构具有重要影响；郭凯明等（2018）也进一步指出，中国投资的产业构成变化对结构转型和劳动生产率增长具有显著影响。在外商直接投资影响制造业结构方面，裴长洪（2006）指出中国改革开放以来加快吸收外商直接投资是实现产业结构优化升级的一条重要途径；而刘宇（2007）的研究则显示中国外商直接投资的产业结构分布严重偏斜是加重国内产业结构偏斜的重要原因。

$$
\begin{aligned}
\ln U_{it} = {} & \Psi + \delta \sum_{j \neq i}^{N} w_{ij} U_j + \ln r_i + \lambda_1 \ln SP_{it} + \lambda_2 \ln DV_{it} + \lambda_3 \ln Lab_{it} + \lambda_4 \ln Edu_{it} \\
& + \lambda_5 \ln Urb_{it} + \lambda_6 \ln DK_{it} + \lambda_7 \ln FDI_{it} - \delta \sum_{j \neq i}^{n} w_{ij} \ln r_j + \vartheta_1 \sum_{j \neq i}^{n} w_{ij} \ln SP_{jt} \\
& + \vartheta_2 \sum_{j \neq i}^{n} w_{ij} \ln DV_{jt} + \vartheta_3 \sum_{j \neq i}^{n} w_{ij} \ln Lab_{jt} + \vartheta_4 \sum_{j \neq i}^{n} w_{ij} \ln Edu_{jt} + \vartheta_5 \sum_{j \neq i}^{n} w_{ij} \ln Urb_{jt} \\
& + \vartheta_6 \sum_{j \neq i}^{n} w_{ij} \ln DK_{jt} + \vartheta_7 \sum_{j \neq i}^{n} w_{ij} \ln FDI_{jt} + \varepsilon_{it} \qquad (3.33)
\end{aligned}
$$

其中，Lab 为劳动力供给、Edu 表示人力资本、Urb 表示城市化水平、DK 表示国内资本、FDI 表示外商直接投资；$\lambda_3 \sim \lambda_7$ 为劳动力供给等其他控制变量的参数估计；$\vartheta_3 \sim \vartheta_7$ 为劳动力等控制变量的空间滞后项。进一步地，式（3.33）意味着制造业结构升级会随着生产性服务业集聚等解释变量变化而瞬时发生改变，而事实上，在地理区位、资源禀赋、政治制度、市场化改革等因素的长期累积效应作用下，制造业结构升级的当期结果往往取决于其上一期的发展水平，容易产生路径依赖和马太效应（张彤等，2014；贾敬全和殷李松，2015）。本章节根据埃尔霍斯特（Elhorst，2012）的研究，进一步将式（3.33）扩展为包含动态效应的空间杜宾模型，即：

$$
\begin{aligned}
\ln U_{it} = {} & \Psi + \varphi \ln U_{it-1} + \delta \sum_{j \neq i}^{n} w_{ij} \ln U_{jt} + \theta \sum_{j \neq i}^{n} w_{ij} \ln U_{jt-1} + \ln r_i + \lambda_1 \ln SP_{it} + \lambda_2 \ln DV_{it} \\
& + \lambda_3 \ln Lab_{it} + \lambda_4 \ln Edu_{it} + \lambda_5 \ln Urb_{it} + \lambda_6 \ln DK_{it} + \lambda_7 \ln FDI_{it} - \delta \sum_{j \neq i}^{n} w_{ij} \ln r_j \\
& + \vartheta_1 \sum_{j \neq i}^{n} w_{ij} \ln SP_{jt} + \vartheta_2 \sum_{j \neq i}^{n} w_{ij} \ln DV_{jt} + \vartheta_3 \sum_{j \neq i}^{n} w_{ij} \ln Lab_{jt} + \vartheta_4 \sum_{j \neq i}^{n} w_{ij} \ln Edu_{jt} \\
& + \vartheta_5 \sum_{j \neq i}^{n} w_{ij} \ln Urb_{jt} + \vartheta_6 \sum_{j \neq i}^{n} w_{ij} \ln DK_{jt} + \vartheta_7 \sum_{j \neq i}^{n} w_{ij} \ln FDI_{jt} + \varepsilon_{it} \qquad (3.34)
\end{aligned}
$$

其中，φ 和 θ 分别为表征时间滞后效应和时空双重滞后效应的弹性系数。式（3.34）为本书要估计的计量方程①。

四、变量选取与数据说明

本章节样本为 1997 ~ 2015 年全国 31 个省份的面板数据。各指标数据主

① 由于实际计算中，各地区高端技术行业增长率未必高于其他行业，因而我们在计量估计中未对被解释变量做对数化处理。

要从 1998～2016 年《中国工业经济统计年鉴》《中国统计年鉴》《中国科技统计年鉴》以及各省统计年鉴中获得。本章节以 1997 年为基期对所有以货币价值表示的数据进行价格调整。以下详细说明各变量的选取和指标构建方法。

1. 制造业结构升级（U）

根据本章节理论模型，制造业结构升级强调高技术水平和高生产率行业占比不断提高、产业层次不断提升的过程，某一地区制造业结构升级水平较高代表该地区制造业结构中拥有较高技术创新能力的行业与其他行业相比具有更强的生命力和发展速度，因而该地区制造业在高技术行业带动下具有较强的升级能力。本章节侧重分析各地区制造业结构调整的过程，而非制造业结构变化的结果或呈现的状态。与传统的以制造业各类行业比重来测度制造业结构的方法不同，本章节以各地区代表制造业结构升级方向的高端技术行业的增长率与其他行业增长率差异来衡量制造业结构升级水平。与其他行业相比，高技术行业在某地区的增长率越高，则该行业占整体制造业比重的增长趋势就越明显，进而该地区制造业结构升级水平就越高。参考傅元海等（2014）的方法，本章节将制造业按照技术水平划分为高端技术产业、中端技术产业和低端技术产业三个层面。① 由于制造业结构升级侧重制造业结构由低端向中端、进而高端不断攀升的过程，本章节以高端技术行业产值增长率与中端技术行业产值增长率差异（%）来衡量制造业结构升级水平，该指标越大说明制造业结构中高端技术行业具有较强的发展能力，制造业结构升级能力越强。同时，本章节还根据理论分析的要求，利用省级层面各制造业细分行业的就业人员数据测算了制造业结构升级指标（高端技术行业就业人数增长率与中端技术行业就业人数增长率之差）进行稳健性分析，以进一步分析生产性服务业集聚对制造业结构中不同行业就业增长率差异的影响。此外，本书还根据傅元海等（2014）和阳立高等（2015）的研究，不仅进一步使用各行业主营业务收入对高端和中端技术行业增长率差异进行测算，而且还按照要素密集度将制造业行业分为劳动密集型、资本密集型以及技术密集型三类，进而通过构建技术密集型行业产值增长率与资本密集型行业产值增

① 根据傅元海等（2014）对制造业的划分方法，高端技术产业包括通用设备、交通运输、专用设备、电气机械及器材、通信电子、仪器仪表及文化办公用机械、化工医药等行业；中端技术产业包括石油加工、炼焦及核燃料加工业、橡胶、塑料、非金融矿物、黑色金属冶炼、有色金属冶炼和金属制品等行业；低端技术产业包括食品加工制造、饮料、烟草、纺织、服装、皮革、木材、家具、造纸、印刷和文体用品及其他制造业。

长率差异指标进行稳健性检验。①

2. 生产性服务业集聚

目前大量研究多基于地理空间视角从集聚规模和集聚密度等方面来反映产业集聚程度，不能将产业集聚内部的专业化集聚效应和多样化集聚效应区别开来，因而无法对集聚效应及其类别进行细致、准确地刻画。麦卡恩（McCann，2008）指出，产业集聚有多种类型，很多关于产业集聚的研究采用各种集聚效应都混在一起的技术指标来代表集聚效应，将无法区分不同类型集聚的作用差异。鉴于此，本章节将从专业化和多样化两个方面来测度生产性服务业集聚指标，分别反映生产性服务业集聚产生的马歇尔外部性和雅各布斯外部性。

（1）生产性服务业专业化集聚（SP）。该指标构建方法参考库姆斯（Combes，2000）的研究，即：

$$SP_{i,s}=\frac{E_{i,s}/E_i}{E_s/E};\ SP_i=\frac{\overline{E}_{i,s}/E_i}{\overline{E}_s/E} \tag{3.35}$$

其中，SP_i 为省份 i 生产性服务业总体的专业化集聚水平，$SP_{i,s}$为省份 i 某生产性服务业细分行业 s 的专业化集聚水平，$\overline{E}_{i,s}$代表省份 i 生产性服务业整体的就业人数，E_i为省份 i 总就业人数，$\overline{E}_s$ 表示全国生产性服务业总体的就业人数，E 为全国总就业人数；$E_{i,s}$为生产性服务业细分行业 s 在省份 i 中的就业数量，E_s为生产性服务行业 s 在全国层面的就业数量。

（2）生产性服务业多样化集聚（DV）。我们采用改进的库姆斯（Combes，2000）产业多样化指标来衡量生产性服务业多样化集聚水平：

$$DV_{i,s}=\frac{1\Big/\sum\limits_{s'=1,s'\neq s}^{n}(E_{is'}/(E_i-E_{is}))^2}{1\Big/\sum\limits_{s'=1,s'\neq s}^{n}(E_s'/(E-E_s))^2};\ DV_i=\sum_s\frac{E_{is}}{E_i}\left[\frac{1\Big/\sum\limits_{s'=1,s'\neq s}^{n}(E_{is'}/(E_i-E_{is}))^2}{1\Big/\sum\limits_{s'=1,s'\neq s}^{n}(E_{s'}/(E-E_s))^2}\right] \tag{3.36}$$

其中，DV_i为省份 i 生产性服务业多样化水平，$DV_{i,s}$为生产性服务业细分行业

① 根据阳立高等（2015）的研究，劳动密集型行业主要包括农副食品加工业、食品制造业、纺织业、纺织服装（料、帽）制造业、皮革毛皮羽毛（绒）及其制品业、木材加工及木竹藤棕草、家具制造业、印刷业和记录媒介的复制、文教体用品制造业、橡胶制品业、塑料制品业、非金属矿物制品业、金属制品业；资本密集型行业主要包括饮料制造业、烟草制品业、造纸及纸制品业、石油加工与炼焦及核燃料、化学原料及化学制品制造业、化学纤维制造业、黑色金属冶炼及压延加工业、有色金属冶炼及压延加工业、通用设备制造业；技术密集型行业主要包括医药制造业、专用设备制造业、交通运输设备制造业、电气机械及器材制造业、通信设备计算机及其他电子、仪器仪表文化办公用机械。

s 面临的行业多样化水平，其值越大则多样化集聚水平越高；$E_{is'}$表示省份 i 中除行业 s 外的其他某个生产性服务行业 s′的就业人数，E_i为省份 i 总就业人数，E_{is}为省份 i 中生产性服务业行业 s 的就业人数，$E_{s'}$表示除行业 s 外的全国生产性服务行业 s′的就业人数；E_s代表全国生产性服务行业 s 的就业人数。

3. 其他变量

劳动力供给（Lab）以人口中适龄劳动力人数占人口总数的比重（%）表示，适龄劳动力为年龄在 15 ~ 64 岁的劳动人口。人力资本（Edu）以劳动力平均受教育年限（年）表示，一般认为劳动力受教育年限越长，则其人力资本水平就越高，当年人均受教育年限 Edu =（当年大专以上文化程度人数 × 16 + 当年高中文化程度人数 × 12 + 当年初中文化程度人数 × 9 + 当年小学文化程度人数 × 6）/当年劳动力总人数，数据来源于历年《中国教育统计年鉴》。由于目前公开出版的年鉴资料中并未报告各省份细分行业的技术创新相关指标，本章节通过将复旦大学产业发展研究中心寇宗来和刘学悦（2017）公布的中国城市层面分行业创新程度指标依据城市人口规模加权平均到省级层面，进而得到各省份制造业细分行业技术创新程度指标，最后利用高端技术行业平均技术创新程度与中端技术行业平均技术创新程度的差额代表式（3.34）中的行业间技术创新程度（r）[①]。城市化水平（Urb）以各省份城镇人口占总人口的比重表示，由于 2005 年之前的《中国统计年鉴》中并没有城镇人口的统计，因而 2005 年之前的各省份城镇化率从各省份统计年鉴中搜集得到。国内资本存量（DK，千万元）以永续盘存法来计算，利用每年固定资产投资和公式 $K_{i,t} = (1 - \delta) K_{i,t-1} + I_t / \omega_{i,t}$ 进行计算；式中 $K_{i,t}$是国内资本存量；δ 是年折旧率，设为 5%；I_t是固定资产投资；$\omega_{i,t}$是各省份累积资本价格指数。FDI 存量（千万元）的计算参考韩峰和柯善咨（2012）的做法，依然采用永续盘存法来计算，且折旧率设定为 5%。按照柯等（Ke et al.，2014）和韩峰等（2014）对生产性服务业的定义方式，本章节将“交通运输、仓储和邮政业”“金融业”“环境治理和公共设施管理业”“科学研究和技术服务业”“租赁和商业服务业”“信息传输、计算机服务和软件业”“批发零售业”七个行业界定为生产性服务业。表 3 – 1 报告了各变量的样本统计值。

① 由于寇宗来和刘学悦（2017）公布的中国城市技术创新指数是 2001 ~ 2016 年，而本书的样本区间为 1997 ~ 2015 年，1997 ~ 2000 年缺失的省级层面行业技术创新指数采用二次指数平滑法来近似补齐。由于多数省份行业技术创新指数的时间序列呈明显的上升发展趋势，本章节选择 0.6、0.7 和 0.8 三个平滑系数进行试算，通过比较不同平滑系数值下的预测标准误差，选取预测标准误差最小的 0.6 作为该指标的平滑系数值。

表 3-1　　中国各省份生产性服务业集聚、制造业结构升级及其他变量的样本统计值

变量	均值	标准差	最小值	最大值
U（制造业结构升级,%）	2.1523	2.6848	-0.0032	11.5048
SP（生产性服务业专业化集聚）	0.1199	0.0740	0.0207	0.4611
DV（生产性服务业多样化集聚）	0.3963	0.1765	0.0195	1.1329
Lab（适龄劳动力人数比重,%）	72.0585	4.1113	60.7764	83.8452
Edu（人力资本，年）	8.0423	1.3110	2.9479	12.0284
r（行业间技术创新程度）	4.6257	3.1894	0.0235	101.4309
Urb（城市化率,%）	45.0749	16.9035	13.3850	89.6000
DK（国内资本存量，千万元）	40923.7643	48432.0675	438.1000	283595.5001
FDI（外商直接投资存量，千万元）	2375.6422	3140.6955	0.4139	15490.5535

五、动态空间面板计量估计与结果分析

（一）空间权重矩阵与空间计量检验策略

本章节综合使用地理距离矩阵、经济距离矩阵以及地理和经济距离嵌套矩阵进行空间计量分析。地理距离权重矩阵中的元素 W_{dij} 可设定为 $W_{d_{ij}}=1/d_{ij}$，其中 d_{ij}（$i\neq j$）为两个省份间的距离，使用两个省份省会城市的经纬度坐标来计算；当 $i=j$ 时，$W_{dij}=0$。根据张学良（2012）的研究，本章节用人均 GDP 构建经济距离空间权重矩阵 $W_{pergdp}=1/|\overline{Q}_i-\overline{Q}_j|$，其中 $\overline{Q}_i$ 和 $\overline{Q}_j$ 分别为省份 i 和省份 j（$i\neq j$）在 1997～2015 年的人均 GDP 均值。由于制造业结构通过要素流动、产业转移、商品贸易以及地方政府间策略性互动行为而在区域间产生的空间关联效应，很可能是地理邻近和经济关联两种空间作用方式共同产生影响的结果，本章节进一步采用邵帅等（2016）的方法，构建了地理和经济距离嵌套矩阵，即 $W_{de}=\psi W_d+(1-\psi)W_e$，其中 $0<\psi<1$ 为地理距离矩阵的权重，表示空间交互作用中地理邻近性的相对重要性程度，根据邵帅等（2016）的做法将其设定为 0.5。地理和经济距离嵌套矩阵反映了空间个体在地理和经济上的双重空间邻近性。对以上矩阵进行标准化，使各行元素之和等于 1。本章节顺序对式（3.34）进行拉格朗日乘数（LM）检验、似然比（LR）检验、Hausman 检验和沃尔德（Wald）检验，以确定动态空间计量模型的具体估计形式。检验步骤和结果如表 3-2 所示。

表 3－2　各类空间权重矩阵下的空间计量模型检验

检验内容	检验方法	地理距离矩阵		经济距离矩阵		地理和经济距离嵌套矩阵	
		统计值	伴随概率	统计值	伴随概率	统计值	伴随概率
空间自回归模型与空间误差模型检验	LM-lag 检验	3.0385	0.0810	51.0120	0.0000	0.1942	0.6590
	R-LM-lag 检验	4.0500	0.0440	4.9840	0.0004	11.2131	0.0010
	LM-err 检验	12.3590	0.0000	71.0311	0.0000	9.5637	0.0060
	R-LM-err 检验	15.4907	0.0000	21.5720	0.0000	18.3391	0.0000
动态 SDM 模型的固定效应检验	SFE-LR 检验	831.5820	0.0000	895.7797	0.0000	879.3075	0.0000
	TFE-LR 检验	164.0928	0.0000	52.8207	0.0000	177.3094	0.0000
	STFE-LR 检验	891.9391	0.0000	958.4638	0.0000	937.2079	0.0000
动态 SDM 模型的 Hausman 检验	Hausman 检验	473.2195	0.0000	1204.3410	0.0000	813.4082	0.0000
SDM 模型的简化检验	Wald-lag 检验	138.2099	0.0000	85.3296	0.0000	149.5287	0.0000
	LR-lag 检验	151.1357	0.0000	74.5027	0.0000	124.2996	0.0000
	Wald-err 检验	144.5120	0.0000	63.8017	0.0000	72.6708	0.0000
	LR-err 检验	131.3170	0.0000	70.3560	0.0000	101.3104	0.0000

其一，通过对不包含空间效应的模型进行 OLS 估计，得到拉格朗日乘数（LM）及其稳健统计量（R-LM），检验是选择使用空间自回归（SAR）还是空间误差模型（SEM）。表 3－2 显示，地理距离矩阵中 LM-lag、LM-err 及其稳健统计量均至少在 10% 水平上通过显著性检验，经济距离矩阵中各 LM 及 R-LM 统计量均通过了 1% 的显著性检验，而地理和经济距离嵌套矩阵中 LM-lag 未拒绝不存在空间滞后效应的原假设，说明地理矩阵和经济矩阵的 SAR 模型和 SEM 模型均可用来估计本章节的空间面板数据，而地理和经济距离嵌套矩阵情况下则使用 SEM 模型更加适合。其二，如果 LM 检验显示面板数据计量模型中包含空间效应，那么根据埃尔霍斯特（Elhorst，2014）的研究，可直接使用更具一般意义的 SDM 模型进行空间计量估计，并进一步检验动态 SDM 模型的固定效应和随机效应。其三，对动态空间杜宾模型的固定效应进行检验。结果显示，三类空间权重矩阵的似然比（LR）统计量均在 1% 水平上拒绝不存在固定效应的原假设，动态空间杜宾模型中必然同时包含空间固定效应（SFE）和时间固定效应（TFE）。其四，对动态空间杜宾模型进行 Hausman 检验，检验结果显示，三类矩阵中的动态空间杜宾模型均应使用双重固定效应模型进行估计。其五，对动态空间杜宾模型进行 Wald 或 LR 检

验，以判断其是否会弱化为 SAR 或 SEM 模型，结果显示三类空间权重矩阵中 Wald 和 LR 统计量在空间自回归和空间滞后两种情况下均在 1% 显著水平上拒绝可以弱化为 SAR 或 SEM 的原假设，因而使用双重固定效应的动态空间杜宾模型的结论依然成立。

（二）生产性服务业集聚影响制造业结构升级的动态空间计量估计结果

基于以上检验结果，本章节采用李和于（Lee & Yu，2010）提出的偏误修正的准最大似然估计法（BC-QML）来估计时空双重固定效应的动态空间杜宾模型（见表 3－3）。为便于比较和检验引入动态模型的必要性和可靠性，表 3－3 中还列出了具有时间和空间双重固定效应的非动态空间杜宾模型的估计结果。

表 3－3　不同空间矩阵中生产性服务业集聚影响制造业结构升级的空间计量估计结果

变量	地理距离矩阵		经济距离矩阵		地理与经济距离嵌套矩阵	
	具有固定效应的非动态 SDM	具有固定效应的动态 SDM	具有固定效应的非动态 SDM	具有固定效应的动态 SDM	具有固定效应的非动态 SDM	具有固定效应的动态 SDM
lnSP	0.3340*** (7.25)	0.0238* (1.83)	0.4127*** (7.73)	0.0248* (1.80)	0.2834*** (6.01)	0.0247* (1.90)
lnDV	0.1158*** (2.60)	0.0094 (0.50)	0.1502** (2.48)	0.0140** (2.39)	0.1086** (2.40)	0.0169* (1.87)
lnLab	1.8295*** (2.72)	−0.1975 (−1.47)	−1.7018*** (−2.50)	−0.1287** (−2.31)	2.7407*** (4.08)	−0.2151 (−1.59)
lnEdu	−0.9522*** (−4.23)	0.1657** (1.99)	−1.0516*** (−4.05)	−0.0405** (−2.42)	−1.1239*** (−4.95)	0.1943 (1.17)
lnr	0.2557*** (8.32)	0.0134** (2.32)	0.2594*** (7.49)	0.0629** (2.15)	0.2629*** (8.43)	0.0150** (2.35)
lnUrb	0.3107*** (3.39)	−0.0830** (−2.32)	0.2721** (2.28)	0.0475 (1.46)	0.2834*** (3.03)	0.0901** (2.40)
lnDK	−0.2644*** (−8.53)	−0.0697* (−1.71)	−0.2044*** (−5.55)	−0.0920*** (−2.64)	−0.2035*** (−6.17)	−0.0816* (−1.89)
lnFDI	0.1618*** (6.07)	0.0356*** (2.84)	0.1728*** (6.61)	0.0347*** (3.10)	0.1415*** (5.20)	0.0364*** (2.97)
lnU(−1)		0.9219*** (35.10)		0.9065*** (34.2617)		0.9135*** (34.89)

续表

变量	地理距离矩阵		经济距离矩阵		地理与经济距离嵌套矩阵	
	具有固定效应的非动态 SDM	具有固定效应的动态 SDM	具有固定效应的非动态 SDM	具有固定效应的动态 SDM	具有固定效应的非动态 SDM	具有固定效应的动态 SDM
W × lnU	0.3959 *** (5.95)	0.1628 * (1.71)	0.1540 ** (2.40)	0.0994 ** (2.04)	0.3953 *** (5.98)	0.1587 *** (2.67)
W × lnU(−1)		0.1373 ** (2.03)		0.1587 * (1.77)		0.3149 ** (2.25)
W × lnSP	1.1101 *** (2.85)	0.2055 ** (2.04)	0.5934 *** (4.00)	0.0596 ** (2.27)	1.8809 *** (4.67)	0.2642 ** (2.37)
W × lnDV	0.1922 * (1.71)	0.1036 (1.55)	0.1661 (1.33)	0.0461 * (1.83)	0.1582 (1.24)	0.1772 * (1.90)
W × lnLab	1.4948 (0.34)	4.2560 (1.21)	7.7568 *** (3.88)	1.1678 * (1.88)	3.1352 (0.65)	5.2139 * (1.70)
W × lnEdu	−0.9212 (−0.37)	−1.3138 (−1.45)	0.2922 (0.27)	−0.5089 (−1.36)	−2.8234 (−1.13)	−1.2143 (−1.56)
W × lnTe	1.6475 *** (6.45)	0.1759 * (1.72)	0.3473 *** (2.97)	0.0667 ** (2.35)	1.6519 *** (6.47)	0.1706 * (1.77)
W × lnUrb	−1.9255 *** (−3.15)	0.1191 (0.68)	−0.0325 (−0.10)	−0.1393 (−1.17)	−2.0590 *** (−3.28)	−0.1337 * (−1.81)
W × lnDK	−2.6950 *** (−11.6285)	−0.6051 ** (−1.96)	−0.2167 * (−1.69)	−0.0539 ** (−2.15)	−2.0814 *** (−7.95)	−0.5735 * (−1.72)
W × lnFDI	0.9831 *** (5.47)	0.0150 ** (2.11)	0.1785 ** (2.13)	0.0139 * (1.72)	0.7452 *** (4.30)	0.0491 ** (2.23)
log-lik	19.4046	375.7570	33.2144	373.1328	40.0536	376.5552
R^2	0.9041	0.9741	0.9095	0.9737	0.9139	0.9754

注：***、** 和 * 分别表示在 1%、5% 和 10% 水平上显著，圆括号内为 t 检验值，log-lik 为 log-likelihood，lnEE(−1) 和 W × lnEE(−1) 分别表示滞后一期制造业结构升级和滞后一期制造业结构升级的空间滞后项。

与非动态 SDM 模型中仅包含制造业结构升级（高端技术行业与中端技术行业产值增长率差异）的空间滞后效应相比，动态 SDM 模型还同时拥有时间滞后效应以及时间和空间双重滞后效应。动态 SDM 模型中制造业结构升级滞后一期的参数估计均显著为正，说明制造业结构升级在时间上存在明显的惯性效应，上一期制造业结构调整对当期制造业结构具有同向作用效果。各方程中制造业结构升级的空间滞后项参数估计均显著为正，意味着制造业结构调整在空间上存在正向空间交互效应或关联效应，制造业结构层次较高的区域周边也必然集聚着大量拥有较高制造业结构升级水平的地区。各空间权重矩阵动态 SDM 估计中，上一期制造业结构升级的空间滞后项参数估计也显著为正，意味着周边地区制造业结构层级与本地区之间不仅在时间上存在明显的惯性效应，而且在空间上也具有显著的扩散效应，即邻近地区在上期推进制造业结构升级的努力对本地区产生了“示范效应”，本地区在制定制造业结构调整政策时可能将周边地区视为“榜样”，从而通过模仿周边地区制造业结构升级经验促进自身制造业技术进步水平和行业层次提升。

与一般空间杜宾模型相比，动态空间杜宾模型对计量模型具有更强的解释力。本书通过构造 LR 统计量对变量 lnSU(-1) 和 W × lnSU(-1) 系数的联合显著性进行检验。结果显示，各权重矩阵自由度为 2 的 LR 统计量的估计值分别是：2 × (375.7570 - 19.4046) = 712.7048、2 × (373.1328 - 33.2144) = 679.8368、2 × (376.5552 - 40.0536) = 673.0032，其伴随概率均大于 1%，说明将非动态空间杜宾模型扩展为动态模型后模型解释力得到了明显增强。进一步从各权重矩阵的空间杜宾模型和动态空间杜宾模型的 log-likelihood 值及拟合优度（R^2）来看，地理和经济距离嵌套矩阵情况下的估计值均明显大于地理距离矩阵和经济距离矩阵。本章节重点关注动态空间杜宾模型的地理和经济距离嵌套矩阵估计结果。

由于动态空间杜宾模型中包含了被解释变量及其滞后一期变量的空间滞后项，且表 3 -3 中显示其参数估计均显著为正，因而由动态空间杜宾模型测度的空间外溢效应实际上是全局效应而非局部效应。埃尔霍斯特（Elhorst，2014）指出，空间计量模型设定中包含全局效应时，空间计量模型本身的点估计结果并非代表解释变量的边际影响，因而要比较分析各解释变量间的作用效果差异及其空间外溢效应，还需要依据模型的点估计结果进一步测算各解释变量的直接效应和间接效应。莱萨奇和佩斯（LeSage & Pace，2009）也指出完全依据空间杜宾模型或动态空间杜宾模型本身的点估计结果来分析解释变量对被解释变量的影响及其空间外溢效应可能会导致错误的结论。为此，本章节进一步根据表 3 -3 中动态空间杜宾模型的点估计结果测算生产性服务业集聚对制造业结构升级的直接效应和间接效应。由于与一般 SDM 相比，动态空间 SDM 模型中还包含了被解释变量的时间滞后变量以及时间滞后变量的空间滞后项，因而其直接效应和间接效应又有短期效应和长期效应之分。动态 SDM 模型的短期和长期直接效应和间接效应如式（3.37）~式（3.40）所示。

$$dirst = [(I - \delta W)^{-1}(\theta_k I_N + \vartheta_k W)]^{\bar{d}} \quad (3.37)$$

$$indst = [(I - \delta W)^{-1}(\theta_k I_N + \vartheta_k W)]^{\overline{rsum}} \quad (3.38)$$

$$dirlt = [\{(1-\tau)I - (\delta+\eta)W\}^{-1}(\theta_k I_N + \vartheta_k W)]^{\bar{d}} \quad (3.39)$$

$$indlt = [\{(1-\tau)I - (\delta+\eta)W\}^{-1}(\theta_k I_N + \vartheta_k W)]^{\overline{rsum}} \quad (3.40)$$

其中，dirst、indst 分别为短期直接效应和短期间接效应；dirlt、indlt 分别表示长期直接效应和长期间接效应；$\bar{d}$ 表示相应矩阵对角线元素均值，$\overline{rsum}$代表矩阵非对角线元素均值。直接效应反映了生产性服务业集聚等解释变量对本地区制造业结构升级的影响；间接效应则表示本地区生产性服务业集聚对邻近地区制造业结构升级（或邻近地区生产性服务业集聚对本地区制造业结构升级）的空间溢出效应。表 3－4 报告了各空间权重矩阵动态空间杜宾模型的短期和长期直接效应、间接效应估计结果。

表 3－4　生产性服务业集聚对制造业结构升级的短期和长期直接效应和间接效应估计结果

权重矩阵	效应	lnSP	lnDV	lnLab	lnEdu	lnr	lnUrb	lnDK	lnFDI
地理距离矩阵	短期直接效应	0.0255** (2.13)	0.0086* (1.73)	−0.0179** (−2.58)	0.1610* (1.86)	0.0135** (2.36)	0.0830* (1.93)	−0.0671** (−1.97)	0.0330** (2.34)
	短期间接效应	0.2657*** (2.63)	0.0206* (1.80)	0.0912* (1.87)	−0.0550** (−2.46)	0.0943* (1.89)	0.0204** (2.55)	−0.1101** (−2.53)	0.0604** (1.99)
	长期直接效应	0.0492** (2.31)	0.0550** (2.24)	−0.0724** (−2.33)	0.1955** (2.40)	0.0291** (2.20)	0.1078** (2.33)	−0.0739* (−1.94)	0.1293** (2.45)
	长期间接效应	0.3187** (2.05)	0.0271 (1.06)	0.0397** (2.48)	−0.0811*** (−2.67)	0.1129*** (3.25)	0.0441* (1.91)	−0.1521* (−1.88)	0.0821* (1.75)
经济距离矩阵	短期直接效应	0.0254* (1.87)	0.0061** (2.28)	−0.0377* (−1.83)	0.0056* (1.87)	0.0078* (1.89)	0.0479* (1.83)	−0.0921** (−1.96)	0.0349*** (2.94)
	短期间接效应	0.0378** (2.38)	−0.0663 (−1.03)	0.0080** (1.99)	−0.0483 (−1.04)	0.0919* (1.93)	0.0351*** (2.81)	−0.0455* (−1.83)	0.0582 (1.03)
	长期直接效应	0.0315* (1.93)	0.0680* (1.70)	−0.0758*** (−5.60)	0.0159* (1.81)	0.0409** (2.49)	0.0499* (1.85)	−0.1169* (−1.77)	0.0159* (1.88)
	长期间接效应	0.0938** (2.37)	−0.0655 (−1.13)	0.0663*** (4.89)	−0.0503 (−1.03)	0.1150** (1.96)	0.0557 (1.07)	−0.0619* (−1.84)	0.0134* (1.95)

续表

权重矩阵	效应	lnSP	lnDV	lnLab	lnEdu	lnr	lnUrb	lnDK	lnFDI
地理与经济距离嵌套矩阵	短期直接效应	0.0273 ** (2.23)	0.0149 * (1.91)	-0.0231 ** (-2.38)	0.0122 ** (2.00)	0.0165 * (1.79)	0.0890 ** (2.09)	-0.0186 (-1.60)	0.0337 ** (2.40)
	短期间接效应	0.0594 ** (2.53)	-0.0275 (-1.32)	0.0836 ** (2.40)	-0.0548 (-0.46)	0.1085 ** (2.36)	0.0210 * (1.69)	-0.0389 * (-1.94)	0.0221 * (1.82)
	长期直接效应	0.0333 *** (3.06)	0.0327 * (1.81)	-0.0299 *** (-7.03)	0.0304 *** (7.46)	0.0335 ** (2.39)	0.1194 ** (2.38)	-0.0250 ** (-2.35)	0.0334 *** (10.03)
	长期间接效应	0.0752 *** (6.15)	-0.0282 (-1.57)	0.1085 *** (5.24)	-0.0557 *** (-6.34)	0.1238 * (1.72)	0.0242 * (1.82)	-0.0343 *** (-3.28)	0.0289 *** (8.69)

注：***、** 和 * 分别表示在 1%、5% 和 10% 水平上显著，圆括号内为 t 检验值。

总体来看，除 lnEdu 的短期和长期间接效应、lnUrb 的长期间接效应以及 lnFDI 的短期间接效应参数估计在经济距离矩阵中未通过显著性检验外，各空间权重矩阵估计结果中同一因素对制造业结构升级的作用效果基本一致。而且从各解释变量参数估计的动态估计结果来看，多数情况下长期效应的作用效果明显大于短期效应，意味着包含生产性服务业集聚在内的多数解释变量在长期内对制造业结构升级的影响程度更大、效果也更为明显。

多数情况下生产性服务业多样化集聚（lnDV）的直接效应参数估计仅在 10% 水平上显著为正，而间接效应未通过显著性检验，说明生产性服务业多样化集聚尽管可在一定程度上通过发挥规模经济效应和技术外溢效应推进本地区制造业结构升级，但却未对邻近其他地区制造业结构升级产生明显的空间外溢效应。这意味着中国各地区生产性服务业多样化集聚是低质量的，使得本地区生产性服务业与周边地区制造业结构之间存在空间错配，未能通过投入产出关联形成协同效应，进而未对周边地区制造业结构升级产生正向空间外溢效应。第一，在近年国家对生产性服务业等现代服务业不断重视背景下，地方政府为在产业发展中尽可能获得中央支持，纷纷效仿中央产业政策盲目推进以生产性服务业为代表的现代服务业发展，以期尽快实现产业结构升级。在缺乏有效规划的情况下，这种“遍地开花”式的发展模式较易背离当地比较优势和资源禀赋特征而出现恶性同质竞争和重复建设等问题（席强敏等，2015），形成生产性服务业在各地区的低质量多样化集聚状态。吴意云和朱希伟（2015）指出，地方政府相似的产业政策是导致省际产业同构现象加剧的直接原因。生产性服务业的这种低质量多样化集聚虽然可对自身制造业发展产生微弱影响，但却会扭曲要素和资源的空间配置。由于其分工不足，生产性服务业在地区间的低质量重复建设无法为制造业大规模生产提供价格低廉且高质量的专业化中间服务，因而极易与周边地区制造业发展需求相脱节，也就无法与跨区域制造业建立起密切的前后向关联机制并产生明显的空间外溢效应。第二，地方政府间在政治晋升和增长竞争中的策略性行为也会使得一地区生产性服务业发展中的多样化集聚模式可能为周边地区所模仿，进而加剧地区间同类生产性服务业发展中的同质化趋势，形成生产性服务业发展中“大而全、小而全”的发展状态，弱化生产性服务业集聚外部性的空间扩散效应。生产性服务业专业化集聚（lnSP）对本省和周边省份制造业结构升级均具有显著促进作用，从而印证了本章节的研究假设。与生产性服务业多样化集聚不同，生产性服务业专业化集聚往往以各地区工业结构特征和比较优势为基础，更易于深化专业分工、促进生产性服务的精细化生产，为本省及周边省份制造业发展提供质优价廉的专业化中间服务和知识，从而在与制造业互动中产生明显的规模经济效应和技术外溢效应，不仅显著提高本地区制造业发展层次，而且对周边地区制造业结构升级产生明显的空间外溢效应。陈建军等（2016）探讨了生产性服务业集聚、制造业集聚及生产性服务业和制造业空间协同集聚对城市生产率的影响，结果指出生产性服务业集聚对城市生产率影响最大，制造业次之，生产性服务业与制造业协同集聚效应最小。尽管该研究并未具体探讨生产性服务业集聚模式与制造业间的协同集聚问题，但根据本章节的研究结论，他们所得出的生产性服务业与制造业在空间上的协同集聚效应偏低的结论，很有可能是由生产性服务业低质量重复发展所导致的多样化集聚与邻近区域制造业间的空间错配所致。这进一步印证了本章节提出的生产性服务业多样化集聚与跨区域的制造业结构调整在空间上存在错配效应的观点。

从各控制变量的参数估计来看，劳动力供给数量增加（lnLab）在多数情况下并不利于本地区制造业结构升级，但对周边省份制造业结构升级产生了明显促进作用，说明丰裕的劳动力供给将使各地区更倾向于选择发展与劳动力要素禀赋相一致的劳动密集型行业，或者以充分就业为目标要求企业提高劳动力密集度，依靠廉价劳动力供给推进产业发展，从而使产业结构锁定在既定水平之上，缺乏引进、开发新技术，进而发展高技术、高附加值制造业的动机和有效激励；而本地区劳动力增加很可能意味着邻近地区劳动力供给的减少，周边地区劳动力价格和生产成本上升则倒逼制造业结构升级。人力资本水平（lnEdu）提高在多数情况下有利于本省制造业结构升级，但对周边地区制造业升级产生明显抑制作用。这意味着人力资本积累有助于提高劳动生产率水平，促使更多高技能人才向高端技术行业转移，从而促进制造业结构升级，但本地区人力资本水平和劳动生产率提高可能吸引周边地区高技能人才向该地区集聚，从而不利于周边省份制造业结构升级。技术进步（lnr）对本地区及周边地区制造业结构升级均具有显著促进作用，说明本地区技术进步通过区域间的“示范—模仿”机制对制造业结构升级产生了明显的空间外溢效应。人口城镇化（lnUrb）水平提高在多数情况下显著促进了本省份和周边省份制造业结构升级，从而说明人口城镇化不仅能够通过规模经济效应提高本地区制造业层次、促进制造业结构升级，而且也对周边地区产生了同向空间外溢效应。国内资本投资（lnDK）对本省份和周边省份制造业结构升级均产生了明显抑制作用，说明地方政府出于政绩考虑在产业发展中依然存在明显的资本密集型投资倾向，不利于制造业结构向高端攀升；而地区间政府的策略性互动将导致产业发展的资本密集型倾向在空间中不断传导，阻碍周边地区制造业结构升级。外商直接投资（lnFDI）的参数估计与预期相符，对本地区和周边地区制造业结构升级均具有显著促进作用，从而说明各地区通过引进内含先进技术和管理理念的FDI，不仅显著提升了本地制造业结构层次，而且通过空间外溢效应显著促进了周边地区制造业结构升级。

（三）生产性服务业集聚影响制造业结构升级的中介机制检验

本章节理论分析显示，生产性服务业集聚的技术外溢效应和规模经济效应能够提高创新效率、降低制造业创新风险或不确定性，进而通过影响制造业部门间技术进步增长率变化，最终从供给端推动制造业结构升级。为检验这一机制，本章节选择省级高端技术行业和中端技术行业全要素生产率增长率差异（T）作为生产性服务业集聚影响制造业结构升级的中介变量，并借鉴巴隆和肯尼（Baron & Kenny，1986）和张杰等（2016）的中介效应检验方法，通过构建递归模型检验生产性服务业集聚，通过全要素生产率增长率（技术进步增长率）差异进而影响制造业结构升级的传导机制。若式（3.41）、式（3.42）和式（3.43）为经过数据生成过程（data generating process，DGP）变化后（LeSage & Pace，2009），反映各解释变量对制造业结构升级边际影响的计量方程，则中介效应模型可表示为：

$$\ln U_{it} = \Delta + g\ln U_{i,t-1} + \theta_0 \ln S_{it} + \theta_0' \ln D_{it} + \phi_\nu \sum_{\nu=1}^{o} Z_{jit} + \xi_{it} \tag{3.41}$$

$$T_{it} = \Theta + \bar{\theta}_0 \ln S_{it} + \bar{\theta}'_0 \ln D_{it} + \phi_\nu \sum_{\nu=1}^{o} Z_{\nu,it} + \zeta_{it} \tag{3.42}$$

$$\ln U_{it} = \bar{\Delta} + \bar{g}\ln U_{i,t-1} + \bar{\bar{\theta}}_0 \ln S_{it} + \bar{\bar{\theta}}'_0 \ln D_{it} + \varphi T_{it} + \phi_\nu \sum_{\nu=1}^{o} Z_{jit} + \xi_{it} \tag{3.43}$$

其中，Δ、Θ 和 $\bar{\Delta}$ 为常数项，g 和 $\bar{g}$ 为滞后被解释变量系数，Z 为控制变量，o 为控制变量个数，ξ 和 ζ 为随机误差。首先，对式（3.41）进行计量估计，检验生产性服务业集聚对制造业结构升级的影响；其次，对式（3.42）进行回归，检验生产性服务业集聚对中介变量（高中端制造业全要素生产率增长率差异，T）的影响是否显著为正，若显著为正，则意味着与中端技术行业相比，生产性服务业集聚显著促进了高端技术制造业全要素生产率增长；最后，对式（3.43）进行计量检验，如果这两个系数与 φ 均显著，且系数 $\bar{\bar{\theta}}_0$、$\bar{\bar{\theta}}'_0$ 与 θ_0、θ'_0 相比有所降低，则说明高端技术行业和中端技术行业全要素生产率增长率差异在生产性服务业集聚影响制造业结构升级过程中存在部分中介效应。若变量参数估计 $\bar{\bar{\theta}}_0$、$\bar{\bar{\theta}}'_0$ 未通过显著性检验而 φ 显著，则意味着全要素生产率增长在生产性服务业集聚影响制造业结构升级中具有完全中介效应。本书分别采用索洛余值法、数据包络分析法（DEA）和随机前沿法（SFA）测算省级高端技术行业和中端技术行业全要素生产率，并以此来衡量省级层面制造业行业间技术进步增长率差异（T-RV，T-DEA，T-SFA）。全要素生产率测算中，投入要素为各地区各行业劳动力和资本存量，产出为各地区各行业的工业销售产值（万元）。各省份各行业工业销售产值数据直接从 1998～2016 年《中国工业经济统计年鉴》中获得；劳动力数据为各省份各行业平均用工人数（万人）；资本存量以各省份各行业固定资产合计数（万元）和永续盘存法来计算，折旧率设为 5%（王小鲁和樊纲，2000；Wang & Yao，2003），分地区各行业固定资产合计数据直接取自《中国工业经济统计年鉴》。表 3－5 报告了地理和经济嵌套矩阵情况下生产性服务业集聚影响制造业结构升级的中介机制检验结果。

式（3.41）的估计结果在表 3－4 中已有报告，本部分未在表 3－5 中列出。表 3－4 显示，生产性服务业多样化集聚的短期和长期直接效应参数估计均在 10% 水平上显著为正，而间接效应不显著；生产性服务业专业化集聚的短期和长期直接效应、间接效应均在 5% 以上显著水平上通过检验。当全要素生产率以索洛余值法来计算时，表 3－5 中式（3.42）的参数估计结果显示，生产性服务业多样化集聚的短期和长期直接效应、短期间接效应系数均为正且通过了显著性检验，而长期间接效应不显著，意味着生产性服务业多

表 3-5 生产性服务业集聚对制造业结构升级影响的中介机制检验

方程类型	效应	ln*SP*	ln*DV*	ln*T*	ln*Lab*	ln*Edu*	ln*r*	ln*Urb*	ln*DK*	ln*FDI*
		全要素生产率为 *T-RV*								
式（3.42）	短期直接效应	0.0216** (2.06)	0.0153** (2.16)		-0.0243* (-1.69)	0.0175** (2.17)	0.0087** (2.15)	0.0315* (1.73)	-0.0219** (-2.10)	0.0142* (1.94)
	短期间接效应	0.0329** (1.99)	0.0237* (1.83)		-0.0108* (-1.88)	0.0381** (2.39)	0.0219*** (2.93)	0.0135** (2.01)	-0.0361* (-1.88)	0.0258** (2.03)
	长期直接效应	0.0451** (2.03)	0.0391** (2.10)		-0.0362** (-2.35)	0.0204* (1.92)	0.0219** (2.13)	0.0409 (1.25)	-0.0322 (-1.17)	0.0258* (1.68)
	长期间接效应	0.0593** (2.41)	0.0482 (1.13)		-0.0326* (-1.89)	0.0517** (2.03)	0.0501** (2.06)	0.0257** (2.07)	-0.0519** (-2.09)	0.0341 (1.59)
式（3.43）	短期直接效应	0.0073* (1.83)	0.0028* (1.70)	0.0127** (2.54)	-0.0159** (-2.12)	0.0092* (1.89)	0.0087 (1.04)	0.0105* (1.79)	-0.0067 (-1.24)	0.0259* (1.70)
	短期间接效应	0.0124* (1.95)	-0.0059 (-0.85)	0.0473*** (2.80)	0.0327* (1.92)	-0.0429 (-1.29)	0.0381** (2.18)	0.0210* (1.80)	-0.0130* (-1.94)	0.0153* (1.90)
	长期直接效应	0.0128* (1.78)	0.0104 (1.16)	0.0255** (2.36)	-0.0322** (-2.26)	0.0281** (2.47)	0.0253* (1.70)	0.0259** (2.27)	-0.0187** (-1.99)	0.0361** (2.39)
	长期间接效应	0.0175 (1.61)	-0.0087 (-0.66)	0.0683** (2.47)	0.0688*** (3.14)	-0.0657* (-1.77)	0.0401* (1.85)	0.0422* (1.91)	-0.0259** (-2.21)	0.0410* (1.69)

续表

方程类型	效应	ln*SP*	ln*DV*	ln*T*	ln*Lab*	ln*Edu*	ln*r*	ln*Urb*	ln*DK*	ln*FDI*
		全要素生产率为 *T* - *DEA*								
式（3.42）	短期直接效应	0.0369** (2.55)	0.0219** (1.98)		-0.0335** (-2.16)	0.0213*** (3.21)	0.0109** (2.23)	0.0249** (2.51)	-0.0182** (-2.43)	0.0129** (2.14)
	短期间接效应	0.0261** (2.31)	0.0186 (1.07)		-0.0249* (-1.90)	0.0299** (2.33)	0.0194** (2.34)	0.0097* (2.01)	-0.0267 (-1.01)	0.0276* (1.93)
	长期直接效应	0.0592*** (3.10)	0.0452** (2.47)		-0.0473** (-2.32)	0.0421** (2.19)	0.0325** (2.49)	0.0386* (1.85)	-0.0290* (-1.87)	0.0316* (1.82)
	长期间接效应	0.0533** (2.26)	0.0423 (1.45)		-0.0570* (-1.74)	0.0586* (1.92)	0.0577** (2.37)	0.0237** (2.33)	-0.0422** (-2.20)	0.0366** (2.57)
式（3.43）	短期直接效应	0.0100* (1.68)	0.0031* (1.86)	0.0251** (2.56)	-0.0216** (-1.97)	0.0152* (1.77)	0.0129* (1.72)	0.0200 (0.65)	-0.0267 (-0.93)	0.0195* (1.80)
	短期间接效应	0.0074* (1.80)	-0.0007 (-0.52)	0.0398*** (3.00)	0.0228 (1.14)	-0.0320** (-2.09)	0.0198** (2.44)	0.0271 (0.70)	-0.0218 (-1.37)	0.0066 (0.82)
	长期直接效应	0.0202 (0.86)	0.0094 (1.01)	0.0517*** (4.36)	-0.0341** (-2.07)	0.0255* (1.74)	0.0359*** (3.28)	0.0182* (1.70)	-0.0096** (-2.09)	0.0273* (1.93)
	长期间接效应	0.0114* (1.90)	-0.0036 (-0.41)	0.0482** (2.41)	0.0414** (2.03)	-0.0560* (-1.89)	0.0371** (1.99)	0.0369 (1.16)	-0.0170 (-0.88)	0.0222* (1.71)

续表

方程类型	效应	lnSP	lnDV	lnT	lnLab	lnEdu	lnr	lnUrb	lnDK	lnFDI
		全要素生产率为 T-SFA								
式（3.42）	短期直接效应	0.0368** (2.50)	0.0182** (2.42)		-0.0390 (-1.56)	0.0237** (2.40)	0.0165** (2.49)	0.0233** (2.37)	-0.0513* (-1.69)	0.0124 (1.64)
	短期间接效应	0.0410*** (2.65)	0.0195 (1.63)		-0.0516* (-1.92)	0.0508* (1.79)	0.0281* (1.83)	0.0365** (2.22)	-0.0383 (-1.16)	0.0096* (1.73)
	长期直接效应	0.0512** (2.46)	0.0429** (2.15)		-0.0533* (-1.89)	0.0379** (2.90)	0.0392** (2.26)	0.0310* (1.95)	-0.0664* (-1.77)	0.0526** (2.17)
	长期间接效应	0.0690** (2.30)	0.0371 (1.55)		-0.0691** (-2.12)	0.0631** (2.25)	0.0497*** (3.20)	0.0572** (2.31)	-0.0415 (-0.79)	0.0188* (1.75)
式（3.43）	短期直接效应	0.0151* (1.76)	0.0100 (1.08)	0.0257** (2.35)	-0.0255* (-1.82)	0.0116** (2.30)	0.0091* (1.74)	0.0276** (2.33)	-0.0182** (-2.26)	0.0322** (2.07)
	短期间接效应	0.0059 (0.44)	-0.0032 (-0.85)	0.0362** (2.19)	0.0299** (2.28)	-0.0249** (-2.22)	0.0155* (1.91)	0.0195* (1.76)	-0.0193*** (-3.29)	0.0209* (1.82)
	长期直接效应	0.0094* (1.71)	0.0193 (0.82)	0.0336** (2.53)	-0.0426** (-2.44)	0.0371*** (2.88)	0.0176** (2.16)	0.0368** (2.52)	-0.0271** (-2.25)	0.0411** (2.14)
	长期间接效应	0.0128 (0.39)	-0.0156 (-0.55)	0.0527*** (2.73)	0.0394** (2.31)	-0.0522** (-2.15)	0.0311* (1.82)	0.0466** (2.29)	-0.0362** (-2.47)	0.0530 (1.51)

注：***、** 和 * 分别表示在 1%、5% 和 10% 水平上显著，圆括号内为 t 检验值。

样化集聚在短期和长期对本地区高端技术行业全要素生产率增长率的促进作用明显大于中端技术行业，对周边地区高端技术行业与中端技术行业增长率差异的影响仅有短期影响，而无长期影响；生产性服务业专业化集聚的短期和长期直接效应、间接效应均显著为正，说明生产性服务业专业化集聚不仅显著提升了本地区高端技术行业相对中端技术行业的全要素生产率增长率，而且对周边地区也具有明显的空间外溢效应。式（3.43）的参数估计结果显示，生产性服务业多样化集聚参数估计中只有短期直接效应在10%水平上显著为正，短期间接效应、长期间接效应及长期直接效应均不显著；生产性服务业专业化集聚的短期和长期直接效应、短期间接效应仅在10%水平上对制造业结构升级有影响，而长期间接效应却不显著；而高端技术行业和中端技术行业间全要素生产率增长率变化（T-RV）的短期和长期直接效应、间接效应参数估计均至少在5%水平上显著为正。不仅如此，从参数估计值变化来看，在式（3.43）中生产性服务业专业化集聚和多样化集聚的短期和长期直接效应、间接效应的系数值均明显低于式（3.41），这意味着在生产性服务业集聚促进制造业结构升级过程中，高端技术行业和中端技术行业全要素生产率增长率差异具有明显的部分中介效应的作用。

当全要素生产率以数据包络分析法（DEA）来测算时，式（3.42）的估计结果与索洛余值测算全要素生产率时的结果基本一致。式（3.43）中生产性服务业多样化集聚的短期和长期直接效应、间接效应估计结果与使用索洛余值法时的结果相比也未发生根本改变；生产性服务业专业化集聚的短期直接效应和短期间接效应、长期间接效应均在10%水平上促进了制造业结构升级，而长期直接效应未通过显著性检验。进一步从参数估计值来看，在式（3.43）中生产性服务业专业化集聚和多样化集聚的短期和长期直接效应、间接效应系数值也明显低于式（3.41），这同样说明在生产性服务业集聚推进制造业结构升级过程中，高端技术行业和中端技术行业间全要素生产率变化扮演着部分中介效应的作用。

当全要素生产率以随机前沿分析法（SFA）来测算时，式（3.42）中生产性服务业专业化集聚和多样化集聚的相应估计结果也均在5%以上水平通过显著性检验，且与索洛余值法、数据包络分析法的情况保持基本一致。然而在式（3.43）中生产性服务业多样化集聚的短期和长期影响不仅均不显著，其系数估计值也较式（3.41）有明显降低；生产性服务业专业化集聚的短期和长期直接效应仅在10%水平上通过显著性检验，但间接效应均不显著，且其直接效应和间接效应参数估计值亦明显低于式（3.41）。这意味着以随机前沿分析法（SFA）来测算全要素生产率并进行中介机制检验时，高端技术行业和中端技术行业间全要素生产率增长率差异在生产性服务业专业化集聚促进邻近区域制造业结构升级以及生产性服务业多样化集聚推进本地区和邻近地区制造业结构升级过程中起到了完全中介作用，在生产性服务业专业化集聚推进本地区制造业结构升级中起到了部分中介效应的作用。综合以上结果不难看出，尽管全要素生产率测度方法各异，但行业间全要素生产率差异在生产性服务业集聚推进制造业结构升级中的作用具有较强的稳健性，均起到了部分或近乎完全中介效应的作用。这充分验证了生产性服务业集聚通过降低制造业创新风险或不确定性，进而引起制造业内部不同行业间全要素生产率增长率变化（主要是高端行业相对于其他行业增长率的快速提升），最终从供给端推动制造业结构升级的结论。

（四）对影响机制的进一步检验

本章节中介机制检验结果显示，制造业内部不同行业间全要素生产率增长率变化是生产性服务业集聚从供给端推进制造业结构升级的内在作用机制，但生产性服务业集聚如何通过不同行业全要素生产率差异产生影响并没有完全体现出来。在这一部分，本章节进一步检验生产性服务业集聚通过规模经济效应和技术外溢效应引起行业间全要素生产率增长率变化的作用机制。本章节在式（3.42）基础上，引入高端技术行业和中端技术行业成本增长差异（Cost）、生产性服务业集聚与制造业行业间技术创新程度差异以及生产性服务业集聚与高端技术行业和中端技术行业主营业务成本差异的交互项，探究生产性服务业集聚在制造业结构升级中的规模经济效应和技术外溢效应机制。若生产性服务业集聚与高端技术行业和中端技术行业技术创新程度差异的交互项参数估计显著为正，则意味着生产性服务业集聚通过技术外溢效应提升了高端技术行业技术创新水平，进而提高了高端技术行业相对于中端技术行业的全要素生产率；若生产性服务业集聚与高端技术行业和中端技术行业成本差异交互项的参数估计显著为正，则意味着生产性服务业集聚显著降低了高端技术行业相对中端技术行业的成本，进而提高了高端技术行业相对于中端技术行业的全要素生产率，生产性服务业集聚的规模经济效应得到验证。对于制造业行业成本，本章节根据刘斌和王乃嘉（2016）的方法，利用制造业行业管理费用、销售费用、财务费用、主营业务成本之和来衡量，数据取自历年《中国工业经济统计年鉴》。表3-6报告了相应的空间计量估计结果。

表3-6 制造业结构升级中生产性服务业集聚的规模效应和技术外溢效应检验

变量	(1) 对规模经济效应的检验				(2) 对技术外溢效应的检验			
	短期直接效应	短期间接效应	长期直接效应	长期间接效应	短期直接效应	短期间接效应	长期直接效应	长期间接效应
lnSP	0.0419** (2.43)	0.0381* (1.85)	0.0566** (2.00)	0.0741** (2.14)	0.0309* (1.72)	0.0290** (2.20)	0.0657** (2.47)	0.0575** (1.91)
lnDV	0.0235** (2.17)	0.0172 (0.87)	0.0351* (1.74)	0.0278 (0.80)	0.0352 (1.59)	0.0515 (0.94)	0.0599* (1.73)	0.0621 (1.15)
lnLab	-0.0469* (-1.86)	0.0519** (2.46)	-0.0509** (-2.35)	0.0580 (1.17)	-0.0473*** (-3.52)	0.0728* (1.94)	-0.0635** (-2.27)	0.0796** (1.96)
lnEdu	0.0418*** (3.71)	0.0218** (2.12)	0.0573* (1.80)	0.0778** (2.07)	0.0545** (2.34)	0.0458* (1.75)	0.0759*** (2.59)	0.0892** (2.30)
lnr	0.0382** (1.97)	0.0355* (1.85)	0.0514** (2.27)	0.0498*** (3.51)	0.0360** (2.29)	0.0298** (2.52)	0.0493* (2.09)	0.0368*** (3.54)
lnUrb	0.0204* (1.71)	0.0210 (1.46)	0.0249** (2.02)	0.0428* (1.82)	0.0440** (2.16)	0.0316* (1.86)	0.0562* (1.91)	0.0409 (1.10)
lnDK	-0.0220 (-1.01)	-0.0120* (-1.83)	-0.0318** (2.06)	-0.0288 (-1.03)	-0.0461* (-1.78)	-0.0341** (-2.40)	-0.0288** (-2.08)	-0.0655 (-1.65)
lnFDI	0.0612** (2.46)	0.0590 (1.65)	0.0931*** (3.61)	0.0813* (1.88)	0.0437** (2.09)	0.0651* (1.90)	0.0509** (2.48)	0.0939** (2.13)
lnCost	-0.0781** (-2.02)	-0.0219*** (-2.59)	-0.0858* (-1.90)	-0.0694** (-2.42)	-0.0623* (-1.86)	-0.0327** (-2.13)	-0.0841** (-2.04)	-0.0503*** (-3.27)
lnSP × lnCost	0.0462*** (2.90)	0.0602** (1.99)	0.0512** (2.28)	0.0936** (2.53)				
lnDV × lnCost	0.0118* (1.92)	-0.0192 (1.59)	0.0246** (2.11)	0.0301 (0.59)				
lnSP × lnr					0.0349*** (3.83)	0.0446** (2.16)	0.0498** (2.30)	0.0623*** (2.72)
lnDV × lnr					0.0270 (1.64)	0.0312 (1.33)	0.0462 (1.54)	0.0650 (0.70)

注：***、**和*分别表示在1%、5%和10%水平上显著，圆括号内为t检验值。

表3－6第（1）列显示，当在式（3.42）中加入高端与中端制造业行业成本增长差异（lnCost）及其与生产性服务业专业化集聚和多样化集聚交互项后，生产性服务业专业化集聚对本地区和周边地区的短期和长期影响依然显著为正，但显著性与表3－5相比明显降低；生产性服务业多样化集聚对本地区直接效应的显著性也明显降低，对周边地区也未产生明显的空间外溢效应。生产性服务业专业化集聚与高端和中端制造业行业成本增长差异交互项的短期和长期直接效应、间接效应均显著为正，意味着生产性服务业专业化集聚不仅通过发挥规模经济效应为当地制造业行业提供价低质优的专业化中间服务，降低高端行业相对于中端行业的生产成本，进而提高了高端行业全要素生产率增长率，而且强化了地区间基于生产性服务链接的投入产出关联效应，降低周边地区高端行业相对于中端行业生产成本，并推动高端行业全要素生产率更快增长。生产性服务业多样化集聚与高端和中端行业成本增长差异的交互项参数估计仅在直接效应中通过显著性检验，说明生产性服务业多样化集聚弱化了高端行业成本对制造业价值链攀升的负向影响，这表明生产性服务业多样化集聚通过为本地制造业行业提供更多功能不同的差异化中间产品，更加有利于高端制造业将更多的基本生产经营活动外包，从而发挥规模经济效应降低其中间产品价格和生产成本，提高其相对于中端行业的全要素生产率增长率，但并未对周边地区产生明显空间外溢效应。

表3－6第（2）列中加入生产性服务业专业化集聚、多样化集聚与高端和中端行业技术创新程度差异的交互项后，生产性服务业专业化集聚和多样化集聚的短期和长期直接效应、间接效应显著性均明显降低。生产性服务业专业化集聚与高端和中端行业技术创新程度差异交互项的直接效应和间接效应均显著为正，说明生产性服务业专业化集聚更加有利于提升高端行业相对于中端行业的技术创新水平，从而产生了明显的技术外溢效应，强化了高端行业技术创新水平提升对全要素生产率增长率的促进作用。生产性服务业多样化集聚与高端和中端行业技术创新程度差异的交互项参数估计均未通过显著性检验，说明生产性服务业多样化集聚并未对本地区和周边地区高端技术行业相对中端行业的创新能力提升产生明显的技术外溢效应，因而也未对高端技术行业相对中端技术行业的全要素生产率增长率产生明显的促进作用。综合来看，生产性服务业专业化集聚通过发挥规模经济效应和技术外溢效应对高端技术行业相对中端行业的全要素生产率增长率产生了明显促进作用，而生产性服务业多样化集聚更多地通过规模经济效应对本地区高端行业相对中端行业的全要素生产率增长率产生影响。

六、稳健性检验

（一）制造业结构升级指标差异

以上分析从技术发展水平视角对制造业进行分类，并基于高端技术行业和中端技术行业产值增长率差异探讨了生产性服务业集聚推进制造业结构升级的作用及其空间效应。本部分进一步测算高端技术行业与中端技术行业就业增长率差异（U_1），并以此作为制造业结构升级的替代变量进行稳健性检验。此外，本部分还根据阳立高等（2015）的研究，从要素密集度视角对制造业进行分类，通过构建技术密集型行业产值与资本密集型行业产值增长率差异（U_2）对生产性服务业集聚对制造业结构升级的影响进行稳健性检验。此外，本部分也根据傅元海等（2014）的研究采用主营业务收入数据重新测算高端技术行业与中端技术行业增长率差异（U_3）以及技术密集型行业与资本密集型行业增长率差异（U_4）指标，对生产性服务业集聚对制造业结构升级的影响进行稳健性检验。表3－7报告了地理与经济距离嵌套矩阵下动态空间杜宾模型的稳健性检验结果。

表3－7　生产性服务业集聚对制造业结构升级的稳健性检验

被解释变量	效应	lnSP	lnDV	lnLab	lnEdu	lnr	lnUrb	lnDK	lnFDI
U_1	短期直接效应	0.0055** (2.11)	0.0828** (1.99)	−0.1090* (−1.72)	0.6902* (1.92)	0.0550** (2.44)	0.0377** (2.48)	−0.1823** (−2.03)	0.0603** (2.57)
	短期间接效应	0.0656** (2.33)	−0.0978 (−1.63)	0.0232** (2.35)	−0.0549** (−2.16)	0.1176** (2.36)	0.0590** (2.17)	−0.1535** (−2.54)	0.2201* (1.85)
	长期直接效应	0.0095** (2.02)	0.1428** (2.46)	−0.2499*** (−6.20)	0.1955** (2.40)	0.0872*** (3.96)	0.0609** (2.30)	−0.2091** (−2.45)	0.0903** (2.17)
	长期间接效应	0.0893*** (5.08)	−0.0782* (−1.78)	0.0334* (1.80)	−0.0645 (−0.86)	0.1799* (1.87)	0.0876** (2.37)	−0.1586** (−2.45)	0.0442* (1.88)
U_2	短期直接效应	0.0223* (1.82)	0.0152* (1.69)	−0.0673* (−1.75)	0.0251* (1.95)	0.0022** (2.09)	0.0221* (1.95)	−0.0616** (−1.96)	0.0258* (1.86)
	短期间接效应	0.0472** (2.02)	−0.0344 (−1.50)	0.0363** (2.16)	−0.0320 (−1.27)	0.0687 (1.59)	0.0271** (2.18)	−0.0371** (−2.54)	0.0471** (2.13)
	长期直接效应	0.0713** (2.35)	0.0485** (2.18)	−0.0874*** (−5.39)	0.0596** (2.58)	0.0095** (2.03)	0.0376** (1.99)	−0.0793* (−1.86)	0.0266** (2.66)
	长期间接效应	0.0583** (2.44)	−0.0633 (−1.17)	0.0959*** (7.14)	−0.0652* (−1.86)	0.0705* (1.91)	0.0824** (2.24)	−0.0284* (−1.83)	0.0320* (1.71)

续表

被解释变量	效应	lnSP	lnDV	lnLab	lnEdu	lnr	lnUrb	lnDK	lnFDI
U_3	短期直接效应	0.0085 * (1.82)	0.0160 ** (2.01)	-0.0391 ** (-2.39)	0.1216 * (1.87)	0.0386 ** (2.10)	0.0703 (1.61)	-0.1720 ** (-2.04)	0.0196 (1.22)
	短期间接效应	0.0783 ** (2.47)	-0.0756 (-1.30)	0.0989 ** (2.47)	-0.0930 ** (-2.28)	0.0709 ** (2.39)	0.0231 ** (2.14)	-0.1240 (-0.46)	0.0340 ** (2.07)
	长期直接效应	0.0198 ** (2.52)	0.0227 ** (2.47)	-0.0455 *** (-4.27)	0.0745 *** (3.95)	0.0511 * (1.74)	0.0805 ** (2.20)	-0.2526 ** (-2.12)	0.0577 ** (2.12)
	长期间接效应	0.0952 *** (3.25)	-0.0344 (-1.49)	0.1254 *** (7.14)	-0.1186 *** (-9.28)	0.0852 *** (3.60)	0.0154 (1.47)	-0.1248 ** (-2.43)	0.0381 ** (1.96)
U_4	短期直接效应	0.0125 ** (2.31)	0.0562 ** (2.10)	-0.0901 ** (-1.96)	0.1262 * (1.77)	0.0468 ** (1.99)	0.0416 ** (2.41)	-0.0637 ** (-2.19)	0.0591 ** (2.43)
	短期间接效应	0.0359 ** (2.47)	-0.0618 (-1.58)	0.0366 ** (2.09)	-0.0495 ** (-2.39)	0.1046 ** (2.43)	0.0369 ** (2.55)	-0.0962 *** (-2.66)	0.0701 ** (2.57)
	长期直接效应	0.0259 *** (2.72)	0.0618 ** (2.38)	-0.1367 *** (-4.92)	0.1560 ** (2.19)	0.0728 *** (2.69)	0.0702 * (1.89)	-0.0912 ** (-2.27)	0.0658 ** (2.30)
	长期间接效应	0.0450 *** (3.08)	-0.0619 (-0.98)	0.0429 ** (2.08)	-0.0763 * (-1.86)	0.1255 ** (2.07)	0.0649 ** (2.40)	-0.1068 ** (-2.51)	0.1044 ** (2.00)

注：***、** 和 * 分别表示在 1%、5% 和 10% 水平上显著，圆括号内为 t 检验值。

表 3-7 显示采用制造业各行业就业来测算高端技术行业与中端技术行业比重之后，生产性服务业专业化集聚对区域自身及邻近区域制造业结构升级的影响均为正且至少在 5% 水平上通过了显著性检验，因而对本地区和周边地区制造业结构升级都产生了显著促进作用，得出了与表 3-4 一致的结论；生产性服务业多样化集聚在短期和长期对区域自身制造业结构升级的影响为正且通过了显著性检验，而间接效应未通过显著性检验，因而该结果与表 3-4 中地理和经济嵌套权重矩阵估计结果也一致。从影响效果来看，其他控制变量的参数估计与表 3-4 中地理与经济距离嵌套矩阵的空间杜宾模型估计结果也基本一致。

将制造业结构升级指标替换为技术密集型行业与资本密集型行业生产总值比重之后，生产性服务业专业化集聚的直接效应、间接效应参数估计仍旧未发生明显变化。生产性服务业多样化集聚在短期和长期对制造业结构升级的直接效应和间接效应估计结果均与表 3-4 基本一致，因而从整体作用效果来看生产性服务业多样化集聚的参数估计结果也未发生根本改变。进一步利用主营业务收入替代行业生产总值来测算高端技术行业和中端技术行业比值、技术密集型行业与资本密集型行业比值后，生产性服务业专业化集聚、多样化集聚及其他控制变量的长期和短期参数估计的显著性与表3-4相比也未发生明显改变。可见，从要素密集度角度来测度制造业结构升级指标也未改变生产性服务业集聚对制造业结构升级的整体影响效果，且制造业结构升级指标利用主营业务收入数据测算时的结果也较为稳健。

（二）生产性服务业集聚指标与估计样本差异

以上估计结果均是基于非地理空间的生产性服务业集聚指标以及31个省份的面板数据进行的空间计量分析。首先，在集聚指标方面，本部分进一步构建体现地理空间的生产性服务业专业化集聚和多样化集聚指标进行稳健性检验。专业化集聚经济使用省域就业密度最大的生产性服务业行业的密度值来表示；多样化集聚经济则用除本行业之外的所有其他行业就业密度平均值的加权平均值来表示，具体公式如式（3.44）和式（3.45）所示。

$$SP_i = \max_s(E_{i,s}/AR_i) \tag{3.44}$$

$$DV_i = \sum_s \frac{E_{i,s}}{E_i}\left[\frac{1}{n-1}\sum_{s'=1,s'\neq s}^{n}(E_{i,s'}/AR_i)\right] \tag{3.45}$$

其中，AR_i表示省份i的建成区面积，n为生产性服务行业数。替换生产性服务业集聚指标后，基于地理与经济距离嵌套矩阵的动态空间计量检验结果如表3-8第（1）列所示。

其次，尽管北京、上海、天津、重庆等直辖市与其他省份处于同一行政级别，但由于各直辖市在经济规模、人口分布、产业结构及地域范围等方面与其他省份存在较大差异，本部分进一步在样本中剔除4个直辖市的数据以检验计量结果的稳健性。此外，由于多数采用省级面板数据进行实证分析的文献并未包含西藏样本，为与其他研究保持一致，本章节也在样本中剔除西藏进一步检验动态空间杜宾模型计量结果的稳健性，结果如表3-8第（2）列所示。

表3-8显示，替换生产性服务业集聚指标后，生产性服务业专业化集聚的短期和长期直接效应、间接效应均至少在10%水平上通过显著性检验，生产性服务业多样化集聚的短期和长期直接效应显著为正，而间接效应未通过显著性检验，结果与表3-4一致，这说明只要从专业化和多样化两方面来测度生产性服务业集聚指标，无论是否考虑与地理空间相对应的集聚指标，生产性服务业专业化集聚和多样化集聚对制造业结构升级的作用效果均不会发

生明显改变。剔除北京、上海、天津、重庆和西藏等样本后，生产性服务业专业化集聚的直接效应和间接效应在短期和长期均显著为正；生产性服务业多样化集聚的直接效应在短期和长期依然为正且均通过了10%的显著性检验，但对制造业结构升级的间接效应依然不显著，结果与表3-4也高度一致。这说明在替换生产性服务业集聚指标以及在省级层面剔除直辖市和西藏等异常值后，生产性服务业集聚对制造业结构升级的短期和长期影响效果依然非常稳健。

表3-8　替换生产性服务业集聚指标和剔除样本后的动态空间计量估计结果

变量	（1）替换生产性服务业集聚指标				（2）剔除4个直辖市和西藏样本			
	短期直接效应	短期间接效应	长期直接效应	长期间接效应	短期直接效应	短期间接效应	长期直接效应	长期间接效应
lnSP	0.0102 ** (2.14)	0.0259 * (1.84)	0.0490 ** (2.54)	0.0367 ** (2.06)	0.0267 ** (2.06)	0.0315 ** (2.29)	0.0386 *** (3.17)	0.0453 * (1.78)
lnDV	0.0305 ** (1.97)	0.0638 (0.97)	0.0407 * (1.69)	-0.0719 (-1.10)	0.0109 * (1.69)	-0.0394 (-1.53)	0.0203 * (1.81)	-0.0527 (-1.15)
lnLab	-0.0163 * (-2.15)	-0.0215 * (-1.76)	-0.0536 *** (-2.64)	-0.0620 * (-1.95)	-0.0194 ** (-1.98)	0.0629 ** (2.12)	-0.0307 * (-1.73)	0.0825 ** (2.24)
lnEdu	0.0576 ** (2.25)	0.0231 * (1.79)	0.0786 ** (2.08)	0.0594 ** (2.26)	0.0096 ** (1.99)	-0.0361 (-1.03)	0.0273 ** (2.26)	-0.0487 ** (-2.36)
lnr	0.0285 *** (3.61)	0.0216 ** (2.35)	0.0454 ** (2.38)	0.0378 ** (2.13)	0.0231 ** (2.07)	0.0518 ** (2.13)	0.0419 ** (2.44)	0.0823 ** (2.09)
lnUrb	0.0412 ** (2.41)	0.0192 * (1.91)	0.0437 * (1.76)	0.0624 (1.34)	0.0763 ** (2.16)	0.0317 * (1.69)	0.0982 ** (2.17)	0.0461 ** (2.28)
lnDK	-0.0519 * (-1.89)	-0.0306 ** (-2.20)	-0.0763 (1.05)	-0.0497 (-0.90)	-0.0209 * (-1.87)	-0.0196 ** (-2.29)	-0.0368 ** (-2.18)	-0.0270 *** (-3.92)
lnFDI	0.0483 *** (2.77)	0.0376 ** (2.39)	0.0764 * (1.92)	0.0449 ** (2.24)	0.0257 ** (2.26)	0.0186 ** (2.20)	0.0415 ** (5.33)	0.0342 ** (2.54)

注：***、** 和 * 分别表示在1%、5%和10%水平上显著，圆括号内为t检验值。

（三）估计方法差异

动态空间杜宾模型可用于解决被解释变量空间滞后项、被解释变量时间滞后项、被解释变量时空滞后项以及由遗漏变量所导致的内生性问题。然而，动态空间杜宾模型却无法解决由解释变量和被解释变量相互影响而产生的联立内生性问题。实际上，不仅生产性服务业集聚影响了制造业结构升级，制造业结构升级反过来也会推进与之相匹配的生产性服务业的发展和集聚。考虑生产性服务业集聚与制造业结构升级间可能存在的联立内生性，本部分进一步根据维加和埃尔霍斯特（Vega & Elhorst，2017）的做法，通过选择合适的工具变量，采用系统 GMM 法、基于地理与经济距离嵌套矩阵对动态空间杜宾模型进行估计，检验基于偏误修正的最大似然法估计的稳健性。系统 GMM 结果是采用有限样本校正法的带有异方差一致标准误的两步估计量。由于动态面板系统 GMM 模型的宽松假设，内生性问题可以使用被解释变量和内生变量的滞后项作为工具变量来加以解决。本部分采用生产性服务业专业化集聚和多样化集聚变量及其空间滞后项的滞后一期和二期变量以及被解释变量和被解释变量空间滞后项的滞后一期和二期变量作为第一差分方程的工具变量，进而运用第一差分方程的估计结果作为动态面板系统 GMM 模型水平方程的工具变量进行估计。此外，为进一步在模型中控制生产性服务业集聚的内生性，本部分在使用时间滞后变量作为工具变量进行估计的同时，还借鉴拉姆查兰（Ramcharan，2009）和刘修岩（2014）的研究，采用地表粗糙度和地面平均坡度两个指标作为生产性服务业集聚的工具变量进行系统 GMM 估计。[①] 估计结果见表 3 -9。

一般而言，合理的动态面板系统 GMM 模型的估计结果需要满足以下两个条件：一是满足过度识别检验，可使用 Sargan 统计量进行检验；二是不存在二阶自相关，可基于 Arellano-Bond AR(1) 和 AR(2) tests 进行二阶自相关检验。表 3 -9 显示，Sargan 检验统计量的伴随概率均大于 0.1，因而接受了工具变量有效的原假设；Arellano-Bond AR(1) 检验统计量的伴随概率均小于 0.1，但 AR(2) 检验统计量的伴随概率均大于 0.1，接受不存在二阶自相关的原假设。由此可见，表 3 -9 的估计结果是合理的，解决联立内生性过程中所选的工具变量是可取的。

---

① Landsat TM 的土地覆盖数据、道路、高程、坡度、海岸线数据见网站 http：//www.dsac.cn/。拉姆查兰（Ramcharan，2009）和刘修岩（2014）认为，地表粗糙度和地面平均坡度这两类地形特征变量会对区域内交通运输成本、产业集聚程度产生显著影响。在地表粗糙度较高和地面坡度较高的地方，由于道路建造成本和维护成本较高，生产性服务业集聚水平一般较低，而且即使在同样集聚水平情况下，商品流动的时间成本和交易成本也会较高。因此，地形特征会对地区生产性服务业集聚产生重要影响。由于这些地理变量只是反映一个地区的相对地理位置和地形特征，因而从历史和现实来看，均无法断定地理因素本身是决定制造业结构升级的直接因素，具有明显的外生性特征。

表 3-9　基于动态面板系统 GMM 检验的生产性服务业集聚对制造业结构升级的影响

变量	被解释变量为 U	被解释变量为 U_1	被解释变量为 U_2	被解释变量为 U_3	被解释变量为 U_4	剔除直辖市及西藏的样本	滞后变量和外生性指标同时作为工具变量
lnSP	0.0152** (2.39)	0.0241** (2.31)	0.0270** (2.17)	0.0318*** (2.72)	0.0367*** (2.86)	0.0342** (1.98)	0.0254*** (2.60)
lnDV	0.0074* (1.95)	0.0110** (2.15)	0.0128* (1.80)	0.0275** (2.13)	0.0173* (1.91)	0.0069* (1.75)	0.0113** (2.35)
lnLab	-0.0258** (-2.49)	-0.0315* (-1.79)	-0.0369** (-2.27)	-0.0194** (-2.30)	-0.0276** (-2.55)	-0.0429** (-2.31)	-0.0260*** (3.59)
lnEdu	0.0267*** (3.15)	0.0356** (2.38)	0.0317** (2.25)	0.0251** (2.19)	0.0219*** (3.49)	0.0376*** (2.62)	0.0335* (1.94)
lnr	0.0316*** (2.89)	0.0528** (2.45)	0.0436* (1.95)	0.0215** (2.09)	0.0271* (1.72)	0.0306** (2.28)	0.0324** (1.99)
lnUrb	0.0282** (1.99)	0.0354** (2.37)	0.0415** (2.07)	0.0255** (2.50)	0.0492** (2.01)	0.0264** (2.17)	0.0497* (1.72)
lnDK	-0.0343* (-1.70)	-0.0433** (-2.22)	-0.0342*** (-2.85)	-0.0502** (-2.50)	-0.0704** (-2.13)	-0.0335** (-2.20)	-0.0253*** (-3.05)
lnFDI	0.0495** (2.21)	0.0271* (1.84)	0.0319*** (1.75)	0.0285** (2.19)	0.0307*** (2.88)	0.0271*** (3.36)	0.0183** (2.47)
lnU(-1)	0.1052*** (7.07)	0.0964*** (6.94)	0.0938*** (10.14)	0.0932*** (8.03)	0.0960*** (8.74)	0.1209*** (9.35)	0.0763*** (7.20)
W×lnU	0.0713*** (2.68)	0.0816** (2.09)	0.0804*** (3.57)	0.0923*** (2.65)	0.0812** (2.54)	0.0928*** (6.66)	0.0681** (2.53)
W×lnU(-1)	0.0516** (2.02)	0.0412** (2.18)	0.0571* (1.82)	0.0617** (2.06)	0.0325** (2.13)	0.0212** (2.30)	0.0535* (1.82)
W×lnSP	0.0329*** (2.88)	0.0462** (2.57)	0.0519*** (3.10)	0.0511*** (2.61)	0.0459** (2.25)	0.0493** (2.33)	0.0295** (2.17)
W×lnDV	0.0120 (1.21)	0.0169 (1.54)	0.0219 (0.86)	0.0352 (1.60)	0.0239* (1.68)	0.0147 (0.62)	0.0423 (0.72)
W×lnLab	0.0323** (2.24)	0.0217*** (3.58)	0.0414** (2.40)	0.0617** (2.38)	0.0581*** (3.40)	0.0111** (2.03)	0.0230* (1.78)
W×lnEdu	-0.0537*** (-2.99)	-0.0543** (-2.29)	-0.0579** (-2.26)	-0.0439*** (-3.33)	-0.0679** (-2.24)	-0.0792** (-2.07)	-0.0256** (2.31)
W×lnr	0.0564* (1.83)	0.0612** (2.06)	0.0413** (2.41)	0.0614** (2.14)	0.0469** (2.25)	0.0516*** (3.23)	0.0322*** (3.16)

续表

变量	被解释变量为U	被解释变量为U_1	被解释变量为U_2	被解释变量为U_3	被解释变量为U_4	剔除直辖市及西藏的样本	滞后变量和外生性指标同时作为工具变量
W×lnUrb	0.0573* (1.82)	0.0432** (2.13)	0.0587 (1.24)	0.0982*** (2.91)	0.0643** (2.55)	0.0892*** (2.73)	0.0683 (1.04)
W×lnDK	-0.0416** (-2.52)	-0.0966** (-2.09)	-0.0423*** (-3.58)	-0.0745*** (-3.57)	-0.0644** (-2.18)	-0.0431*** (-2.91)	-0.0464* (-1.85)
W×lnFDI	0.0519** (2.30)	0.0313** (2.00)	0.0478** (2.64)	0.0621*** (3.13)	0.0562** (2.50)	0.0376** (1.96)	0.0449 (1.61)
Sargan test	56.65 [0.7320]	78.30 [0.9134]	68.19 [0.8653]	80.24 [0.9106]	77.36 [0.8826]	65.29 [0.8330]	64.82 [0.8022]
AR(1) test	-3.42 [0.0010]	-3.40 [0.0010]	-3.12 [0.0040]	-3.46 [0.0000]	-3.56 [0.0000]	-3.60 [0.0000]	-2.97 [0.0000]
AR(2) test	-0.452 [0.6510]	-0.469 [0.6436]	-0.473 [0.6752]	-0.524 [0.6820]	-0.434 [0.6630]	-0.425 [0.6730]	-0.630 [0.7072]
Wald test	4348.54 [0.0000]	4478.33 [0.0000]	4085.88 [0.0000]	4300.89 [0.0000]	4509.32 [0.0000]	4551.57 [0.0000]	4558.10 [0.0000]

注：内生变量为lnDV，W×lnDV，lnSP，W×lnSP，ln×U(-1)，W×lnU，W×lnU(-1)；小括号中为z-值；中括号中为相应统计量的伴随概率；$*p<0.10$，$**p<0.05$，$***p<0.01$。

采用系统GMM进行估计后，无论被解释变量是基于行业产值、劳动就业、主营业务收入来计算的高端技术行业与中端技术行业增长率差异，还是基于行业产值和主营业务收入来测算的技术密集型行业与资本密集型行业增长率差异，除城市化指标空间滞后项的参数估计在被解释变量为U_2时未通过显著性检验外，生产性服务业专业化集聚、多样化集聚等解释变量及其空间滞后项的参数估计结果均与表3-4保持高度一致；剔除4个直辖市和西藏样本后的生产性服务业专业化集聚和多样化集聚估计结果也未发生明显改变。生产性服务业专业化集聚和多样化集聚及其空间滞后项的滞后一期和二期变量以及地表粗糙度和地面平均坡度同时作为工具变量时的系统GMM估计结果显示，生产性服务业专业化集聚依然对本地区和周边地区制造业结构升级均产生了明显促进作用；多样化集聚的直接效应显著为正，间接效应也未通过显著性检验，结果依然与表3-4保持一致。制造业结构升级的时间滞后项均显著为正，印证了制造业结构升级存在时间上的路径依赖或惯性效应的结论；制造业结构升级的空间滞后项也显著为正，反映了制造业结构在空间上的集聚现象；制造业结构的时空滞后项亦显著为正，印证了制造业结构调整在空间上存在示范效应的结论。

七、进一步分析

（一）基于分时段样本的动态空间计量检验

从2006年开始，中央政府开始将“加快发展现代服务业”写入一年一度的政府工作报告中，以此作为各级地方政府推进产业结构调整、促进经济发展的重要纲领和依据。受其影响，各地政府纷纷加大对生产性服务业发展的投入力度，以期通过促进以生产性服务业为代表的现代服务业发展来实现经济发展方式转变、更好推进城市经济发展。然而，这种“遍地开花”的发展模式，不仅未在实质上提升生产性服务业的专业化水平，而且还会导致各地区生产性服务业重复建设和同质化竞争，从而使得生产性多样化集聚程度对制造业结构升级的影响较为有限。

本部分以2006年为界将样本分为1997～2005年和2006～2015年两个时段，进一步探讨产业政策实施前后，生产性服务业集聚对制造业结构升级的动态空间影响差异，表3-10报告了相应的估计结果。①

表3-10　分时段生产性服务业集聚对制造业结构升级的影响

变量	效应	1997～2005年		2006～2015年	
		参数估计	t检验值	参数估计	t检验值
lnSP	短期直接	0.0164***	3.15	0.0186**	2.37
	短期间接	0.0292**	2.06	0.0271***	2.69
	长期直接	0.0441*	1.90	0.0472**	2.24
	长期间接	0.0394**	2.37	0.0291**	2.40
lnDV	短期直接	0.0196**	2.20	0.0104**	2.14
	短期间接	0.0054*	1.75	0.0028	1.09
	长期直接	0.0277*	1.81	0.0147*	1.80
	长期间接	0.0096*	1.68	-0.0135	-2.33

注：***、**和*分别表示在1%、5%和10%水平上显著，圆括号内为t检验值。

① 限于篇幅，在此仅报告了核心解释变量生产性服务业集聚指标的短期和长期直接效应、间接效应估计结果。

表3-10显示，1997~2005年生产性服务业多样化集聚的短期直接效应在5%水平上通过显著性检验，短期间接效应、长期直接效应和间接效应均在10%显著水平上对制造业结构升级产生促进作用；而2006年中央推进实施“加快发展现代服务业”产业政策后，生产性服务业多样化集聚仅对本地区制造业结构升级产生了促进作用，对周边地区制造业结构升级的影响在短期为正、长期为负但均未通过显著性检验。进一步从影响程度来看，2006~2015年生产性服务业多样化集聚的直接效应和间接效应参数估计值也明显低于1997~2005年的估计结果。这意味着，生产性服务业多样化集聚水平尽管在2006~2015年有了较大提升，但对制造业结构升级的直接效应和间接效应不升反降，这就印证了前文所提出的地方政府在制定生产性服务业发展政策时，会有意跟进或模仿中央产业政策的观点。各地政府跟进中央的相似产业发展政策导致省际生产性服务业重复建设和结构同质，进而削弱其与制造业间的空间关联和匹配，最终降低其对本地区和周边地区制造业结构升级的影响效果（包括系数值和显著性）。与此同时，生产性服务业专业化集聚在两个时间段对制造业结构升级的影响基本一致，均对本地区及周边地区制造业结构升级产生了显著促进作用，但从作用效果来看，生产性服务业专业化集聚的影响效应和显著性在“加快发展现代服务业”产业政策提出后并未得到进一步提升。

（二）基于不同地区和不同生产性服务行业的异质性分析

1. 基于分地区样本的动态空间计量检验

作为不均质大国，中国各地区在产业布局、经济结构等方面具有明显的异质性特征，因而生产性服务业集聚对制造业结构升级的空间作用效果也必然存在明显差异。本部分进一步分东、中、西部地区样本进行动态空间杜宾模型估计，以分析生产性服务业集聚对制造业结构升级的异质性影响及其空间效应，估计结果如表3-11所示。①

表3-11显示，生产性服务业集聚的估计结果呈现明显的空间异质性特征。首先，东部地区生产性服务业专业化集聚和多样化集聚的直接效应与间接效应无论在短期和长期均显著为正，说明该地区生产性服务业专业化集聚和多样化集聚不仅对本省制造业结构升级产生了明显促进作用，而且对邻近省份也产生了显著为正的空间外溢效应。改革开放以来，东部沿海地区一直

① 由于各控制变量在各地区的直接效应、间接效应参数估计与表3-4相差不大，限于篇幅，表3-11中仅报告了生产性服务业专业化集聚和多样化集聚的参数估计结果，其他控制变量的详细估计结果备索。

表 3-11　　分地区样本的动态空间杜宾模型估计结果

变量	效应	东部地区		中部地区		西部地区	
		参数估计	t 检验值	参数估计	t 检验值	参数估计	t 检验值
lnSP	短期直接	0.0561 **	2.47	0.0250 **	1.96	0.0728 **	1.97
	短期间接	0.0291 ***	2.70	0.0104 *	1.75	0.0152	1.59
	长期直接	0.0661 **	2.09	0.0750 *	1.87	0.0975 *	1.77
	长期间接	0.1549 ***	2.83	0.2633 **	2.18	0.0519 **	2.33
lnDV	短期直接	0.0639 **	2.28	0.0583 ***	2.76	-0.0420 **	-2.24
	短期间接	0.0881 **	2.54	-0.0612	1.32	-0.0177 *	-1.79
	长期直接	0.1077 **	2.31	0.0801 **	1.97	-0.0857 ***	-3.10
	长期间接	0.5472 ***	2.62	-0.1384 **	2.19	-0.0539 **	-2.33

注：***、** 和 * 分别表示在 1%、5% 和 10% 水平上显著，圆括号内为 t 检验值。

是中国经济发展水平和产业结构层次最高、经济活动最为密集的区域，生产性服务业在该地区各省份中同时拥有较高的专业化集聚和多样化集聚水平，且多样化集聚往往建立在高度专业化基础之上，不仅各省份自身的生产性服务业专业化集聚和多样化集聚促进了制造业结构升级，而且还通过区域之间的投入产出关联效应对周边省份产生了明显的空间外溢效应。其次，中部地区生产性服务业专业化集聚的长期和短期直接效应、间接效应估计结果与东部地区一致，均对本省和周边省份制造业结构升级产生了显著促进作用；但其生产性服务业多样化集聚仅促进了本省制造业结构升级，对周边省份制造业结构升级却产生了负的空间外溢效应，说明中部地区生产性服务业多样化集聚与周边省份制造业结构可能存在空间错配，从而抑制了周边地区制造业结构升级。最后，西部地区生产性服务业多样化集聚对本省和周边省份制造业结构均产生了明显抑制作用，而其专业化集聚在多数情况下则促进了本省和周边省份制造业结构升级。与东部、中部地区相比，西部地区经济发展、工业结构和市场规模均处于较低水平，各地区制造业结构较为单一，因而满足主导工业发展需求的生产性服务业专业化集聚更易于发挥规模经济效应和技术外溢效应，从而有利于本省和周边省份制造业结构升级。反之，忽视地区产业结构状况、要素禀赋特征和经济发展水平而盲目推进生产性服务业多样化集聚，则不仅不会对现有经济结构调整“锦上添花”，还会进一步“雪上加霜”，对经济结构施加更多不必要的负担和调整成本。这种建立在低水平专业化基础上的生产性服务业多样化集聚脱离了当地比较优势和工业发展需求，势必造成资源配置扭曲，进而抑制制造业结构升级。

2. 基于细分生产性服务行业集聚的动态空间计量检验

由于生产性服务业内部细分行业间在集聚特征、空间区位以及表现形式等方面存在明显差异，因而生产性服务业集聚对制造业结构升级的空间作用很可能因生产性服务业细分行业差异而表现出明显的异质性特征。本部分进一步基于地理和经济距离嵌套矩阵和偏误修正的准最大似然估计、采用时空双重固定效应的动态空间杜宾模型进行实证检验，结果如表 3 – 12 所示。①

表 3 – 12　生产性服务业细分行业集聚对制造业结构升级影响的效应估计

变量	效应	(1) 交通运输、仓储和邮政业	(2) 批发零售业	(3) 租赁和商务服务业	(4) 金融业	(5) 信息传输、计算机服务和软件业	(6) 科学研究和技术服务业	(7) 环境治理和公共设施管理业
lnSP	短期直接	0.0328 (1.29)	0.0169 (1.05)	0.0273 (1.45)	0.0316** (2.35)	0.0317** (2.25)	0.0586** (2.01)	0.0411** (2.03)
	短期间接	−0.0592 (−1.47)	0.0346 (1.44)	0.0392 (1.29)	0.0621* (1.93)	0.0238** (2.56)	0.0388** (2.26)	0.0312* (1.94)
	长期直接	0.0229 (1.07)	0.0311 (1.13)	0.0561 (1.63)	0.0413 (1.63)	0.0518* (1.89)	0.0822* (1.93)	0.0839** (2.53)
	长期间接	−0.0629 (−1.35)	0.0429 (1.25)	−0.0738 (−1.52)	0.0661 (0.81)	0.0563** (2.46)	0.0893** (2.43)	0.0426*** (3.32)
lnDV	短期直接	0.0315** (2.24)	0.0102* (1.85)	0.0258* (1.71)	0.0536 (1.43)	0.0428 (1.62)	0.0177 (1.57)	0.0215 (1.31)
	短期间接	0.0546 (1.35)	0.0372** (2.26)	0.0115 (1.47)	−0.0378 (−1.36)	0.0271 (1.62)	−0.0364 (−1.53)	−0.0289 (−1.25)
	长期直接	0.0513* (1.92)	0.0228 (1.46)	0.0282** (2.43)	0.0583 (1.57)	0.0541 (1.27)	0.0271 (0.69)	0.0378 (1.04)
	长期间接	0.0631 (1.65)	0.0521 (1.18)	−0.0575 (−1.59)	−0.0613 (−1.60)	0.0426 (0.77)	−0.0581 (−1.55)	0.0572 (1.39)

注：***、** 和 * 分别表示在 1%、5% 和 10% 水平上显著，圆括号内为 t 检验值。

① 表 3 – 12 仅列出了生产性服务业专业化集聚和多样化集聚对制造业结构升级的影响效应，其他控制变量的参数估计与先前估计结果基本一致，在此不再赘述。

表3-12中第（1）列和第（3）列结果显示，“交通运输、仓储和邮政业”“租赁和商务服务业”专业化集聚对本地区及周边地区制造业结构升级均未产生显著影响；其多样化集聚仅对本地区制造业结构升级有促进作用，但对周边地区未产生明显影响。这意味着与专业化集聚相比，“交通运输、仓储和邮政业”以及“租赁和商务服务业”在促进制造业结构调整过程中更适合与其他生产性服务业形成多样化集聚，在多样化的集聚环境中更易对制造业结构升级产生促进作用，但这一影响效果仅限于本地区，并未对其他地区产生明显外溢效应。第（2）列中批发零售业专业化集聚对本地区和周边地区制造业结构升级的影响也不显著；其多样化集聚的短期直接效应和间接效应显著为正，而其长期影响效应未通过显著性检验。这意味着批发零售业更适合在各地区选择多样化集聚模式促进制造业结构升级，但其影响效果并不具有长期性。

第（4）列金融业专业化集聚仅对本地区和周边地区制造业结构升级产生短期的促进作用，而长期效果并不明显；金融业多样化集聚的直接效应和间接效应在短期和长期均未产生明显影响。这一结果意味着，与多样化集聚相比，各地区金融业发展更适合选择专业化集聚模式，以此实现金融业发展与制造业发展相融合、促进制造业结构升级。而金融业专业化集聚仅有短期效应而无长期效应的原因，则可能与中国金融领域普遍存在的资源错配问题相关。换言之，金融领域的资源错配使金融业专业化集聚未能给制造业结构升级带来长期的、持续影响。首先，为尽可能降低信贷风险，金融部门更倾向于为国有企业和大型重工企业提供更多信贷资源（邵挺，2010），而国有企业和大型重工企业多为资本密集型行业（陆铭和欧海军，2011），不利于制造业结构在长期内向高端攀升。其次，优惠且可靠的融资支持是地方政府用以招商引资并在经济增长中获得竞争优势的重要手段（师博和沈坤荣，2013）。在区域增长竞争中，地方政府有能力也有意愿通过金融机构贷款影响企业投融资行为。地方政府竞相以金融优惠政策招商引资和支持本地企业发展的做法，尽管可在短期内获得预期的结构调整效果，但长期内将使大量低效率制造业企业在辖区内集聚，造成产业投资的低水平重复和结构的同质化雷同，阻碍制造业结构向高端攀升。地方政府间在金融资源配置方面的“逐底竞争”和策略性互动不仅使得地区间金融业专业化水平长期处于较低水平，而且导致各地区试图通过金融集聚以促进制造业结构升级的积极效应被金融资源错配对制造业结构的抑制作用所抵消，从而使得金融业专业化集聚在整体上未能对周边地区制造业结构升级产生长期的空间外溢效应。

第（5）列至第（7）列中“信息传输、计算机服务和软件业”“环境治理和公共设施管理业”“科学研究和技术服务业”三类行业的多样化集聚和专业化集聚的长期和短期直接效应、间接效应参数估计结果基本一致。其专业化集聚在短期和长期均对本地区和周边地区制造业结构升级产生了显著促进作用，而多样化集聚的影响未通过显著性检验。这说明“信息传输、计算机服务和软件业”“环境治理和公共设施管理业”“科学研究和技术服务业”更适合选择专业化集聚模式以促进制造业结构升级，而多样化集聚模式则无法使其在制造业结构调整中充分发挥积极影响。

八、小结

依托生产性服务业集聚从供给端推进制造业结构向高端攀升，对于推动中国经济实现高质量发展具有重要意义。本章节在集聚经济和熊彼特内生增长理论基础上构建理论分析框架，并采用动态空间杜宾模型探讨了生产性服务业集聚对制造业结构升级的影响机制。结果显示，生产性服务业专业化集聚通过发挥规模经济效应和技术外溢效应对本地和周边地区制造业结构升级均产生了显著促进作用，而多样化集聚仅通过规模经济效应促进了本地区制造业结构升级，且长期效应大于短期。进一步研究发现，地方政府跟进中央的相似产业政策是导致生产性服务业低质量多样化集聚、进而未对周边地区产生空间外溢效应的重要原因；生产性服务业在东部地区的专业化集聚和多样化集聚以及在中西部地区的专业化集聚均显著促进了本地和周边地区制造业结构升级，而在中西部地区的多样化集聚则对制造业结构升级产生了极为有限、甚至不利的影响。在制造业结构升级过程中，金融业，信息传输、计算机服务和软件业等高端生产性服务业更适合选择专业化集聚模式，而交通运输、仓储和邮政业，租赁和商务服务，批发零售等中低端生产性服务业则在多样化集聚环境中更易于发挥结构升级效应。不同的是，金融业专业化集聚、批发零售业多样化集聚仅有短期影响，而无长期效应；而交通运输、仓储和邮政业，租赁和商务服务业多样化集聚则仅有本地效应，而无空间外溢效应。

第二节 生产性服务业集聚与制造业价值链升级

一、引言

中国制造业出口的转型升级，是提升中国国际分工地位，实现新常态下经济新旧动能转换的重要依托。习近平在党的十九大报告中指出，要建设现代化经济体系，需要“支持传统产业优化升级，加快发展现代服务业，瞄准国际标准提高水平。促进中国产业迈向全球价值链中高端，培育若干世界级先进制造业集群。”2003～2015年，中国出口总额增长了近5倍，成为了全球最大贸易国，而增加值率却远低于发达国家的平均水平，制造业整体仍处于全球价值链的下游位置（张杰等，2007；岑丽君，2015）。从国际产业演变趋势来看，生产性服务业的支撑和引导能有效促进制造业转型升级，提升国际分工地位。中国民营经济研究会在2018年发布的《加快发展生产性服务业：迈向制造强国的战略支撑》报告中表示，加快发展生产性服务业尤其是尽力支持企业做大做优“生产性服务业基础设施平台”，对中国跻身制造强国之列，推动中国经济提质增效升级具有重要意义。“十三五”规划中提到要加快改造提升传统产业，大力发展服务业特别是现代服务业，积极培育新业态和新商业模式，构建现代产业发展新体系。推进生产性服务业发展，是向产业结构调整要动力、促进经济稳定增长的重大措施，既可以满足人民对美好生活的需求，也有利于引领产业向价值链高端提升。2014年国务院发布的《关于加快发展生产性服务业促进产业结构调整升级的指导意见》指出，要“因地制宜引导生产性服务业在中心城市、制造业集中区域、现代农业产业基地以及有条件的城镇等区域集聚，实现规模效益和特色发展”，政策上显示地方政府依托生产性服务业的有效集聚推进产业结构转型，增强区域竞争力的发展方向日趋明朗。

生产性服务业是国民经济的重要组成部分并充当着“劳动力蓄水池”的作用。国家统计局数据显示，2013年中国第三产业产值首次超过第二产业，2015年第三产业总值占比首次突破50%，2016～2017年连续两年第三产业增加值比重都在51.6%。截至2017年末，在中国就业人员中，从事第三产业人员占比44.9%，从事第二产业人员占比28.1%。那么，中国的生产性服务业集聚是否如理论逻辑一样能显著促进制造业价值链攀升？目前绝大多数研究表明，生产性服务业集聚通过提升企业技术创新（Wood，2006；陈建军等，2009）、促进经济发展（Puga，1999；惠炜，韩先锋，2016）、降低成本（Markusen，1989；Eswaran，2002）等作用于制造业价值链攀升。安德森（Anderson，2006）认为生产性服务业和制造业在区位上存在空间依赖关系，且制造业效率较高的企业更多地出现在生产性服务业集聚度高的地区。宣烨（2012）则利用城市面板数据和空间计量模型发现生产性服务业的空间集聚能显著提升本地区制造业效率，还能通过空间外溢效应作用于周边地区制造业。盛丰（2014）认为生产性服务业集聚能发挥竞争效应、学习效应、专业化效应以及规模经济效应，这些集聚效应在促进自身产业发展的同时，也在推动制造业价值链攀升。现有研究对制造业价值链攀升的量化大都集中在城市或省级层面，且较多地使用劳动生产率（宣烨，2012；刘奕等，2017）、工业利润率（盛丰，2014）、利税总额（杜宇玮，2017），而刘斌等（2016）则利用企业出口产品质量和出口产品技术复杂度来度量价值链升级。基于以上研究，本章节采用了2003～2013年制造业企业层面数据匹配至中国277个地级城市的面板数据分析生产性服务业集聚对制造业价值链攀升的作用及实现机制。本章节存在的贡献在于：（1）直接分析了生产性服务业集聚对制造业价值链攀升的影响，并在微观企业层面度量制造业价值链攀升水平；（2）明确区分了生产性服务业集聚类型对制造业价值链攀升的影响效应并通过构建生产性服务业集聚与企业成本、企业生产率的交互项，探究生产性服务业集聚对制造业价值链攀升的影响机制；（3）从企业贸易类型、所在地区、所有制类型以及城市规模等多维度进一步拓展研究了生产性服务业集聚对制造业价值链攀升的影响效应。

二、文献综述

纵观国内外文献研究成果，生产性服务业集聚主要通过两条路径作用于制造业价值链攀升：一是生产性服务业集聚带来的高素质劳动力在地区上的集中所产生的技术外溢效应作用于制造业价值链；二是生产性服务业集聚关联性与结构性的嵌入，优化制造业的资源配置，并发挥规模经济效应，降低制造业企业生产运营成本和交易成本。

（一）生产性服务业集聚发挥技术溢出效应作用于制造业价值链

生产性服务业中同一产业的专业化集聚或多个产业的多样化集聚衍生出了生产性服务业集聚的技术外部性（Jacobs，1969），这种产业的空间构成有利于企业间的技术交流与合作，因此知识与技术的“集体学习过程”在外部性产生、产业发展和经济发展中发挥重要作用，马歇尔（Marshall，1890；1961）也指出通过同一产业内的地区集群，可以共享专业娴熟技术工人的高素质劳动市场。伴随着人力资本积累、信息互换，激发了知识与技术的外溢效应。格拉泽等（Glaeser et al.，1997）随后将专业化集聚或多样化集聚引起的知识或技术溢出效应称为“动态外部性”。张宗益、李森圣（2014）基于时变参数估计分析了中国高技术产业集聚外部性特征的动态性和差异性，证明了行业的区域集聚程度是集聚外部性效应发挥作用的重要基础，决定了专业化和多样化外部性效应的动态特征。顾乃华（2011）利用城市样本数据和多层线性模型，实证检验了中国城市生产性服务业集聚对工业的外溢效应及其区域边界，研究发现，中国城市生产性服务业集聚能显著提高本地工业的全要素生产率。与此同时，生产性服务业多样化集聚能提高市场细分程度，使服务目标更为明确，刺激服务内容和形式的创新，进而带动制造业产品升级。江静、刘志彪（2007）进一步提出，作为高级要素投入的生产性服务业发展是制造业生产率提高的重要源泉。沈鸿、向训勇（2017）借鉴演化经济地理学的方法，引进“相关多样化”概念考察产业集聚的形态，研究发现水平多样化集聚促进了制造业升级。而后，韩峰、王琢卓等（2014）在新经济地理的理论框架下，运用城市面板数据验证了生产性服务业的空间集聚对经济增长具有明显的技术溢出作用，且其有效空间作用范围为100公里。詹浩勇、冯金丽（2017）通过构建中国城市数据的空间面板模型并进行区域比较，结果显示，西部地区商贸流通业集聚显著促进了当地制造业转型升级，而东部地区知识型密集型服务业集聚则具有显著的空间溢出效应。于斌斌（2016）利用中国285个地级城市的统计数据，运用空间杜宾模型实证同样论证了该观点，他发现生产性服务业专业化集聚对中部地区的经济增长存在着显著的正向影响，这得益于生产性服务业专业化集聚对经济增长的空间技术溢出效应。

（二）生产性服务业集聚发挥规模经济效应、优化制造业资源配置作用于制造业价值链

随着生产分割现象的产生，制造业价值链攀升具体体现在其产品附加值的增长上。生产性服务业依托服务外包的形式深化制造业价值链分工，进一步提升企业生产效率，实现企业利润最大化。波特（Porter，1985）首次将企业内外价值增加的活动分为基本活动和支持性活动，基本活动涉及企业生产、销售、进料后勤、发货后勤、售后活动，支持性活动包含人事、财务、计划、研究与开发、采购等。

生产性服务业集聚关联性地嵌入制造业价值链中能有效发挥企业基本经济活动外包带来的外部服务规模经济效应，从而降低企业生产经营活动成本。一方面，为提高生产效率，发展核心产业，企业倾向于将生产链上的比较劣势环节外包，实现生产链上的垂直专业化。陈启斐、刘志彪（2013）利用制造业16个行业的面板数据拓展研究了中国制造业的反向服务外包率，发现进行反向服务外包能促进中国制造业价值链地位的攀升，以利用国外的先进技术和高级生产要素关联性地融入中国制造业生产链中，弥补中国生产性服务业发展滞后的不足。吕云龙等（2017）基于WIDO数据库实证分析了40多个国家制造业出口服务化对国际竞争力的影响，发现零售业和交通运输业在制造业中含量的增加会显著提高制造业的国际竞争力，并且在岸服务外包对国际竞争力的影响相对于离岸服务外包的影响更大。另一方面，基于产业区位理论及集聚的概念，行业间和行业内部产生的竞争效应（Weber，1909），有利于服务企业努力降低成本，改善业务流程，为制造业发展提供差异化服务，在降低制造业成本的同时提升竞争力。产业组织理论指出，由于企业内外部存在信息传递的不完全，易产生较高的管理成本和交易费用，严重损害企业的生产效率，不利于提高企业在价值链中的位置。而生产性服务企业的空间集聚通过协同合作，则会产生正的外部性，譬如，如今的物联网，将采购、加工、仓储、配送、信息管理等功能整合后，提升了物质和信息的交换效率，显著降低了交易成本，有利于衔接制造业上下游相关行业。王珍珍、陈功玉（2009）指出物流产业集聚的利益主要来源于交易费用的降低、交易效率的提高、规模经济效益的扩大，并实证检验了我国31个省份（除香港、澳门、台湾地区外）的物流产业集聚度与制造业工业增加值具有显著的相关关系。

生产性服务业集聚结构性地嵌入制造业价值链，为企业提供了资金及技术支持，提高了其支持性活动的高度化水平，优化行业的资源配置效率。唐荣、顾乃华（2018）通过构建城市层面服务业上游度指标并基于社会分工理论、价值链理论和增长极理论，验证了上游生产性服务业发展能有效改善制造业资源错配。此外，弗朗索瓦（Francois，2007）证实了生产性服务业，尤其是核心商业服务、金融保险、通信服务的开放，有助于提高东道国知识技术密集型行业的出口绩效，而不利于劳动密集型行业的出口。价值链地位与出口商品之间有很大的联系，贸易出口结构是影响价值链地位的间接证据（Lall，2005）。姚博、魏玮（2012）通过研究生产分割对中国35个工业行业价值链地位的影响，发现出口贸易对高技术部门的价值链促进作用明显高于技术含量较低的部门。金融服务业提供的要素投入是深化企业价值链参与程度、提高企业出口增加值的重要因素。金融发展通过刺激资本积累进而影响贸易出口这一途径作用于制造业价值链攀升。孙兆斌（2004）运用协整模型和格兰杰检验的方法考察了中国金融发展和出口商品结构的关系，肯定了金融发展对出口商品结构的优化促进作用，格兰杰检验结果表明中国金融发展是出口商品结构优化的原因。鉴于生产性服务业蕴含着大量人力资本和知识资本，制造业投入服务化意味着服务要素在企业的全部投入中占据越来越重要的地位，提供包括研发设计、法律、金融等服务（安筱鹏，2012）。许和连等（2017）则进一步指出通过投入的服务化，服务创新要素不断融入制造企业，拓展了技术创新的广度和深度，提升了进口中间产品的相对价格，增加了对国内中间产品的需求，有助于企业出口国内增加值率的提升。以知识产权交易服务为代表的生产性服务业结构性地嵌入制造业中能有效提高制造企业技术升级需要的科研水平和原始创新能力。西沃契克（Javorcik，2016）发现，由于高科技行业对于知识产权保护的要求更高，东道国较低的知识产权保护水平阻碍了外国企业在高科技产业的直接投资，而且也会导致外国直接投资从生产制造向分销转移。杨珍增（2014）拓展了前人的研究，立足于全球价值链分工的视角，分析了知识产权保护服务在一国国际价值链分工地位形成中的作用，特别针对中国以加工贸易为主的贸易形态做出了理论上的解释。他指出，发展中国家较低的知识产权保护水平是其只能吸引跨国公司投资于高科技行业的低端生产环节的主要原因。

综合来看，现有的文献主要呈现以下特点：第一，关于生产性服务业与制造业关系的研究多侧重于生产性服务业本身的发展层面，对空间集聚效应的研究依然不足，也未具体区分生产性服务业集聚类型对制造业的影响效应；第二，关于制造业价值链攀升的研究，多数文献基于城市层面的单一指标测算或构建指标体系测度制造业价值链攀升，极少文献从微观企业视角衡量制造业价值链攀升。鉴于此，本章节将使用2003~2013年277个地级及以上城市数据以及同期中国工业企业和中国海关数据库，从理论和实证两个方面论述生产性服务业集聚对制造业价值链攀升的影响效应及作用机制，以期在经济转型和产业升级的进程中，为依托生产性服务业集聚推动区域内制造业价值链攀升提供有力借鉴。

三、理论分析框架及计量模型设定

（一）理论分析框架

本章节主要借鉴基和唐（Kee & Tang，2016）利用超越对数生产函数推导企业出口国内附加值率（domestic value added rate，DVAR）的表达式，在此基础上融入国内中间品效率参数（犁日荣和周政，2017），考察生产性服务业集聚对制造业价值链攀升的影响。企业 i 在 t 年的总产出Y_{it}可写成：

$$Y_{it} = \varphi_i K_{it}^{\alpha} L_{it}^{\beta} M_{it}^{\gamma} \tag{3.46}$$

其中，K_{it}、L_{it}分别为企业 i 投入的资本和劳动，φ_i为企业 i 的全要素生产率，M_{it}为制造业投入的中间产品数量，它由使用的国内材料数量（M_{Dit}）和国外材料数量（M_{Iit}）构成，它们之间的替代关系以 CES 函数表示：

$$M_{it} = [(B_{ijt} M_{Dit})^{\frac{\delta-1}{\delta}} + M_{Iit}^{\frac{\delta-1}{\delta}}]^{\frac{\delta}{\delta-1}} \tag{3.47}$$

其中，$\alpha+\beta+\gamma=1$；$\delta>1$。

假定企业为价格的接受者，M_{Dit}、M_{Iit}对应的价格分别为P_{Dt}和P_{It}。B_{ijt}为企业 i 所在城市 j 的国内中间产品效率参数，并且$B_{ijt}>0$。生产性服务业集聚产生的知识溢出效应，更多地来自面对面交流，这也是生产性服务业可贸易性低的原因。随着生产性服务业可贸易性的降低，国内中间产品效率升高，即B_{ij}越大。因此，国内外市场上中间产品的价格为：

$$P_{Mt} = [(P_{Dt}/B_t)^{1-\delta} + (P_{It})^{1-\delta}]^{\frac{1}{1-\delta}} \tag{3.48}$$

企业成本最小化意味着产出Y_{it}单位的总成本如下：

$$C_{it}(r_t, w_t, P_{Dt}, P_{It}, Y_{it}) = \frac{Y_{it}}{\varphi_i}\left(\frac{r_t}{\alpha}\right)^{\alpha}\left(\frac{w_t}{\beta}\right)^{\beta}\left(\frac{P_{Mt}}{\gamma}\right)^{\lambda} \tag{3.49}$$

其中，$\frac{P_{Mt}M_{it}}{C_{it}}=\gamma$。最终产品产出的$Y_{it}$的边际成本为：

$$c_{it} = \frac{\partial C_{it}}{\partial Y_{it}} = \frac{1}{\varphi_i}\left(\frac{r_t}{\alpha}\right)^{\alpha}\left(\frac{w_t}{\beta}\right)^{\beta}\left(\frac{P_{Mt}}{\gamma}\right)^{\gamma} \tag{3.50}$$

企业的边际成本不随总产出的变化而改变。根据基和唐（Kee & Tang，2016），企业出口国内附加值率（DVAR）可表示为：

$$DVAR_i^p \equiv \frac{DVA_i^p}{EXP_i^p} = 1 - \frac{P_i^I M_i^I}{P_i^I Y_i^p} + \varepsilon \tag{3.51}$$

其中，ε为随机扰动项，代表的是国内材料中的国外价值部分占总出口的比重；$\frac{P_i^I M_i^I}{P_i^I Y_i^p}$为进口材料成本占总产出的比重。

在同一个企业年限中企业投入资料的价格和弹性为常数，企业间的生产率差异导致了边际成本的不同，可将进口材料成本占总产出的比表示为：

$$\frac{P_{It}M_{Iit}}{P_{it}Y_{it}}=\frac{P_{It}M_{Iit}}{P_{Mt}M_{it}}\frac{P_{Mt}M_{it}}{C_{it}}\frac{C_{it}}{P_{it}Y_{it}}=\frac{P_{It}M_{Iit}}{P_{Mt}M_{it}}\gamma\frac{c_{it}}{P_{it}}=\gamma(1-\chi_{it})\frac{P_{It}M_{Iit}}{P_{Mt}M_{it}} \tag{3.52}$$

其中，令 $\chi_{it}=P_{it}-c_{it}/P_{it}\in[0,\ 1]$，其含义为企业 i 在第 t 年单位产品的销售利润率。在给定生产函数技术条件下，企业 i 成本最小化的约束条件为：

$$\min P_{It}M_{Iit}+P_{Dt}M_{Dit}$$

$$\text{s. t. }\ M_{it}=\left[(B_{ijt}M_{Dit})^{\frac{\delta-1}{\delta}}+M_{Iit}^{\frac{\delta-1}{\delta}}\right]^{\frac{\delta}{\delta-1}}$$

利用拉格朗日法解得，进口材料成本占总材料成本的函数为：

$$\frac{P_{It}M_{Iit}}{P_{Mt}M_{it}}=\frac{1}{1+(P_{It}B_t/P_{Dt})^{\delta-1}} \tag{3.53}$$

基于式（3.51）、式（3.52）和式（3.53），可将企业 i 的 Dvar 表示为：

$$Dvar_{it}=1-\gamma(1-\chi_{it})\frac{1}{1+(P_{It}B_t/P_{Dt})^{\delta-1}} \tag{3.54}$$

生产性服务业集聚有利于促进市场内部的交流与竞争，提高国内中间产品市场效率，即B_t增加。同时生产性服务业集聚通过规模经济效应，包括行业数量规模的扩大以及提供更多的差异化中间产品，降低国内中间产品价格，使进口中间产品与国内中间产品的相对价格（P_{It}/P_{Dt}）变大，即国内中间产品更具价格优势。两种作用途径均会提高企业出口的国内增加值率，有利于制造业向价值链高端攀升。

（二）计量模型设定

本章节的核心问题是探究生产性服务业对制造业价值链攀升的影响，在已有研究的基础上设置如下计量模型：

$$\ln Dvar_{it}=\theta_0+\theta_1\ln S_{jt}+\theta_2\ln D_{jt}+\theta_3\ln X+\theta_4\ln Z+\delta_j+\delta_i+\delta_t+\varepsilon_{it} \tag{3.55}$$

其中，被解释变量$\ln Dvar_{it}$代表企业 i 在 t 年的出口国内增加值率，衡量企业出口产品中国内增加值的份额，具体测算方法将在下文详细介绍。核心解释变量$\ln S_{jt}$代表城市 j 生产性服务业的专业化集聚水平，$\ln D_{jt}$代表城市 j 生产性服务业多样化集聚水平，测度方法将在下文进行详细说明。lnX 和 lnZ 分别为企业层面和城市层面的控制变量，主要为描述企业个体特征和城市特征的相关变量。δ_j、δ_i、δ_t分别代表地区效应、企业效应和年份效应，ε_{it}为随机干扰项。

四、变量测算与数据说明

（一）核心变量测度

（1）生产性服务业专业化集聚 S。本书借鉴埃斯库拉等（Ezcurra et al.，2006）对专业化指标的构建方法，生产性服务业专业化可表示为：

$$S_j = \sum_s \left| \frac{E_{js}}{E_j} - \frac{E'_s}{E'} \right| \tag{3.56}$$

其中，E_{js}为城市 j 某生产性服务业 s 就业人数，E_j表示城市 j 就业人数，E'_s表示除城市 j 外全国 s 行业就业人数，E'代表除城市 j 外的全国就业人数。

（2）生产性服务业多样化集聚 D。采用改进后的库姆斯（Combes，2000）产业多样化指标，城市 j 的生产性服务业多样化集聚（D_j）可以用改进的赫芬达尔—赫希曼系数表示：

$$D_j = \sum_s \frac{E_{js}}{E_j}\left[\frac{\sum_{s'=1,s'\neq s}^{n}(E_{s'}/(E-E_s))^2}{\sum_{s'=1,s'\neq s}^{n}(E_{js'}/(E_j-E_{js}))^2}\right] \tag{3.57}$$

其中，E_s为全国 s 产业的就业人数，E 是全国就业人数。D_j越大多样性程度越高。

（3）制造业价值链攀升指标。制造业价值链攀升是指制造业从生产低附加值产品向相对较高附加值产品转变的过程（Wang et al.，2013）。本章节利用企业出口国内增加值率来度量制造业价值链攀升，借鉴基和唐（Kee & Tang，2016）的方法，首先从企业总收入的会计恒等式定义出口的国内增加值。一个企业 i 的总收入PY_i，根据定义，包含以下组成部分：利润（π_i）、工资（ωL_i）、资本成本（rK_i）、国内原材料成本（$P^D M_i^D$），以及进口原材料成本（$P^I M_i^I$）：

$$PY_i \equiv \pi_i + \omega L_i + rK_i + P^D M_i^D + P^I M_i^I \tag{3.58}$$

其中，由于一些国内原材料可能也隐含了国外的价值（δ_i^F），而一些进口的原材料又有可能包含国内的价值（δ_i^D）。因此，国内材料成本（$P^D M_i^D$）可以视为是（δ_i^F）和纯国内价值成分（q_i^D）的和。同样，国外材料成本（$P^I M_i^I$）可被视为是（δ_i^D）和属于纯国外价值成分（q_i^F）的和，可得：

$$P^D M_i^D \equiv \delta_i^F + q_i^D \text{和} P^I M_i^I \equiv \delta_i^D + q_i^F \tag{3.59}$$

与国内生产总值的概念相似，企业的国内增加值（DVA）可定义为隐含在企业总产出中的国内产品和服务的总价值。意味着，企业的出口国内增加值等同于利润、工资、资本租赁成本，以及直接或间接的国内原材料价格支出。

$$DVA_i \equiv \pi_i + \omega L_i + rK_i + q_i^D + \delta_i^D \tag{3.60}$$

对于加工贸易企业而言，企业出口其所有的产出，进口部分中间产品投入材料和资本设备，他们的出口（EXP_i）等同于其总收入，进口（IMP_i）等同于进口原材料成本（$P^I M_i^I$），和进口资本（δ_i^K）。因此，式（3.60）可变为：

$$EXP_i^P = DVA_i^P + IMP_i^P - \delta_i^D + \delta_i^F - \delta_i^K \tag{3.61}$$

$$DVA_i^P = (EXP_i^P - IMP_i^P) + (\delta_i^D - \delta_i^F + \delta_i^K) \tag{3.62}$$

式（3.62）表示，我们可以通过调整δ_i^D、δ_i^F、δ_i^K利用$EXP_i - IMP_i$来估计加工贸易企业的 DVA 值。基于库普曼（Koopman，2012）和王等（Wang et al.，2014）对 GTAP 的多国投入产出表的研究发现，在中国加工贸易出口商的δ_i^D接近于0。中国海关数据库分别记录了企业总进口中原料、资本品的进口情况，显示$\delta_i^K = 0$。因此，此处需要剔除的是国内材料中的国外价值部分δ_i^F，这会导致$EXP_i - IMP_i$高估出口中的DVA_i。利用式（3.62）可得加工贸易企业出口中的国内增加值比率（DVAR）：

$$DVAR_i^P \equiv \frac{DVA_i^P}{EXP_i^P} = 1 - \frac{P^I M_i^I}{PY_i^P} - \frac{\delta_i^F}{EXP_i^P} \tag{3.63}$$

其中，由于缺失企业层面δ_i^F/EXP_i的信息，基和唐（Kee & Tang，2016）利用 KWW12 对 2007 年的行业估计值，推导了 2000～2007 年的国内材料中的国外价值部分，以此来计算企业的 DVAR 值。

拓展至一般贸易企业，这类出口商的产品并非全部用于出口，存在部分产品流入国内市场。鉴于此，假设为了出口进行中间产品投入的比率等于出口在总销售中的比例，利用工业企业数据库对此进行估算。可得：

$$DVA_i^o = EXP_i^o - (IMP_i^o - \delta_i^F + \delta_i^K)\left(\frac{EXP_i^o}{PY_i^o}\right) \tag{3.64}$$

综上所述，最终得到企业出口国内增加值率（DVAR）：

$$DVAR_{it} = \begin{cases} 1 - \dfrac{P^I M_i^I}{PY_i^P} - \dfrac{\delta_i^F}{EXP_i^P}, \ \text{shipment} = P \\ 1 - \dfrac{IMP_i^o - \delta_i^K + \delta_i^F}{PY_i^o}, \ \text{shipment} = O \end{cases} \tag{3.65}$$

其中，下标 i 和 t 分别代表企业和年份；P、O 分别表示加工贸易和一般贸易。

（二）相关控制变量

城市层面的控制变量（lnX），具体包括：（1）城市规模（population），采用城市年末总人口数度量；（2）城市的产业结构（structure），采用第二、第三产业产出占 GDP 的比重度量；（3）城市的市场规模（gdp），采用各城市 GDP 经以 2000 年为基期分省份的 GDP 指数平减算出。企业层面的控制变量包括：（1）企业规模（size），以企业总资产衡量，用以甄别企业的风险和偿债能力；（2）资本密集度（capital），采用企业固定资产净值与企业年平均员工数的比值衡量，企业的固定资产净值经过以 2000 年为基期的分省份地区的固定资产投资价格的平减算出，资本密集度越高的企业，对资本投入的需求可能就越大，因此更可能具备外部融资需求；（3）融资约束水平（dar），用企业负债总额除以固定资产净值表示，该指标越大，表明企业接受的外部融资越多，面临的融资约束越严重；（4）全要素生产率（tfp），目前估计全要素生产率的主流方法是 OP（Olley & Pakes，1996）和 LP（Levinsohn & Petrin，2003）。然而中国工业企业数据库中未提供 2008 ~ 2009 年的工业增加值，以及 2008 ~ 2010 年的中间投入信息，囿于数据限制，本章节参考海德和里斯（Head & Ries，2003）的方法，利用方程 $tfp = \ln(y/l) - s \times \ln(k/l)$ 来衡量企业 TFP。其中，使用企业的工业总产值近似替代 y，k 为固定资产总额，l 为企业职工人数，s 代表生产函数中资本的贡献度，根据霍尔和琼斯（Hall & Jones，1999）将 s 设定为 1/3。为降低样本企业 TFP 个体间的异方差并符合正态分布，本章节对其进行取对数处理。表 3 - 13 报告了中国城市生产性服务业集聚、企业出口国内增加值及相关变量的描述性统计结果。

表 3 - 13　中国城市生产性服务业集聚、企业出口国内增加值及相关变量的描述性统计结果

变量	均值	标准差	最小值	最大值
企业出口的国内增加值率 DVAR	0.8483	0.2086	0.00013	0.9999
城市生产性服务业专业化集聚 S	0.4273	0.1622	0.0995	1.7774
城市生产性服务业多样化集聚 D	0.9407	0.1538	0.3476	1.5439
城市规模 population（万人）	411.7664	412.6811	16.3700	1787.0000
城市产业结构 structure	97.7133	2.6331	39.5400	99.9700
城市市场规模 gdp（万元）	35900000.00	40100000.00	135725.40	173000000.00
企业规模 size	317271.00	2076717.00	123.00	205000000.00

续表

变量	均值	标准差	最小值	最大值
企业资本密集度 capital	659.7901	7983.0450	0.7098	2452730.0000
企业融资约束水平 dar	7.8623	159.4811	0.000016	37944.5000
企业全要素生产率 tfp	4.4563	0.9336	0.0119	10.8035

（三）数据来源与处理

本章节数据主要来自2003～2013年中国工业企业数据库、中国海关数据库以及2004～2014年中国城市统计年鉴。其中在计算生产性服务业专业化和多样化集聚水平时，本章节根据中国城市19个分行业就业统计指标中，将电力煤气供水、建筑、交通运输仓储邮政、信息传输计算机服务和软件、批发零售、金融、租赁和商业服务、科技服务和地质探查、水利环境和公共设施管理九个行业合并代表生产性服务业。企业出口国内附加值率的原始数据来自中国工业企业数据库和中国海关进出口数据库，具体地，如企业层面所需要的工业总产值、就业人数、固定资产净值、主营业务成本等指标来源于中国工业企业数据库，由于该数据库存在数据缺失和数据异常等信息，本章节参照蔡和刘（Cai & Liu，2009）的做法，并遵循会计准则，对原始数据进行清理：删除缺失重要经济指标的观测值；删除从业人数少于8人的企业；删除符合流动资产高于总资产、固定资产合计大于总资产、固定资产净值大于总资产、当前累计折旧大于累计折旧中任何一个条件的企业；删除没有识别编号的企业；删除成立时间无效，成立时间早于1949年或者大于当前年份的企业。此外，本章节借鉴勃兰特（Brandt et al.，2012）和杨汝岱（2015）的方法对工业企业数据进行跨年份匹配，构建企业面板数据。中国海关数据库提供了企业层面的贸易数据，计算各贸易类型企业的实际进出口总额所需的各项原始数据来自于该数据库。由于中国工业企业数据库与海关数据库的企业代码隶属于两套完全不同的体系，无法直接使用企业代码作为中间变量匹配数据库，本章节参考田巍和余淼杰（2013）的做法，使用企业中文名称、邮政编码和企业电话号码后七位组合、企业联系人和企业电话号码后七位组合作为匹配媒介对接两个数据库，并利用基和唐（Kee & Tang，2016）的方法处理了企业过度进口和过度出口的问题。在测算企业出口DVAR过程中，本章节充分考虑以下三个方面问题：

一是一般贸易企业BEC的产品分类。由于加工贸易的特点，其进口产品均作为生产出口产品的中间产品投入（Upward et al.，2013），因此加工贸易企业的中间产品进口额等同于海关的进口总额$P^I M_i^I$；而一般贸易出口商的产品并非全部用于出口，进口产品可能被用于出口品的中间产品投入，也可能直接作为最终产品在国内市场进行销售，本章节根据联合国贸易统计数据网站，先将各年份的 HS 产品编码转化为 HS2002，其中 2007 ~ 2011 年采用 HS2007 ~ 2002 转换表，2012 ~ 2013 年采用 HS2012 ~ 2002 转换表，最后匹配 Broad Economic Categories（BEC）与 HS-6 分位编码，即利用 BEC-HS2002 转换表对各年份中一般贸易企业进口的产品类别（消费品、资本品或中间产品）进行识别，则一般贸易企业的中间产品进口额就为（$IMP_i^o - \delta_i^K$）。

二是贸易代理商问题。由于中国 2004 年前对企业的进出口贸易实施管制，部分企业为节省税收和交通成本，通过有进出口经营权的中间贸易代理商间接进口，刘（Liu，2013）指出中国自身的再进口数据占其总进口的 9%。本书使用安等（Ahn et al.，2011）的方法，剔除了海关数据中的中间贸易商。

三是国内中间投入的间接进口问题，即国内产品中隐含的国外价值部分。基和唐（Kee & Tang，2016）利用 KWW12 的方法估计了 15 个行业 2000 ~ 2007 年国内产品中外国价值占总出口的比率。基于此，本章节考虑国内产品的外国价值部分（δ_i^F）得到的 DVAR 稳健性指标为 2003 ~ 2007 年，未考虑间接进口的 DVAR 指标为 2003 ~ 2013 年。

五、基本实证结果与分析

（一）基准回归结果

由于各个企业、地区和年份之间可能存在较大的异质性，而这些异质性又难以进行观测并有效度量，同时这些因素也会对制造业价值链攀升产生不同程度的影响，为了消除这些非观测因素对估计结果产生的偏差，本书采用普通面板固定效应模型进行估计（结果见表 3 - 14）。

表 3 - 14　　采用普通面板固定效应模型进行基本回归结果估计

变量	(1)	(2)	(3)	(4)
lnS	0.0541*** (18.83)	0.0388*** (13.60)	0.0112*** (3.87)	0.00639** (2.21)
lnD	0.0959*** (14.75)	0.0814*** (12.32)	-0.0003 (-0.05)	0.0236*** (3.53)

续表

变量	(1)	(2)	(3)	(4)
lntfp	—	0.312 *** (65.98)	—	0.243 *** (49.98)
lnsize	—	0.0284 *** (31.08)	—	0.0133 *** (14.05)
lncapital	—	-0.0554 *** (-51.24)	—	-0.0447 *** (-40.82)
lndar	—	-0.0089 *** (-13.75)	—	-0.00420 *** (-6.45)
lnpopulation	—	—	-0.0399 *** (-4.58)	-0.00780 (-0.90)
lnstructure	—	—	0.476 *** (4.83)	0.642 *** (6.55)
lngdp	—	—	0.136 *** (42.66)	0.105 *** (32.00)
_cons	-0.1420 *** (-19.90)	-0.594 *** (-49.86)	-4.521 *** (-10.07)	-5.194 *** (-11.63)
企业效应	Yes	Yes	Yes	Yes
地区效应	Yes	Yes	Yes	Yes
年份效应	Yes	Yes	Yes	Yes
N	302335	302335	302335	302335
Within R^2	0.0579	0.478	0.0580	0.0558
Wald 检验	6359.21 [0.0000]	11931.39 [0.0000]	12068.71 [0.0000]	15529.39 [0.0000]

注：***、**、* 表示在1%、5%、10%的水平上显著，圆括号中为t统计值。

表3-14报告了生产性服务业专业化集聚与多样化集聚对企业出口国内增加值率的基本回归结果。表3-14的第（1）列显示，在未加入控制变量，仅控制企业效应、年份效应和地区效应的情况下，生产性服务业专业化集聚与多样化集聚均在1%的水平上显著为正，表明在样本期间内，生产性服务业专业化集聚水平和多样化集聚水平的提高均能有效促进制造业价值链攀升。在此基础上，第（2）列控制了企业层面特征，包括企业的生产率、规模、资本密集度、融资约束水平，核心指标的系数均有所下降，但其仍然在1%

的水平上显著为正。第（3）列为控制了城市规模、产业结构、市场规模后的回归结果，生产性服务业专业化集聚依然能有效促进制造业向价值链高端攀升，但多样化集聚的系数不显著。第（4）列为同时控制了企业和城市层面的特征变量，估计结果显示，生产性服务业专业化集聚的系数在5%的水平上显著为正，结果表明生产性服务业专业化集聚水平增加10%，企业的出口DVAR将提升0.0639%。生产性服务业多样化集聚水平的系数为0.0236，并在1%的水平上显著，表明企业多样化水平每增长10%，会引起企业出口DVAR提升0.236%。说明目前中国生产性服务业多样性集聚带来的服务分工细化，行业间竞争降低企业总成本进而促进制造业向价值链高端攀升的效用要大于生产性服务业专业化集聚产生的马歇尔外部性。因此，在控制了企业和城市特征，以及各个非观测固定效应后，生产性服务业专业化集聚与多样化集聚水平均能有助于推动制造业价值链攀升。

企业和城市层面控制变量的回归结果基本符合已有关于制造业价值链攀升检验的结论。从企业特征变量来看，高生产率的企业，生产的边际成本越低，有助于提升企业向价值链高端攀升。企业规模（lnsize）越大，其风险承受能力和偿债能力越强，更有利于制造业价值链的攀升。资本密集度（lncapital）越高的企业限制了其向价值链高端攀升，意味着过度依赖固定资产投资不利于提高企业生产效率。企业融资约束水平（lndar）对制造业价值链攀升的影响在1%的水平上显著为负，这表明外部融资占比较高的企业，更可能面临更严峻的融资问题，企业在生产经营的过程中会降低较高风险的投资，如减少研发投入等，束缚和限制了制造业向价值链高端攀升。从城市特征变量来看，城市规模（lnpopulation）在第（4）列中的系数为负，并未通过显著性检验，而第（3）列中这一系数显著为负，这意味着依靠于城市人口数量的增加推进制造业价值链攀升并不可行，说明了城市内部劳动力供给可能与市场需求存在结构性失衡，盲目的城市规模扩张还可能引起城市土地和资源环境的冲突，不利于城市与产业的协调发展。城市产业结构中第二、第三产业占比（lnstructure）较高的城市更重视发展生产性服务业和先进制造业，因此推动城市产业结构优化升级，提升区域竞争力，对当地制造业价值链攀升具有明显的促进作用。城市的市场规模（lngdp）越大的城市，即经济更发达的城市，更有利于支撑当地制造业企业价值链攀升。

（二）稳健性检验

考虑到基本回归结果依然可能存在估计的偏误，本部分将围绕基本回归结果中可能出现的内生性问题、极端值、变量测算等方面的问题，对回归结果进行稳健性分析。

（1）改变企业出口国内增加值率衡量指标。由于基本回归中估算的DVAR没有考虑国内材料中包含的外国价值部分，本部分进一步利用基和唐（Kee & Tang，2016）根据KWW12方法推算的行业估计值，考察了2003～2007年的DVAR稳健性指标，回归结果如表3-15第（3）列所示，结果显示，样本观测值有明显减少，但生产性服务业专业化集聚与多样化集聚的系数都有所增加，生产性服务业专业化集聚水平每增加1%，会导致当地制造业企业DVAR增加0.0318%，而生产性多样化集聚水平增长1%会使企业DVAR增加0.0575%。其结论与基本回归结果结论保持一致。

（2）双边截尾，双边缩尾结果分析。为了处理可能出现的极端值，表3-15中的第（1）列对企业出口的国内增加值率（DVAR）在2.5%的水平上进行了双边缩尾处理，第（2）列对企业出口的国内增加值率（DVAR）在2.5%的水平上进行了双边截尾处理。回归结果显示，虽然生产性服务业专业化集聚与多样化集聚水平对制造业出口的国内增加值率影响系数有所变化，但在5%及以上的显著性水平上，lnS和lnD的系数仍为正。样本估计结果表明，在2.5%水平上进行双边缩尾和双边截尾处理后，生产性服务业专业化集聚与多样化集聚对企业出口的国内增加值率的影响效应与基本回归保持一致。

表3-15　稳健性检验结果

变量	(1) lnDVAR双边缩尾2.5%	(2) lnDVAR双边截尾2.5%	(3) 剔除国内材料中的外国价值（δ_i^F）	(4) 面板2SLS	(5) 系统GMM两步估计
L. DVAR	—	—	—	—	0.6970*** (53.53)
lnS	0.00619*** (3.24)	0.00727*** (4.47)	0.0318*** (3.32)	0.0798*** (3.98)	0.0154** (2.11)
lnD	0.0201*** (4.53)	0.0125*** (3.31)	0.0575** (2.37)	0.1961*** (4.93)	0.0770*** (5.23)
lntfp	0.219*** (65.77)	0.161*** (56.54)	0.588*** (26.67)	0.4986*** (61.86)	0.1888*** (28.16)
lnsize	0.00953*** (13.94)	0.00277*** (4.77)	0.0130*** (7.37)	0.0322*** (12.19)	0.0063*** (7.99)
lncapital	-0.0373*** (-49.18)	-0.0263*** (-40.60)	-0.0491*** (-20.33)	-0.0801*** (-42.83)	-0.0252*** (-20.11)

续表

变量	(1) lnDVAR 双边缩尾 2.5%	(2) lnDVAR 双边截尾 2.5%	(3) 剔除国内材料中的外国价值 (δ_i^F)	(4) 面板 2SLS	(5) 系统 GMM 两步估计
lndar	-0.00317*** (-7.12)	-0.00108** (-2.85)	-0.0143*** (-9.69)	-0.0078*** (-6.59)	-0.0046*** (-5.75)
lnpopulation	-0.0182** (-3.14)	-0.0194*** (-3.93)	0.191*** (5.36)	0.0632*** (4.85)	0.0201*** (9.55)
lnstructure	0.4040*** (6.18)	0.2110*** (3.79)	-0.0625 (-0.29)	0.1288 (0.84)	0.1840*** (4.70)
lngdp	0.0941*** (43.19)	0.0838*** (45.06)	0.120*** (11.98)	-0.0024 (-0.19)	-0.0254*** (-12.92)
_cons	-3.7900*** (-12.75)	-2.5970*** (-10.25)	-4.5560*** (-4.59)	-1.6406** (-1.98)	-0.7589*** (-4.57)
AR(1)	—	—	—	—	0.00
AR(2)	—	—	—	—	0.00
企业效应	Yes	Yes	Yes	No	Yes
地区效应	Yes	Yes	Yes	Yes	No
年份效应	Yes	Yes	Yes	Yes	No
N	302335	287228	107169	182400	182400
Within R^2	0.0775	0.0728	0.0631	0.6030	—
Wald 检验	—	—	—	138522.73 [0.0000]	6910.04 [0.0000]

注：***、**、*表示在1%、5%、10%的水平上显著，圆括号中为t统计值。

(3) 内生性问题探讨。考察生产性服务业集聚对企业出口 DVAR 的影响，其中可能存在的内生性问题需要高度重视，即所估计的生产性服务业集聚水平对企业出口 DVAR 的影响部分来自于系统内其他未被控制的因素，此时，不能进行因果推断。前文的基本回归模型中控制了非观测的年份固定效应、地区固定效应、企业固定效应，在一定程度上可以缓解因遗漏变量产生的内生性问题；考虑到生产性服务业集群更倾向于在经济发达的城市出现，而属于价值链上游，即拥有较高出口国内增加值率的企业，也更多地集中在经济发达地区，本部分将可能同时影响企业出口 DVAR 和生产性服务业集聚的变量，如城市市场规模单独加以控制；且因变量为企业层面数据，核心自变量是城市层面数据，由生产性服务业集聚水平和出口 DVAR 之间产生内生性问题的可能性较小。为进一步验证结果的稳定性，本部分同时借助工具变量法和系统 GMM 两步法进行检验，选取工具变量的一般做法是选用内生变量滞后一阶或二阶作为工具变量，其满足与内生变量相关、与随机误差项不相关的条件。因此本部分利用生产性服务业专业化集聚与多样化集聚的滞后一阶作为工具变量，为检验工具变量的有效性，本部分对所选工具变量分别进行不可识别检验（Anderson LM 检验）和弱工具变量检验（Cragg-Donald Wald F 检验），前者结果在 1% 的水平上拒绝原假设（H_0 = "工具变量识别不足"），后者结果在 10% 的水平上拒绝原假设（H_0 = "存在弱工具变量"），说明工具变量的选取是合理的，因此在考虑了模型潜在的内生性后，本章节的主要结论依然成立。

六、拓展检验结果与分析

（一）生产性服务业集聚影响的异质性检验

为进一步分析生产性服务业专业化集聚与多样化集聚对企业出口 DVAR 提升作用的原因，得到更为翔实的结论，本部分基于前文研究的基础上，对企业所属贸易类型、所在地、所在城市规模和所有制类型对全样本进行分组回归，进而考察生产性服务业集聚企业出口国内增加值率的异质性影响。

（1）基于企业贸易类型异质性的检验。表 3 - 16 第（1）列和第（2）列报告了不同贸易类型企业的回归结果。可以发现，一般贸易企业生产性服务业专业化集聚对制造业价值链攀升的影响在 10% 的水平上显著为正，生产性服务业专业化集聚水平的提高会增加一般贸易企业的真正贸易利得，但生产性服务业多样化集聚水平对一般贸易企业价值链攀升的影响并不显著。对于加工贸易企业而言，生产性服务业专业化集聚与多样化集聚均对制造业价值链攀升具有显著的促进作用，且生产性服务业多样化集聚对制造业价值链攀升的效用较大于生产性服务业专业化集聚。可能的原因在于，中国以较低劳动要素价格这个比较优势参与国际分工，对外贸易以加工贸易为主，处于全球价值链生产的低端环节，而生产性服务业作为由制造业产品生产过程中分离出的行业，在以加工生产和代工贸易为主的世界工厂定位下，使得生产性服务业的发展在加工贸易产业生产流程中具有十分重要的链接、支撑、扩散和派生作用（王旭，2013）。对于一般贸易企业而言，企业要承担出口产品从研发设计到生产销售等全部增值环节形成了完整的国内产业链条，王晓红

(2013) 指出中国制造业为降低企业的生产和运营成本一般采用封闭式的自我服务模式，缺乏服务外包降低成本的运营理念。生产性服务业与制造业未能有效融合的现状削弱了一般贸易企业对生产性服务业的需求，不利于生产性服务业集聚推动制造业生产效率的提高。因此在一般贸易企业中，生产性服务业的集聚效应未能对制造业价值链攀升产生显著的促进作用。在观测样本中，纯加工贸易和一般贸易类型企业所占比例分别为 19.49%、80.51%，中国大部分仍属于一般贸易企业，但加工贸易企业出口对中国经济的发展发挥着重要作用，闫国庆、陈丽静（2005）通过线性回归分析发现中国加工贸易每增长 1%，GDP 增长 0.761%，其中加工贸易出口贡献率为 47%。因此，全样本的回归结果显示生产性服务业专业化与多样化集聚能显著促进制造业价值链攀升。

表 3-16　基于企业贸易类型和所在地异质性的回归结果

变量	(1)	(2)	(3)	(4)	(5)
	加工贸易	一般贸易	东部	中部	西部
lnS	0.0449*** (5.93)	0.00620* (1.73)	0.00551** (1.82)	-0.00257 (-0.27)	-0.0159 (-0.70)
lnD	0.0466** (2.16)	-0.00305 (-0.37)	0.0268*** (3.77)	-0.0212 (-1.13)	-0.0483 (-1.16)
lntfp	0.164*** (11.69)	0.101*** (20.92)	0.251*** (48.67)	0.245*** (16.96)	0.0786*** (3.40)
lnsize	0.0369*** (15.19)	0.000745 (1.04)	0.0120*** (11.80)	0.0253*** (9.78)	0.0206*** (5.01)
lncapital	-0.0729*** (-22.47)	-0.0242*** (-23.72)	-0.0449*** (-38.53)	-0.0424*** (-12.89)	-0.0302*** (-5.73)
lndar	-0.00754*** (-3.89)	0.00533*** (7.97)	-0.00414*** (-6.03)	-0.0107*** (-4.93)	-0.0137*** (-3.65)
lnpopulation	-0.0489*** (-7.61)	-0.0575*** (-5.39)	0.00206 (0.21)	0.0478* (1.94)	-0.101** (-1.99)
lnstructure	-0.932*** (-5.34)	0.143 (1.17)	1.109*** (8.86)	0.183 (1.30)	0.0599 (0.25)
lngdp	0.0321*** (5.95)	0.0890*** (22.98)	0.104*** (27.87)	0.00672 (0.83)	0.0538*** (3.51)
_cons	3.329*** (4.45)	-2.068*** (-3.70)	-7.403*** (-13.00)	-1.538** (-2.30)	-0.824 (-0.74)

续表

变量	(1)	(2)	(3)	(4)	(5)
	加工贸易	一般贸易	东部	中部	西部
企业效应	Yes	Yes	Yes	Yes	Yes
地区效应	Yes	Yes	Yes	Yes	Yes
年份效应	Yes	Yes	Yes	Yes	Yes
N	48825	201653	282902	12791	6642
Within R^2	0.014	0.0465	0.0506	0.0636	0.0700

注：***、**、*表示在1%、5%、10%的水平上显著，圆括号中为t统计值。

（2）基于企业所在地区异质性的检验。生产性服务集聚空间布局在中国不同区域内差异较大，本部分将企业所在地域划分为东部、中部和西部，表3－16的第（3）~（5）列报告了中国东部、中部和西部的分组检验结果。结果显示，中部和西部企业的生产性服务业集聚不论是专业化集聚水平或多样化集聚水平均不能显著影响当地制造业价值链攀升。东部地区的生产性服务业专业化集聚与多样化集聚水平通过技术溢出和规模经济效应对制造业价值链攀升产生明显促进作用，且多样化集聚的作用更为明显，其可能的原因在于东部地区凭借其资源要素禀赋优势聚集了大部分的制造业，在观测样本中的东部地区企业占比高达93.57%，只有较少的企业分布在中部和西部，其中东部地区加工贸易份额占贸易总额的比例相对较高，基于区位及政策优势，东部地区特别是东部沿海地区更容易吸引外资企业的入驻，拥有更大的国际市场潜力。韩峰等（2014）指出东部地区城市对国际市场的临近强化了生产性服务业专业化集聚的技术溢出效应，国内、国际市场的共同作用推进了二业融合，有利于充分发挥生产性服务业集聚的规模经济效应。

（3）基于企业所处城市等级异质性的检验。本部分将277个样本城市根据市辖区2003~2013年的平均人口，从小到大划分为小城市、中小城市、中型城市、中大城市和大城市，除大城市包含57个城市外，其他四个等级城市所包含城市均为55个。其分组回归结果如表3－17所示。从样本回归结果看，小型城市、中小城市和中型城市中，生产性服务业专业化集聚和多样化集聚的系数并不显著，中大城市lnS的系数为0.0307，lnD的系数为0.0829，均在1%的水平上显著。大型城市lnS和lnD的系数分别在5%和10%的水平上显著为正，这可能的原因是，首先，生产性服务业是知识技术密集型行业，在中大城市和大型城市中，生产性服务业专业化集聚推动成熟的知识和技术导入企业，有利于提升企业的创新能力，进一步激发制造业企业的生产动能；

其次，生产性服务业多样化集聚为本地企业提供了更多的差异化中间产品，增加制造业企业中间产品投入的种类，细分服务产品，有利于与制造业生产需求匹配，提高制造业企业生产效率；最后，生产性服务业在地区的集聚会加剧地区中间产品价格的竞争，降低中间投入产品价格，有利于推进制造业价值链攀升。

表 3－17　基于城市规模异质性的回归结果

变量	(1)	(2)	(3)	(4)	(5)
	小型城市	中小城市	中型城市	中大城市	大型城市
lnS	0.0228 (1.14)	0.00304 (0.27)	－0.00491 (－0.64)	0.0307 *** (－4.04)	0.0111 *** (3.04)
lnD	0.00341 (0.09)	－0.0143 (－0.53)	0.0188 (1.00)	0.0829 *** (4.63)	0.0158 * (1.85)
lntfp	0.170 *** (5.17)	0.312 *** (19.63)	0.234 *** (16.97)	0.224 *** (18.18)	0.243 *** (40.10)
lnsize	0.0343 *** (5.82)	0.0163 *** (4.92)	0.0178 *** (6.71)	0.0248 *** (10.59)	0.0106 *** (8.92)
lncapital	－0.0480 *** (－6.71)	－0.0284 *** (－7.21)	－0.0449 *** (－14.27)	－0.0613 *** (－22.03)	－0.0440 *** (－32.47)
lndar	－0.0235 *** (－5.33)	－0.00585 ** (－2.55)	－0.00650 *** (－3.37)	－0.00831 *** (－4.66)	－0.00295 *** (－3.70)
lnpopulation	－0.0286 (－0.70)	－0.0723 ** (－3.27)	－0.0145 (－0.50)	－0.126 *** (－6.67)	0.107 *** (8.10)
lnstructure	0.190 (0.70)	0.160 (0.68)	0.596 ** (2.91)	－0.560 ** (－2.93)	2.147 *** (10.97)
lngdp	0.0360 * (1.81)	0.0738 *** (6.56)	0.0837 *** (8.54)	0.153 *** (17.27)	0.0775 *** (16.89)
_cons	0.0000 (0.28)	0.0000 (0.57)	－4.125 *** (－4.26)	0.0000 (0.69)	－12.40 *** (－13.99)
企业效应	Yes	Yes	Yes	Yes	Yes
地区效应	Yes	Yes	Yes	Yes	Yes
年份效应	Yes	Yes	Yes	Yes	Yes
N	4306	15499	25708	36278	220544
Within R^2	0.1108	0.0714	0.0714	0.0906	0.0483

注：***、**、* 表示在 1%、5%、10% 的水平上显著，圆括号中为 t 统计值。

（4）基于企业所有制异质性的检验。表3－18汇报了基于不同所有制类型企业样本的回归结果。对于国有企业，lnS与lnD的影响系数虽然为正，但并不显著，可以认为生产性服务业集聚还未对国有制造业价值链攀升发挥有效的促进作用，对于民营和外资企业而言，生产性服务业专业化集聚的影响系数显著为正，其中对民营企业制造业攀升的作用效果更明显。生产性服务业多样化集聚未能发挥其技术外溢效应及规模经济效应推动制造业价值链攀升，反而存在一定程度的抑制作用。上述结果可能的原因在于：一方面，外资企业是从事国内加工贸易的主体，中国大多数加工贸易企业仍处于出口产品的组装加工环节，企业的研发与销售阶段均在国外进行，当本地生产性服务业专业化集聚程度较高时，能为外资企业提供更优质的中间投入产品，承接国际服务外包，提升企业出口DVAR，有效支撑价值链攀升；另一方面，相较于外资和国有企业，民营企业在国内拥有更高的市场敏感度，生产性服务业专业化集聚有利于深化生产专业性提升企业生产效率，而生产性服务业多样化集聚在外资企业和民营企业中表现为“拥挤效应”，外资与民营制造业与多种生产性服务业在城市公共设施、人才和土地的资源分配上形成竞争关系，当集聚效应可获得的正外部性弱于拥挤效应获得的负外部性，就表现为集聚不经济，即生产性服务业多样化集聚不利于外资与民营企业制造业价值链的提升。

表3－18　基于企业所有制异质性的回归结果

变量	外资	民营	国有
lnS	0.00974 * （1.66）	0.0206 *** （4.75）	0.00478 （0.35）
lnD	－0.0494 *** （－3.43）	－0.0306 ** （－2.98）	0.0106 （0.37）
lntfp	0.108 *** （8.64）	0.0447 *** （3.84）	0.122 *** （3.67）
lnsize	－0.000525 （－0.26）	0.0216 *** （12.30）	0.0185 *** （3.51）
lncapital	－0.0278 *** （－9.84）	－0.0306 *** （－12.52）	－0.0288 *** （－4.05）
lndar	－0.00445 ** （－2.75）	－0.0186 *** （－11.86）	－0.00569 （－1.23）
lnpopulation	－0.0133 （－0.62）	0.0149 *** （2.74）	0.0482 （1.23）

续表

变量	外资	民营	国有
lnstructure	1.256 *** (3.88)	0.178 ** (2.65)	0.372 (0.83)
lngdp	0.106 *** (12.78)	-0.0102 * (-2.39)	0.00270 (0.16)
_cons	-7.822 *** (-5.27)	-0.9190 *** (-3.29)	-2.3770 (-1.13)
企业效应	Yes	Yes	Yes
地区效应	Yes	Yes	Yes
年份效应	Yes	Yes	Yes
N	124571	50080	2845
Within R^2	0.0525	0.0430	0.1707

注：***、**、*表示在1%、5%、10%的水平上显著，圆括号中为t统计值。

（二）生产性服务业集聚对制造业价值链攀升的影响机制检验

前文详细考察了生产性服务业专业化集聚与多样化集聚对制造业价值链攀升的影响效应，接下来为更深入地解释生产性服务业集聚与制造价值链攀升之间的内在联系，本部分结合理论模型的分析结果，在原计量模型的基础上引入生产性服务业集聚与企业成本、全要素生产率的交互项，探究企业成本和生产率在生产性服务业集聚对制造业价值链攀升的影响机制。对于企业成本（cost）的衡量，本部分根据刘斌、王乃嘉（2016）的方法，利用企业管理费用、销售费用、财务费用、主营业务成本、主营业务应付福利总额及主营业务应付工资总额之和并取自然对数衡量。由于工业企业数据中关于企业费用的缺失，本章节对企业成本的影响机制检验只包含2003～2010年。表3-19报告了加入企业成本和生产率交互项之后的检验结果。本部分分别对企业生产率和成本变量求偏导数，判断生产性服务业集聚是否会通过影响企业生产率和企业成本作用于制造业价值链。

表3-19中第（1）～（2）列分别为单独引入生产性服务业集聚与企业成本、生产性服务业集聚与企业生产率的交互项，从第（1）列来看，对企业成本求偏导得：$\partial \ln DVAR/\partial \ln cost = -0.1420 - 0.0117 \times \ln S - 0.0372 \ln D$，因lnS与lnD的均值均小于0，说明生产性服务业专业化集聚与多样化集聚会减弱企业成本对制造业价值链攀升的负向影响，这一结果意味着，生产性服务

表 3－19　　生产性服务业集聚对制造业价值链攀升的影响机制

变量	(1)	(2)	(3)	(4)
lnS	0.1350** (2.52)	0.2430*** (5.67)	0.2760*** (6.85)	0.2380*** (4.18)
lnD	0.4520*** (3.12)	－0.0477 (－0.40)	0.4700*** (3.46)	0.3170** (2.03)
lntfp	0.5250*** (23.12)	0.3610*** (9.21)	0.3330*** (9.50)	0.3700*** (8.75)
lncost	－0.1420*** (－16.85)	－0.1280*** (－19.16)	－0.1310*** (－19.44)	－0.1310*** (－14.92)
lnS × lntfp	—	－0.1700*** (－5.91)	－0.1930*** (－7.22)	－0.1720*** (－5.36)
lnD × lntfp	—	0.0545 (0.69)	—	0.1880 (1.16)
lnS × lncost	－0.0117** (－2.51)	—	—	0.000794 (0.15)
lnD × lncost	－0.0372*** (－2.96)	—	－0.0392*** (－19.44)	－0.0497*** (－3.58)
lnsize	0.1450*** (20.64)	0.1460*** (20.70)	0.1460*** (20.69)	0.1460*** (20.69)
lncapital	－0.1240*** (－25.38)	－0.1250*** (－25.46)	－0.1240*** (－25.40)	－0.1240*** (－25.41)
lndar	－0.0216*** (－11.54)	－0.0217*** (－11.60)	－0.0217*** (－11.57)	－0.0218*** (－11.62)
lnpopulation	0.1490*** (3.04)	0.1460*** (2.96)	0.1390*** (2.84)	0.1450*** (2.96)
lnstructure	0.1410 (0.49)	0.1610 (0.56)	0.1370 (0.47)	0.1570 (0.54)
lngdp	0.1430*** (9.77)	0.1430*** (9.78)	0.1460*** (9.96)	0.1430*** (9.78)
_cons	－4.5180*** (－3.40)	－4.521 (－3.40)	－4.3280** (－3.26)	－4.4780*** (－3.37)
N	66717	66717	66717	66717
企业效应	Yes	Yes	Yes	Yes
地区效应	Yes	Yes	Yes	Yes
年份效应	Yes	Yes	Yes	Yes
Within R^2	0.0667	0.0674	0.0678	0.0679
Wald 检验	3650.03	3687.58	3699.26	3704.43

注：***、**、*表示在1%、5%、10%的水平上显著，圆括号中为t统计值。

业集聚有利于强化基于生产性服务链接的投入产出关联效应，发挥产业集聚产生的规模经济效应，降低企业生产成本，推动制造业价值链攀升。进一步在第（2）列的基础上对企业生产率（lntfp）求偏导得：$\partial lnDVAR/\partial lntfp = 0.3610 - 0.1700 \times lnS$，意味着生产性服务业专业化集聚通过产业内的集中布局与深化分工，产生马歇尔外部性，技术与知识的外溢传递至制造业的生产经营中，放大了企业生产率对制造业价值链攀升的促进作用。第（4）列为引入所有变量后的回归结果，对第（4）列的企业生产率求偏导数后可得：$\partial lnDVAR/\partial lntfp = 0.3700 - 0.1720 \times lnS$，将 lnS 的均值 -0.8423 代入公式，可发现城市的生产性服务业专业化集聚可放大企业生产率对制造业价值链攀升的影响，意味着生产性服务业专业化集聚为城市带来了知识素质较高的劳动力，员工间日常交流形成对生产和创新有用的默会知识将逐渐成为集聚圈内的共同知识，这又反过来影响企业生产率，存在马歇尔技术外部性，有利于制造业价值链的提升。其后，本部分进一步对企业成本求偏导可得：$\partial lnDVAR/\partial lncost = -0.131 - 0.0497 \times lnD$，将 lnD 的均值 -0.1379 代入公式，发现生产性服务业多样化集聚弱化了企业成本对制造业价值链攀升的负向影响，这表明生产性服务业多样化集聚通过为本地制造业企业提供更多功能不同的差异化中间产品，有利于促使制造业企业将更多的基本生产经营活动外包，而集聚带来的国内中间产品市场竞争会降低中间产品价格，增加制造业企业对国内中间产品的使用，推动制造业价值链攀升。综上所述，无论是单独引入生产性服务业集聚与企业成本、企业生产率的交互项，又或是共同引入，均能发现生产性服务业专业化集聚更多地通过技术外溢效应强化企业生产率对制造业价值链攀升的作用效果，而生产性服务业多样化集聚更多地通过规模经济效应弱化企业成本对制造业价值链攀升的消极作用，这一结论也在第（3）列中得到进一步验证。

七、小结

本章节利用 2003~2013 年中国工业企业数据库、中国海关进出口数据库和中国城市数据库，探讨了 277 个城市生产性服务业集聚对制造业价值链攀升的影响效应及机制。研究发现：总体来看，生产性服务业专业化与多样化集聚均能有效推动制造业向价值链高端攀升，且多样化集聚的作用效果更显著；生产性服务业集聚对制造业攀升的影响效应在企业贸易类型、所在地区、所有制类型、城市规模方面存在差异；影响机制表明，生产性服务业专业化集聚可通过技术溢出效应放大企业生产率对制造业价值链攀升的促进作用，多样化集聚则通过规模经济效应弱化了企业成本对制造业价值链攀升的消极影响。本章节的研究结论对于依托生产性服务业集聚推动中国制造业价值链攀升具有一定的启示作用。

第三节 生产性服务业集聚与城市化推进

一、引言

城镇化是现代化的必由之路，是破除城乡二元结构的重要依托（政府工作报告，2014）。积极稳妥推进城市化、提升城市化质量已成为中国扩内需调结构、促进经济持续、稳定增长的重要动力来源。然而，伴随金融危机负面影响的深度释放，中国城市经济增长下行压力加大，突出表现为工业内部结构性矛盾突出、工业增速趋缓、工业化与城市化矛盾集中显现等。仍然依靠传统工业化推进城市化的战略难以为继，必须积极探索城市化推进的新型机制，真正提高城市化质量和发展潜力。

近年来，面对不利的国际经济环境，在工业增长减速的情况下，以生产性服务业为主体的现代服务业保持了良好的发展势头，对保持中国经济平稳较快增长做出了突出贡献。加快生产性服务业发展，可同时实现保增长、调结构等多重目标（吕政，2009）。中国各省份越来越重视发展服务业集聚区和生产性服务业功能区，在做好规划、明确定位的基础上引导企业向集聚区集中，以期实现生产性服务业的专业化、规模化经营，进一步增强城市经济发展和城市化的产业支撑。经验研究表明，与工业相比，生产性服务业具有更强的空间集聚效应（顾乃华，2011）。国际经济危机中，中国外贸企业依托各种生产性服务连接的供应链体系而创造的“抱团取暖”的经验（裴长洪等，2011），便是生产性服务业集聚提升制造业竞争力、促进城市经济发展的集中体现。李克强在2014年政府工作报告中指出，产业结构调整要依靠改革，进退并举；进，要优先发展生产性服务业。可见，加快发展现代生产性服务业可以成为优化工业结构、促进产城融合，大力推进城市经济转型升级，进而积极稳妥推进城市化的突破口。

此前诸多研究多从行政制度、政府职能、财政政策、经济结构以及工业集聚等方面探讨了城市化的推进机制（Kam Wing Chan，2010；陈斌开、林毅夫，2013；李金滟、宋德勇，2008），而基于生产性服务业集聚和发展视角探讨城市化推进机制的研究尚在少数。本章节拟从生产性服务业集聚这一新视角，尝试理清生产性服务业集聚影响城市化的内在机理，探讨破解城市经济发展转型和城市化困境的路径，为积极稳妥推进城市化提供新的理论支撑，也为各地区加快发展现代服务业、促进经济发展方式转变提供现实依据。本章节的结构如下：其一归纳和总结生产性服务业集聚对城市化影响的文献；其二构建生产性服务业集聚影响城市化的理论和计量模型；其三对相关变量和采用的数据进行说明；其四报告计量分析结果；其五是总结和政策启示。

二、文献评述

制造业或工业集聚推进城市化的观点已为大多数学者所共识（葛立成，2004；高鸿鹰、武康平，2007；戴永安，2010），然而目前关于生产性服务业集聚影响城市化的研究依然偏少。纵观国内外研究，生产性服务业发展对城市经济增长，进而影响城市化主要从三个方面展开：

（一）从产业层面研究服务业和生产性服务业对城市化的影响

产业层面生产性服务业对城市化的影响主要通过生产性服务业自身的吸纳就业能力及其与制造业间的互动关系来实现。德伦南（Drennan，1996）对伦敦、纽约和东京三大金融中心进行了研究，认为生产性服务业在越大的城市越发达。在这些城市，生产性服务业具有高度的专业化和多样化性质，大规模生产性服务业不仅成为城市出口部门及推进城市经济增长的重要支撑，而且为城市创造大量就业岗位，提高城市吸纳就业能力。布赖森等（Bryson et al.，2008）认为尽管有关技术进步和技术转型方面的研究更多地关注制造业部门，但随着服务经济的不断发展，生产性服务业在技术转型中的作用愈加突出。郑吉昌、夏晴等（2004）认为服务业与城市化存在相互依赖和促进的关系，服务业的发展从产业结构、城市功能、服务业的集聚效应等方面推动城市化的进程。俞国琴（2004）认为服务业的发展会增强城市的吸纳能力，加速城市化的进程。中国经济增长与宏观稳定课题组（2009）也表明在工业化的中后期，服务业成为推动城市化水平的主要力量。在发达国家模式中，服务业与工业同时推动城市化水平的提高。戴永安（2010）在研究中国城市化效率时指出提高服务业产出份额有利于提升社会城市化率。王向（2013）在此基础上进一步比较了两者相互作用的强弱，通过建立误差修正模型及自回归模型，得出城市化进程对服务业发展的影响要强于服务业发展对城市化的影响，且两者的动态互存在持久性。顾乃华（2011）却认为中国城市化与服务业发展互动不足与各省份的制度和政策机制有关，指出中国以市场化改革、对外开放、公共财政为主线，以省级政府为“第一行动集团”的中间扩散型制度变迁，对中国城市化和服务业互动发展产生重要影响。这些理论和实证研究显示，生产性服务部门不仅通过产业关联效应对工业和整体经济及城市化具有乘数作用，而且还能够促进创新并产生技术外部经济。

（二）生产性服务业集聚通过技术溢出效应作用于城市经济增长和城市化

生产性服务业集聚有利于生产性服务业之间，以及生产性服务业与其他企业之间形成集聚企业网络，在产业关联效应作用下带动制造业及服务业本身获得递增收益、实现产业升级，进而促进就业增长和城市化。外部性理论为解释经济增长中生产性服务业集聚的功能提供了理论基础。生产性服务业集聚的技术经济外部性来源于同一产业的专业化集聚或多个产业的多样化集聚（Marshall，1890；1961；Jacobs，1969），这些布局方式有利于企业间的联系与合作，从而注重知识的“集体学习过程”在外部性产生、产业发展和城市化中的作用（Keeble & Wilkinson，2000）。格拉泽等（Glaeser et al.，1992）则将这种由同一产业的专业化集聚和不同产业的多样化集聚引起的知识或技术溢出称为“动态外部性”。这种技术外部性是促使生产性服务业本身不断集聚，进而激发整个城市经济部门发展活力的重要来源（陈国亮、陈建军，2012）。科菲（Coffye，1992）的研究显示，从事知识密集型行业或创造性工作的劳动者数目具有不断增长的趋势，尤其对于信息通信、市场营销、广告等知识密集型商务服务业来说，行业内高素质专业人才的集聚有利于整个国民经济技术水平的提高。亨德里克斯（Hendriks，1999）认为通信科技、电子商务等生产性服务业专业化集聚可以增加信息沟通渠道、改进生产和交易流程，减少信息不对称，提高技术溢出效应和整个经济的运行效率。埃斯瓦兰和科特瓦尔（Eswaran & Kotwal，2002）指出，保险、银行及研发、计算机软件、技术咨询和广告等商务服务业是意大利拥有创新型企业最多的服务部门，生产性服务业集聚有利于改善地区投资经营环境，加强厂商间技术交流与合作，推动区域技术创新和科技进步，并通过吸纳高素质专业型人才向该地区集聚，进一步提高地区劳动生产率，促进城市化水平提高。伍德（Wood，2006）指出知识密集型商务服务及其专业化集聚主要通过组织结构和管理模式改进、技术创新和市场的智能化分析等三个方面推动下游厂商，进而整个经济的创新活动。因而生产性服务业集聚规模扩大提高了技术扩散效率，并引导所服务企业采用新技术、新方法和新生产工艺，增强区域经济适应外部市场竞争环境变化的能力，提高区域经济增长潜力。阿斯勒森和伊萨克森（Aslesen & Isaksen，2007）进一步分析了生产性服务业与城市经济增长的互动关系。他们认为，生产性服务业集聚有利于催生高新技术，进而促进城市化和经济增长；而经济的高速增长又会对高新技术产生更多需求，反过来促进生产性服务业的集聚和升级。顾乃华（2011）进一步将生产性服务业集聚提高城市工业全要素生产率的微观机制归纳为知识扩散、劳动力蓄水池和投入品共享与风险投资分散效应等方面。这些研究均论证了生产性服务业集聚不仅对其本身而且对整个经济部门都具有明显的技术溢出效应，但对技术溢出效益具体来源于生产性服务业的哪种集聚模式并未给出明确解答。探讨生产性服务业集聚推进城市化中技术外部性产生的具体集聚模式将是本章节的重点工作之一。

（三）生产性服务业集聚通过规模经济效应作用于城市经济增长和城市化

传统集聚经济理论（Marshall，1890；1961）和新经济地理理论的最新进展（Venables，1996；Puga，1999）均认为生产性服务业集聚通过上下游产业的投入—产出链接产生规模经济，不仅有利于下游厂商便捷地获得物美价廉、品种多样的中间服务品，降低其交易成本和生产成本，而且有助于生产性服务业与整个经济部门产生协同效率和累积因果关系（Andersson，2004），并驱动城市经济增长和城市化进程。罗森塔尔（Rosenthal，2001）检验了美国制造业集聚的微观机制，指出中间服务品集聚有利于国家层面的产业集聚。迪朗东和普加（Duranton & Puga，2003）进一步将马歇尔集聚经济的共享、匹配和学习三方面微观机制模型化，分析了专业化劳动力、中间投入和生产性服务规模经济与技术溢出效应对城市劳动生产率的影响，认为中间投入的规模经济是提升城市经济效益、促进城市化的动力来源。费泽（Feser，2002）进一步将生产性服务业规模经济效应扩展至更大空间范围，利用美国县市级数据的实证检验发现美国各县市 50 英里中间投入品及生产性服务活动对中心县市农业园林机械部门与测量和控制装置部门经济增长均具有明显的规模经济效应；德鲁克和费泽（Drucker & Feser，2012）进一步利用厂商微观数据的分析也发现美国各县市 75 英里范围内生产性服务业影响着中心市县的塑料和橡胶、金属加工机械及测量和控制装置三个制造业行业劳动生产率。对中国所有地、县级城市集聚效应的研究也发现，100 公里范围内邻近城市间的生产性服务业与制造业集聚存在协同效应，邻近市县间基于生产性服务业的投入—产出关联效应是集聚经济在空间上成片连续的重要机制（韩峰、柯善咨，2012；Ke et al.，2013）。要素集聚产生的规模收益能抵消城市扩张产生的高成本，是城市化发展的必要条件（中国经济增长与宏观稳定课题组，2009）。柯善咨、韩峰（2013）进一步基于马歇尔外部性和新经济地理理论的综合框架，扩大了生产性服务业规模经济效应作用范围，认为100公里范围内的生产性服务可得性是决定城市经济发展潜力、进而城市化的重要因素。

此外，生产性服务业集聚和发展具有明显的市场敏感性，市场在各地区的分布差异也会影响生产性服务业对经济增长和城市化的作用效果。杰弗里（Jeffrey，1981）认为投资的外部依赖性会刺激第三产业和信息部门的发展，而制约工业劳动部门增长，且这种制约会促进发展中国家城市化水平的提高。雅各布斯（Jacobs et al.，2012）认为在地区经济中知识密集型服务和跨国公司之间存在共同集聚的关系。郭文杰（2007）指出FDI能够给东道国服务经济发展带来资本，进而促进该地区服务业发展。顾乃华（2010）和裴长洪等（2011）也认为在服务业发挥外溢效应过程中，对外开放起着显著调节作用，对外开放程度越高的地区，其依靠跨国生产组织和外商企业提供的生产性服务组织生产的能力就越强，反之亦然。

综合来看，目前研究主要有以下特点：（1）对生产性服务业的研究多侧重产业层面，但对空间维度方面的集聚效应研究不足；（2）认同生产性服务业集聚影响城市化的机制来自要素供给方面的技术溢出效应和市场需求方面的规模经济效应，但并未从理论与实证上探讨二者在同一框架下的影响效果，也未明确区分生产性服务业集聚的具体模式和集聚效应的具体来源；（3）认识到内外市场在生产性服务业集聚效应发挥中的重要性，但未能系统分析内外市场共同作用下生产性服务业集聚对城市化的影响差异。鉴于此，本章节将在以往研究基础上，系统探讨依托生产性服务业集聚推进城市化的内在机理和实现机制，进而在外部性和新经济地理的综合理论框架下构建理论、计量模型和生产性服务业集聚效应指标，采用中国284个地级及以上城市的面板数据检验开放经济下生产性服务业集聚的技术外部性和规模经济效应对城市化的综合影响。

三、理论分析框架及计量模型设定

（一）理论分析框架

1. 需求方面

假设有J个城市，城市中有制造业和生产性服务业两个产业部门。生产性服务产品只为当地和邻近地区生产服务，运输成本为零，而制造业产品可进行区际和国际贸易，运输成本为冰山成本，即地区j生产的1单位商品只

有 $1/t_{jv}$到达地区 v。每个厂商的产品与其他厂商均不相同，且所有制造业商品均在垄断竞争市场中交易。根据雷丁和维奈尔斯（Redding & Venables, 2004），消费者效用采用以下 CES 形式：

$$U_v = \left[\sum_j \sum_{k=1}^{N} (y_{jv}^k)^{\frac{\sigma-1}{\sigma}}\right]^{\frac{\sigma}{\sigma-1}} = \left[\sum_j N_j (y_{jv}^k)^{\frac{\sigma-1}{\sigma}}\right]^{\frac{\sigma}{\sigma-1}}, \sigma > 1 \quad (3.66)$$

其中，U_v为消费者效用，y_{jv}^k为从城市 j（包含城市 v）销往城市 v 的第 k 种商品数量，σ 为任意两种不同产品之间的替代弹性，N_j为城市 j 中制造业最终商品的种类数。式（3.66）中第二个式子运用了均衡状态下的结果，即每个城市 v 均以相同价格从城市 j 获得数量为 y_{jv}的各种商品。以 CES 形式表示的任一城市 v 的价格指数 G_v 为：

$$G_v = \left[\sum_j N_j (P_{jv})^{1-\sigma}\right]^{1/(1-\sigma)} \quad (3.67)$$

其中，P_j 为城市 j 每种商品的价格指数，$P_{jv} = P_j t_{jv}$为城市 v 市场中城市 j 生产的商品的价格。

若 I_v 为城市 v 用于制造业产品的总支出，则城市 v 对城市 j 生产的每种产品的需求量 x_{jv}表示为：

$$x_{jv} = \frac{(P_j t_{jv})^{-\sigma}}{\sum_{k \in J} N_k (P_k t_{kv})^{1-\sigma}} I_v = (P_j t_{jv})^{-\sigma} I_v (G_v)^{\sigma-1} \quad (3.68)$$

进而对所有城市市场（包含城市 j 和国际市场）进行加总，我们得到了城市 j 中每种制造品的总产出 q_j：

$$q_j = \sum_v x_{jv} \cdot t_{jv} = (P_j)^{-\sigma} \sum_v (t_{jv})^{1-\sigma} I_v (G_v)^{\sigma-1} \quad (3.69)$$

其中，$\sum_v (t_{jv})^{1-\sigma} I_v (G_v)^{\sigma-1}$ 被称为城市 j 的市场潜力，即：$MP_j = \sum_v (t_{jv})^{1-\sigma} I_v (G_v)^{\sigma-1}$。

将式（3.69）变形，我们得到城市 j 中每种制造品的价格为：

$$P_j = MP_j^{1/\sigma} q_j^{-1/\sigma} \quad (3.70)$$

可见，城市中制造业商品价格与商品供给量成反比，与市场潜力成正比。

2. 供给方面

假定劳动力为制造品生产中唯一投入要素，根据以往研究（Glaeser et al., 1992; Henderson et al., 1995），厂商的生产函数可设定为：

$$q_j = \alpha_j l_j^{1-\eta} \tag{3.71}$$

其中，$0<\eta<1$，q_j为城市 j 中某一厂商的产量，l_j是厂商为生产 q_j雇用的劳动量，α_j 为生产的技术系数（或生产效率）。该生产函数没有包含资本投入，因而未能考虑劳动力节约型或资本积累的创新。根据集聚经济理论，生产性服务业集聚能够产生动态技术外部性。知识和技术的空间溢出效应或外部性，一方面可促使生产性企业本身的生产效率及推出新产品和服务的能力会由于本地区存在其他企业而提高；另一方面有利于营造良好的投资和发展环境，推动制造业、甚至整个经济部门的技术创新和科技进步，提高劳动生产率。这种外部性或技术溢出效应主要来源于同一产业集聚的马歇尔集聚经济或不同种类产业集聚的雅各布斯集聚经济。此外，柯等（Ke et al.，2013）的研究显示地域相邻的生产性服务业与制造业间也可能产生协作关系：某一城市的生产性服务业集聚规模不仅取决于本市的制造业规模，而且还依赖于邻市的市场；同样，每一城市的制造业厂商不仅受益于本市生产性服务业的集聚，而且可能因邻市生产性服务业的集聚而降低成本、提高劳动生产率。地区间生产性服务业集聚与制造业间的这种协同关系与包含本地在内的生产性服务业空间集聚规模及其规模经济效应有关，是生产性服务业集聚对制造业产生的市场外部性或金钱外部性。我们以 S_j表示城市 j 同一生产性服务业内部企业间的专业化集聚，以 D_j表示城市 j 不同生产性服务业企业间的多样化集聚，以 PS 代表城市受到的来自自身及其他所有城市生产性服务业集聚的空间影响。企业生产效率可设置为当地生产性服务业专业化集聚、多样化集聚以及更大范围内生产性服务业空间集聚规模的函数：

$$\alpha_j = a_0 S_j^{\lambda_1} D_j^{\lambda_2} PS_j^{\lambda_3} \quad \lambda_1>0，\lambda_2>0，\lambda_1>0 \tag{3.72}$$

其中，a_0为除了外部经济其他可能影响企业生产效率的因素。

由于存在递增收益，消费者对多样化产品的偏好使得均衡时每种制造业商品均由一家垄断竞争厂商提供，且每种制造品生产还需一定的固定投入 f。则厂商生产 q_j过程中需要的劳动总量为：

$$l_T = f + l_j = f + cq_j \tag{3.73}$$

其中，l_T为厂商生产每种制造业产品使用的劳动总量；c 为边际劳动需求，结合式（3.71），$c=\frac{l^{\eta}}{\alpha_j}$。根据式（3.70）、式（3.71）、式（3.73），城市 j 中制造业厂商的利润表示为：

$$\pi = MP_j^{\frac{1}{\sigma}}(\alpha_j l_j^{1-\eta})^{\frac{\sigma-1}{\sigma}} - w_j f - w_j c\alpha_j l_j^{1-\eta} \tag{3.74}$$

其中，w_j为城市劳动力工资水平。对 l 求导得到一阶条件：

$$l_j = \frac{(1-\eta)(\sigma-1)}{\sigma} w_j^{-\frac{\sigma}{1+\sigma\eta-\eta}} MP_j^{\frac{1}{1+\sigma\eta-\eta}} \alpha_j^{\frac{\sigma-1}{1+\sigma\eta-\eta}} \tag{3.75}$$

此外，达到均衡时，由厂商利润最大化条件可得到城市中制造品的均衡价格：

$$p^* = \left(\frac{\sigma}{\sigma-1}\right)\frac{w_j l_j^{\eta}}{\alpha_j} \tag{3.76}$$

又因为均衡状态下厂商利润为零，均衡价格又可表示为：

$$p^* = \frac{w_j f}{q_j} + \frac{w_j l_j^{\eta}}{\alpha_j} \tag{3.77}$$

利用式（3.71）、式（3.76）和式（3.77）得到厂商雇用劳动量与固定投入之间的关系：

$$l_j = (\sigma-1)f \tag{3.78}$$

由于制造业总就业为所有厂商劳动力数量之和 $L_j = N_j l_T = N_j(l_j + f)$，同时结合式（3.72）、式（3.78），得到城市 j 制造业的总就业量为：

$$L_j = (1-\eta) a_0^{\frac{\sigma-1}{1+\sigma\eta-\eta}} N_j w_j^{-\frac{\sigma}{1+\sigma\eta-\eta}} MP_j^{\frac{1}{1+\sigma\eta-\eta}} S_j^{\frac{\lambda_1(\sigma-1)}{1+\sigma\eta-\eta}} D_j^{\frac{\lambda_2(\sigma-1)}{1+\sigma\eta-\eta}} PS_j^{\frac{\lambda_3(\sigma-1)}{1+\sigma\eta-\eta}} \tag{3.79}$$

令 $\Phi_0 = (1-\eta)\ a_0^{\frac{\sigma-1}{1+\sigma\eta-\eta}}$、$\phi = \frac{\sigma}{1+\sigma\eta-\eta}$、$\zeta = \frac{1}{1+\sigma\eta-\eta}$、$\varphi_1 = \frac{\lambda_1(\sigma-1)}{1+\sigma\eta-\eta}$、$\varphi_2 = \frac{\lambda_2(\sigma-1)}{1+\sigma\eta-\eta}$、$\varphi_3 = \frac{\lambda_3(\sigma-1)}{1+\sigma\eta-\eta}$，则有：

$$L_j = \Phi_0 N_j w_j^{-\phi} MP_j^{\zeta} S_j^{\varphi_1} D_j^{\varphi_2} PS_j^{\varphi_3} \tag{3.80}$$

3. 要素市场均衡与城市化决定公式的推导

根据本书假设，城市总就业（L_T）为制造业部门和生产性服务部门就业综合，即 $L_T = L_j + L_s$，其中，L_s为生产性服务部门就业。根据霍伊特（Hoyt）模型，城市服务部门就业与总就业之间具有稳定的比例关系，假定二者比值为 κ，则有 $L_s = \kappa L_T$。经过适当替代和演算，我们可得到城市总就业与制造业就业之间的关系：

$$L_{T,j} = \frac{1}{1-\kappa} L_j,\quad 0<\kappa<1 \tag{3.81}$$

式（3.81）意味着当城市制造业部门就业增加时，总就业便会以$\frac{1}{1-\kappa}$的倍数增加。

根据霍伊（Hoyt，1939），假设城市总就业与城市非农人口（城市居民）之间有一个等于f的比例系数，则有：

$$P_{NA,j} = fL_{T,j},\ f > 1 \tag{3.82}$$

假设城市所有非农业人口均在城市居住，且城市中包含非农业人口在内的总人口为P_T，则在式（3.82）两边同时除以P_T，可得到城市化的决定方程：

$$Urban_j = \frac{P_{NA,j}}{P_{T,j}} = \frac{fL_{T,j}}{P_{T,j}} \tag{3.83}$$

结合式（3.80）、式（3.81）和式（3.83），可得到：

$$Urban_j = \Phi_1\left(\frac{N_j}{P_{T,j}}\right)w_j^{-\phi}MP_j^{\zeta}S_j^{\varphi_1}D_j^{\varphi_2}PS_j^{\varphi_3} \tag{3.84}$$

其中，$\Phi_1 = \frac{f\Phi_0}{1-\kappa}$。式（3.84）显示，城市中人均商品的种类或厂商数越多、劳动力工资水平越低①、由生产性服务业专业化或多样化集聚导致的技术溢出效应越强、生产性服务业空间集聚规模越大以及市场潜力越大，城市化水平就越高。

（二）计量模型设定

理论分析显示城市化是人均商品种类数、工资水平、生产性服务业空间集聚规模、生产性服务业专业化、多样化集聚和市场潜力的函数，即$Urban_j = f(AD_j,\ w_j,\ S_j,\ D_j,\ PS_j,\ MP_j)$，计量方程可设置为：

$$\ln Urban_{jt} = \theta_0 + \theta_1\ln AD_{jt} + \theta_2\ln w_{jt} + \gamma_1\ln S_{jt} + \gamma_2\ln D_{jt} + \gamma_3\ln PS_{jt} + \theta_3\ln MP_{jt} + \xi_{jt} \tag{3.85}$$

其中，θ_0为常数项；$\theta_{1\sim3}$和$\gamma_{1\sim3}$为相应的弹性系数，且预期$\theta_1>0$、$\theta_2<0$、$\theta_3>0$、$\gamma_{1\sim3}>0$；ξ_{jt}为随机误差，反映了其他未知因素的影响。内外市场对

① 城市制造业部门工资水平提高对城市化可能有两方面作用：一是对农村剩余劳动力的吸引力增强，农业剩余劳动力为追求更高收入不断向城市集聚，对城市化产生推动作用；二是提高了制造业部门生产成本，工资水平越高，企业为节省成本倾向于雇用更少劳动力，不利于城市化的实质性推进。我们认为，工资水平提高促进农业剩余劳动力在城市集聚是城市化推进的必要不充分条件，农业劳动力在城市真正就业并具备在城市生存的稳定条件才是城市化推进的实质所在。因而在同质劳动力假设条件下，工资水平提高将不利于城市化的顺利推进。

经济活动空间分布的影响是近年来经济研究的热点，内外贸一体化成为转变外贸发展方式的必要途径（裴长洪等，2011），为体现内外市场的影响差异，本书将市场潜力分解为国内市场潜力（DMP）和国际市场潜力（FMP）。此外，考虑数据可得性和相关区域经济文献的论述，已有普遍共识的影响城市化水平的重要变量还包括外商直接投资、人力资本、城市交通条件、环境质量等。因此，以 FDI 表示外商直接投资、EDU 代表人力资本、TRA 代表交通条件、ENV 为城市环境质量，式（3.82）可重写为：

$$\begin{aligned}\ln Urban_{jt} = \theta_0 + \theta_1 \ln AD_{jt} + \theta_2 \ln w_{jt} + \gamma_1 \ln S_{jt} + \gamma_2 \ln D_{jt} + \gamma_3 \ln PS_{jt} + \theta_3 \ln DMP_{jt} \\ + \theta_4 \ln FMP_{jt} + \theta_5 \ln FDI_{jt} + \theta_6 \ln EDU_{jt} + \theta_7 \ln TRA_{jt} + \theta_8 \ln ENV_{jt} + \xi_{jt}\end{aligned} \tag{3.86}$$

式（3.86）便是本章节要估计的计量方程。

四、变量测算与数据说明

除了个别数据严重缺失的城市外，本章节样本为 2003 ~ 2010 年全国 284 个地级及以上城市。数据主要来自 2004 ~ 2012 年《中国城市统计年鉴》《中国区域经济统计年鉴》，价格指数来自 2001 年以来各省份《统计年鉴》，下面是有关变量和测度的说明。

（1）生产性服务业空间集聚或空间可得性 PS。生产性服务业通过上下游产业的关联效应或成本推动效应对最终部门、甚至经济增长产生积极影响，生产性服务业空间集聚规模越大，其规模经济效应就越明显。目前国外应用较多的产业集聚指标有基尼系数、艾萨德、赫芬达尔和泰尔指数以及 $\hat{\gamma}$ 指数，但由于数据可得性的限制，我们难以得到以这些方法测度的各城市生产性服务业集聚水平。我们借鉴科奥（Koo，2007）的方法，以该城市某种生产性服务业 s 就业密度与全国生产性服务业 s 总就业的比值来表示城市 j 生产性服务业 s 的集聚程度 g_{js}，即：

$$g_{js} = \frac{l_{js}}{l_{Cs} S_j} \tag{3.87}$$

其中，S_j 为该城市市辖区建成区面积，l_{js} 为城市 j 某种生产性服务业 s 的总就业量，l_{Cs} 为全国生产性服务业 s 的就业量。该指标同时考虑了生产性服务活动在部门和地区之间的分布方式。全国生产性服务业就业人口数据直接取自 2003 ~ 2012 年《中国统计年鉴》；城市市辖区建成区面积与制造业就业数据均来源于 2003 ~ 2012 年《中国城市统计年鉴》。

然而，传统集聚经济理论主张的生产性服务业规模经济效应仅限于本地区或城市本身（Marshall，1890；1961）。实际上地域相邻的产业也可能产生协作关系：某一城市的生产性服务业集聚规模不仅取决于本市的制造业规模，而且还依赖于邻市的市场；同样，每一城市的制造业厂商不仅受益于本市生产性服务业的集聚，而且可能因邻市生产性服务业的集聚而降低成本（Ke et al.，2013）。我们令 g_{js} 为城市 j 中间服务行业 s 的规模，z_{ms} 为单位最终产出对某一中间服务行业的完全消耗系数，$\bar{z}_{ms}$ 为单位最终产出对全部中间服务行业的完全消耗系数。城市 j 受到的来自自身及其他所有城市生产性服务业集聚的影响可表示为：

$$PS_j = \sum_{v=1}^{V}\left[\left(\sum_{s} g_{vs}\frac{z_{ms}}{\bar{z}_{ms}}\right)\cdot d_{jv}^{-\delta}\right] \tag{3.88}$$

其中，V 为城市数，δ 为距离衰减参数，d_{jv} 为城市间的距离；z_{ms} 和 $\bar{z}_{ms}$ 的计算比较繁复，相关数据需从投入产出表中采集、计算。目前只有 2002 年、2005 年和 2007 年投入产出表，且各年投入产出表中行业标准不尽相同，首先，根据各年行业标准和中国城市分行业就业统计口径对原有表格进行拆分、合并和重新估算，得到 19 个行业投入产出基本流量表；其次，利用插值法补齐缺失年份的表格，然后根据基本流量表计算 2002～2007 年 19 个行业直接消耗系数表（2008 年以后年份沿用 2007 年表格）；最后，根据公式 $\Omega=(I-A)^{-1}$ 计算各年完全消耗系数表，其中 I 为单位矩阵，A 为 19 个行业直接消耗系数矩阵。

（2）生产性服务业专业化集聚（S_j）和生产性服务业多样化集聚（D_j）的测度方法与本章第二节一致，在此不再赘述。

（3）国内市场潜力 DMP。市场潜力反映了城市可能获得的整体的市场规模或空间中分布的需求因素（包括市场、收入等）对城市经济产生的影响。在市场潜力 $MP_j=\sum_{v} t_{jv}^{1-\sigma}I_vG_v^{\sigma-1}$ 中，由于中国没有公开发表的城市产品价格指数统计，欧和亨德森（Au & Henderson，2004）在研究中国城市集聚经济时将 G_j 略去；根据米德尔法特·克纳维克等（Midelfart-Knarvik et al.，2000），令 $t_{jv}^{1-\sigma}=d_{jv}^{-\delta}$。因此，国内市场潜力可表示为：

$$DMP_j = \sum_{v=1}^{n}\frac{I_v}{d_{jv}^{\delta}}+\frac{I_v}{d_{jj}^{\delta}} \tag{3.89}$$

其中，I_v 为城市对各种产品的消费支出，为了尽量表达新经济地理理论中的实际市场潜力概念，本章节以城市市辖区实际发生的社会消费品零售总额（万元）近似衡量当地有效需求；d_{jj} 为城市内部距离。

（4）国际市场潜力 FMP。各城市不仅受到国内其他城市市场的影响，还会受到国际市场的作用，国际市场潜力可表示为：

$$FMP_j = \frac{I_{jF}}{d_{j,port}^{\delta}} \tag{3.90}$$

其中，I_{jF}为城市 j 面临的有效国际市场需求，以该城市（市辖区）实际出口额来表示。中国城市年鉴中没有出口额统计，但可通过计算得到各城市 FDI 存量数据，因而首先以每个城市 FDI 存量占全国 FDI 总量的比例表示每个城市分得的国外市场份额，然后以此份额乘以全国出口总额近似得到每个城市的出口额，以此表示城市的有效国外市场规模。$d_{j,port}$为城市 j 到最近的沿海港口①的距离。该指标衡量了城市临近国际市场的程度。

（5）其他变量。城市化水平（Urban）用城市非农业人口比例表示。市辖区总人口和非农业人口（万人）数据直接取自《中国城市统计年鉴》。各行业就业人数为单位从业人员数（万人），数据直接取自历年《中国城市统计年鉴》。在计算生产性服务业空间溢出变量时，参考韩峰等（2011），并根据中国城市分行业就业统计口径，把 19 个行业中的电力煤气供水，建筑，交通运输和仓储邮政业，信息传输、计算机服务和软件业，批发零售业，金融、租赁和商业服务业，科学研究、技术服务和地质勘查，水利环境和公共设施管理业 9 个行业合并代表生产性服务业。人力资本（EDU）以中学和大学在校人数占总人口比重表示。城市交通状况或可达性（TRA）与路网情况有关，用城市市辖区单位建成区面积上道路长度（公里/平方公里）近似表示。城市中最终部门厂商数量以市辖区地级及以上城市工业企业数近似表示。城市环境质量（ENV）主要与工业废水、废气及烟尘的排放量、城市绿化水平有关。本部分以市辖区工业废水排放量（万吨）、二氧化硫排放量（吨）、工业烟尘排放量（吨）和建成区绿化覆盖率（%）来表示城市环境质量。首先对以上环境质量中的正向指标和逆向指标分别进行标准化处理，进而采用主成分分析法得到环境质量综合指数（EVI）②，该指数越大代表城市环境质量状况越好。

① 中国的主要沿海港口城市有：东北地区的丹东、大连、营口、锦州；华北地区的秦皇岛、唐山、天津，山东半岛的烟台、威海、青岛，江浙地区的连云港、镇江、南京、宁波，上海，福建的福州和厦门，广东的汕头、深圳、广州、中山、珠海、湛江以及海南的海口和三亚。

② 由于篇幅所限，本章节未将主成分分析的详细过程列出，欢迎来函索取全部详细统计结果。其中正向指标为建成区绿化覆盖率，逆向指标为市辖区工业废水排放量、二氧化硫排放量、工业烟尘排放量。

FDI 存量的数据准备比较繁复。FDI 存量从 2000 年开始计算，假设 2000 年存量是当年吸收 FDI 的三倍（取值大小对几年以后的存量影响并不大），后续各年 FDI 存量用每年实际使用 FDI 和公式 $F_{i,t}=(1-\delta)F_{i,t-1}+FDI_t/\omega_{i,t}$（3.90）累计。式（3.91）中 $F_{i,t}$是市辖区 FDI 存量；δ 是年折旧率，设其为 5%；FDI_t是市辖区实际外商直接投资；因为没有公开发表的各城市资本价格指数，$\omega_{i,t}$是城市所在省份的累积资本价格指数。以美元计算的 FDI 流入量按当年平均兑换率换算成人民币数值。由于中国实际利用 FDI 数量每年增长近 20%，2003～2011 年的 FDI 存量数据应与实际累计利用外资数量比较接近。所有货币价值的数据以 2003 年不变价计算。

城市间距离 d_{jv} 利用城市中心坐标和距离公式 $\Omega\times\arccos(\cos(\alpha_j-\alpha_v)\cos\beta_j\cos\beta_v+\sin\beta_j\sin\beta_v)$（3.92）进行计算，式（3.93）中 Ω 为地球大弧半径（6378 公里），α_j、α_v 为两市中心点经度，β_j、β_v 为两市中心点纬度。为了不遗漏城市本身的影响，同时避免 $d_{jj}=0$ 出现在分母中，本章节参照以往文献（Head & Mayer，2004；2006），令 $d_{jj}=(2/3)R_{jj}$，其中 R_{jj}为城市半径，本章节利用城市市辖区建成区面积数据（A）计算得到 $R_{jj}=\pi^{-1/2}A^{1/2}$（3.94），并设衰减参数 σ 等于 1 和 2（顾朝林，庞海峰，2008）。根据集聚经济外部性的作用范围和文献中的经验研究结果（Ke，2010），以 100 公里距离作为城市间生产性服务业空间外部性的作用范围。由于产品市场范围可以遍及各地，国内市场潜力变量计算包括全国范围。$d_{j,port}$的计算分两种情况：对于非港口城市，分别计算每个城市到各个港口的距离，将每个城市与最短距离的港口城市进行配对，并以此最短距离作为城市获得国外需求的距离；对于港口城市，我们以城市半径作为城市到国外需求的距离。表 3－20 报告了中国地级及以上城市生产性服务业集聚与城市化等变量的样本统计值。

表 3－20　中国地级以上城市生产性服务业集聚与城市化等变量的样本统计值

变量	均值	标准差	最小值	最大值
城市化水平 Urban	0.3373	0.2400	0.0341	0.9916
人均商品种类数 AD（个/万人）	3.2301	4.0474	0.00015	34.6719
工资水平 w（元）	19838.7506	7666.4951	1895.1476	134432.0707
生产性服务业专业化集聚 S	0.4889	0.2018	0.1100	1.8200
生产性服务业多样化集聚 D	0.9309	0.2178	0.3500	1.8900
生产性服务业空间集聚规模 PS（δ＝1）	2.4603	4.3065	0.0096	49.1872
生产性服务业空间集聚规模 PS（δ＝2）	0.3697	2.6971	0.0017	12.5149
国内市场潜力 DMP（δ＝1）	7823154.92	7883464.09	115384.25	56406033.53

续表

变量	均值	标准差	最小值	最大值
国内市场潜力 DMP（δ=2）	2478964.07	3054827.38	96187.22	27165748.87
国际市场潜力 FMP（δ=1）	346858837.90	1060545077	8381023.90	9318977262
国际市场潜力 FMP（δ=2）	116781612.76	363547824	2783465.59	3601523753
外商直接投资 FDI（万元）	1553682.14	4703119.58	0.00	55637780.08
人力资本 EDU	0.1067	0.1291	0.0119	5.9686
交通条件 TRA（公里/平方公里）	7.2195	4.7173	0.5725	61.5625
城市环境质量 ENV	5.5497	0.7120	0.0478	8.6728

五、计量检验与结果分析

（一）计量模型选择

进行计量估计之前首先要选择适宜的面板数据模型。本部分顺序使用 F-统计量、LM 检验和 Hausman 检验方法分别检验模型不具有固定效应、个体随机效应和具有随机效应的两个原假设。首先，包括城市和年份固定效应的方程估计表明二式不具有个体效应假设下的 F-统计量都远大于任何可接受的临界值，即拒绝原假设，方程中必含有时间和年份的个体效应。其次，LM 检验强烈拒绝“不存在个体随机效应”的原假设，即在“混合效应”与“随机效应”之间，应选择“随机效应”模型。最后，Hausman 检验显示，检验统计量大于可接受临界值，随机效应原假设成立的概率 P=0.0000，Hausman 检验拒绝随机效应原假设，方程宜采用固定效应计量模型。此外，每个城市均有 8 年的观测值，因而误差项可能存在自相关。式（3.86）的误差项受到可观测值的影响，因而模型估计中可能会存在异方差问题。在接下来的分析中，我们用 Wooldridge test 检验面板数据自相关、LR 检验来检验异方差。表 3-21 列出了式（3.86）的检验结果。

表 3-21　计量模型检验结果

检验类型	原假设	检验统计量	伴随概率	结论
F 检验（固定效应检验）	不具有固定效应	462.69	0.0000	拒绝原假设
LM 检验	不存在随机效应	184.7	0.0000	拒绝原假设
Hausman 检验	采用随机效应模型	90.46	0.0000	拒绝原假设
Wooldridge 检验	不存在自相关	18.775	0.0000	拒绝原假设
LR 检验	不存在异方差	1377.18	0.0000	拒绝原假设

表3－21的检验结果显示，式（3.86）的估计应采用固定效应面板模型且存在年份和城市双向固定效应；同时，检验结果还显示式（3.86）误差项存在一阶自相关，个体间误差项亦存在异方差。因此可用固定效应的可行的广义最小二乘法（FGLS）来估计个体间的误差项存在自相关和异方差的情况。然而，根据区域和城市经济学原理，不仅生产性服务业专业化集聚、多样化集聚和空间集聚规模有利于增强城市吸引力、促进城市化，而且城市化的进一步推进也必将促进产业结构进一步提升，对生产性服务业集聚也具有加强作用。因而生产性服务业集聚与城市化之间可能存在联立内生性。此外，最终市场的空间作用与城市化之间也可能具有类似的联立内生性问题。出于数据可得性，我们在设置计量模型时也遗漏了诸如制度因素、自然条件、资源禀赋等变量，这些变量可能致使相关解释变量与随机扰动项之间存在相关性。此时无论使用固定效应、随机效应模型还是FGLS模型，可能都会导致估计系数有偏和不一致。为了得到无偏、一致的估计量，可采用工具变量法或广义矩（GMM）估计。但是正如祝树金、戟璇等（2010）所言，工具变量法的估计在很大程度上依赖于工具变量选取，而对于不同变量和模型，很难找到合适的工具变量，这将影响到模型的稳健性。因此，本部分采用面板GMM进行估计。面板GMM估计方法更适合于“大N小T”特征的微观数据，其估计偏误在T（时间）固定情况下，随着N（截面）的增加而减小，本章节采用2003～2010年284个地级及以上城市的面板数据，样本结构符合以上特征。另外，由于差分GMM估计量的有限样本特性较差，尤其是当滞后项和随后的一阶差分项存在非常弱的相关性时，工具变量较弱（Roodman，2006），此时采用系统广义矩估计更有效、偏差也更小。本章节采用系统GMM法解决变量的内生性问题。

（二）计量模型的初步估计结果

为了便于比较和检验各变量参数估计的稳健性，本部分采用系统GMM进行估计的同时，还列出了混合效应、随机效应、固定效应模型、面板FGLS模型的估计结果。表3－22报告了衰减参数为1时生产性服务业专业化集聚、多样化集聚以及空间集聚规模对城市化的面板估计结果①。

① 我们还估计了衰减参数为2时的情况，在众多估计结果中，$\sigma=2$的参数估计的显著性及模型拟合度均不及$\sigma=1$时的情况。限于篇幅，本章节未列出生产性服务业空间集聚变量衰减参数为2时的面板估计结果，欢迎有兴趣的读者来函索取详细检验结果。

表 3－22　　生产性服务业集聚影响城市化的面板估计结果

变量	Pooled OLS	RE	FE	面板 FGLS	系统 GMM
lnAD	0.0162 (1.25)	0.0068 (1.31)	0.0081 (1.37)	0.0376* (1.75)	0.0154** (2.30)
lnw	−0.1913*** (−9.51)	−0.0419*** (−4.68)	−0.0397*** (−4.50)	−0.0464*** (−5.69)	−0.1378*** (−3.35)
lnS	−0.0826* (1.68)	−0.0058 (−0.78)	−0.0063 (−0.86)	0.0181** (2.22)	0.0722** (2.49)
lnD	−0.2968*** (−5.08)	−0.0034 (−1.30)	−0.0029 (−0.48)	0.0106 (1.37)	0.0311* (1.85)
lnPS	0.1615*** (4.39)	0.0128* (1.95)	0.0289* (1.73)	0.0563*** (8.73)	0.1914*** (4.81)
lnDMP	−0.2609*** (−9.62)	0.0207** (2.19)	0.0299*** (3.06)	0.0516** (2.24)	0.1222*** (2.67)
lnFMP	0.0700*** (6.81)	0.0626*** (3.32)	0.0735** (2.51)	0.0556*** (4.39)	0.0565* (1.80)
lnFDI	0.0146*** (3.30)	0.0280*** (5.62)	0.0346*** (6.32)	0.0315*** (9.73)	0.0180** (2.33)
lnEDU	0.2923*** (3.96)	0.0217* (1.82)	0.0058 (1.48)	0.0921*** (7.94)	0.1779*** (2.61)
lnTRA	0.1680** (2.46)	0.0165 (1.02)	0.0022* (1.87)	0.0364*** (5.20)	0.0427* (1.69)
lnENV	−0.0844 (−1.36)	−0.0292* (−1.89)	−0.0265 (−1.54)	−0.0017 (−1.13)	0.0663** (1.98)
Cons	−5.7203*** (−2.69)	−3.3595** (−2.39)	−3.6128** (−2.28)	−3.0223*** (−5.30)	−3.8200** (−2.27)
R^2	0.2355	—	—	—	—
Within R^2	—	0.1838	0.1852	—	—
Std dev (u)	—	0.5925	0.6860	—	—
Std dev (e)	—	0.0792	0.0792	—	—
Wald 检验	—	—	—	7642.84 [0.0000]	5341.81 [0.0000]
Sargan 检验	—	—	—	—	96.846 [0.861]

续表

变量	Pooled OLS	RE	FE	面板 FGLS	系统 GMM
Hansen 检验	—	—	—	—	82.94 [0.389]
Arellano-Bond AR(1) test	—	—	—	—	-2.91 [0.004]
Arellano-Bond AR(2) test	—	—	—	—	-0.08 [0.935]
样本数	2272	2272	2272	2272	2272

注：本章节系统 GMM 估计采用“xtabond2”程序完成，均为 twostep；内生变量为：lnS、lnD、lnPS、lnDMP、lnFMP；圆括号中系统 GMM 估计为 z 统计值，其他估计方法为 t 统计值，方括号中为统计量的伴随概率；*** 表示在 1% 水平上显著，** 表示在 5% 水平上显著，* 表示在 10% 水平上显著。此外，限于篇幅，本章节在固定效应和面板 FGLS 估计中未列出年份和城市固定效应。

首先来看各控制变量的参数估计。各方程中万人厂商数（即商品种类）对城市化的参数估计显著为正，但仅在面板 FGLS 和系统 GMM 估计中通过显著性检验，说明在控制了模型本身存在的自相关、异方差、尤其是内生性问题后，该参数估计变得更加合理，符合产品多样性偏好促使消费者在城市集聚，进而促进城市化的理论预期。各方程中劳动工资的参数估计均显著为负，意味着面对劳动力成本提升，厂商出于降低成本考虑，倾向于雇用较少劳动力，恶化了劳动力在城市生存条件，从而抑制了城市化推进。国内市场潜力（lnDMP）参数估计在各方程中差异较大，其中在混合效应 OLS 回归中显著为负，控制了随机效应、固定效应及异方差和自相关后，其参数估计显著为正，而在进一步控制内生性后，系统 GMM 的参数估计显著为正，且估计值明显高于随机效应、固定效应和 FGLS 的情况。多数情况下国内市场潜力的正参数估计意味着中国各级城市彼此之间互为市场，市场规模扩大促使人口和经济活动向具有高市场潜力的地区集聚，推进城市化。国际市场潜力在各方程中参数估计为正，说明扩大对外开放将有利于城市化的进一步推进。各方程中外商直接投资的参数估计也显著为正，与预期相符，外资分布越是密集的城市，厂商能够更便捷地获得所需资本补给和先进技术，就越有能力为农业转移人口创造更多就业机会。多数方程中人力资本在各显著水平上均有利于城市化，说明地区人力资本提升有利于增强农村转移人口的教育、技能水平以及自身素质的提升，增强其在城市的生活生存能力，从而促进城市化进程。多数方程中交通条件（路网密度）的改善对城市化作用显著为正，表明城市路网的改善有利于降低交易成本、提高劳动生产率，增强城市对农业人口的吸纳能力。系统 GMM 估计中生态环境质量的参数估计为正且通过显著性检验，意味着在目前的城市化阶段，城市环境质量问题在多数城市中已引起人们的高度关注，农村剩余劳动力除因城市中较为发达的工业和较高的劳动生产率而倾向于在城市集聚外，还会因是否拥有健康的工作、生活环境而改变进城意愿。

其次来看生产性服务业专业化集聚、多样化集聚及其空间集聚规模在城市化推进中的作用。反映生产性服务业集聚方式的专业化集聚（lnS）与多样化集聚（lnD）的参数估计在各方程中变化较大。其中生产性服务业专业化集聚在混合效应、随机效应和固定效应方程中的参数估计均与预期相悖，而控制了异方差、自相关与内生性后的参数估计均与预期相符，且系统 GMM 估计结果在显著性与参数估计值方面均优于面板 FGLS；生产性服务业多样化集聚的参数估计在面板 FGLS 与系统 GMM 估计中均为正，但仅在系统 GMM 方程中显著。可见，生产性服务业专业化和多样化集聚的参数估计在控制内生性后均得到明显改善。系统 GMM 方程中生产性服务业专业化和多样化集聚显著为正的参数估计意味着，生产性服务业专业化集聚和多样化集聚通过供给方面的技术溢出效应对城市化产生明显促进作用，且专业化集聚的作用更为明显。这不仅印证了马歇尔外部性和雅各布斯外部性在生产性服务业集聚中的存在性，而且揭示了在目前城市化进程中生产性服务业专业化集聚的突出作用。生产性服务业专业化集聚和劳动分工的进一步深化有利地促进了经济个体间的相互学习、交流与合作，不仅促使生产性服务业本身提高了生产效率，而且有利于改善城市投资经营环境、降低交易成本、加强不同产业间厂商的技术交流与合作，提高城市技术水平和劳动生产率，促进厂商和人口在城市集聚，有效推进城市化。

生产性服务业空间集聚规模的参数估计无论在混合效应、固定效应、随机效应模型还是在面板 FGLS、系统 GMM 模型中均显著为正，且在面板 FGLS 和系统 GMM 估计中的显著性达到 1%，表明城市间生产性服务业集聚通过投入产出关联产生的空间规模经济效应对城市化推进具有很强的解释力。一方面，城市间密切的经济联系可为生产性服务业创造巨大的需求空间，有利于中间服务品生产实现规模经济；另一方面，生产性服务业的规模经济降低了最终部门（主要是制造业）生产成本，促进最终产品部门规模扩大和新的最终厂商的集聚。这一结果与改进的新经济地理模型——垂直关联模型（Krugman & Venables, 1995；Venables, 1996）的结论基本一致，该模型认为基于投入产出关系的前后向关联效应将使生产性服务业与制造业集中于同一区位。

生产性服务业与最终部门的协同集聚不仅可为城市新增劳动力和农业转移人口创造更多就业机会，而且有利于劳动力的跨城市就业、促进不同规模城市城市化的协同发展。这意味着中国 100 公里范围内多数城市之间已建立起生产性服务链接的供应链体系，并通过这一供应链体系形成城市化推进的协同效应。因此，充分利用城市之间在产业和市场需求方面的互补性、有效发挥以生产性服务为纽带的上下游产业之间的关联效应对于形成优势互补、良性互动的城市化发展格局具有重要意义。

可见，生产性服务业集聚主要通过技术溢出效应和基于投入产出关联的空间规模经济效应推进城市化。技术溢出效应又称为技术外部性，反映了生产发展中要素供给的作用，而空间规模经济效应又称为市场外部性，揭示了生产发展中市场机制的作用。二者在解释城市化推进中相辅相成、具有互补性。生产性服务业集聚正是通过要素和市场的综合作用推动经济活动和人口空间集聚、进而推进城市化。

（三）内外市场共同作用下生产性服务业集聚与城市化估计结果

目前诸多研究显示市场开放程度差异将影响到生产性服务业集聚的技术溢出效应和空间规模经济效应的有效发挥。顾乃华（2010）认为在服务业发挥外溢效应过程中，对外开放起着显著调节作用，中国各地区经济绩效差距不断扩大的一个重要原因就在于低对外开放地区，服务业扩大就业、与工农业互动等外溢效应会受到限制。裴长洪等（2011）也认为对外开放程度不同的地区具有不同的生产性服务组织化水平，并决定了不同地区制造业企业集群实行专业化分工协作的能力。而韩峰、郑腾飞（2013）的研究显示，在对城市劳动生产率的作用中，国际市场对生产性服务空间溢出的作用效果具有促进作用，而国内市场的作用为负。那么，内外市场的空间分布差异是否会导致生产性服务业集聚对城市化的影响效果呢？为分析国内市场与国际市场作用下生产性服务业集聚的作用差异，本章节在式（3.86）的基础上加入生产性服务业集聚变量与国内、国际市场潜力的交叉项，从而得到式（3.91）：

$$\begin{aligned}\ln Urban_{jt} = {} & \theta_0 + \theta_1 \ln AD_{jt} + \theta_2 \ln w_{jt} + \gamma_1 \ln S_{jt} + \gamma_2 \ln D_{jt} + \gamma_3 \ln PS_{jt} + \theta_3 \ln DMP_{jt} \\ & + \theta_4 \ln FMP_{jt} + \theta_5 \ln FDI_{jt} + \theta_6 \ln EDU_{jt} + \theta_7 \ln TRA_{jt} + \theta_8 \ln ENV_{jt} \\ & + z_1 \ln S_{jt} \times \ln DMP_{jt} + z_2 \ln D_{jt} \times \ln DMP_{jt} + z_3 \ln PS_{jt} \times \ln DMP_{jt} \\ & + z_4 \ln S_{jt} \times \ln FMP_{jt} + z_5 \ln D_{jt} \times \ln FMP_{jt} + z_6 \ln PS_{jt} \times \ln FMP_{jt} + \xi_{jt}\end{aligned} \tag{3.91}$$

其中，$z_1 \sim z_6$ 为交叉项系数。表 3－23 报告了式（3.91）的系统 GMM 估计结果。

表3-23　内外市场共同作用下生产性服务业集聚对城市化作用效果

变量	(1)	(2)	(3)	(4)	(5)	(6)
lnAD	0.0085 (1.39)	0.0051 (1.03)	0.0057** (2.25)	0.0106* (1.73)	0.0347** (2.18)	0.0119** (2.11)
lnw	-0.0480* (-1.91)	-0.0028* (-1.68)	-0.0025* (-1.79)	-0.0019** (-2.53)	-0.0627** (-2.19)	-0.0208* (-1.70)
lnS	0.0634** (-2.24)	0.0570** (-2.43)	0.0502** (2.27)	—	—	0.0480*** (2.75)
lnD	0.0214* (1.94)	0.0254* (1.82)	—	0.0332 (1.57)	—	0.0291* (1.84)
lnPS	0.0563** (2.35)	0.0271** (2.25)	—	—	0.0132*** (2.69)	0.0344** (2.22)
lnDMP	0.0706** (2.18)	—	0.0053** (2.49)	0.0126 (1.35)	0.0323** (2.12)	0.0347** (2.26)
lnFMP	—	0.0115*** (4.93)	0.0189*** (4.30)	0.0369*** (5.07)	0.0452*** (3.86)	0.0110* (6.89)
lnS×lnDMP	0.0077** (2.16)	—	0.0073** (2.02)	—	—	0.0098** (1.96)
lnD×lnDMP	-0.0058 (-1.03)	—	—	0.0057 (1.34)	—	0.0055 (0.89)
lnPS×lnDMP	0.0054 (1.54)	—	—	—	0.0076** (2.09)	0.0143* (1.79)
lnS×lnFMP	—	0.0046** (2.32)	0.0031 (1.64)	—	—	0.0065*** (4.31)
lnD×lnFMP	—	0.0030* (1.84)	—	0.0021** (2.21)	—	0.0059*** (2.85)
lnPS×lnFMP	—	-0.0014** (-2.13)	—	—	-0.0087 (-1.16)	-0.0090* (-1.88)
lnFDI	0.0019* (1.91)	0.0280*** (3.76)	0.0307*** (2.88)	0.0310** (2.18)	0.0280* (1.83)	0.0235*** (2.59)
lnEDU	0.0164** (2.40)	0.0240*** (3.66)	0.0160** (2.38)	0.0159*** (2.21)	0.0129* (1.73)	0.0238*** (4.24)
lnTRA	0.0025 (1.64)	0.0020 (1.49)	0.0125** (2.43)	0.0143* (1.70)	0.0539* (1.91)	0.0394** (2.12)

续表

变量	(1)	(2)	(3)	(4)	(5)	(6)
lnENV	0.0147*** (3.86)	0.0168*** (5.43)	0.0163*** (4.27)	0.0176*** (4.99)	0.0164*** (4.62)	0.0182*** (5.95)
Cons	-0.1122** (-2.06)	-0.3016*** (-5.64)	-0.2673*** (-3.85)	-0.1695*** (-3.57)	-0.0932* (-1.95)	-0.3079*** (-5.55)
Wald 检验	5922.87 [0.0000]	7551.57 [0.0000]	6209.49 [0.0000]	6348.54 [0.0000]	5802.78 [0.0000]	5719.98 [0.0000]
Sargan 检验	67.647 [0.836]	65.29 [0.883]	54.58 [0.793]	56.65 [0.732]	53.24 [0.829]	78.20 [0.908]
Hansen 检验	77.581 [0.349]	81.37 [0.407]	73.21 [0.370]	69.81 [0.402]	78.25 [0.436]	80.32 [0.419]
Arellano-Bond AR(1) test	-2.60 [0.009]	-2.59 [0.009]	-2.59 [0.010]	-2.60 [0.009]	-2.57 [0.010]	-2.61 [0.009]
Arellano-Bond AR(2) test	-0.41 [0.680]	-0.42 [0.673]	-0.408 [0.683]	-0.452 [0.651]	-0.441 [0.659]	-0.44 [0.659]
样本数	2272	2272	2272	2272	2272	2272

注：本章节系统 GMM 估计采用“xtabond2”程序完成；所有回归模型均为 twostep；内生变量为：lnS、lnD、lnPS、lnDMP、lnFMP；圆括号中系统 GMM 估计为 z 统计值，方括号中为统计量的伴随概率；*** 表示在 1% 水平上显著，** 表示在 5% 水平上显著，* 表示在 10% 水平上显著。

根据表 3－23 各检验统计量，我们有理由接受残差无自相关、工具联合有效的原假设，工具选择是合理的。各控制变量中，万人厂商数、劳动工资、外商直接投资、人力资本和交通条件的回归系数的符号和显著性与表 3－22 中基本一致，城市生态环境质量也具有显著为正的参数估计。国际市场潜力、国内市场潜力的参数估计的显著性有所降低，但仍对城市化依然具有显著影响，说明方程中生产性服务业空间集聚变量与国内、国际市场潜力交叉项的引入，使得国际、国内市场对城市化的作用有所削弱，进一步印证了国际、国内市场通过影响生产性服务业空间组织方式作用于城市化的预期。

引入交叉项后，生产性服务业专业化集聚、多样化集聚和空间集聚规模的参数估计的系数值和显著性与表 3－22 基本一致，多数情况下均对城市化具有明显促进作用。我们重点关注生产性服务业集聚与国际、国内市场交叉项的参数估计。在考察交叉项对城市化影响时，我们不仅借助变量本身的 t 检验值来判断每个变量的显著性，还结合生产性服务业集聚本身及其与国内外市场交叉项系数的联合检验（F 检验）来断定变量的显著性。从表 3－23

可以看出，国际、国内市场均增强了生产性服务业专业化集聚的本地技术溢出效应，但国内市场的作用效果更为明显；国际市场对生产性服务业多样化集聚的本地技术溢出效应具有强化作用，但国内市场的作用不显著①。这一结果意味着，与国际市场相比，依靠国内市场、开拓和扩大国内市场的广度与深度更有利于生产性服务业实现专业化经营，通过深化分工，以专业化的集聚模式有效发挥生产性服务业集聚的技术溢出效应，推进生产性服务业与整个城市产业部门的融合发展，进而推进城市化；而临近国际市场的城市往往具有相对发达、发展较为成熟的产业部门，各产业部门不仅种类繁多而且结构较为合理，多样化的生产性服务业集聚模式则更易于满足制造业对多样化生产性服务的需求，有效发挥其对城市经济部门的空间技术溢出效应，进而提高劳动生产率、增加城市就业机会，促进城市化的有效推进。

式（3.1）中生产性服务业空间集聚规模与国内市场潜力交叉项参数估计的t检验值未通过显著性检验，但生产性服务业空间集聚规模及其与国内市场交叉项系数的联合显著性检验的F统计量为40.71，伴随概率为0.0000，在1%水平通过检验。综合生产性服务业空间集聚规模与国内、国际市场交叉项的参数估计可以看出，国内市场有助于生产性服务业集聚空间规模经济效应的发挥，而多数情况下国际市场的确抑制了这一效应对城市化的作用效果。这就意味着，当企业更容易受到国际市场影响时，其更倾向于利用国际生产组织的低成本优势来组织生产，企业之间以及不同城市企业之间基于专业分工协作的市场交易安排和生产性服务多数依靠境外公司或外商直接投资企业来提供，不易形成或缺乏动力形成依靠专业化分工的生产性服务连接和协调的供应链体系，从而降低国内生产性服务与制造业企业之间投入—产出关联和空间规模经济效应对城市化的推动作用。这一结论与裴长洪等（2011）的研究基本一致，他们在分析外贸转变方式中认为，中国沿海发达地区实行专业化分工的企业集群未能建立起企业自主的供应链管理体系，主要原因在于其专业化分工协作的交易安排主要由境外公司或跨国公司主导，不仅是被动型的专业化分工协作，而且许多服务环节也是由境外公司提供，未能在境内发展起服务供应商，降低了企业应对外部风险的能力。而国内市场的进一步开拓和内需扩大促使制造业企业不断深化分工、优化结构，不断

① 尽管式（3.4）中生产性服务业多样化集聚本身参数估计的t检验值仅为1.57，未通过显著性检验，但生产性服务业多样化集聚及其与国际市场交叉项系数的联合显著性检验的F统计量为38.52，伴随概率为0.0000，在1%水平通过检验，同样说明国际市场对生产性服务业多样化集聚作用效果的强化作用。

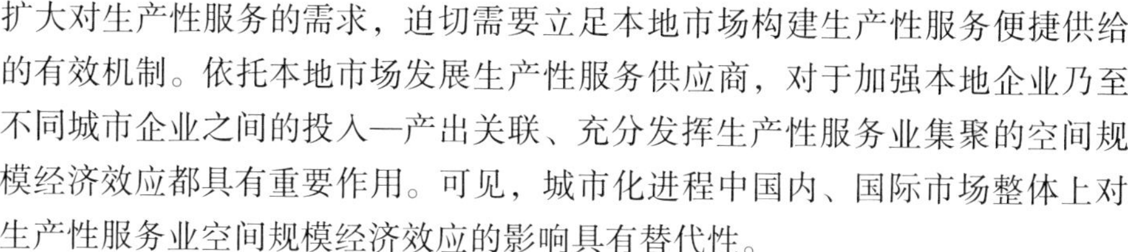
扩大对生产性服务的需求，迫切需要立足本地市场构建生产性服务便捷供给的有效机制。依托本地市场发展生产性服务供应商，对于加强本地企业乃至不同城市企业之间的投入—产出关联、充分发挥生产性服务业集聚的空间规模经济效应都具有重要作用。可见，城市化进程中国内、国际市场整体上对生产性服务业空间规模经济效应的影响具有替代性。

（四）生产性服务业集聚影响城市化的分地区估计结果

由于各地区在产业结构、经济活动空间分布及其面临的国际、国内市场存在明显差异，生产性服务业集聚对城市化的作用方式和影响效果亦可能存在明显不同，因而本部分对不同地区的城市样本分别进行估计。由于东北地区样本较小，我们根据 2005 年全国经济普查对东部、中部、西部地区的划分标准，将辽宁归入东部地区，吉林和黑龙江划入中部地区。[①] 分东、中、西部地区城市样本的系统 GMM 估计结果见表 3－24。

表 3－24　分东部、中部、西部地区城市样本的系统 GMM 估计结果

变量	东部地区		中部地区		西部地区	
	参数估计	z 统计值	参数估计	z 统计值	参数估计	z 统计值
lnAD	0.0897***	9.77	0.0069***	3.57	0.0180***	4.93
lnw	0.0225***	6.25	－0.0128***	－5.08	－0.0042**	－2.26
lnS	0.0465**	2.39	0.0350*	1.93	0.0319***	6.06
lnD	0.0236***	7.97	0.0105***	3.76	0.0196*	1.78
lnPS	0.0524***	7.33	0.0376*	1.86	0.0969***	5.01
lnDMP	0.0354***	6.98	0.0331***	8.23	0.0117***	5.49
lnFMP	0.0064***	3.25	0.0331***	5.45	0.0019	0.52
lnS × lnDMP	－0.0080	－0.66	0.0029***	8.16	0.0057***	8.79
lnD × lnDMP	－0.0397***	－6.81	0.0025***	6.22	－0.0021	－0.90
lnPS × lnDMP	0.0059***	7.21	0.0074***	5.74	0.0055***	5.24
lnS × lnFMP	0.0011***	4.49	0.0013***	6.25	0.0010**	2.39
lnD × lnFMP	0.0382***	7.28	0.0016***	6.22	0.0041	1.04
lnPS × lnFMP	0.0037***	2.91	－0.0027	－0.69	－0.0043***	－3.76

① 我们把全国分成东部、中部、西部三个地区。考虑到东北地区数据量小，把比较发达的辽宁并入东部地区，吉林和黑龙江并入中部地区。因而，东部地区包括北京、福建、广东、海南、河北、江苏、辽宁、山东、上海、天津和浙江 11 个省份；中部地区包括安徽、河南、黑龙江、湖北、湖南、吉林、江西和山西 8 个省份；西部地区包括广西、贵州、内蒙古、宁夏、青海、陕西、甘肃、四川、新疆、云南和重庆 11 个省份。

续表

变量	东部地区		中部地区		西部地区	
	参数估计	z 统计值	参数估计	z 统计值	参数估计	z 统计值
lnFDI	0.0127***	9.19	0.0129***	2.66	0.0153***	3.91
lnEDU	0.0527***	8.88	0.1251***	9.36	0.0059***	6.17
lnTRA	0.0034**	2.51	0.0370***	7.41	0.0070**	2.39
lnENV	0.0022	1.28	0.0162***	2.76	0.0184***	9.30
Cons	-0.1642**	-2.06	-0.4244***	-3.31	-0.2376***	-3.16
统计检验	统计量	伴随概率	统计量	伴随概率	统计量	伴随概率
Wald 检验	8331.31	0.0000	9651.27	0.0000	8563.74	0.0000
Sargan 检验	71.62	0.970	92.88	0.571	61.04	0.898
Hansen 检验	91.39	0.557	80.16	0.845	66.16	0.987
Arellano-Bond AR(1) test	-1.39	0.167	-2.35	0.019	-2.16	0.030
Arellano-Bond AR(2) test	-1.02	0.308	-0.91	0.692	-1.34	0.182
样本数	707		707		574	

注：本章节系统 GMM 估计采用“xtabond2”程序完成；所有回归模型均为 twostep；内生变量为：lnS、lnD、lnPS、lnDMP、lnFMP；*** 表示在 1% 水平上显著，** 表示在 5% 水平上显著，* 表示在 10% 水平上显著。

估计结果中均给出了检验方程联合系数显著性的 Wald 统计量、检验残差自相关的 AR(1)、AR(2) 统计量和检验工具联合有效性的 Sargan 统计量及其对应的 p 值。可以看出，我们有理由拒绝各模型联合系数为零的原假设和接受残差无自相关、工具联合有效的原假设，工具选择是合理的。

各控制变量中，万人厂商数对三地区制造业集聚均具有明显正向作用，且以东中部地区估计值更为显著；劳动工资对城市化的作用在东部地区为正，中西部地区为负，意味着东部地区厂商密集且具有较高劳动生产率，不仅能够吸引农村剩余劳动力向城市转移，而且能够为其提供充足就业机会，从而劳动工资提高有效推进了城市化进程，而中西部地区生产率较低且产业发展更多依赖于低廉劳动力等传统比较优势，劳动力价格提高更多地促使厂商减少劳动力需求，不利于城市化进程推进。国内市场潜力对城市化的影响由东向西依次递减，从而说明中国东部地区城市密集、互为市场，扩大的空间市场有利于充分发挥规模经济效应，而越到内陆地区城市分布越分散，彼此联系越少，受限的市场空间不利于规模经济效应的有效发挥。国际市场潜力对城市化的作用在中部地区最大、东部次之、西部最小，意味着东部城市已经比较充分地利用了国际市场潜力，逐步消化了比较优势，难以继续依赖国际市场获得经济增长。中部城市因发展较晚，土地、劳动力和其他要素成本优势仍然比较明显，在国际产业分工中有逐渐承接和取代东部城市成熟产业功能的趋势，城市经济规模和增速因此受益，在未来发展中将在承东启西方面发挥越来越重要的作用。外商直接投资对中西部地区城市化的影响大于东部地区，西进的 FDI 比东部具有更高的集聚效应，鼓励外资流向中西部地区有利于当地产业发展；人力资本对东中西部地区城市化具有显著的正向影响，以对中部地区的作用最大；交通条件的改善对东中西部地区城市化影响均有显著促进作用，但对中部地区影响更显著；城市生态环境质量对城市化的作用由东向西依次递增，说明与东部地区不同，中西部地区，尤其是西部地区可以走出一条依靠生态建设推进城市化的崭新道路，通过打造优质环境，发展旅游文化产业，推进农业转移人口就业和城市化。①

以下分析生产性服务业集聚变量的参数估计。首先，从东部地区估计结果来看，生产性服务业专业化集聚与国内市场潜力交叉项的参数估计为负且不显著，与国际市场潜力交叉项参数估计显著为正，说明东部地区城市对国际市场的临近性强化了生产性服务业专业化集聚的技术溢出效应，而国内市场的作用不显著；生产性服务业多样化集聚与国内市场潜力交叉项系数显著为负，与国际市场潜力交叉项参数估计显著为正，表明东部地区对外开放水平越高的城市，其城市化从生产性服务业多样化集聚中得到的推力就越大，而依靠国内市场促进生产性服务业多样化发展的模式则不利于城市化的推进；生产性服务业空间集聚规模与国内、国际市场潜力交叉项参数估计均显著为正，国内市场的作用效果更为明显，意味着国内、国际市场均加强了东部地区城市间基于生产性服务链接的投入产出—关联效应，有利于充分发挥生产性服务的规模经济效应推进城市化，但国内市场更有利于这一效应的充分发挥。其次，从中部地区估计结果来看，生产性服务业专业化集聚、多样化集聚与国内、国际市场潜力交叉项参数估计均显著为正，说明国内、国际市场在中部地区均强化了生产性服务业集聚的技术溢出效应；生产性服务业空间集聚规模与国内市场潜力交叉项系数显著为正，而与国际市场交叉项系数未通过显著性检验，说明国内市场在加强中部地区各城市空间关联效应、以生

① 以中部地区为例，“长株潭”两型社会建设实验区的建设为长株潭城市群乃至整个湖南省城市化顺利推进发挥了重要作用，而本章节的估计结果验证了该地区两型社会建设实验区的科学性和有效性。

产性服务为媒介促进城市化协同发展中发挥着更为重要的作用。最后，看西部地区各交叉项参数估计。国内、国际市场潜力与生产性服务业专业化集聚交叉项参数估计均显著为正，而与生产性服务业多样化集聚的交叉项系数未通过显著性检验，说明西部地区国内、国际市场的开拓更有利于各地区生产性服务业的专业化经营和专业化的技术溢出效应，并以此推进城市化，而对生产性服务业多样化集聚效应的发挥并未起到明显作用；生产性服务业空间集聚规模与国内、国际市场潜力交叉项系数的参数估计结果与中部地区相似，均强调国内市场在城市间投入—产出关联效应发挥中的重要作用，而不同之处在于生产性服务业空间集聚规模与国际市场交叉项系数显著为负，意味着西部企业多倾向依靠国际市场生产性服务组织生产，降低了国内企业间投入—产出联系及由此产生的规模经济效益。由此可见，国内、国际市场对生产性服务业专业化集聚效应的影响在东部地区存在替代性（以国际市场替代国内市场），而在中西部地区为互补性；对生产性服务业多样化集聚效应的作用在东部地区具有替代性（以国际市场替代国内市场），中部地区存在互补性，而西部地区不显著；在生产性服务业空间规模经济效应发挥方面，国内、国际市场在东部地区具有互补性，在中西部地区存在替代性（以国内市场替代国际市场）。[①] 各地区城市化进程中国内外市场对生产性服务业集聚效应的影响效果如表 3 - 25 所示。

表 3 - 25　各地区城市化进程中国内外市场对生产性服务业集聚效应的影响效果

地区	生产性服务业集聚变量	国内市场	国际市场
东部地区	生产性服务业专业化集聚（lnS）	- - - -	+
	生产性服务业多样化集聚（lnD）	-	+
	生产性服务业集聚规模（lnPS）	+	+
中部地区	生产性服务业专业化集聚（lnS）	+	+
	生产性服务业多样化集聚（lnD）	+	+
	生产性服务业集聚规模（lnPS）	+	- - - -
西部地区	生产性服务业专业化集聚（lnS）	+	+
	生产性服务业多样化集聚（lnD）	- - - -	- - - -
	生产性服务业集聚规模（lnPS）	+	-

注："+"表示国内或国际市场的强化作用，"-"表示国内或国际市场的抑制作用，"- - - -"表示国内或国际市场的影响不显著。

① 本书中替代性一般指各地区以国际市场替代国内市场或以国内市场替代国际市场在生产性服务业集聚中的作用，而互补性代表国际市场与国内市场均对生产性服务业集聚的强化作用。

为了进一步分析生产性服务业专业化集聚、多样化集聚与空间集聚规模对城市化影响的地区差异，我们对东、中、西部地区方程分别对各生产性服务业集聚变量求偏导数，可得到内外市场作用下生产性服务业集聚对各地区城市化的综合影响。若 m_1、m_2、m_2'分别为生产性服务业集聚变量及其与国内、国际市场潜力交叉项的系数，X 为任一生产性服务业集聚变量，则基于表 3 - 24 的各地区生产性服务业集聚对城市化的作用可以表示为$\partial \ln M / \partial \ln X = m_1 + m_2 \ln DMP + m_2' \ln FMP$，将东、中、西部各城市 8 年的 lnDMP、lnFMP 均值①分别代入上式便可得到内外市场共同作用下生产性服务业集聚对城市化的影响效果，具体结果如表 3 - 26 所示。

表 3 - 26　国内外市场共同作用下生产性服务业集聚对城市化的影响效果

变量	地区	各空间变量对制造业集聚的边际影响	影响效果
生产性服务业专业化集聚（lnS）	东部	0.0465 + 0.0011lnFMP	0.0677
	中部	0.0350 + 0.0029lnDMP + 0.0013lnFMP	0.1068
	西部	0.0319 + 0.0057lnDMP + 0.0010lnFMP	0.1331
生产性服务业多样化集聚（lnD）	东部	0.0236 - 0.0397lnDMP + 0.0382lnFMP	0.1215
	中部	0.0105 + 0.0025lnDMP + 0.0016lnFMP	0.0717
	西部	0.0196	0.0196
生产性服务业空间集聚规模（lnPS）	东部	0.0524 + 0.0059lnDMP + 0.0037lnFMP	0.2188
	中部	0.0376 + 0.0074lnDMP	0.1448
	西部	0.0969 + 0.0055lnDMP - 0.0043lnFMP	0.1040

从表 3 - 26 中各地区生产性服务业集聚对城市化的综合影响可以看出，生产性服务业专业化集聚对各地区城市化均有显著促进作用，且其作用效果由东向西依次递增。这意味着生产性服务业的专业化集聚对西部地区城市化和经济发展至关重要。与东部地区相比，中、西部欠发达地区通过充分挖掘和利用当地比较优势，发展与其优势要素、资源和产业相适应的生产性服务业、促进生产性服务业的专业化集聚将更有利于培育和强化基于当地比较优势的竞争优势，加快欠发达地区结构调整、实现专业化和规模化生产，进而促使欠发达地区城市化的积极稳妥推进和城市经济更好更快增长。生产性服务业多样化集聚对城市化的影响由东向西依次递减，从而说明生产性服务业

① lnDMP、lnFMP 的均值在东部地区分别为 16.1070、19.2998，在中部地区为 15.4682、17.3029，在西部地区为 14.4910 和 16.8899。

多样化集聚产生的技术溢出效应在经济发达、产业发展较为成熟的地区更为显著。与欠发达地区相比，经济相对发达地区由于同时具有专业化程度高且相对完善和成熟的产业部门，因而更需要门类齐全、功能多样的生产性服务业与之相适应，生产性服务业在这些地区的多样化集聚有利于加强不同产业部门间的技术溢出效应、为产业发展提供技术支撑和多样化服务，降低了经济运行成本、提高了劳动生产率，有效推进了城市化和经济增长方式转变。生产性服务业空间集聚规模的参数估计在各地区估计结果均显著为正且由东向西依次递减，从而意味着生产性服务业的空间规模效应在东部地区比在中部和西部地区更为明显，同时也说明单从生产性服务业对城市化的空间关联效应来看，东部地区城市圈效益明显高于中西部地区。与中西部、尤其是西部欠发达地区相比，东部沿海城市之间联系更为密切、产业集聚的空间溢出效应更明显，因而各城市能从邻近城市便捷地获得所需的生产性服务品，而西部地区由于城市分散、交通不便，城市间生产性服务业与最终经济部门的投入—产出联系不及东部地区。

六、小结

在结构性矛盾突出、工业增速减缓背景下，生产性服务业及其空间分布将成为推进城镇化、促进经济持续增长的重要动力来源。本章节在外部性理论和新经济地理理论的综合框架下构建理论和计量模型，检验开放经济下中国284个地级及以上城市生产性服务业集聚对城市化的影响。结果显示，生产性服务业专业化和多样化集聚主要从供给方面通过技术溢出效应作用于城市化，且专业化集聚的作用效果更明显；而生产性服务业空间集聚规模则侧重从需求方面通过规模经济效应作用于城市化。生产性服务业专业化集聚对西部地区作用甚于东、中部地区；而多样化集聚则对东部和中部相对发达地区影响更显著；生产性服务业空间集聚规模对城市化的影响由东向西依次递减。国内、国际市场均加强了东部地区生产性服务业空间规模经济效应、中西部地区生产性服务业专业化集聚效应以及中部地区多样化集聚效应的作用效果。但对东部地区生产性服务业专业化和多样化集聚效应、中西部地区空间规模经济效应的影响效果，国内和国际市场则存在明显差异。本章节结论为各地区依托生产性服务业集聚有效推进城市化提供了重要政策启示。

第四章

生产性服务业集聚与城市绿色转型

本章节主要研究生产性服务业集聚对城市绿色转型发展的影响。第一节分析生产性服务业集聚对能源利用结构优化的影响，在集聚经济理论基础上归纳总结生产性服务业集聚影响能源利用效率的理论机制并提出相应的研究假说，进而利用省级面板数据和动态空间杜宾模型对生产性服务业集聚影响工业能源效率的动态空间效应进行实证分析。第二节探讨生产性服务业集聚对城市碳排放的影响，在梳理生产性服务业集聚对碳排放影响机制的基础上，采用空间杜宾模型和空间滞后解释变量模型相结合的方法、利用城市面板数据对生产性服务业集聚影响城市碳排放的机制、空间尺度以及行业和地区异质性特征进行了实证分析。第三节进一步测算城市环境质量的综合指标，探讨了生产性服务业集聚对城市环境质量的影响，将生产性服务业集聚外部性引入科普兰和泰勒（Copeland & Taylor，1994）的污染排放模型构建生产性服务业集聚和土地市场扭曲影响城市环境质量的空间分析框架，探讨生产性服务业集聚对城市环境质量的影响机制，并在此基础上进一步分析土地市场对生产性服务业集聚和城市环境质量提升的调节效应及其传导途径，为各地区依托生产性服务业集聚有效推进发展方式转变和环境质量提升，进而实现经济高质量发展提供了理论支撑和现实依据。

第一节　生产性服务业集聚与能源利用结构优化

一、引言

2015 年中国能源消费总量 674190 万吨标准煤，其中煤炭占 64.2%、原油占18.6%、天然气占6.2%，还处于“煤炭时代”，而美国相应比例为18.4%、36.5%、31.2%，已进入“油气时代”。[①] 中国经济依然未能走出粗放发展的模式。为促减排、降能耗，十九大报告中明确提出了推进能源生产和消费革命，构建清洁低碳、安全高效的能源体系的要求。如何在稳增长的同时，通过能源利用结构优化降低能源消耗，成为推动经济绿色转型和高质量发展的重要现实课题。

已有研究也表明，生产性服务业集聚能够通过深化劳动分工、延伸产业价值链、推动技术创新等途径实现绿色增长（刘胜和顾乃华，2015）。在能源强度约束趋紧情况下，发展现代生产性服务业，可成为优化产业结构、促进能源利用结构优化，进而实现“稳增长、降能耗”双重目标的突破口。然而目前系统探讨集聚与能源利用结构的研究多关注于制造业（师博和沈坤荣，2013；韩峰等，2014），直接从生产性服务业集聚视角研究能源利用结构升级机制的文献尚不多见，对于能源利用结构变化中生产性服务业不同集聚模式的内在影响机制更是缺乏深入的认识，尤其是缺乏对生产性服务业细分行业的异质性集聚模式及其空间效应的实证检验。此外还需要特别指出的是，能源利用并非单纯局域问题，而是在很大程度上会通过产业转移、政府干预和环境治理的“搭便车”等机制传导至邻近地区。这就要求中国各地方政府在节能降耗过程中必须坚持属地管理与区域联动相结合的原则，对能源利用中固有的空间效应加以考察和控制，但目前鲜有研究从空间互动视角系统考察生产性服务业集聚对能源利用结构的影响。即使有研究涉及能源利用的空间相关性问题，但对于空间依赖是来源于内生还是外生的空间交互效应并未进行系统探讨，也未在空间效应中考虑能源利用的“路径依赖”特征。本章节试图在集聚经济理论基础上构建空间计量模型，以中国1997～2015年31个省份面板数据为样本，运用动态空间杜宾计量模型系统探讨生产性服务业集聚影响能源利用结构优化的内在机制及其空间效应。

二、文献综述

目前多数研究主要将能源利用结构优化作为实现降能耗、提效率和促环保的一种方式，探讨能源利用结构优化对经济增长、能源强度及环境质量的影响。对于能源结构与经济增长的关系，李影和沈坤荣（2010）指出，目前

① 资料来源：《中国统计年鉴》（2016年）和世界银行网站。

中国能源利用的主要矛盾并不是能源总量约束，而是能源的结构性约束。徐盈之和董琳琳（2011）基于向量自回归模型，探讨了能源结构对经济发展的影响，研究发现对于中国这种节能减排技术水平较低的国家而言，能源消费结构优化有助于实现二氧化碳减排和经济发展的双赢目标。解学梅等（2016）同样利用 VAR 模型，进一步从能源结构、政府干预的多维视角探讨了能源强度与经济增长的动态关系，指出促进新能源行业技术进步，提高新能源消费比重有助于实现降能耗和经济发展的双重目标。可见，能源利用结构优化对于实现经济可持续发展、提高经济增长质量具有重要作用。

除研究能源结构对经济增长的作用外，现有研究更多地探讨了能源结构优化在碳减排中的作用。林伯强和蒋竺均（2009）在探讨中国二氧化碳的环境库兹涅茨曲线影响因素时也分析了能源结构的影响，指出能源结构对二氧化碳排放具有显著影响。吴彼爱等（2010）从产业结构和能源结构调整的综合视角探讨了河南省碳减排的推进机制，发现煤炭依然是碳排放的主体，降低能源结构中煤炭比重、提高油气和新能源比重有助于降低碳排放。王锋和冯根福（2011）运用协整技术和马尔科夫链模型预测了 2011～2020 年中国碳强度趋势，进而评估了能源结构优化对实现碳强度目标的贡献潜力，指出优化能源结构对实现碳强度目标的贡献潜力会达到 34.6%～38.9%。孙作人等（2012）进一步聚焦，专门探讨了工业碳排放的驱动因素，发现能源结构在碳减排中的作用可能并非最重要，潜在能源结构碳强度对降低碳强度的作用小于潜在能源利用强度。而王平等（2013）通过探讨能源结构优化对广东省碳强度目标的贡献潜力得出了与孙作人等（2012）不甚相同的结论，他们认为能源结构优化对实现碳强度目标的贡献潜力最大，可达到 99.33%；即使在保守情景下，能源结构优化对实现碳强度目标的贡献潜力也会达到 13.65%。孙作人和周德群（2013）基于迪氏指数分解法探讨了中国碳排放驱动因素，进一步指出能源结构碳强度下降主要依赖于煤炭消费比例的下降，减少碳基能源消费是未来能源战略的重要突破口。林伯强和李江龙（2015）基于环境治理倒逼能源结构变化这一事实，通过综合考虑能源供应约束和政策目标约束的影响，构建了一个包含环境治理的中国能源综合预测框架，指出以环境治理为目标引致的能源结构转变，有助于抑制煤炭消费和二氧化碳排放。张伟等（2016）的研究也进一步证实，中国产业体系低碳化发展是由能源结构变化所驱动的，属于能源结构变化型。

能源利用结构优化除对降低碳排放和碳强度有直接影响外，还对其他可能引起环境变化的因素产生影响。伴随近年学界和政界越来越关注雾霾污染对人们生产生活的影响，一些学者也探讨了能源结构优化对雾霾污染的作用机制。例如，马丽梅和张晓（2014）利用空间计量模型探讨了省级经济因素和能源利用结构对雾霾污染的影响，认为能源消费结构优化在长期内是治理雾霾污染的关键因素。魏巍贤和马喜立（2015）通过建立动态可计算一般均衡模型，对中国能源结构与雾霾治理的政策组合进行模拟研究，发现推进能源结构优化和技术进步是雾霾治理的根本手段。马丽梅等（2016）进一步基于空间计量模型，探讨了能源结构和交通模式对雾霾污染的影响，指出能源结构是影响中西部地区雾霾污染的关键因素，减少劣质能源使用、发展清洁能源技术对于治理雾霾污染具有重要作用。

尽管能源结构优化在推进经济可持续发展、降低碳排放以及雾霾治理中发挥着重要作用，但探讨能源利用结构优化机制或路径的文献却较为鲜见。与之相关的研究也主要从碳减排目标约束和经济可持续发展角度对目前的能源利用结构进行描述性分析或评价分析，以此得出能源结构优化的可行路径。例如，陈淮（2000）认为中国能源战略实现重大调整的唯一出路在于调整供给结构，减小煤炭比重，提高油气比重，并利用国际市场增加石油进口。樊杰等（2003）基于可再生能源配额制视角，探讨中国东部沿海地区能源结构优化路径，指出东部沿海地区提高可再生能源发电份额有助于优化能源利用结构。林伯强等（2010）探讨了节能和碳排放约束下的中国能源结构战略调整问题，指出二氧化碳排放约束能够改变能源利用结构，但这会增加能源成本，而政府的可再生能源规划则有助于优化能源利用结构。许珊等（2012）通过构建能源—经济—环境模型对 2002～2008 年中国能源结构合理度进行评价，发现中国能源结构合理度变化呈“U”型发展趋势，未来中国能源结构在满足社会经济发展需求方面具有上升趋势。梁琳琳和卢启程（2015）基于碳夹点方法研究了碳排放目标下中国能源结构的优化问题，指出碳排放约束下能源结构优化必须在一定激励和约束下才能实现，且关键在于降低高碳能源比重。王建民等（2016）进一步基于经济增长和碳减排的双赢目标，对中国能源结构调整优化水平进行测算，发现非化石能源对煤炭、石油和天然气能化石能源替代性逐步增强，提高能源结构中非化石能源比重是长期内优化能源利用结构的重要方式。

综上所述，多数研究主要将能源利用结构优化作为实现降能耗、提效率和促环保的一种方式，而对于能源利用结构如何优化、其背后的优化机制究竟如何现有文献则知之甚少。即使有少数文献涉及能源利用结构优化路径问题，其研究也多基于能源利用现状及趋势的描述统计或评价分析，并未对能

源结构优化的内在驱动机制和影响因素进行系统阐释，也未进行更为规范的实证分析。事实上，能源结构问题本质上是生产结构问题，脱离产业结构而仅从能源结构本身探讨其优化问题，则无法从根本上找到促使能源结构优化的真正动因。本章节试图将焦点转向代表中国经济结构转型方向的现代服务业领域，探讨生产性服务业集聚对能源结构优化的作用机制，并运用空间计量模型探讨其空间外溢效应，以期为实现“稳增长、促减排”提供有益借鉴。

三、生产性服务业集聚影响能源利用结构的机制和研究假设

关于集聚效应，胡佛（Hoover，1936）将其划分为专业化集聚经济和多样化集聚经济，即企业既可以受到来自同行业集聚外部性的影响，又可以受到跨行业多样化集聚效应的影响。梁琦等（2014）进一步指出，专业化和多样化实质上是集聚在任意一个时点上的两种不同形态。生产性服务业作为国民经济的重要组成部分，其空间分布形态在一定时期内也应有专业化和多样化集聚之分。根据集聚经济理论，生产性服务业集聚可通过三种路径对能源利用结构优化产生积极影响。

首先，生产性服务业集聚通过吸引高技能人才集聚、加速人力资本积累，提升能源利用的技术水平，进而促进能源利用结构优化。由于生产性服务业具有明显的知识密集型和技术密集型特征，因而专业化劳动力“蓄水池”效应是生产性服务业集聚的主要动因。生产性服务业专业化和多样化集聚均有助于吸引高技能人才集聚、加速人力资本积累，提高技术吸收及创新能力。一方面，生产性服务业集聚有助于形成高技能人才“蓄水池”，使企业便捷地获得所需的专业技能劳动力和科技服务人才，节约了企业对专业人才的搜寻和培训成本；另一方面，生产性服务业集聚通过吸引高技能人才集聚提高区域人力资本水平，既有助于提高企业自身自主创新能力，又能使其更好地学习吸收外来生产技术经验，提高能源利用的技术水平，促进清洁低碳、安全高效的能源利用体系的构建。

其次，生产性服务业专业化和多样化集聚有利于发挥中间服务品生产的规模经济效应，降低生产成本和交易成本，促使制造业向价值链高端攀升，推进能源结构优化。生产性服务业和制造业能够通过投入产出关联效应在空间上形成协同集聚（Ke et al.，2014）。区域内大量高度专业化本土中间服务供应商的存在一方面降低了中间服务品获得的运输成本，另一方面可促使厂商把比较复杂、成本较高的生产环节外包出去，从而降低制造业生产成本，实现

规模经济。因而，生产性服务业集聚的规模经济效应可通过降低成本促使制造业企业在生产中更多使用节能环保技术和服务来替代高能耗资源，进而促进生产环节向低污染、高附加值的两端延伸，从而推进能源利用结构实现升级。

最后，生产性服务业集聚能够有效促进知识传播和技术扩散，提高工业企业绿色全要素生产率，不仅促使企业更多应用清洁生产技术以提高能源利用率，而且有助于催生和壮大节能环保产业、清洁生产产业和清洁能源产业，从而促进能源利用结构优化。关于技术外部性的来源，马歇尔集聚经济理论认为知识外溢来源于同一产业内的厂商集聚，而雅各布斯集聚经济理论则认为重要的知识溢出往往来自核心产业之外，大量多样化的产业在相近地域上的集聚比那些相近产业的集中更能促进创新和增长。生产性服务业作为一种典型的知识、技术密集型行业，其空间集聚不仅使研究中心和大学发现的技术和科学知识易于传播，而且使获取模仿和改进设计所要求的默知的、未成体系的知识的途径更为便利，确保了高技能劳动力和先进中间服务的随时可得性。另外，生产性服务业集聚通过扩散自身及与之相关联制造业的技术和组织知识丰富了周边环境，同时周边环境也为生产性服务业及制造业的创新活动提供支撑，由此形成研究和创新活动的累积和计划，形成学习效应。生产性服务业集聚将使生产性服务融入到经济发展的各个层面而成为新型技术和创新的主要提供者和传播者。从而在区域内形成良好的集体学习和创新环境（韩峰等，2014）。技术外溢效应使清洁生产、节能减排等先进生产技术、专业知识信息与前沿创新理念有效嵌入生产制造环节，促进绿色要素生产率的全面提升，从而形成绿色制造体系，壮大绿色产业。从这个意义上来说，绿色产业份额在整体产业部门中不断提高的过程实质上便是经济体系中能源利用结构不断优化的过程。

据此，提出假说1：生产性服务业集聚通过高端人才共享效应、规模经济效应和技术外溢效应有助于促进能源利用结构优化。

生产性服务业集聚除对本地区能源利用结构产生影响外，还可能具有明显的空间外溢效应。第一，与环境质量相关的能源利用结构本身具有明显的外部性特征。一方面，区域间能源利用结构可能存在负相关关系。环境污染一般具有跨区域扩散效应，因而地方政府在政治晋升激励下为获得更多经济增长机会，可能在制定环境标准时存在“搭便车”的行为，即某一地区为改善环境质量而促进能源利用结构优化的努力可能使其他地区降低改善能源利用结构的激励。另一方面，能源利用结构也可能存在正的空间相关性。一是地区间的增长竞争会间接地表现在能源利用标准的竞争上。在增长竞争和政治晋升压力下，某地区通过降低环境标准和能源利用强度标准而吸引企业投资、获得增长优势的做法可能诱发其他地区地方政府的类似行为，从而使各地区能源利用结构呈现"一损俱损"的特征。二是某一地区改善能源利用结构的行为可能促使另一地区地方政府受到公众舆论及政绩考核压力的影响而在制定节能减排政策时，采取类似行为，这种"示范效应"将使各地区能源利用结构表现出"一荣俱荣"的特征。三是受到产业转移、工业集聚及交通、通信设施发展等经济机制影响，能源利用结构也可表现出空间外溢特征。能源利用中"搭便车"行为和"示范效应"的存在，使得生产性服务业集聚对本地区产生影响的同时，也会通过能源利用结构本身的空间外溢效应对周边地区产生影响。第二，已有研究证实，生产性服务业集聚与制造业集聚、工业生产效率及经济发展之间在空间上存在协同效应（Ke et al.，2014；席强敏等，2015），因而某一地区生产性服务业集聚也可能通过这种协同效应对另一地区的能源利用结构产生影响。

据此，提出假说 2：生产性服务业集聚将通过能源利用中的"搭便车"行为、"示范效应"及其与制造业在空间上的"协同效应"对周边地区能源利用结构产生空间外溢效应。当"搭便车"效应超过"示范效应"和"协同效应"时，生产性服务业集聚将对邻区能源利用结构优化产生负向空间外溢效应，反之则产生正向空间外溢效应。

四、动态空间计量模型、变量测度与数据说明

（一）空间计量模型设定

由于生产性服务业集聚对能源利用结构的影响可能具有明显空间外溢效应，本章节通过构建空间计量模型来验证本书提出的研究假说。除生产性服务业专业化集聚（SP）和生产性服务业多样化集聚（DV）能够影响能源利用结构外，为克服遗漏变量问题，还需要在计量模型中加入影响能源利用结构的其他控制变量。韩峰等指出，工业能源利用状况除与能源利用的技术水平有关外，还受到其他要素对能源的替代效应的影响（韩峰等，2014）。本章节通过在式（4.1）中引入劳动——能源比（l）、资本——能源比（k）和外资——能源比（f）等变量，来控制劳动力、国内资本和外资等非能源要素投入对能源要素的替代能力。此外，根据相关文献论述，影响能源利用结构的变量还可能有城镇化水平（Urban）（郭文和孙涛，2015）、人力资本水平（Edu）（李思慧，2011）、政府干预（Gov）（师博和沈坤荣，2013）等。这些变量均可能通过影响本地能源利用结构，进而通过能源利用结构的空间交互作用对其他地区产生空间外溢效应。包含能源利用结构和生产性服务业空间

滞后项的空间计量模型一般形式可表示为：

$$
\begin{aligned}
\ln ES_{jt} = {} & \rho\sum_{v=1}^{N} W_{jv}\ln ES_{v,t} + \theta_1\ln SP_{jt} + \theta_2\ln DV_{jt} + \theta_3\ln l_{jt} + \theta_4\ln k_{jt} + \theta_5\ln f_{jt} \\
& + \theta_6\ln Urban_{jt} + \theta_7\ln Edu_{jt} + \theta_8\ln Gov_{jt} + \vartheta_1\sum_{v\neq j,v=1}^{J} W_{jv}\ln SP_{vt} \\
& + \vartheta_2\sum_{v\neq j,v=1}^{J} W_{jv}\ln DV_{vt} + \vartheta_3\sum_{v\neq j,v=1}^{J} W_{jv}\ln l_{vt} + \vartheta_4\sum_{v\neq j,v=1}^{J} W_{jv}\ln k_{vt} \\
& + \vartheta_5\sum_{v\neq j,v=1}^{J} W_{jv}\ln f_{vt} + \vartheta_6\sum_{v\neq j,v=1}^{J} W_{jv}\ln Urban_{vt} + \vartheta_7\sum_{v\neq j,v=1}^{J} W_{jv}\ln Edu_{vt} \\
& + \vartheta_8\sum_{v\neq j,v=1}^{J} W_{jv}\ln Gov_{vt} + \mu_j + \upsilon_t + \varepsilon_{jt} \\
\varepsilon_{jt} = {} & \psi\sum_{v=1,v\neq j}^{N} W_{jv}\varepsilon_{vt} + \xi_{jt}
\end{aligned}
\tag{4.1}
$$

其中，ES_{jt}为能源利用结构；ε_{jt}为随机误差；μ_j、υ_t分别为地区效应和时间效应。ρ 和 ψ 分别为空间自回归系数和空间自相关系数。W_{jv}为空间权重矩阵；θ 和 ϑ 分别为包含生产性服务业专业化集聚、多样化集聚在内的解释变量及其空间滞后项的系数。

空间依赖关系的产生源于三类不同的空间交互效应：一是不同区位被解释变量间的内生交互效应；二是某一区位独立的解释变量与另一区位被解释变量间的外生交互效应；三是不同区位误差项间的交互效应。其中内生交互效应和外生交互效应是空间外溢效应的主要来源，而误差项间的交互效应却并未包含外溢效应的信息（Vega & Elhorst，2015）。式（4.1）包含了所有空间交互效应，我们称其为一般嵌套模型（GNS）。具体而言，若 $\rho\neq0$、$\vartheta=0$、$\psi=0$，则式（4.1）中仅包含内生空间交互效应，该模型称为空间自回归（滞后）模型（SAR）；若 $\rho=0$、$\vartheta=0$、$\psi\neq0$，式（4.1）中仅反映了误差项的空间交互效应，称为空间误差模型（SEM）；若 $\rho\neq0$、$\vartheta=0$、$\psi\neq0$，则式（4.1）中同时包含了内生空间交互效应和误差项的空间交互效应，称为广义空间自回归模型（SAC）；若 $\rho=0$、$\vartheta\neq0$、$\psi=0$，则式（4.1）中仅包含外生空间交互效应，称为空间滞后解释变量模型（SLX）；若 $\rho=0$、$\vartheta\neq0$、$\psi\neq0$，则式（4.1）为空间杜宾误差模型（SDEM），该模型像 SLX 一样，度量了由外生交互效应产生的空间外溢效应；若 $\rho\neq0$、$\vartheta\neq0$、$\psi=0$，则式（4.1）中既包含内生交互效应，也包含外生空间交互效应，称为空间杜宾模型（SDM）。

式（4.1）隐含地假定能源利用结构会随本地各影响因素的改变而瞬时发生相应变化，未考虑各地区能源利用结构变化中调整性的时间滞后效应。

事实上，包括能源利用结构在内的各类宏观经济变量往往具有一定的路径依赖特征，即当期结果可能受到前期水平的影响（邵帅等，2013）。因而本章节将式（4.1）进一步转换为包含动态效应的空间计量模型，即：

$$
\begin{aligned}
\ln ES_{jt} = {} & \phi \ln ES_{j,t-1} + \rho \sum_{v=1}^{N} W_{jv} \ln ES_{v,t} + \eta \sum_{v=1,v\neq j}^{N} W_{jv} \ln ES_{v,t-1} + \theta_1 \ln SP_{jt} + \theta_2 \ln DV_{jt} \\
& + \theta_3 \ln l_{jt} + \theta_4 \ln k_{jt} + \theta_5 \ln f_{jt} + \theta_6 \ln Urban_{jt} + \theta_7 \ln Edu_{jt} + \theta_8 \ln Gov_{jt} \\
& + \vartheta_1 \sum_{v\neq j,v=1}^{J} W_{jv} \ln SP_{vt} + \vartheta_2 \sum_{v\neq j,v=1}^{J} W_{jv} \ln DV_{vt} + \vartheta_3 \sum_{v\neq j,v=1}^{J} W_{jv} \ln l_{vt} \\
& + \vartheta_4 \sum_{v\neq j,v=1}^{J} W_{jv} \ln k_{vt} + \vartheta_5 \sum_{v\neq j,v=1}^{J} W_{jv} \ln f_{vt} + \vartheta_6 \sum_{v\neq j,v=1}^{J} W_{jv} \ln Urban_{vt} \\
& + \vartheta_7 \sum_{v\neq j,v=1}^{J} W_{jv} \ln Edu_{vt} + \vartheta_8 \sum_{v\neq j,v=1}^{J} W_{jv} \ln Gov_{vt} + \mu_j + \upsilon_t + \varepsilon_{jt}
\end{aligned}
$$

$$
\varepsilon_{jt} = \psi \sum_{v=1,v\neq j}^{N} W_{jv} \varepsilon_{vt} + \xi_{jt} \tag{4.2}
$$

其中，τ 和 η 分别为滞后一期能源利用结构及其空间滞后项的弹性系数。本章节将在第四部分运用拉格朗日乘数（LM），似然比（LR）和沃尔德统计量（Wald statistics）等统计量来检验并确定动态空间计量模型的具体形式。

（二）数据来源与变量测度

本章节样本为包含全国31个省份的面板数据，时间跨度为1997～2015年。数据主要来源于1998～2016年的《中国统计年鉴》《中国能源统计年鉴》《中国第三产业统计年鉴》及各省份统计年鉴；用于基期调整的各省份价格指数数据取自《中国统计年鉴》。以下详细说明本章节有关指标和测度的设置过程。

（1）能源利用结构ES。各省份能源种类主要有煤炭、焦炭、石油、原油、汽油、煤油、柴油、燃料油、液化石油气、天然气和电力等。2014年国务院颁布的《能源发展战略行动计划2014～2020年》指出，中国优化能源结构的路径是：降低煤炭消费比重，提高天然气消费比重，大力发展风电、太阳能、地热能等可再生能源，安全发展核电。李影和沈坤荣指出，经济发展中油气和电力消耗所产生的污染物排放明显低于煤炭，以石油、天然气和电力为代表的清洁高效能源在能源利用结构中占比偏小是中国能源利用中结构性矛盾的突出表现（李影和沈坤荣，2010）。鉴于此，本部分首先将不同省份各类能源按照能源折标准煤参考系数[①]，将各省份能源利用量统一折算成

① 各类能源折标准煤参考系数来自《中国能源统计年鉴》。

标准煤使用量，进而通过计算油气和电力使用量占总能源利用量的比重表示各地区能源结构优化水平。某地区该比重越大代表该地区能源结构中油气和电力占比相对较大，而且煤炭占比相对较小，能源利用结构趋于优化。数据来源于历年《中国统计年鉴》和《中国能源统计年鉴》。

（2）生产性服务业专业化集聚（SP）和生产性服务业多样化集聚（DV）指标的构建和测度方法与第二章一致，本章不再赘述。

（3）其他变量。本章节根据中国城市分行业就业统计口径，结合柯等（Ke et al.）和席强敏等（2015）的研究，选择交通运输仓储和邮政、信息传输计算机服务和软件、批发零售、金融、租赁和商业服务、科学研究和技术服务、环境治理和公共设施管理七个行业代表生产性服务业。各地区按行业分城镇单位就业人员数（万人）取自《中国统计年鉴》和《中国第三产业统计年鉴》。国内生产总值（万元）数据直接取自历年《中国统计年鉴》。各地区城镇化水平以城镇人口占总人口比重表示，数据来源于《中国统计年鉴》和各省份统计年鉴。人力资本（EDU）以劳动力平均受教育年限（年）表示；参考韩峰和柯善咨的研究，用永续盘存法来计算各省份资本存量和FDI存量（韩峰和柯善咨，2013）；政绩考核体制和税收最大化激励是地方政府干预经济发展的重要原因，本章节以各省份财政收入占GDP比重（GOV）表示地方政府对经济发展的干预程度。各省份就业人员数（万人）直接取自《中国统计年鉴》。所有货币价值的数据均以1997年为基期进行价格调整。表4-1报告了各省份生产性服务业集聚、能源利用结构及其他变量的描述性统计量。

表4-1　各省份生产性服务业集聚、能源利用结构及其他变量的样本统计值

变量	均值	标准差	最小值	最大值
能源利用结构（ES,%）	30.0479	33.1624	5.1041	46.7890
城镇化水平（Urban,%）	45.0749	16.9035	13.3850	89.6000
劳动力—能源比（l，人/吨）	1.3657	1.9350	0.0053	25.6982
资本—能源比（k，元/吨）	489927	569385	2059.1630	382651437
FDI存量—能源比（元/吨）	32547.2143	38963.2580	35.4301	856917.2300
生产性服务业专业化集聚（SP）	0.1199	0.0740	0.0207	0.4611
生产性服务业多样化集聚（DV）	0.3963	0.1765	0.0195	1.1329
人力资本（EDU，年）	8.0423	1.3110	2.9479	12.0284
政府干预（GOV,%）	8.3658	2.9184	3.9208	19.4569

资料来源：《中国统计年鉴》。

五、动态空间计量检验与结果分析

（一）空间权重矩阵

关于空间权重矩阵，传统的相邻矩阵由于仅基于空间单元间是否相邻（是否有共同的顶点或边）来表征不同区域观测数据集的相互关系，因而包含的空间信息极为有限。为全面反映变量间的空间关系，本章节主要采用地理距离矩阵、经济距离矩阵和经济重心矩阵等进行空间计量分析。

（1）地理距离权重矩阵。地理距离权重矩阵的元素 W_{djv} 可设定为：

$$W_{d_{jv}} = 1/d_{jv}^2, \quad j \neq v \tag{4.3}$$

其中，d_{jv} 是使用经纬度数据计算的城市间距离，且 $j \neq v$，$j = v$ 时则为 0，2 为地理衰减参数。

（2）经济距离权重矩阵。本章节借鉴张学良（2012）的方法来设置经济距离矩阵：

$$W_{pergdp} = 1/\left|\overline{Q}_j - \overline{Q}_v\right|, \quad j \neq v \tag{4.4}$$

其中，$\overline{Q}_j$ 为 1997 ~2015 年各省份人均 GDP 均值。经济距离矩阵是对省域间经济邻近性的有效度量，经济发展越相似的城市可能具有相似的生产性服务业集聚模式和能源利用策略。

（3）经济重心矩阵。地理矩阵选取了一个省份的政治中心作为该省份代表，实际上更多衡量的是各省份之间的政治联系。然而在衡量省域间的经济联系时，这种政治中心地理矩阵则存在很大的缺陷：以江苏与上海和安徽与上海之间的联系为例，从往年经济数据来看，江苏与上海之间的经济联系远大于安徽与上海之间的经济联系，而南京与上海之间的距离和合肥与上海之间的距离相差却不大，用政治中心地理矩阵计算时会产生较大的误差。在研究较大区域时政治中心地理矩阵可以弥补邻接矩阵的不足，然而在研究小范围区域时政治中心地理矩阵会产生较大的误差。本章节提出了经济重心地理矩阵，经济重心地理矩阵采用平面区域计算重心的方法，用每个省份所有城市的 GDP 来加权该城市的经纬度（对于每个省份其面积较小，球面可近似看做平面）①，即：

① 感谢南京审计大学硕士研究生屠亚富在经济重心矩阵测算中所作出的突出贡献。

$$(long_j, lat_j) = \left(\frac{\sum_{j=1}^{n} gdp_j \times long_j}{\sum_{j=1}^{n} long_j}, \frac{\sum_{j=1}^{n} gdp_j \times lat_j}{\sum_{j=1}^{n} lat_j} \right) \quad (4.5)$$

其中，long 和 lat 分别代表使用城市 GDP 调整后的经度与纬度，下标 i 代表省份，j 表示省份 i 所包含的城市。最终计算该省份的经济重心的经纬度，采用各省份的经济重心的经纬度求得球面距离来生成该省份的经济重心地理矩阵（其中直辖市不包含下属城市仍采用其原有经纬度数据，而青海、西藏由于只有西宁与拉萨的 gdp 数据因此仍采用其省会城市经纬度数据）。

（二）生产性服务业集聚影响能源利用结构的空间计量估计结果

本部分采用通常的拉格朗日乘数（LM），似然比（LR）和沃尔德统计量（Wald statistics）来确定动态空间计量模型的具体形式。首先，利用似然比（LR-test）检验 SDM 模型是否存在空间固定效应（spatial fixed effects）或时间固定效应（time fixed effects），结果显示空间固定效应和时间固定效应的 LR 统计量均在 1% 水平上通过显著性检验。其次，进行 Hausman 检验，进一步判断面板空间杜宾计量模型是采用固定效应还是随机效应估计方法，检验结果显著拒绝应采用随机效应模型的原假设，因而双重固定效应的 SDM 模型更适合本书空间面板数据的估计。本章节采用双重固定效应的动态 SDM 模型对式（4.2）进行估计①。出于参数估计稳健性考虑，本部分还估计了具有双重固定效应的非动态空间杜宾模型。结果如表 4－2 所示。

表 4－2　生产性服务业集聚对能源利用结构影响的空间面板计量估计结果

变量	地理距离矩阵		经济距离矩阵		经济重心矩阵	
	具有固定效应的非动态 SDM	具有固定效应的动态 SDM	具有固定效应的非动态 SDM	具有固定效应的动态 SDM	具有固定效应的非动态 SDM	具有固定效应的动态 SDM
lnSP	0.0241 (1.13)	0.0114 (0.63)	0.0167 (0.75)	−0.0121 (−1.50)	0.0069 (1.36)	0.0207 (1.22)
lnDV	0.0253 (1.35)	0.0425* (1.86)	0.0826** (2.37)	0.0214** (2.09)	0.0503 (1.25)	0.0329** (2.13)
lnI	0.1455*** (9.62)	0.2303*** (9.88)	0.2482*** (8.24)	0.2120*** (8.87)	0.1952*** (7.42)	0.2205*** (8.17)

① 限于篇幅，本章节未能报告各类检验的统计量及其伴随概率，欢迎有兴趣的读者来函索取详细检验结果。

续表

变量	地理距离矩阵		经济距离矩阵		经济重心矩阵	
	具有固定效应的非动态 SDM	具有固定效应的动态 SDM	具有固定效应的非动态 SDM	具有固定效应的动态 SDM	具有固定效应的非动态 SDM	具有固定效应的动态 SDM
lnk	0. 5642*** (5. 72)	0. 6796*** (8. 05)	0. 6473*** (5. 85)	0. 6467*** (5. 76)	0. 6907*** (5. 52)	0. 6843*** (5. 91)
lnf	0. 0127** (1. 98)	0. 0125* (1. 92)	0. 0162*** (3. 52)	0. 0137** (2. 54)	0. 0175** (2. 44)	0. 0181** (2. 06)
lnUrban	0. 1172*** (3. 87)	0. 1520*** (6. 39)	0. 2006*** (5. 47)	0. 1782*** (6. 08)	0. 2415*** (6. 78)	0. 2279*** (6. 34)
lnEDU	0. 0231** (2. 01)	0. 0258* (1. 69)	0. 0581 (1. 23)	0. 0322 (1. 34)	0. 0103* (1. 89)	0. 0281* (1. 76)
lnGOV	-0. 1526*** (-9. 12)	-0. 0729*** (-9. 02)	-0. 1582*** (-9. 12)	-0. 1209*** (-6. 01)	-0. 1192*** (-5. 12)	-0. 1059*** (-7. 01)
lnEE(-1)		0. 0821*** (8. 53)		0. 0569*** (8. 17)		0. 0793*** (9. 10)
W×lnEE	0. 3828*** (5. 76)	0. 2597*** (5. 86)	0. 1405*** (3. 21)	0. 1437*** (3. 66)	0. 2507*** (5. 08)	0. 2537*** (6. 75)
W×lnEE(-1)		0. 0212** (2. 14)		0. 0265** (2. 50)		0. 0150** (2. 03)
W×lnSP	-0. 0718* (-1. 81)	-0. 0475 (-1. 25)	-0. 0542 (-1. 25)	-0. 0318 (-1. 45)	-0. 0458* (-1. 91)	-0. 0298** (-2. 01)
W×lnDV	0. 1789*** (3. 12)	0. 0689** (2. 35)	0. 1495** (2. 54)	0. 0781** (1. 98)	0. 2307*** (3. 17)	0. 1158* (1. 86)
W×lnl	-0. 0417** (-2. 33)	-0. 0597** (-2. 32)	-0. 0518** (-2. 35)	-0. 0492*** (-2. 09)	-0. 1108*** (-3. 46)	-0. 0786** (-2. 17)
W×lnk	-0. 2367*** (-8. 35)	-0. 1281*** (-4. 51)	-0. 0582 (-1. 06)	-0. 0637 (-1. 43)	-0. 2258*** (-5. 34)	-0. 2182*** (-5. 49)
W×lnf	0. 0136*** (2. 88)	0. 0206** (2. 10)	-0. 0107 (-1. 37)	0. 0134 (1. 64)	0. 0941*** (2. 96)	0. 0213*** (2. 65)
W×lnUrban	-0. 1459** (-2. 24)	-0. 1309 (-1. 53)	-0. 0608 (-0. 90)	-0. 0408 (-1. 37)	-0. 2126*** (-2. 95)	-0. 1263* (-1. 83)
W×lnEDU	-0. 1877*** (-4. 37)	-0. 1628*** (-2. 86)	-0. 0742 (-1. 53)	-0. 0782** (-2. 19)	-0. 2091*** (-3. 79)	-0. 1506** (-2. 28)

续表

变量	地理距离矩阵		经济距离矩阵		经济重心矩阵	
	具有固定效应的非动态 SDM	具有固定效应的动态 SDM	具有固定效应的非动态 SDM	具有固定效应的动态 SDM	具有固定效应的非动态 SDM	具有固定效应的动态 SDM
W×lnGOV	-0.0413 (-0.89)	-0.0108 (-1.18)	0.0464* (1.91)	0.0461*** (2.95)	-0.0372 (-1.47)	-0.0129 (-1.23)
log-lik	1951.3328	2737.2503	1833.2482	2619.9233	1916.3206	2818.0324
R^2	0.9327	0.9679	0.9371	0.9671	0.9427	0.9687

注：***、**和*分别表示在1%、5%和10%水平上显著，圆括号内为t检验值，log-lik为log-likelihood，lnEE（-1）和W×lnEE（-1）分别表示滞后一期能源利用结构和滞后一期能源利用结构的空间滞后项。

非动态SDM模型中仅包含能源利用结构的空间滞后效应，而动态SDM模型中不仅包含空间滞后效应，还包含其时间滞后效应和时空滞后效应。单从空间效应来看，无论动态还是非动态SDM，空间滞后系数在三种权重矩阵设定下均显著为正，说明省级能源利用结构存在明显的空间集聚特征。受地方政府竞争、产业转移、工业集聚及要素和产品贸易等经济机制驱动，本地区能源利用结构与地理或经济上相邻地区的能源利用结构密切相关，表现出“一荣俱荣、一损俱损”的空间特征。单从时间维度来看，能源利用结构的时间滞后系数τ在三种权重矩阵估计中均在1%水平显著为正，说明各地区能源利用结构变化具有明显的路径依赖特征，当期能源利用结构优化将导致下一期能源利用结构优化水平继续提高。这一结果意味着，当期改善能源利用结构所做努力将对后续能源利用结构优化产生深远的积极影响，反之亦然。因而致力于促进能源利用结构优化的工作必须常抓不懈，以防止能源利用结构出现低水平路径依赖。从时空滞后效应来看，能源利用结构的时空滞后系数η亦均显著为正，表明上一期地理或经济上相邻地区的能源利用结构促进了本地区当期能源利用结构的提高。这就意味着邻近地区能源利用结构提升对本地区产生了“示范效应”，即面对之前邻近地区能源利用结构的提高，本地区政府出于公众舆论对于节能减排压力及政绩考核的考虑①，可能将其视为“榜样”而在随后的节能减排政策及实施中模仿周边地区，以促进自身的能源利用结构不断优化。

① 自“十一五”规划中提出节能减排约束性指标以来，中国政府对于地方官员的考核指标已经由单纯的GDP逐步向综合考虑经济绩效和环境绩效的“绿色GDP”过渡。

进一步地，为分析把非动态模型扩展为动态空间面板数据模型是否能够增加模型解释力，本章节还使用 LR 检验来验证变量 lnES(-1) 和 W × lnES(-1) 系数的联合显著性。地理距离权重矩阵、经济距离矩阵和经济重心矩阵情形下 LR 检验的结果分别是：2 ×（2737.2503 - 1951.3328）= 1571.8350、2 ×（2619.9233 - 1833.2482）= 1573.3502 和 2 ×（2818.0324 - 1916.3206）= 1803.4236，自由度均为 2，且均通过了 1% 的显著性检验，证实了使用具有动态效应的扩展模型更具有解释力。另外，无论动态 SDM 还是非动态 SDM，经济重心矩阵估计的 log likelihood 值及 R^2 值均优于地理距离和经济距离空间权重矩阵。因而下文我们重点关注经济重心矩阵的动态 SDM 估计结果。

当存在空间溢出效应时，生产性服务业集聚除引起本地区能源利用结构随之变化外，还会对邻近地区能源利用结构产生影响。然而在包含全局效应设定的 SDM 模型中，解释变量的参数估计并非代表其边际影响，因而并不能直接判定其是否存在空间外溢效应。正如莱萨奇和佩斯（LeSage & Pace，2009）所言，通过使用一个或更多空间回归模型设定的点估计（ρ、η、θ 或 ψ）来判定是否存在空间溢出效应的做法可能导致错误的结论，而对不同空间模型设定中变量变化的偏微分解释则可作为检验是否存在空间溢出效应假设的更为有效的方法。因而本章节根据表 4-2 的参数估计结果进一步估算了动态空间杜宾模型中生产性服务业集聚及其他控制变量对能源利用结构的直接效应和间接效应。其中，直接效应反映了本地区解释变量对被解释变量的影响，其中包含了空间反馈效应，即本地区某影响因素变动通过影响邻近地区能源利用结构，邻近地区能源利用结构又反过来影响本地区能源利用结构这一循环往复的过程；间接效应则表示邻近地区生产性服务业集聚对本地区能源利用结构的空间影响（或本地区生产性服务业集聚对周边地区能源利用结构的影响），反映了空间溢出效应。此外，由于本章节使用的是动态空间面板数据模型，还可将直接效应和间接效应进一步分解为在时间维度上的短期效应和长期效应，分别反映生产性服务业集聚及其他控制变量对能源利用结构的短期即时影响和考虑时间滞后效应的长期影响。直接效应和间接效应的短期和长期效应计算公式分别为：

$$dirst = \left[(I - \rho W)^{-1} (\theta_k I_N + \vartheta_k W) \right]^{\bar{d}} \tag{4.6}$$

$$indst = \left[(I - \rho W)^{-1} (\theta_k I_N + \vartheta_k W) \right]^{\overline{rsum}} \tag{4.7}$$

$$dirlt = \left[((1 - \tau) I - (\rho + \eta) W)^{-1} (\theta_k I_N + \vartheta_k W) \right]^{\bar{d}} \tag{4.8}$$

$$indlt = \left[((1 - \tau) I - (\rho + \eta) W)^{-1} (\theta_k I_N + \vartheta_k W) \right]^{\overline{rsum}} \tag{4.9}$$

其中，dirst、indst、dirlt、indlt 分别为短期直接效应、短期间接效应、长期直接效应和长期间接效应；$\overline{d}$ 为计算矩阵对角线元素均值的运算符，$\overline{rsum}$表示计算矩阵非对角线元素行和平均值的运算符。表 4-3 报告了各解释变量影响效应分解结果。

表 4-3　　生产性服务业集聚对能源利用结构影响的效应估计

权重矩阵	效应	lnSP	lnDV	lnl	lnk	lnf	lnUrban	lnEDU	lnGOV
地理距离矩阵	短期直接效应	0.0131** (2.24)	0.0167* (1.77)	0.0429*** (7.79)	0.6527*** (5.27)	0.0163** (2.07)	0.2307*** (4.81)	0.0287* (1.88)	-0.0965*** (-9.07)
	短期间接效应	-0.1045** (-2.00)	0.3357*** (4.08)	0.0584*** (4.25)	0.5432*** (8.65)	0.0446* (1.94)	-0.0538*** (-3.02)	0.0107 (1.37)	-0.0053 (-0.76)
	长期直接效应	0.0212** (2.15)	0.0217* (1.82)	0.0622*** (7.78)	0.7658*** (5.63)	0.0238** (2.34)	0.2432*** (4.07)	0.0387* (1.81)	-0.1062*** (-9.09)
	长期间接效应	-0.1190** (-2.43)	0.3624*** (4.31)	0.1014*** (4.12)	0.6375*** (4.63)	0.0628** (1.98)	-0.0663** (-2.09)	0.0214 (1.22)	-0.0160 (-0.83)
经济距离矩阵	短期直接效应	0.0108** (2.16)	0.0424* (1.89)	0.0217*** (7.95)	0.6807*** (5.38)	0.0270** (2.45)	0.2033*** (5.70)	0.0237 (1.24)	-0.0975*** (-9.39)
	短期间接效应	-0.1103*** (-2.88)	0.0686** (2.11)	0.0485*** (3.08)	0.3594*** (4.66)	0.0231 (1.32)	-0.0680*** (-5.12)	0.0028 (1.36)	0.0329 (1.33)
	长期直接效应	0.0215* (1.93)	0.0504* (1.87)	0.0623*** (17.75)	0.7568*** (5.78)	0.0329** (2.44)	0.2353*** (7.69)	0.0237 (1.49)	-0.1067*** (-9.89)
	长期间接效应	-0.1326*** (-2.75)	0.0852*** (3.05)	0.0655*** (3.86)	0.4529*** (4.60)	0.0314 (1.56)	-0.0826*** (-4.37)	0.0043 (0.52)	0.0331 (1.62)
经济重心矩阵	短期直接效应	0.0128* (1.85)	0.0283* (1.80)	0.0923*** (9.37)	0.6878*** (5.50)	0.0136** (2.08)	0.2156*** (7.74)	0.0279* (1.85)	-0.0976*** (-9.25)
	短期间接效应	-0.1037** (-2.38)	0.3105*** (4.09)	0.0589*** (4.14)	0.5638*** (9.26)	0.0141** (1.96)	-0.0347*** (-2.66)	0.0190 (0.54)	-0.0072 (-1.21)
	长期直接效应	0.0211** (2.56)	0.0394* (1.87)	0.1427*** (7.58)	0.7538*** (5.41)	0.0217** (2.29)	0.2427*** (5.69)	0.0377* (1.81)	-0.1069*** (-9.55)
	长期间接效应	-0.1435** (-2.35)	0.3894*** (3.95)	0.0641*** (4.15)	0.6649*** (8.10)	0.0447* (1.88)	-0.0528** (-2.33)	0.0195 (0.80)	-0.0107 (-1.42)

注：***、**和*分别表示在1%、5%和10%水平上显著，圆括号内为t检验值。

无论直接效应还是间接效应，各变量长期效应均大于短期效应（绝对值），从而说明生产性服务业集聚及多数控制变量对能源利用结构均具有更加深远的长期影响。从控制变量的参数估计结果来看，劳动力—能源比（lnl）、国内资本—能源比（lnk）与FDI—能源比（lnf）的直接效应在短期和长期中均显著为正，说明劳动力、内资和外资等非能源要素投入对能源要素具有明显的替代效应；其间接效应显著为正则表明本地区劳动力、资本等要素对能源利用的替代效应对周边地区能源利用结构优化具有示范作用。人口城镇化水平提升在短期和长期内对本地区能源利用结构优化的影响均显著为正，但对周边城市的溢出效应显著为负，这意味着本地区人口城镇化对能源利用产生了明显的规模经济效应，然而人口向本地区迁移、流动和集聚可能弱化了其他地区人口集聚对本市能源利用的规模效应，从而不利于能源利用结构优化。人力资本水平（lnEDU）提升在短期和长期均有助于本地区能源利用结构优化，但对周边地区影响不显著，说明人力资本并未对城市能源利用结构产生明显空间外溢效应。政府干预程度（lnGOV）的长期和短期直接效应均显著为负，说明政府对经济的过度干预将扭曲资源配置，从而不利于本地区能源利用结构优化。政府干预间接效应为负但未通过显著性检验，说明在政府干预下能源利用结构在空间中并未出现“一损俱损”的局面。其原因可能在于，“十一五”规划以来，尤其中国经济发展进入新常态以后，各地方政府政绩考核指标已经由单纯的GDP逐步向综合考虑经济绩效和环境绩效的“绿色GDP”过渡，一地区政府过度干预给能源利用结构优化带来的不利影响可能给其他地区地方政府行为带来警示效应，降低对能源利用强度标准及经济发展的干预力度以避免“重蹈覆辙”。

无论从长期还是短期来看，生产性服务业专业化集聚（lnSP）的直接效应参数估计显著为正，而间接效应则显著为负，这一方面意味着生产性服务业专业化集聚通过技术外溢效应、价值链提升效应和规模经济效应显著促进了能源利用结构优化；另一方面则说明本地区生产性服务业专业化集聚对周边地区能源利用结构优化产生了明显抑制作用。本地区专业化发展和集聚的生产性服务业对周边地区能源利用结构产生抑制作用的原因可能来自以下两个方面：第一，由于中国要素市场中存在明显的市场分割和地方保护主义，本地区专业化发展和集聚的生产性服务业可能与周边地区制造业主导行业发展需求相脱节，从而不仅未对周边地区制造业结构升级、进而能源利用结构优化产生正的空间外溢效应，反而会通过地方政府间在经济增长竞争中的策略性行为加强地区间同类生产性服务业发展中的同质化趋势，进而加剧周边地区生产性服务业与制造业间的空间错配，阻碍能源利用结构优化。陈建军等探讨了生产性服务业集聚、制造业集聚及生产性服务业和制造业协同集聚对城市生产率的影响，结果指出生产性服务业集聚对城市生产率影响最大，制造业次之，生产性服务业与制造业协同集聚效应最小（陈建军等，2016）。尽管该研究并未具体探讨生产性服务业具体集聚模式与制造业间的协同集聚问题，但其研究结论在一定程度上对合理解释生产性服务业集聚阻碍制造业结构升级，进而对能源利用结构优化的原因提供了有力证据。第二，中国多数城市中生产性服务业的低端化倾向是导致本地区生产性服务业专业化集聚阻碍周边地区能源利用结构优化的重要原因。其可能的解释是：一是现阶段中国生产性服务业、尤其是高端生产性服务业发展滞后导致生产性服务业集聚的高端人才共享效应、规模经济效应和技术外溢效应无法得到充分发挥。2015 年生产性服务业却仅占第三产业就业的 39. 8%，而生产性服务业中信息传输计算机服务和软件业、金融业、科学研究和技术服务业等高端行业的比重也仅为 37. 3%。[①] 生产性服务业、尤其是高端生产性服务业发展的严重滞后将使生产性服务业集聚效应受到极大限制，不利于高端生产服务在制造业价值链中的有效嵌入和能源利用结构的改善。二是虽然目前中国生产性服务业规模不断扩大、发展速度不断提高，但中国整体产业结构仍处于全球价值链的中低端（余泳泽，2011），这就使得生产性服务业集聚水平不断提高，但其优化能源利用结构的效果却未得到明显提升。生产性服务业多样化集聚（lnDV）对本省份和周边省份能源利用结构优化均具有显著促进作用，从而印证了本书的研究假设。与生产性服务业专业化集聚不同，生产性服务业多样化集聚可为本省及周边省份制造业发展提供多样化的中间服务品和差异化、互补性的知识外溢，有助于增强生产性服务业与制造业间的匹配度和投入产出关联效应，从而不仅显著促进了本地区能源利用结构优化，而且对周边地区能源利用结构优化也产生了显著为正的空间外溢效应。

六、生产性服务业细分行业集聚对能源利用结构的空间影响

由于生产性服务业内部不同细分行业间的集聚特征各异，生产性服务业

① 本章节根据宣烨和余泳泽（2014）的方法，借助人均产出和研发强度等指标将“金融业”“信息传输、计算机服务和软件业”“科学研究、技术服务和地质勘查业”“环境治理和公共设施管理业”等定义为高端生产性服务业，而将“交通运输、仓储和邮政业”“批发和零售业”“租赁和商业服务业”等定义为中低端生产性服务业。数据来源于 2015 年《中国第三产业统计年鉴》。

集聚对能源利用结构的空间效应很可能因生产性服务业细分行业异质性有关，我们进一步将生产性服务业专业化集聚和多样化集聚指标分解至每个生产性服务业细分行业，以期探讨每个细分行业专业化集聚及其面临的行业多样化集聚对能源利用结构的影响。表 4－4 报告了经济重心矩阵情形下动态面板 SDM 模型的短期和长期生产性服务业分行业集聚的直接效应和间接效应测算结果①。其中，生产性服务业细分行业专业化集聚衡量了城市中每个细分行业自身的专业化水平，而多样化集聚反映了每个细分行业在城市中所面临的行业多样化水平。

表 4－4　　生产性服务业细分行业集聚对能源利用结构影响的效应估计

变量	效应	交通运输、仓储和邮政业	批发零售业	租赁和商务服务业	金融业	信息传输、计算机服务和软件业	科学研究、技术服务业	环境治理和公共设施管理业
lnSP	短期直接	0.0349 * (1.74)	0.0120 ** (2.05)	0.0125 ** (2.01)	−0.0136 ** (−2.45)	0.0408 (1.25)	0.0275 ** (2.17)	0.0215 (1.51)
	短期间接	−0.2251 (−1.22)	−0.0827 * (−1.94)	−0.1988 * (−1.83)	−0.2169 ** (−2.33)	0.1207 (1.62)	0.1648 ** (2.35)	0.1892 ** (2.16)
	长期直接	0.0566 ** (2.35)	0.0211 * (1.69)	0.0208 ** (2.31)	−0.0231 * (−1.68)	0.0534 * (1.72)	0.0219 * (1.69)	0.0817 ** (2.40)
	长期间接	−0.3106 (−1.50)	−0.2287 ** (−2.18)	−0.2575 * (−1.83)	−0.3356 *** (−2.71)	0.1494 ** (2.55)	0.2581 * (1.84)	0.2075 *** (2.93)
lnDV	短期直接	0.0347 * (1.85)	0.0469 ** (2.35)	0.0372 ** (2.45)	−0.0563 ** (−2.34)	0.0315 (1.06)	0.0516 ** (2.08)	0.0434 * (1.93)
	短期间接	−0.3516 (−1.47)	0.3460 (1.26)	0.3924 (1.49)	−0.3758 *** (−3.36)	0.2381 (0.69)	0.3206 *** (3.88)	0.2012 * (1.74)
	长期直接	0.0429 ** (2.10)	0.0517 * (1.93)	0.0658 * (1.73)	−0.0562 * (−1.87)	0.0483 ** (1.99)	0.0523 * (1.82)	0.0983 ** (2.45)
	长期间接	−0.4095 (−1.53)	0.4902 (1.41)	0.3748 (1.32)	−0.4913 *** (−3.60)	0.3528 *** (3.96)	0.3980 *** (4.39)	0.3264 *** (3.55)

注：***、** 和 * 分别表示在 1%、5% 和 10% 水平上显著，圆括号内为 t 检验值。

① 由于控制变量的估计结果与表 4－3 基本一致，限于篇幅，表 4－4 中未将这些结果列出，欢迎感兴趣的读者来函索取详细结果。

表4－4显示，交通运输、仓储和邮政业专业化集聚和多样化集聚的短期和长期直接效应为正，但间接效应均未通过显著性检验，表明交通运输、仓储和邮政业无论是本行业内部集聚还是选择与其他生产性服务业共生的多样化集聚均有助于发挥其对本市能源利用结构的优化效应，但由于中国交通运输网络发达地区往往也是经济相对发达地区，这些地区一般会对周边地区人口、要素产生虹吸效应，从而在自身因规模效应和技术外溢效应优化能源利用结构的同时，相对削弱了周边地区人口和要素的集聚效应而对其能源利用结构优化未产生明显影响。批发零售业与租赁和商业服务业专业化集聚的短期和长期直接效应均为正且通过显著性检验，而间接效应则在多数情况下显著为负，意味着批发零售、租赁和商务服务业集聚显著改善了本地区能源利用结构，但对周边地区能源利用结构优化产生抑制作用，进一步印证了前文低端行业占比较大情况下生产性服务业集聚对周边地区能源利用结构优化产生负向空间外溢效应的结论。批发零售业与租赁和商业服务业多样化集聚的短期和长期直接效应均显著为正，但其间接效应未通过显著性检验，说明批发零售业与租赁和商业服务业等低端行业多样化集聚的能源利用结构优化效应具有明显的本地化特征，并未与周边地区产生密切的投入产出关联，继而对周边地区能源利用结构优化产生明显影响。

在生产性服务业内部结构中金融业一般被视为高端行业，且多数研究显示金融发展有助于推动产业集聚和技术外溢，提高资源配置效率和要素生产率（Aghionand & Howitt, 2005；解维敏和方红星，2011）。然而表4－4估计结果显示，金融业专业化集聚和多样化集聚无论在短期还是长期，其直接效应和间接效应均显著为负。这一与预期相悖的结论意味着，中国各城市金融业集聚对本地区能源利用结构优化的高端人才蓄水池效应、规模经济效应和技术外溢效应并未得到充分、有效发挥，反而对本地区和周边地区能源利用结构优化产生了明显抑制作用。其原因可能与中国金融服务对象特征及金融业发展中的政府干预因素有关。其一，为降低金融风险，城市金融部门更多地愿为国有企业和大型重工企业提供金融服务，而国有企业和大型重工企业多为资本密集型行业，具有较高的单位产出能耗，因而金融业集聚水平不断提高，但其优化能源利用结构的效果可能并未得到明显提升。其二，企业发展与融资渠道和融资成本密切相关，可靠的融资支持是政府为获得增长优势而对辖区内企业提供的主要“政策租”之一（李影和沈坤荣，2010）。为获得增长竞争优势，地方政府有能力也有意愿通过金融机构贷款影响企业投融资行为，进而影响制造业集聚水平和效益。在政府的过度金融干预下，金融业集聚可能导致制造业集聚脱离市场规律和当地比较优势，不利于发挥集聚的技术外溢效应和规模经济效应，从而造成资源配置扭曲，提高制造业中非效率集聚行业所占比重，阻碍能源利用结构优化。地区间政府的竞争行为和策略性互动将通过示范效应使金融集聚对能源利用结构优化的抑制作用在空间中不断扩散，形成负向空间外溢效应和反馈机制。

信息传输、计算机服务和软件业专业化集聚和多样化集聚的短期直接效应和间接效应均未通过显著性检验，但其长期直接效应和间接效应显著为正，说明信息传输、计算机服务和软件业集聚对能源利用结构优化仅有长期效应而无短期影响。这一结果意味着，目前中国信息化和工业化融合水平可能依然偏低，尤其是信息化带动工业化方面依然落后于现实的需要，从而使得信息传输、计算机服务和软件业发展在短期内未能对各地区能源利用结构产生明显影响。但随着中国信息化水平提高和互联网经济的发展，"互联网+"应用领域的不断延伸和拓展将进一步加快制造业交易速度、降低中间成本，推动要素组合方式和企业生产方式向价值链高端攀升，在长期内促进能源利用结构优化。科学研究和技术服务业专业化集聚和多样化集聚的短期和长期直接效应和间接效应均显著为正。这意味着与其他生产性服务行业相比，科学研究和技术服务业集聚更易于对本地区和周边地区的能源利用结构优化发挥规模经济效应和技术外溢效应，且该行业集聚除提升本地区清洁技术研发和服务水平以促进能源利用结构优化外，还会通过示范效应促使周边地区加强清洁技术的研发和应用、绿色创新体系的构建而改善能源利用结构。环境治理和公共设施管理业集聚的参数估计结果与信息传输、计算机服务和软件业基本一致，其专业化集聚和多样化集聚在短期和长期均对本地区和周边地区能源利用结构优化产生明显的促进作用，因而环境治理和环境规制对改善能源利用结构不仅有短期影响还有明显的长期推进效果。在中国目前产业结构状况和经济发展阶段下，环境治理水平和环境规制强度提高不仅通过成本效应对工业企业发展形成明显倒逼机制，促使企业改进生产方式、采用清洁生产技术，推行集约化生产，而且有助于壮大节能环保产业、清洁生产产业和清洁能源产业，进而促进能源利用结构优化。

综合而言，生产性服务业专业化集聚和多样化集聚对能源利用结构的整体影响效果是细分生产性服务业集聚对能源利用结构影响效应的综合体现。尽管高端生产性服务业与低端生产性服务业集聚整体上对能源利用结构产生了截然不同的空间溢出效应，但由于中国生产性服务业集聚和发展中的低端化倾向和政府干预特征依然较为明显，从而使得生产性服务业专业化集聚在整体上在短期和长期仅促进了本地区能源利用结构优化，而对周边地区产生了负向空间外溢效应；而生产性服务业多样化集聚则显著促进了本地区和周边地区能源利用结构优化。

七、小结

本章节基于31个省份面板数据，采用动态空间杜宾模型探讨了生产性服务业集聚对能源利用结构的影响。结果显示，生产性服务业专业化集聚有助于促进本省份能源利用结构优化，但对周边地区能源利用结构优化却产生了负向空间外溢效应；生产性服务业多样化集聚则对本省份和邻近省份能源利用结构优化均具有明显促进作用，且长期影响大于短期。进一步研究发现，科学研究和技术服务业及环境治理和公共设施管理业的专业化和多样化集聚均显著促进了本省份和周边省份能源利用结构优化；而交通运输、仓储和邮政业、批发零售业、租赁和商务服务业专业化集聚和多样化集聚仅对本省能源利用结构优化有促进作用，对周边地区未产生积极影响；信息传输、计算机服务和软件业集聚对能源利用结构优化的促进作用仅有长期效应而无短期影响；金融业专业化和多样化集聚无论在短期还是长期却显著抑制了本省和周边省份能源利用结构优化。

第二节　生产性服务业集聚对城市碳排放的影响

一、引言

中国碳排放量不断增加是与经济高速增长同步出现的。1980～2014年中国GDP年均增长率高达9.8%，工业能耗和二氧化碳排放年均增长分别达到6.9%和9.2%。2014年中国碳排放量占全球碳排放的28%，已经超过美国和欧洲排放量的总和。[①] 工业作为中国国民经济的重要组成部分和经济增长的主要驱动力，已成为能源消耗和碳排放的主要领域（陈诗一，2009；王文举和李峰，2015）。碳排放问题既是环境问题又是发展问题（公维凤等，2012）。

① 资料来源：2000～2015年《中国统计年鉴》和世界银行网站。

目前中国经济发展已步入新常态，为控制气候变化和减少碳排放，党的十八届五中全会明确提出了绿色发展理念，2016 年政府工作报告中也进一步提出了“十三五”时期单位国内生产总值二氧化碳排放量下降 18% 的碳减排目标。在碳排放约束日益趋紧背景下，如果强制实行限制“三高”产业的结构调整措施，降低重工业比例，势必会在一定程度上造成经济活动的大幅波动、给经济增长带来不利影响（周县华和范庆泉，2016）。如何在保证经济稳步增长的同时，提高能源利用效率和减少碳排放，成为新常态下“转方式、调结构”的重要课题。

作为工业发展的中间投入行业，生产性服务业具有知识密集性、低污染、低消耗、高产出和高就业的特点。依托现代服务业和生产性服务业集聚促进产业结构优化、积极转变发展方式成为近年来政府和学界高度关注的改革热点。2016 年政府工作报告强调，要在“十三五”期间做大高技术产业、现代服务业等新兴产业集群，打造动力强劲的新引擎。《政府工作报告》在阐述 2016 年工作重点时也进一步指出，要启动新一轮国家服务业综合改革试点，实施高技术服务业创新工程；放宽市场准入，提高生产性服务业专业化水平。已有研究也表明，与工业相比，生产性服务业具有更强的集聚效应和技术密集性特征；生产性服务业集聚能够通过深化劳动分工、延伸产业价值链或利用其与制造业间的产业互动、推动生产技术创新等途径实现绿色增长（宣烨，2012；刘胜和顾乃华，2015；余泳泽等，2016）。可见，在工业结构性矛盾凸显、节能减排压力增大情况下，发展现代生产性服务业、促进生产性服务业集聚，可成为优化工业结构、降低碳排放，进而有效化解“稳增长、促减排”困境的突破口。然而目前系统探讨集聚与减排的研究多关注于制造业（陆铭和冯皓，2014），且有关生产性服务业发展与碳减排的观点也多见于探讨产业结构调整与碳排放关系的文献中（吴振信等，2012；原嫄等，2016），直接从生产性服务业集聚视角研究碳减排效应的文献尚不多见；即使有相关文献也大都以经验总结或统计描述形式出现（王玉，2015），对于生产性服务业集聚影响碳排放的内在机制缺乏深入的认识，尤其是缺乏对碳减排目标下不同生产性服务业集聚模式及其空间效应的实证检验。本章节试图在集聚经济和新经济地理理论基础上构建计量模型，以中国 2003 ~2014 年 283 个地级及以上城市面板数据为样本，运用空间计量方法系统探讨生产性服务业集聚对碳排放的影响及其内在机制，以弥补现有研究在这方面的不足。

二、空间计量模型、变量测度与数据说明

（一）空间计量模型设定

本章节以迪茨和罗莎（Dietz & Rosa，1994）建立的 STIRPAT（Stochastic Impacts by Regression on Population Affluence and Technology）模型为基础，通过纳入城市生产性服务业集聚变量，对上述理论分析的推演结论进行经验验证。标准的 STIRPAT 模型为：

$$I = aP^{\lambda_1}A^{\lambda_2}T^{\lambda_3}e \tag{4.10}$$

其中，I 表示城市碳排放量；a 是常数项；P 代表人口规模；A 代表人均财富；T 为能源利用技术水平；e 为随机误差项。根据迪茨和罗莎（Dietz & Rosa，1997）的研究，参数 λ_1、λ_2、λ_3 的符号在理论上为 $\lambda_1>0$、$\lambda_2>0$、$\lambda_3<0$，即人口规模和人均财富的增长是碳排放水平提高的重要决定因素，而能源利用技术水平的提高则有助于降低碳排放。

集聚经济理论认为，技术外部性或技术外溢是促使企业创新和技术进步的重要因素（Fujita & Thisse，2002；范剑勇等，2014）。关于技术外部性的来源，马歇尔（Marshall，1890；1961）、阿罗（Arrow，1962）和罗默（Romer，1986）认为知识外溢来源于同一产业内的厂商集聚，而雅各布斯（Jacobs，1969）则认为重要的知识溢出往往来自核心产业之外，大量多样化的产业在相近地域上的集聚比那些相近产业的集中更能促进创新和增长。梁琦等（2014）则进一步指出，集聚是空间经济分布变化的一个动态概念，专业化和多样化实质上是集聚在任意一个时点上的两种不同形态。生产性服务业作为国民经济的重要组成部分，其空间分布形态在一定时期内也应有专业化和多样化集聚之分。正如席强敏（2015）所言，城市体系中生产性服务业在不同发展水平和不同规模城市中可能同时存在着专业化与多样化两种发展模式。首先，与制造业相比，生产性服务业具有更强的集聚效应（Meliciani & Savona，2014），其专业化集聚或多样化集聚的技能劳动力共享和技术外溢效应均有助于技术进步和能源利用效率的提升；其次，根据新经济地理理论，不论专业化集聚还是多样化集聚，生产性服务业集聚规模的提高，有助于为制造业企业提供优质、便捷和廉价的商业和生产服务，增进能源效率，进而降低碳排放；最后，生产性服务业集聚能够促进制造业高度化和产业结构升级，优化能源利用结构、提高能源利用水平。因而，能源利用的技术水平可

看作生产性服务业专业化集聚和多样化集聚的增函数，即：

$$T = T_0 (SP_i)^{\alpha} (DV_i)^{\beta}, \quad \alpha > 0, \quad \beta > 0 \tag{4.11}$$

其中，T_0为常数，代表除生产性服务业集聚的技术溢出效应和规模经济效应外影响能源利用技术水平的其他因素；SP_i 和 DV_i 分别为生产性服务业专业化集聚和多样化集聚；α 和 β 分别表示由生产性服务业专业化集聚和多样化集聚对能源技术水平的弹性系数。结合式（4.10）、式（4.11）得到：

$$I = aP^{\lambda_1} A^{\lambda_2} T_0^{\theta_1} (SP_i)^{\theta_2} (DV_i)^{\theta_3} e \tag{4.12}$$

其中，$\theta_1 = \lambda_3$。$\theta_2 = \alpha\lambda_3$和 $\theta_3 = \beta\lambda_3$分别表示生产性服务业专业化集聚和多样化集聚对城市碳排放影响的弹性系数，综合反映了碳减排中生产性服务业专业化集聚和多样化集聚的规模经济效应、技术外溢效应以及产业结构升级效应的大小。

对式（4.12）两边取对数得：

$$\ln I_{ij} = S_0 + \theta_1 \ln P_{ij} + \theta_2 \ln A_{ij} + \lambda_2 \ln SP_{ij} + \lambda_3 \ln DV_{ij} + \varepsilon_{ij} \tag{4.13}$$

其中，$S_0 = a\theta_1 \ln T_0$。除以上因素外，根据相关文献论述，影响碳排放的变量还可能有人力资本（高鸣和陈秋红，2014）、外商直接投资（Shahbaz et al.，2016）、政府干预（支燕，2013）、交通状况（张秀媛等，2014）等，在计量分析中也将以上变量引入式（4.13）。

碳排放或空气污染作为经济发展中的外部性因素，不仅随着自然气候条件变化而在地区间扩散，而且伴随城际交通基础设施（高铁、轻轨等）和通信技术的发展，也可通过要素流动和产业转移等方式在空间上传播，因而碳排放在空间上可能存在较为明显的关联效应。另外，地区间的增长竞争也会间接导致区间碳排放的空间关联性。在增长竞争和政治晋升压力下，一地区通过降低环境标准和能源利用强度标准而吸引企业投资、获得增长优势的做法可能诱发其他地区地方政府的类似行为。曾文慧（2008）对中国省级面板数据的实证研究进一步发现地方政府环境治理强度在空间上存在明显的策略互动。张华（2016）进一步发现，地方政府在环境规制方面的策略性互动行为使得其对中央政府环境规制政策存在非完全执行现象，因而如果竞争地区降低环境规制强度，则本地区也会相应降低环境规制强度，从而使得环境污染在空间中具有明显的传导效应。我们在计量模型设置中也遗漏了诸如制度环境、区位条件、邻近区域政策等变量，这些不可观测遗漏变量也可能对城市碳排放产生影响并导致空间依赖性。任何忽略空间相关性的计量检验都将无法得到一致性的参数估计。除碳排放具有空间关联效应外，已有研究亦显示，生产性服务业集聚与制造业集聚、工业生产效率及经济发展之间在空间上存在协同效应（Ke et al.，2014；席强敏等，2015），因而某一城市 i 的生产性服务业集聚也可能对另一城市 j 的碳排放产生影响。因此，有必要将空间效应纳入计量分析中。我们通过引入空间计量模型来刻画和分析城市碳排放及生产性服务业集聚的这种空间相关性。具体模型设定为如下形式：

$$\ln I_{it} = \alpha + \rho \sum_{j=1,j\neq i}^{N} w_{ij} \ln I_{jt} + X_{it}\beta + \sum_{j=1}^{N} w_{ij} X_{ijt}\theta + \mu_i + v_t + \varepsilon_{it},$$

$$\varepsilon_{it} = \psi \sum_{j=1,j\neq i}^{N} w_{ij}\varepsilon_{jt} + \mu_{it} \tag{4.14}$$

其中，ε_{it}为残差；μ_i、ν_i分别表示地区效应、时间效应。ρ 和 ψ 分别为空间滞后系数和空间误差系数。w_{ij}代表空间权重矩阵。其中，X 为包含生产性服务业专业化、多样化集聚和其他控制变量在内的自变量向量。

空间依赖关系的产生源于三类不同的空间交互效应：一是不同区位被解释变量间的内生交互效应；二是某一区位独立的解释变量与另一区位被解释变量间的外生交互效应；三是不同区位误差项间的交互效应。其中内生交互效应和外生交互效应是空间外溢效应的主要来源，而误差项间的交互效应却并未包含外溢效应的信息（Vega & Elhorst，2015）。由于本章节重点在于研究生产性服务业集聚对碳排放的空间溢出作用，因而我们将着重在 SAR 、SLX、SAC、SDEM 与 SDM 模型中展开讨论。

（二）数据来源与变量测度

本章节样本为除陇南、中卫和巢湖三市的 2003～2013 年全国 283 个地级及以上城市。数据主要来自 2004～2014 年的《中国城市统计年鉴》和《中国区域经济统计年鉴》；用于基期调整的各省份价格指数来自 2003 年以来的《中国统计年鉴》。以下详细说明本章节有关指标和测度的设置过程。

（1）城市碳排放（I）。本章节主要针对城市工业碳排放展开研究。碳排放来源于能源消费，目前有统计的城市工业能源消费主要有天然气、液化石油气和电力等。其中，电力需求是带来二氧化碳（CO_2）排放量增加的主要原因。中国“富煤贫油少气”的资源禀赋特征和相对低廉的煤炭价格，决定了中国电力生产对煤炭的高度依赖性。林伯强和蒋竺均（2009）指出，燃煤发电产生的 CO_2 排放是所有发电燃料中最高的，电力工业占中国整体碳排放比重近一半。可见，以煤为主的电力结构整体提升了中国 CO_2 排放总量。由城市工业用电而导致的碳排放量可表示为：

$$C_e = \phi(\eta \times E_e) \tag{4.15}$$

其中，C_e为工业用电的碳排放量；ϕ 为煤电燃料链温室气体排放系数（马忠海等，1999），折合等效 CO_2为 1.3023 千克/千瓦时；η 为煤电发电量在总发电量中的比例①；E_e为城市工业用电量。在此基础上，城市工业行业碳排放估算公式可表示为：

$$I = C_n + C_p + C_e = \kappa E_n + \gamma E_p + \phi(0.8 \times E_e) \tag{4.16}$$

其中，C_n为工业消耗天然气的碳排放量，C_p为工业消耗液化石油气的碳排放量；E_n为城市工业消耗天然气量，E_p为城市工业消耗液化石油气量；κ、γ 分别为天然气和液化石油气消耗的二氧化碳排放系数②。

（2）生产性服务业专业化集聚（SP）和生产性服务业多样化集聚（DV）的指标测度方法与第二章一致，本章不再赘述。

（3）其他变量。本章节结合柯等（Ke et al.，2014）和席强敏等（2015）的研究对生产性服务业进行分类：根据中国城市分行业就业统计口径，把 19 个行业中的交通运输和仓储邮政、信息传输、计算机服务和软件、批发零售、金融、租赁和商业服务、科学研究和技术服务、环境治理和公共设施管理七个行业合并代表生产性服务业。各行业就业人数为单位从业人员数（万人），数据直接取自历年《中国城市统计年鉴》。人口规模（Pop）以市辖区年末总人口表示。人均财富（A）采用人均 GDP 作为代理变量。人力资本（EDU）以中学及以上学生数占总人口比重表示；城市 FDI 存量用永续盘存法来计算，具体计算方法参考韩峰和柯善咨（2013）；交通状况（TRA）以市辖区民用汽车拥有量与道路面积的比值表示，该比值越大则城市交通压力越大；政绩考核体制和税收最大化激励是地方政府干预经济发展的重要原因，本章参考陆铭和欧海军（2011）的研究，以城市财政收入占市辖区 GDP 比重（GOV）表示地方政府对经济发展的干预程度。所有货币价值的数据以 2003 年不变价计算。表 4－5 报告了中国地级及以上城市生产性服务业集聚、碳排放及其他变量的样本统计值。

---

① 根据 2004～2014 年《中国电力年鉴》，2003～2013 年煤电发电量在总发电量中的平均比例分别为 82.9%、82.5%、81.8%、83.3%、83.3%、81.2%、81.8%、80.8%、82.5%、78.6%、79.2%。

② 根据中国合同能源管理网（http://www.emcsino.com/html/news_info.aspx?id=9267）的数据，天然气的二氧化碳排放系数为 2.1622 千克/立方米，液化石油气的二氧化碳排放系数为 3.1013 千克/立方米。

表4-5 中国地级及以上城市工业碳排放水平及其他变量的样本统计值

变量	均值	标准差	最小值	最大值
碳排放I（万吨）	634.6771	1086.2170	1.6722	11789.7500
人口规模Pop（市辖区总人口，万人）	132.7776	165.4053	14.0800	1787.0000
人均财富A（人均GDP，元/人）	34703.2500	32528.0900	1881.5410	359004.3000
生产性服务业专业化集聚SP	0.4619	0.1790	0.0995	1.7774
生产性服务业多样化集聚DV	0.8562	0.2163	0.1798	1.5244
交通状况TRA（道路交通密度，辆/万平方米）	191.2162	168.5385	9.1037	1631.7420
人力资本EDU（中学和大学生数比重,%）	10.6034	4.1051	0.8701	29.6527
FDI存量（万元）	1793376	5389348	0.0000	69044274
政府干预GOV（%）	8.5264	4.6024	0.4648	47.7808

三、空间计量检验与结果分析

（一）中国碳排放和生产性服务业集聚的空间相关性分析

判断碳排放的空间相关性有助于研究生产性服务业集聚作用下不同地区碳排放的空间传导机制。探讨地区间变量的空间相关性和反映地区间经济现象集聚格局特征，一般采用Moran's I，具体公式如第二章第二节所示，在此不再赘述。

准确度量个体间的空间相关关系，关键在于构造适当的空间权重矩阵。目前多数文献主要采用相邻矩阵、地理距离矩阵和经济距离矩阵等进行空间计量分析。然而，相邻矩阵由于仅基于空间单元间是否相邻（是否有共同的顶点或边）来表征不同区域观测数据集的相互关系，因而无法反映地理上相互接近但并非相连的空间单元间的空间影响，也不能完全体现各空间单元间经济上的相互作用。距离矩阵和经济矩阵尽管分别从地理空间和经济行为模式上反映了地区间的联系程度，但是现实中纵然两城市紧密相邻，但由于其具有迥然不同的经济发展水平和运行模式，二者的空间联系可能并不密切；反之，即使两城市具有相似的经济运行模式和发展水平，但由于其在地理上相距遥远，也不可能存在非常密切的空间关联。因而，地区间的空间关联可能来自空间距离和经济行为的双重影响，仅考虑地理区位或经济信息来构造权重矩阵也并非最佳选择。而综合不同空间单元在地理区位与经济特征等方面因素来构建的空间权重矩阵，对于表征观测数据集在空间上的分布格局、特征及其相互联系可能更具优势。基于此，本章节借鉴侯新烁等（2014）的方法，基于引力模型构建了地理区位与经济联系综合权重矩阵：

$$W_{gav,ij}=\begin{cases}(\overline{Q}_i\times\overline{Q}_j)/d_{ij}^2, & i\neq j\\0, & i=j\end{cases}\tag{4.17}$$

其中，$\overline{Q}_i$ 和 $\overline{Q}_j$ 分别表示两个城市实际人均 GDP。该权重矩阵认为不同空间单元间的联系不仅和二者的地理距离有关，而且还受区域经济活跃程度的影响，因而可以更为科学地反映变量影响的空间衰减特征（侯新烁等，2014）。在进行空间计量分析前，本章节均对各矩阵进行标准化，使各行元素之和等于1。基于引力模型空间权重矩阵，本章节计算了碳排放指标的面板和截面 Moran's I 值。引力模型矩阵的面板 Moran's I 值为 0.3630，伴随概率为 0.0000，因而碳排放的面板全局 Moran's I 值在控制解释变量后表现出显著为正的空间关联性，即高度碳排放城市周边也必然集聚着大量拥有较高碳排放水平的城市。

（二）空间计量估计策略

为精确研究生产性服务业集聚对城市碳排放的影响及其空间效应，还需要进一步对其进行空间计量检验。通过选择适宜的空间计量方法有助于准确反映空间依赖产生的原因以及不同空间关联机制的作用效果。本部分参考埃尔霍斯特（Elhorst，2012）的检验思路，采用“具体到一般”和“一般到具体”相结合的方法对空间计量模型进行检验。首先，按照从具体到一般的检验思路，估计非空间效应模型（nonspatial model）并利用拉格朗日乘数法（LM）来检验是否使用 SAR 或者 SEM 模型。如果 LM-lag 通过检验而非 LM-err，则选择 SAR 模型，反之亦然；如果 LM-lag 与 LM-err 均通过检验，则需进一步比较 R-LM-lag 与 R-LM-err。若 R-LM-lag 通过检验而非 R-LM-err，则选择 SAR 模型，反之亦然。其次，如果非空间效应模型被拒绝，且存在空间或时间固定效应，那么需要根据“一般到具体”的检验思路来估计空间杜宾模型（SDM），利用似然比（LR-test）检验计量模型是否存在空间固定效应（spatial fixed effects，SFE）或时间固定效应（time fixed effects，TFE）。再次，进行 Hausman 检验，进一步判断面板空间杜宾计量模型是采用固定效应还是随机效应估计方法。最后，通过 Wald 或 LR 检验法检验假设：H_0^1：$\theta=0$ 和

$H_0^2: \theta + \rho\beta = 0$，用以判断空间杜宾模型是否会简化为空间自回归（SAR）或空间误差模型（SEM）。如果以上两个假设均被拒绝，则 SDM 模型是估计空间面板模型的最佳选择；若第一个假设无法被拒绝，且 LM（R-LM）亦指向 SAR 模型，那么 SAR 模型更好地拟合了空间面板数据；若第二个假设无法被拒绝且 LM（R-LM）亦指向 SEM 模型，那么 SEM 是空间计量估计中的最优模型；若 LM（R-LM）指向的模型与 Wald 或 LR 的检验结果不一致，则 SDM 更适用于估计空间面板模型，这是因为 SDM 同时是空间自回归和空间误差模型的一般化形式。表 4-6 报告了引力模型空间权重矩阵下的空间计量模型的检验结果。

表 4-6　　引力模型空间权重矩阵下的空间计量模型检验

检验内容	检验方法	原假设	统计值	伴随概率	检验结果
SAR 模型与 SEM 模型检验	LM-lag 检验	不存在被解释变量空间滞后项	2347.6067	0.0000	拒绝原假设
	R-LM-lag 检验	不存在被解释变量空间滞后项	102.9253	0.0000	拒绝原假设
	LM-err 检验	不存在空间误差效应	2247.1304	0.0000	拒绝原假设
	R-LM-err 检验	不存在空间误差效应	2.4490	0.1180	接受原假设
空间杜宾模型模型的固定效应检验	SFE-LR 检验	不存在空间固定效应	214.6996	0.0000	拒绝原假设
	TFE-LR 检验	不存在时间固定效应	117.0587	0.0043	拒绝原假设
	STFE-LR 检验	不存在时空双重固定效应	234.4463	0.0156	拒绝原假设
SDM 模型的 Hausman 检验	Hausman 检验	应采用随机效应模型	4984.6002	0.0000	拒绝原假设
SDM 模型的简化检验	Wald-lag 检验	SDM 模型可弱化为 SAR 模型	10.7434	0.2937	接受原假设
	LR-lag 检验	SDM 模型可弱化为 SAR 模型	10.6641	0.2994	接受原假设
	Wald-err 检验	SDM 模型可弱化为 SEM 模型	16.5602	0.0561	拒绝原假设
	LR-err 检验	SDM 模型可弱化为 SEM 模型	17.6234	0.0398	拒绝原假设

首先，来看 LM 检验结果。LM-lag 检验、R-LM-lag 检验和 LM-err 检验均在 1% 显著性水平通过检验，而 R-LM-err 却未通过显著性检验，因而空间自

回归模型（SAR）优于空间误差模型（SEM）。其次，由于非空间效应计量模型的原假设被拒绝，且空间杜宾模型的空间、时间和时空双重固定效应 LR 检验结果均显示，固定效应的计量模型中应同时控制空间和时间双重固定效应。再次，由于计量模型中存在时空双重固定效应，因而需要进一步采用 Hausman 检验判断 SDM 模型是采用时空双重固定效应还是随机效应更为合适。表 4－6 检验结果显示 Hausman 检验支持时空双重固定效应的 SDM 模型。最后，时空双重固定效应 SDM 模型的 Wald-lag、LR-lag 统计量均未通过显著性检验，表明双重固定效应的 SDM 模型可简化为 SAR 模型，但 Wald-err、LR-err 检验却拒绝了 SDM 模型可简化为 SEM 模型的原假设。可见，LM（R-LM）检验指向的模型与 Wald 或 LR 检验结果出现了分歧，则根据上述空间计量模型选择标准，双重固定效应的 SDM 模型更适用于估计本章节的空间面板模型。

（三）生产性服务业集聚影响碳排放的空间计量估计结果

为了便于比较和检验各变量参数估计的稳健性，本章节采用双重固定效应 SDM 模型进行估计的同时，还分别列出了双重固定效应 OLS、SAR、SEM、SLX、SAC、SDEM 模型的估计结果。表 4－7 报告了生产性服务业集聚对城市碳排放影响的空间面板计量估计结果。

表 4－7　生产性服务业集聚对城市碳排放影响的空间面板计量估计结果

变量	OLS	SAR	SEM	SLX	SAC	SDEM	SDM
lnPop	0.9239*** (43.06)	0.9245*** (43.08)	0.9250*** (43.07)	0.9105*** (41.84)	0.9227*** (42.99)	0.9117*** (42.10)	0.9112*** (42.03)
lnA	1.0677*** (36.64)	1.0738*** (36.44)	1.1155*** (37.76)	1.1475*** (37.45)	1.1379*** (37.67)	1.1413*** (37.56)	1.1534*** (37.76)
lnSP	0.0156 (0.35)	0.0217 (0.49)	0.0082 (0.19)	0.0143 (0.32)	0.0226 (0.52)	0.0122 (0.28)	0.0133 (0.30)
lnDV	0.1099** (2.04)	0.1183** (2.19)	0.0827 (1.49)	0.0410 (0.71)	0.0956* (1.72)	0.0389 (0.68)	0.0317 (0.55)
lnTRA	0.0997*** (3.00)	0.1087*** (3.26)	0.0641* (1.91)	0.0596* (1.75)	0.0794** (2.34)	0.0595* (1.77)	0.0495 (1.46)
lnFDI	－0.0148*** (－3.03)	－0.0133*** (－2.69)	－0.0128*** (－2.63)	－0.0051 (－0.99)	－0.0082 (－1.64)	－0.0055 (－1.08)	－0.0052 (－1.02)
lnGOV	0.1940*** (6.47)	0.1963*** (6.55)	0.1794*** (5.93)	0.1722*** (5.56)	0.1811*** (6.01)	0.1715*** (5.58)	0.1696*** (5.50)

续表

变量	OLS	SAR	SEM	SLX	SAC	SDEM	SDM
lnEDU	-0.1807*** (-4.41)	-0.1880*** (-4.56)	-0.2059*** (-4.94)	-0.2350*** (-5.49)	-0.2316*** (-5.47)	-0.2360*** (-5.57)	-0.2404*** (-5.64)
ρ		0.2430** (2.27)			0.2223*** (3.31)		0.1490*** (7.71)
ψ			0.2500*** (6.53)		0.3118*** (6.64)	0.1210*** (2.99)	
W×lnPop				-0.0812 (-1.24)		-0.0885 (-1.32)	-0.2179*** (-3.22)
W×lnA				-0.6779*** (-8.49)		-0.6554*** (-7.90)	-0.7890*** (-9.74)
W×lnSP				0.3237** (2.30)		0.2888** (1.99)	0.3046** (2.17)
W×lnDV				0.7122*** (4.41)		0.7077*** (4.24)	0.6885*** (4.28)
W×lnTRA				0.5302*** (5.11)		0.5417*** (5.05)	0.4869*** (4.70)
W×lnFDI				-0.0049 (-0.49)		0.0009 (1.09)	0.0014 (1.14)
W×lnGOV				0.2847*** (3.19)		0.2538*** (2.77)	0.2315*** (2.59)
W×lnEDU				0.1313 (1.13)		0.1228 (1.01)	0.1602 (1.38)
log-lik	2295.1668	3499.8232	3500.3919	3533.5888	3546.4283	3553.3480	3568.7692
R^2	0.6940	0.7113	0.7106	0.7061	0.7062	0.7225	0.7242

注：***、** 和 * 分别表示在 1%、5% 和 10% 水平上显著，log-lik 为 log-likelihood。

表 4-7 中同时列出了生产性服务业集聚影响碳排放的 OLS 和空间计量估计结果。由于 SAR、SAC 和 SDM 模型中碳排放的空间滞后项为内生变量，且 SEM 和 SDEM 模型中包含了误差项的空间滞后项，因而本章节使用最大似然法估计这些模型，以获得一致性的参数估计。SLX 模型中由于仅包含外生变量空间滞后项，本章节依据维加和埃尔霍斯特（Vega & Elhorst，2015），采用非线性 OLS 对该模型进行估计。此外，本章节参考安瑟林等（Anselin et al.，2004）的方法，综合拟合优度、自然对数函数值（log-lik）等统计量对以上各类空间模型中的最优模型进行判断和选择，结果显示无论从自然对数值还是从拟合优度来看，SDM 模型均是本章节实证研究中的最优模型。

各方程中空间自回归系数（ρ）和空间自相关系数（ψ）均至少在 5% 水平显著为正，说明各城市碳排放在内生空间交互效应和随机冲击的空间交互效应作用下存在明显的空间依赖关系，与本章节理论预期相符。进一步比较各模型空间自回归系数（ρ）估计值发现，SDM 模型估计结果明显小于 SAR 和 SAC 模型，说明忽视解释变量空间滞后项将导致内生空间交互效应的高估。在面板固定效应 OLS 估计中，参数估计反映了各解释变量变化对碳排放的边际影响，然而在包含全局效应设定的 SAR、SAC 和 SDM 模型中，变量的参数估计值及其显著性仅代表各变量的作用方向和影响效果，并未直接捕获解释变量对被解释变量的全部影响，因而 SAR、SAC 和 SDM 模型中解释变量的参数估计并非代表其对碳排放的边际影响。正如莱萨奇和佩斯（LeSage & Pace，2009）所言，通过使用一个或更多空间回归模型设定的点估计（ρ、θ 或 ψ）来判定是否存在空间溢出效应的做法可能导致错误的结论，而对不同空间模型设定（spatial model specifications）中变量变化的偏微分解释则可作为检验是否存在空间溢出效应假设的更为有效的基础。因而我们并不能依据表 4-7 中 SAR、SAC 和 SDM 模型的点估计结果来比较分析不同模型生产性服务业集聚及其他变量对碳排放的作用效果，也无法判定生产性服务业集聚及其他变量对碳排放是否产生明显空间外溢效应。为获得这些信息，本章节根据表 4-7 的参数估计结果，进一步估算了各类空间模型中生产性服务业集聚及其他控制变量对被解释变量的直接效应和间接效应。其中，直接效应反映了本地区生产性服务业集聚等解释变量对碳排放的影响；间接效应则表示邻近地区生产性服务业集聚对本地区碳排放的空间影响，反映了空间溢出效应。直接效应与间接效应（空间溢出效应）估计结果如表 4-8 所示。

表 4-8　生产性服务业集聚对城市碳排放的直接效应与溢出效应

效应类型	变量	OLS	SAR	SEM	SLX	SAC	SDEM	SDM
直接效应	lnPop	0.9239*** (43.06)	0.9252*** (42.69)	0.9250*** (43.07)	0.9105*** (41.84)	0.9237*** (50.88)	0.9117*** (42.10)	0.9102*** (43.06)
	lnA	1.0677*** (36.64)	1.0739*** (35.91)	1.1155*** (37.76)	1.1475*** (37.45)	1.1418*** (33.62)	1.1413*** (37.56)	1.1458*** (36.54)

续表

效应类型	变量	OLS	SAR	SEM	SLX	SAC	SDEM	SDM
直接效应	lnSP	0.0156 (0.35)	0.0202 (0.46)	0.0082 (0.19)	0.0143 (0.32)	0.0252 (0.53)	0.0122 (0.28)	0.0150 (0.33)
	lnDV	0.1099 ** (2.04)	0.1186 ** (2.30)	0.0827 (1.49)	0.0410 (0.71)	0.0971 * (1.81)	0.0389 (0.68)	0.0419 (0.72)
	lnTRA	0.0997 *** (3.00)	0.1087 *** (3.32)	0.0641 * (1.91)	0.0596 * (1.75)	0.0837 *** (2.57)	0.0595 * (1.77)	0.0555 * (1.68)
	lnFDI	-0.0148 *** (-3.03)	-0.0135 *** (-2.84)	-0.0128 *** (-2.63)	-0.0051 (-0.99)	-0.0084 * (-1.68)	-0.0055 (-1.08)	-0.0053 (-1.03)
	lnGOV	0.1940 *** (6.47)	0.1966 *** (6.57)	0.1794 *** (5.93)	0.1722 *** (5.56)	0.1777 *** (5.88)	0.1715 *** (5.58)	0.1711 *** (5.19)
	lnEDU	-0.1807 *** (-4.41)	-0.1898 *** (-4.63)	-0.2059 *** (-4.94)	-0.2350 *** (-5.49)	-0.2271 *** (-5.14)	-0.2360 *** (-5.57)	-0.2391 *** (-5.67)
间接效应	lnPop		-0.0387 ** (-2.46)		-0.0812 (-1.24)	-0.1043 *** (-4.22)	-0.0885 (-1.32)	-0.0953 (-1.25)
	lnA		-0.0450 ** (-2.44)		-0.6779 *** (-8.49)	-0.1293 *** (-3.99)	-0.6554 *** (-7.90)	-0.7177 *** (-7.76)
	lnSP		-0.0009 (-0.45)		0.3237 ** (2.30)	-0.0027 (-0.51)	0.2888 ** (1.99)	0.3553 ** (2.21)
	lnDV		-0.0050 (-1.58)		0.7122 *** (4.41)	-0.0109 * (-1.71)	0.7077 *** (4.24)	0.8052 *** (4.36)
	lnTRA		-0.0046 * (-1.88)		0.5302 *** (5.11)	-0.0094 ** (-2.22)	0.5417 *** (5.05)	0.5701 *** (4.79)
	lnFDI		0.0006 * (1.88)		-0.0049 (-0.49)	0.0009 (1.55)	0.0009 (1.09)	0.0005 (1.04)
	lnGOV		-0.0082 ** (-2.25)		0.2847 *** (3.19)	-0.0199 *** (-3.77)	0.2538 *** (2.77)	0.3020 *** (2.92)
	lnEDU		0.0080 ** (2.06)		0.1313 (1.13)	0.0259 *** (2.99)	0.1228 (1.01)	0.1466 (1.16)

注：***、**和*分别表示在1%、5%和10%水平上显著。

由于在 SEM 模型中 $\theta = -\rho\beta$，因而其解释变量的直接效应为 β，溢出效应为 0。而在 SLX 模型与 SDEM 模型中，由于不存在被解释变量空间滞后项，因而其空间溢出效应便是其解释变量空间滞后项的估计结果。因此，除 SAR、SAC 和 SDM 模型外，表 4-8 中 OLS、SEM、SLX 和 SDEM 模型的直接效应与间接效应估计结果与表 4-7 一致。

从各控制变量的参数估计结果来看，城市人口规模和人均 GDP 的直接效应参数估计在各方程中显著为正，说明中国现阶段城市人口规模扩张和人均财富水平提高显著提升了本市的碳排放水平。然而各模型中人均 GDP 的间接效应系数却显著为负，意味着邻近城市人均财富水平提高对本城市碳减排产生了正的空间溢出效应。人均财富的增加必然伴随着经济的快速增长，各地区为在经济增长竞争中获得优势，具有通过降低本地区碳排放标准以吸引更多企业投资的倾向。碳排放标准的降低一方面提高了本地区碳排放水平，另一方面降低了企业碳排放成本，能够吸引其他地区大量高耗能、高排放企业向本地区转移，从而降低了其他地区碳排放水平。城市交通压力（lnTRA）的增加不仅提高了本市碳排放水平，而且对其他地区碳排放也产生了正向影响，说明交通拥堵带来的环境问题并非仅限于城市本身，已成为各城市改善大气环境质量、推进节能减排的重要障碍。在 SDM 模型中外商直接投资（lnFDI）的直接效应和间接效应参数估计均未通过显著性检验，说明外资对中国现阶段城市碳排放水平并未产生明显影响。政府干预对城市碳排放的直接效应和间接效应均显著为正，说明不同地方政府出于自利性动机而对城市经济发展实施的干预行为具有明显的策略性互动特征，使得不仅本市和邻市碳排放水平均得到提高。一地区为改善环境质量而提高碳排放标准的努力可能使其他地区减少降低碳排放的激励，且一地区通过降低碳排放标准而吸引企业投资、获得增长优势的做法可能诱发其他地区地方政府的类似行为，即“你少排、我多排，你多排、我也多排”。城市人力资本（lnEDU）的直接效应参数估计显著为负，但间接效应不显著，说明城市人力资本水平的提高显著降低了本市碳排放水平，但对邻市碳排放未产生明显影响。

SLX、SDEM 和 SDM 模型中生产性服务业专业化和多样化集聚的直接效应参数估计均未通过显著性检验，说明生产性服务业专业化和多样化集聚并未对本市产生预期中的碳减排效应。其原因可能在于以下三个方面：一是现阶段中国生产性服务业、尤其是高端生产性服务业发展滞后导致生产性服务业集聚的技术外溢效应和规模经济效应无法得到充分发挥，致使生产性服务业与制造业互动不足，阻碍制造业技术升级和环境质量改善。2014 年第三产业就业人员占总就业比重达到了 40.6%，但生产性服务业却仅占第三产业就业的 39.8%，而生产性服务业中包含信息传输、计算机服务和软件业，金融业，科学研究和技术服务业在内的高端行业的比重也仅为 37.3%①。这意味着中国总体服务业发展中代表现代服务业发展方向的生产性服务业发展是滞后的，而在生产性服务业中批发零售业，租赁和商业服务业，交通运输、仓储和邮政业等低端行业却占到 60% 以上。生产性服务业、尤其是高端生产性服务业发展的严重滞后将使生产性服务业集聚效应受到极大限制，不利于高端生产服务在制造业价值链中的有效嵌入，阻碍生产环节向低排放、高附加值的两端延伸以及城市产业结构的优化升级，使生产性服务业集聚难以有效发挥减排效应。二是虽然目前中国生产性服务业规模不断扩大、发展速度不断提高，但中国整体产业结构仍处于全球价值链的中低端（余泳泽，2011），单位产品能耗和碳排放依然较高，这就使得生产性服务业集聚水平不断提高，但其节能减排效果却未得到显著提升。三是受区位条件、比较优势及产业政策等因素影响，城市内部的生产性服务业发展与城市规模、本地工业发展需求等可能并非完全匹配（席强敏等，2015），出现了背离当地比较优势和工业结构的盲目发展现象，导致生产性服务业与制造业互动不足，阻断了生产性服务业集聚对清洁生产过程的“产业结构升级效应”“技术外溢效应”和“规模经济效应”等减排机制，从而导致生产性服务业集聚未对本市碳减排产生明显影响。

本市生产性服务业发展滞后及其与工业发展不完全匹配必然要求一些城市工业的生产性服务需求只能通过周边城市来满足。但进一步从生产性服务业集聚的间接效应估计结果来看，多样化集聚和专业化集聚对邻市碳排放的作用弹性分别为 0.8052 和 0.3553，且均通过了显著性检验，这说明生产性服务业集聚非但未能在空间上发挥其减排效应，反而显著提升了邻近城市的碳排放水平，且多样化集聚对碳排放的空间溢出效应明显大于专业化集聚。这一与预期相悖的结论可能正反映了中国节能减排过程中生产性服务业与制造业空间联动和协同集聚中的诸多问题。首先，尽管多数研究已证实中国生产性服务业与制造业在空间中存在协同定位或集聚现象（高觉民和李晓慧，

① 本章节根据宣烨和余泳泽（2014）的方法，借助人均产出和研发强度等指标将“金融业”“信息传输、计算机服务和软件业”“科学研究、技术服务和地质勘查业”等定义为高端生产性服务业，而将“交通运输、仓储和邮政业”“批发和零售业”“租赁和商业服务业”等定义为低端生产性服务业。数据来源于 2015 年《中国第三产业统计年鉴》。

2011；陈国亮和陈建军，2012；Ke et al.，2014），但对于协同集聚的行业性质和类型却不得而知。根据现有文献论述，拥有一定规模和门类生产性服务业的城市及其周边地区必然集聚着与之相适应的制造业，而具有某种工业结构的城市也必然需要与之相匹配的生产性服务业发展作为支撑。在中国，除北京、上海、广州、深圳等大城市生产性服务业结构中高端产业占比较大外，其他多数城市的生产性服务业中60%以上是批发零售业，租赁和商务服务业，交通运输、仓储和邮政业等低端产业。这些低端生产性服务业由于不具有知识或技术密集特点，不仅难以发挥空间集聚效应，而且其服务对象往往是本市及邻近城市的劳动密集型和资本密集型制造业。劳动和资本密集型制造业由于处于价值链中低端，单位产品能耗和排放均较高，因而邻市生产性服务业集聚可能助长了本城市的碳排放。同理，根据2015年《中国工业经济统计年鉴》数据计算，除以上几个大城市外，中国多数城市制造业结构中劳动密集型、资本密集型和技术密集型行业占比分别为31.8%、41.4%和26.8%。多数城市以劳动和资本密集型（尤其是资本密集型）行业为主的工业结构必然需要与之相匹配的生产性服务业作为支撑。席强敏等（2015）认为劳动和资本密集型行业因其生产过程较为简单，主要与批发零售、交通运输仓储业等低端生产性服务业互动较多。当本市这类生产性服务业不能满足制造业发展需要时，邻市的该类生产性服务业发展便成为本市劳动和资本密集型制造业发展的有效支撑。从这个意义上说，邻市生产性服务业集聚也可能对提升本市碳排放水平产生正的空间外溢效应。① 其次，为破解“稳增长、促减排”的两难困境，中央出台了一系列促进产业结构优化升级、加快发展生产性服务业的重要措施和政策，但地方政府忽视当地发展现状而盲目跟进中央的相似产业政策（吴意云和朱希伟，2015），致使各地生产性服务业同构现象严重，进而出现了各城市生产性服务业“小而全、大而全”的多样化发展模式（韩峰等，2015）。生产性服务业结构同质及其在空间上的不断传导将导致生产性服务业出现整体规模偏小、低水平重复建设和资源错配等问题（程大中，2008），阻碍制造业技术提升和环境质量改善。因而与专业化集聚相比，生产性服务业多样化集聚对邻市碳排放水平提升具有更强的空间溢出效应。

① 尽管诸多研究指出中国生产性服务业集聚对工业劳动生产率具有显著为正的空间外溢效应，但本章节结论与之并不矛盾。无论高端还是低端生产性服务业均可通过投入产出关联与制造业在地理上协同集聚，提高工业劳动生产率。但如果生产性服务业或制造业内部结构中的低端行业比重过大，生产性服务业集聚将无法起到明显的产业结构升级效应和技术外溢效应，因而也就无法对碳减排发挥应有的空间效应。

四、生产性服务业集聚对碳排放外溢效应的空间边界分析

由于生产性服务品具有无形性、生产消费同时性和不可存储性等特点，其为制造业提供服务均建立在信息交流基础上，需通过面对面信息沟通来对制造业，进而对碳排放产生影响。余泳泽等（2016）指出，由于信息空间传递中的衰减性和地方保护主义等原因，生产性服务业集聚的空间影响存在一定的区域边界。为揭示生产性服务业专业化和多样化集聚对邻近城市碳排放的溢出效应随距离衰减的变化情况，本章节将两城市间距离设定为［d_{min}，d_{max}］，并将式（4.17）的引力模型空间权重矩阵进行变形，得到式（4.18）。

$$\left\{W_{gav}=\frac{\overline{Q}_i\times\overline{Q}_j}{d_{ij}^2}\mid d=d_{min},d_{min}+\pi,d_{min}+2\pi,\cdots,d_{max}\right\} \tag{4.18}$$

其中，π为d_{min}到d_{max}的步进距离，本章节每隔50公里对生产性服务业集聚影响城市碳排放的模型进行一次回归，直到1000公里，即分别对0~50公里、50~100公里、100~150公里、150~200公里、200~250公里等的空间权重矩阵进行SDM估计，得到不同空间距离范围内生产性服务业集聚对碳排放的外溢效应。表4-9报告了不同空间距离生产性服务业专业化和多样化集聚的间接效应估计结果。

表4-9　不同空间距离范围内的SDM估计结果

空间距离	外溢效应		空间距离	外溢效应	
	lnSP	lnDV		lnSP	lnDV
0~50公里	0.6108*** (6.83)	0.3538*** (3.33)	300~350公里	0.0433 (0.82)	0.1374* (1.91)
50~100公里	0.2236** (2.03)	0.6508*** (4.66)	350~400公里	0.0437 (1.09)	0.1279* (1.81)
100~150公里	0.3889*** (4.63)	0.4359*** (4.61)	400~450公里	-0.0913 (-1.59)	-0.1117 (-1.50)
150~200公里	0.1974** (2.30)	0.3791*** (2.78)	450~500公里	-0.0508 (-0.15)	0.0338 (0.62)
200~250公里	0.1473* (1.76)	0.2290** (2.27)	500~550公里	0.0844 (1.09)	0.0134 (1.16)
250~300公里	0.1031* (1.73)	0.1486*** (3.41)	550~600公里	0.0738 (1.49)	0.0185 (1.23)

续表

空间距离	外溢效应		空间距离	外溢效应	
	lnSP	lnDV		lnSP	lnDV
600～650 公里	0.0054 (1.06)	0.0981* (1.86)	800～850 公里	-0.0352 (-1.00)	0.0380 (1.56)
650～700 公里	-0.0126 (-0.19)	0.0745 (0.91)	850～900 公里	-0.0646 (-0.91)	0.0232** (2.30)
700～750 公里	0.0813 (0.87)	0.1382 (1.24)	900～950 公里	-0.0268 (-1.14)	0.0731 (0.31)
750～800 公里	-0.1000 (-1.48)	-0.1408 (-1.50)	950～1000 公里	0.0327 (0.47)	-0.0287 (-0.32)

注：***、**和*分别表示在1%、5%和10%水平上显著。由于各控制变量估计结果与表4-8基本一致，且间接效应反映了其他地区生产性服务业集聚对本市碳排放的外溢效应，因而表4-9中仅报告了各距离范围内生产性服务业专业化和多样化集聚的间接效应的估计结果。

表4-9显示生产性服务业专业化集聚间接效应的参数估计在0～300公里范围内均为正且至少在10%水平上通过了显著性检验，而空间权重矩阵的距离阈值超过300公里后，其间接效应参数估计尽管有正有负但均未通过显著性检验，这说明生产性服务业专业化集聚对碳排放的正向空间溢出效应的有效边界为300公里，而超过这一距离，生产性服务业专业化集聚不再对碳排放产生明显外溢效应。此外，生产性服务业专业化集聚对碳排放的外溢效应还具有明显的空间衰减特征，0～50公里、50～100公里、100～150公里内专业化集聚间接效应系数值处于较高水平，分别为0.6108、0.2236、0.3889，而150～300公里内其系数值则分别降为0.1974、0.1473和0.1031。

生产性服务业多样化集聚对周边城市碳排放的影响在0～400公里范围内均呈现正向溢出效应，且间接效应参数估计均至少在10%水平上通过显著性检验，而距离超过400公里后，生产性服务业多样化集聚间接效应的参数估计在多数情况下未通过显著性检验，说明400公里空间范围内生产性服务业多样化集聚水平越高的城市对周边城市碳排放水平提升的促进作用越强。从表4-9可以看出，在0～200公里范围内，多样化集聚的间接效应参数估计值较大，分别为0.3538、0.6508、0.4359和0.3791，且均通过1%水平的显著性检验，说明该范围内空间外溢效应较强；当距离超过200公里范围后，溢出效应出现明显下降，其估计值在200～400公里范围内由0.2290降低到0.1279，这说明生产性服务业多样化集聚对邻市碳排放的空间溢出效应在邻近城市间更为明显，也具有显著的空间衰减特征。

五、有效范围内生产性服务业细分行业集聚对碳排放的外溢效应

由于生产性服务业专业化集聚、多样化集聚对碳排放的有效空间作用范围分别为300公里和400公里，且生产性服务业集聚对碳排放提升的空间溢出效应多源于生产性服务业内部结构问题，本部分重新以400公里范围为界，构建了各城市的引力模型空间权重矩阵，并将其引入式（4－14）进行时空双重固定效应的SDM估计，以检验有效距离范围内生产性服务业集聚对碳排放的空间影响。此外，我们还根据库姆斯（Combes，2000）的方法将生产性服务业专业化集聚和多样化集聚指标分解至每个生产性服务业细分行业，以期探讨每个细分行业专业化集聚及其面临的行业多样化集聚水平对碳排放的影响。表4－10报告了400公里内生产性服务业分行业集聚的直接效应和间接效应测算结果。

表4－10　生产性服务业细分行业集聚对城市碳排放的直接效应与溢出效应

	变量	生产性服务业整体	交通运输、仓储和邮政业	批发零售业	租赁和商业服务业	金融业	信息传输、计算机服务和软件业	科学研究和技术服务业	环境治理和公共设施管理业
直接效应	lnPop	0.9091*** (39.43)	0.9076*** (42.39)	0.9152*** (45.15)	0.9080*** (43.13)	0.9172*** (43.41)	0.9103*** (43.42)	0.9129*** (43.06)	0.9066*** (43.17)
	lnA	1.1571*** (36.93)	1.1459*** (37.47)	1.1405*** (36.40)	1.1492*** (36.90)	1.1457*** (38.35)	1.1446*** (37.02)	1.1419*** (36.86)	1.1322*** (35.16)
	lnSP	－0.0009 (－0.02)	0.0164 (1.27)	－0.0736 (－1.40)	－0.0132 (－0.82)	0.0020 (0.17)	－0.0117 (－0.91)	0.0388** (2.58)	－0.0379*** (－3.28)
	lnDV	0.0184 (0.31)	0.0395 (0.86)	0.0356 (0.78)	0.0433 (0.89)	0.0256 (0.55)	0.0765 (1.53)	－0.1086** (－2.17)	0.0493 (1.01)
	lnTRA	0.0475 (1.33)	0.0557* (1.71)	0.0627* (1.89)	0.0580* (1.71)	0.0643* (1.86)	0.0562 (1.64)	0.0599* (1.77)	0.0679** (2.01)
	lnFDI	－0.0040 (－0.76)	－0.0053 (－1.01)	－0.0052 (－1.02)	－0.0054 (－1.06)	－0.0054 (－1.03)	－0.0053 (－0.99)	－0.0062 (－1.21)	－0.0065 (－1.25)
	lnGOV	0.1704*** (5.36)	0.1709*** (5.40)	0.1701*** (5.48)	0.1711*** (5.67)	0.1661*** (5.65)	0.1686*** (5.24)	0.1691*** (5.48)	0.1789*** (5.81)
	lnEDU	－0.2284*** (－5.12)	－0.2365*** (－5.66)	－0.2425*** (－5.74)	－0.2494*** (－5.75)	－0.2409*** (－5.63)	－0.2437*** (－5.71)	－0.2292*** (－5.46)	－0.2539*** (－5.95)

续表

	变量	生产性服务业整体	交通运输、仓储和邮政业	批发零售业	租赁和商业服务业	金融业	信息传输、计算机服务和软件业	科学研究和技术服务业	环境治理和公共设施管理业
间接效应	lnPop	-0.0568 (-1.38)	-0.1304 * (-1.70)	-0.1266 * (-1.70)	-0.1170 (-1.57)	-0.1505 ** (-1.97)	-0.1190 (-1.60)	-0.1047 (-1.39)	-0.0855 (-1.10)
	lnA	-0.4943 *** (-9.94)	-0.6885 *** (-7.39)	-0.7055 *** (-7.86)	-0.6744 *** (-7.02)	-0.6330 *** (-7.10)	-0.6888 *** (-7.55)	-0.6823 *** (-7.56)	-0.7103 *** (-7.79)
	lnSP	0.1475 * (1.72)	0.1021 ** (2.04)	0.0228 * (1.87)	0.0538 (1.06)	-0.2136 *** (-4.93)	0.0042 (0.08)	0.0263 (0.50)	-0.1117 ** (-2.33)
	lnDV	0.4458 *** (4.25)	0.6207 *** (4.11)	0.5139 *** (3.43)	0.5314 *** (3.24)	0.1824 *** (4.56)	0.2461 (1.58)	-0.1503 *** (-3.28)	-0.2942 *** (2.85)
	lnTRA	0.4208 *** (5.99)	0.5646 *** (4.72)	0.5903 *** (5.04)	0.5743 *** (4.40)	0.5147 *** (4.51)	0.5561 *** (4.59)	0.5826 *** (4.73)	0.6180 *** (5.33)
	lnFDI	-0.0117 * (-1.91)	0.0009 (0.07)	-0.0015 (-0.13)	-0.0026 (-0.23)	-0.0018 (-0.16)	-0.0019 (-0.17)	-0.0018 (-0.16)	0.0021 (0.18)
	lnGOV	0.1657 *** (3.17)	0.2693 *** (2.71)	0.2652 ** (2.61)	0.2852 *** (2.74)	0.2148 *** (2.06)	0.2659 *** (2.67)	0.2610 ** (2.54)	0.2585 *** (2.61)
	lnEDU	0.0731 (0.96)	0.1039 (0.83)	0.0235 (0.18)	0.0711 (0.55)	0.0695 (0.57)	0.0777 (0.63)	0.0424 (0.33)	0.0765 (0.57)

注：***、** 和 * 分别表示在1%、5%和10%水平上显著。

表4-10中除生产性服务业专业化和多样化集聚变量外，控制变量的参数估计与表4-8基本一致，在此不再赘述。从400公里范围内生产性服务业整体的估计结果来看，生产性服务业专业化集聚、多样化集聚的直接效应和间接效应参数估计与表4-8一致，只是显著性和系数值有所差异。生产性服务业细分行业专业化集聚指标（lnSP）衡量了城市中每个细分行业自身的专业化水平，而多样化集聚（lnDV）反映了每个细分行业在城市中所面临的行业多样化水平。从生产性服务业细分行业估计结果来看，交通运输、仓储和邮政业和批发零售业的专业化集聚和多样化集聚的直接效应未通过显著性检验，但其间接效应均显著为正，说明交通运输、仓储和邮政业、批发零售业并未对本市碳排放产生明显影响，但却显著提升了邻市的碳排放水平。租赁和商务服务业的专业化和多样化集聚直接效应亦未通过显著性检验，但只有其面临的行业多样化集聚的间接效应显著为正，说明租赁和商务服务业专业

化集聚并未对本市和邻市碳排放产生明显影响，但其面临的城市多样化集聚水平的提高却对周边城市碳排放具有明显的正向空间外溢效应。进一步从交通运输、仓储和邮政业，批发零售业及租赁和商业服务业的专业化和多样化集聚间接效应参数估计来看，各细分行业面临的多样化集聚的间接效应明显大于专业化集聚。这进一步印证了生产性服务业多样化集聚对邻市碳排放水平提升具有更强的空间溢出效应的结论。

金融业专业化集聚的直接效应参数估计未通过显著性检验，但其间接效应却显著为负，这说明金融业专业化集聚尽管未能对本城市碳排放产生明显影响，但却对周边城市产生了明显的碳减排效应；从金融业面临的行业多样化集聚的直接效应和间接效应估计结果来看，其多样化集聚水平提高也未对本城市碳排放产生明显影响，但却显著提升了周边城市的碳排放水平。这一结果意味着，金融业专业化集聚水平的提高对周边城市碳减排产生了积极的空间外溢效应，但其处城市行业多样化集聚环境的加强则会对降低周边城市碳排放水平产生不利影响。此外，金融业专业化集聚的间接效应弹性系数为 -0.2136，比多样化集聚的间接效应弹性多了 -0.0312，因而从总体来看金融业集聚有助于降低周边城市碳排放水平。信息传输、计算机服务和软件业的专业化和多样化集聚的直接效应和间接效应均未通过显著性检验，因而信息传输、计算机服务和软件业集聚并未对本市及周边城市碳排放产生明显影响。这一结果意味着，中国信息化和工业化融合水平可能依然偏低，尤其是信息化带动工业化方面依然落后于现实的需要，从而使得信息传输、计算机服务和软件业发展未能对城市工业碳减排产生明显影响。由于碳排放与能源消耗密切相关，因而本章节研究结果部分吻合了谢康等（2012）的结论，他们在研究工业化与信息化融合质量中指出，信息化和工业化融合可减少单位生产总值电力消费和能源消耗，但这种影响很小，不具有统计显著性。科学研究和技术服务业专业化集聚的直接效应显著为正，而间接效应未通过显著性检验，说明科学研究和技术服务业专业化集聚显著提升了本市碳排放水平，但未对周边城市碳排放产生明显外溢效应；科学研究和技术服务业面临的行业多样化集聚的直接效应和间接效应均显著为负，说明科学研究和技术服务业多样化集聚不仅显著降低了本市碳排放水平，而且对邻近城市也具有明显的碳减排效应。因而从碳减排意义上说，科学研究和技术服务业在城市中更适合于选择与其他生产性服务行业互补共生的多样化集聚模式，而非专业化集聚。环境治理和公共设施管理业专业化集聚的直接效应和间接效应均显著为负，说明该行业专业化集聚不仅有助于当地碳排放水平降低，也对其他城市碳减排起到积极作用；而从环境治理和公共设施管理业多样化集聚的估计结果来看，其间接效应显著为负，但直接效应参数估计却未通过显著性检验，因而在多样化的集聚环境中，环境治理和公共设施管理业集聚水平提高也对邻近城市碳减排产生了明显的正向空间外溢效应。可见，无论专业化集聚还是与其他行业的多样化集聚，环境治理和公共设施管理业均对本市和邻近城市碳排放产生明显的减排效应。

综合以上估计结果可以看出，生产性服务业整体的专业化和多样化集聚对邻市碳排放水平提升具有正向空间外溢效应，但分行业的估计结果却表现各异。具体而言，交通运输、仓储和邮政业，批发零售业以及租赁和商务服务业等低端生产性服务业的专业化和多样化集聚在多数情况下均显著提升了周边城市碳排放水平，而金融业专业化集聚、科学研究和技术服务业多样化集聚以及环境治理和公共设施管理业的专业化和多样化集聚却对本市或周边城市产生了明显的碳减排效应。这一结果说明，尽管高端生产性服务业与低端生产性服务业集聚对碳排放产生了截然不同的空间溢出效应，但由于生产性服务业集聚在整体上对邻市碳排放产生了促进作用，因而中国生产性服务业集聚和发展中的低端化特征依然较为明显，较高比重低端生产性服务业集聚对碳排放的正向溢出效应在整体上掩盖了高端生产性服务业集聚的碳减排效应，从而使得生产性服务业集聚在整体上反而提高了周边城市碳排放水平。

六、分城市样本生产性服务业集聚对碳排放的影响

由于生产性服务业专业化和多样化集聚特征受到城市规模的影响（席强敏等，2015），因而只有与城市规模及其禀赋特征相匹配的生产性服务业集聚模式才有利于充分发挥集聚效应，并通过产业结构升级效应、规模经济效应和技术外溢效应对碳减排产生影响。但由于地方政府对生产性服务业发展的过度干预，一些城市生产性服务业集聚模式可能偏离城市规模等级及其工业发展的需要，进而无法对碳减排产生应有影响。为揭示和验证以上结论，本部分首先分别以 300 公里和 400 公里为界结合潜力模型构建生产性服务业专业化空间集聚和生产性服务业多样化空间集聚指标，进而借助维加和埃尔霍斯特（Vega & Elhorst，2015）提出的空间滞后解释变量模型（SLX），采用系统 GMM 方法检验特大及超大城市、大城市、中等城

市和小城市的生产性服务业集聚对碳排放的影响。①

300 公里范围内的生产性服务业专业化空间集聚和 400 公里范围内的生产性服务业多样化空间集聚指标分别为：

$$SP_i^{300} = \sum_{j,j\neq i}\sum_{s}\left|\frac{E_{js}}{E_j} - \frac{E'_s}{E'}\right| \cdot W_{ij}^{300} \tag{4.19}$$

$$DV_i^{400} = \sum_{j,j\neq i}\sum_{s}\frac{E_{js}}{E_j}\left[\frac{1/\sum_{s'=1,s'\neq s}^{n}(E_{js'}/(E_i - E_{js}))^2}{1/\sum_{s'=1,s'\neq s}^{n}(E_{s'}/(E - E_s))^2}\right]\cdot W_{ij}^{400} \tag{4.20}$$

其中，W_{ij}^{300}、W_{ij}^{400}分别为 300 公里和 400 公里范围的空间权重矩阵。生产性服务业专业化空间集聚反映了城市从 300 公里空间范围内获得生产性服务业专业化集聚效应的能力，其参数估计为正意味着存在专业化的空间技术外溢效应和地方化经济。而生产性服务业多样化空间集聚则衡量了 400 公里范围内城市受到的来自自身及其他城市生产性服务业多样化集聚带来的技术溢出效应和城市化经济。本章节理论分析显示，生产性服务业专业化集聚和多样化集聚将通过技术外溢效应、规模经济效应和产业结构升级效应对城市碳减排产生促进作用。不仅如此，当节能减排政策实施力度进一步加强时，城市碳排放标准提升也会对产业结构升级形成倒逼机制，反过来推进生产性服务业集聚和发展。因而生产性服务业集聚与碳排放之间在理论上可能存在联立内生性。在设置模型变量时，本章节也可能存在遗漏变量问题，如自然条件、资源禀赋、制度因素等，这些变量都包括在随机扰动项中，因此可能会导致解释变量与扰动项两者存在相关性。为解决模型中的内生性问题，本章节将采用系统 GMM 法对不同城市样本计量模型进行估计。系统 GMM 法不仅能够有效解决工具变量法中不同工具变量选取可能导致的模型非稳健问题，而且能够克服差分 GMM 法中的弱工具变量问题，具有良好的参数估计性质。表 4－11 报告了特大及超大城市、大城市、中等城市和小城市的生产性服务业集聚对碳排放影响的系统 GMM 估计结果。

① 城市规模等级划分标准参照 2014 年 11 月 21 日国务院颁布的《关于调整城市规模划分标准的通知》的要求，按市辖区常住人口将中国城市划分为特大及超大城市（人口 500 万人以上）、大城市（人口 100 万～500 万人）、中等城市（人口 50 万～100 万人）和小城市（人口 50 万人以下）四类。

表 4－11　　　　　分城市样本的系统 GMM 估计结果

变量	特大及超大城市	大城市	中等城市	小城市
lnPop	0.6056*** (3.26)	0.5505*** (7.52)	1.0295*** (3.81)	1.1173*** (2.62)
lnA	0.2339** (2.28)	0.5477*** (14.26)	0.9789*** (6.57)	1.2406*** (10.02)
lnSP	-0.1059* (1.92)	0.1321*** (3.26)	-0.2960 (-1.14)	0.1429 (0.57)
lnDV	-0.0629** (2.34)	0.1132** (1.99)	-0.2033 (-0.89)	0.1014* (1.86)
$lnSP^{300}$	0.0696 (0.38)	-0.1780*** (-2.67)	0.1055 (0.73)	-0.3001* (-1.75)
$lnDV^{400}$	-0.6959* (-1.91)	-0.4974*** (-3.79)	0.3140* (1.68)	0.5207** (2.01)
lnTRA	0.0107** (2.20)	0.0159 (1.42)	-0.0097 (-1.08)	-0.0653 (-0.44)
lnFDI	0.2536 (1.34)	0.1971*** (6.97)	-0.0735** (-2.26)	-0.0217 (-0.93)
lnGOV	0.1298* (1.67)	0.1065*** (3.28)	0.0921 (1.11)	0.1635*** (2.91)
lnEDU	-0.0183* (-1.92)	-0.0338* (-1.67)	-0.0302 (-0.41)	-0.1415 (-1.63)
Wald 检验	356.40 [0.000]	369.68 [0.000]	306.41 [0.000]	195.79 [0.000]
Sargan 检验	49.16 [0.440]	59.04 [0.138]	77.61 [0.291]	88.74 [0.192]
Hansen 检验	115.13 [0.966]	102.12 [0.955]	93.12 [0.991]	50.72 [0.658]
AR(1) test	-0.64 [0.521]	-1.64 [0.102]	-2.82 [0.005]	-1.64 [0.102]
AR(2) test	-0.21 [0.830]	-0.78 [0.434]	0.88 [0.379]	-0.68 [0.496]

注：本表所有估计使用“xtabond2”程序完成；所有回归模型均为 twostep；内生变量为：lnSP、lnDV、$lnSP^{300}$、$lnDV^{400}$；圆括号中为 z 统计值，方括号中为伴随概率；*** 表示在 1% 水平上显著，** 表示在 5% 水平上显著，* 表示在 10% 水平上显著。

从表4－11控制变量的估计结果来看，城市人口规模和人均GDP的参数估计与之前估计结果一致，依然显著为正，说明各等级城市人口规模扩张和人均财富增长均给当地碳排放带来显著压力。交通压力的增加提高了特大和超大城市碳排放水平，对其他等级城市碳排放影响不显著，这意味着交通压力带来的环境影响主要存在于500万人以上的超大和特大城市，还未对其他等级城市产生明显影响。外商直接投资对中等城市产生了明显的碳减排效应，但提高了大城市碳排放水平，对超大及特大城市、小城市碳排放未产生明显影响。政府干预在多数等级城市中的参数估计显著为正，说明中国多数等级城市中的政府过度干预行为均较为明显，从而导致碳排放水平的提高。人力资本水平提高对超大及特大城市、大城市产生了明显的碳减排效应，而对中等城市和小城市的影响不显著，这意味着人力资本水平提高在100万人以上的大型城市更有利于发挥其技术进步效应，从而提升能源利用效率、降低碳排放，而100万人以下的城市由于集聚效应和规模效应较低，限制了人力资本水平提高对碳排放的抑制作用。

以下重点分析各等级城市生产性服务业专业化集聚和多样化集聚的参数估计。特大及超大城市生产性服务业专业化和多样化集聚均有利于降低碳排放水平，且400公里范围内邻近城市的生产性服务业多样化集聚对特大及超大城市碳减排也产生了积极影响。这意味着特大及超大城市生产性服务业不仅具有明显的多样化特征，还同时具有高度的专业化水平，即特大及超大城市的生产性服务业集聚模式是建立在高度专业化之上的多样化集聚。这类集聚模式使得知识、技能和技术不仅受到特定生产性服务业集聚的影响，而且能够在互补的行业间溢出，从而有效提高工业生产效率和能源利用效率，降低碳排放。同时，由于超大和特大城市市场规模大，行业间及行业内分工较细，产业链较为完善，其对生产性服务业不仅需求总量较大而且形式多样，因而邻近城市生产性服务业多样化集聚水平提高显著提升了本市碳减排水平，而邻市生产性服务业专业化集聚却未对本市碳排放产生明显影响。大城市生产性服务业专业化集聚和多样化集聚显著提升了其自身的碳排放水平，但300公里范围内邻市的生产性服务业专业化集聚和400公里内邻市生产性服务业多样化集聚均对本市碳减排产生显著的促进作用。这意味着中国100万～500万人大城市的生产性服务业集聚模式与城市等级规模并未实现有效匹配，非但无法使生产性服务业专业化或多样化集聚对工业碳排放产生减排效应，反而提高了多数城市的碳排放水平。而大城市由于工业规模相对较大（高于中小城市但低于特大及超大城市），其工业发展可能同时需要专业化水平较高且具备一定多样化特征的生产性服务业作为支撑。当本市生产性服务业集聚模式无法满足工业发展需求时，则只能通过周边城市来满足，因而邻市生产性服务业专业化集聚和多样化集聚均对大城市碳排放产生了明显的减排效应。中等城市生产性服务业专业化和多样化集聚以及周边城市生产性服务业专业化集聚均未对本市碳排放产生明显影响，但邻市生产性服务业多样化集聚则显著提高了本市碳排放水平。这意味着中等城市生产性服务业集聚与城市规模间也存在明显错配问题，进而导致生产性服务业集聚的产业结构升级效应、技术外溢效应和规模经济效应无法得到充分发挥。而中等城市由于工业规模较小，对生产性服务业需求较为单一，当生产性服务业专业化集聚与之无法匹配且多样化集聚又体现为低水平重复建设时，邻市生产性服务业多样化集聚水平的进一步提升反而促进了本市碳排放水平提高。席强敏等（2015）认为，城市规模越小，则其生产性服务业更适宜选择专业化发展模式以促进工业效率的提升。然而表4-11的估计结果却显示，人口在50万人以下的小城市生产性服务业专业化集聚未对本市碳排放产生明显影响，但其多样化集聚却显著提升了本市碳排放水平，这意味着中国小城市生产性服务业集聚模式与城市规模等级之间出现了明显错配现象。一般而言，小城市由于市场规模小，工业发展对生产性服务业需求更为单一，满足工业主导需求的专业化的生产性服务业集聚更有助于提升工业效率、降低碳排放，然而一些地方政府出于政绩考虑而盲目模仿先进地区或跟进中央政策的生产性服务业发展策略使得生产性服务业发展脱离本市比较优势或工业发展需求，从而出现低水平重复建设和同构发展现象，因而小城市生产性服务业的盲目多样化发展反而造成资源错配和效率扭曲，提升了碳排放水平。进一步从周边城市对小城市碳排放的空间外溢效应来看，邻市生产性服务业专业化集聚对本市具有明显碳减排效应，而周边城市生产性服务业多样化集聚则促进了小城市碳排放水平提升。这进一步说明当小城市本身生产性服务业专业化集聚无法满足自身工业发展对专业化生产性服务的需求时，邻近城市生产性服务业专业化集聚则对本市碳减排发挥了积极影响；而邻市生产性服务业多样化集聚却进一步加剧了小城市碳排放程度。

七、小结

伴随中国经济发展进入新常态，促进现代服务业尤其是生产性服务业发展成为破解“稳增长、促减排”两难困境的重要抓手，系统评估生产性服务业集聚的碳减排效应对于现阶段推进“转方式、调结构”具有重要的现实意义。本章节在集聚经济和新经济地理理论基础上，以中国283个地级及以上城市面板数据为样本探讨了生产性服务业集聚对碳排放的影响。结果显示，生产性服务业专业化和多样化集聚非但未产生预期中的碳减排效应，反而显著提升了周边城市的碳排放水平，且多样化集聚的空间溢出效应明显大于专业化集聚。生产性服务业专业化集聚和多样化集聚的空间外溢效应有效边界分别为300公里和400公里。该范围内，金融业专业化集聚、科学研究和技术服务业多样化集聚以及环境治理和公共设施管理业的专业化和多样化集聚对本市或邻市均具有明显碳减排效应，而交通运输、仓储和邮政业，批发零售业以及租赁和商务服务业等低端生产性服务业的专业化和多样化集聚却显著提升了邻市的碳排放水平。除特大及超大城市外，大城市、中小城市生产性服务业集聚模式与城市规模间均存在不同程度的错配现象，进而导致生产性服务业集聚无法充分发挥碳减排效应。

第三节　生产性服务业集聚与城市环境质量：基于土地市场调节效应的研究

一、引言

努力提升城市环境质量是实现经济高质量发展的题中之意。改革开放以来，中国经济和城市化分别以年均9.7%和1.3%的速度高速增长，但与此同时，以“高污染、高能耗、高排放”为特征的工业发展模式也使中国环境质量付出了沉重代价。2016年中国工业废水排放量199.5亿吨，占废水排放总量的27.1%；工业废气中二氧化硫排放量为1556.7万吨，占全国废气中二氧化硫排放量的83.7%。工业作为中国国民经济的重要组成部分和经济增长的重要驱动力，依然是环境污染的主要领域（Zhang & Xu，2017）。为控制环境污染、提高环境质量，中国政府在十八届五中全会中明确提出了绿色发展理念，2017～2019年政府工作报告连续三年均提出了二氧化硫、氮氧化物排放量要分别下降3%，重点地区细颗粒物（PM2.5）浓度明显下降的减排目标。党的十九大报告明确指出，既要创造更多物质财富和精神财富以满足人民日益增长的美好生活需要，也要提供更多优质生态产品以满足人民日益增长的优美生态环境需要。这昭示着政府深化供给侧结构性改革，实现生态文明建设和经济建设协同发展的强烈愿景。那么，如何通过“调结构、转方式”，走出一条既能持续发展，又能有效控制和降低污染的节能减排新路呢？

生产性服务业是伴随现代制造业生产方式变化而发展起来的服务业。与工业相比，生产性服务业具有技术含量高、规模经济显著、生产率提高快、低能耗低污染等特点（段文斌等，2016；刘奕和夏杰长等，2017），因而生产性服务业发展本身便具有降低环境污染、改善环境质量的功能。不仅如此，生产性服务业还能与制造业形成协同集聚和联动发展，从而产生明显的规模经济效应和技术外溢效应（陈国亮和陈建军，2012；Ke et al.，2014；韩峰等，2014），并通过深化分工、延伸产业价值链、促进技术进步等渠道提升制造业层次、优化制造业结构，进而实现绿色增长（刘胜和顾乃华，2015；韩峰和谢锐，2017）。从这个意义上说，促进生产性服务业健康发展并有效发挥其空间集聚效应，不仅直接有助于污染防治，而且还能够通过驱动制造业转型升级使整体经济实现绿色转型，从而达到环境质量和经济质量双赢目标。

2013 年以来服务业在中国国民经济中的比重已超过工业，成为推动现在及未来中国经济发展的重要动力，各地区也积极制定并出台各类产业政策以期通过做大做强现代生产性服务业实现经济稳定发展和结构转型。然而，以生产性服务业为代表的现代服务业只有在城市的集聚环境下才能获得快速健康发展（陈建军等，2009）。生产性服务业发展政策的制定不能仅着眼于服务业本身，更要充分考虑各城市发展规模、要素禀赋、制度环境等特征。忽视这些因素将有可能导致相关产业政策的效力损失。伴随中国城市规模扩张和经济的快速发展，大量城市建设用地被偏向性地配置于工业及其相关领域，而留给房地产开发和现代服务业发展的土地却很有限且价格高昂，导致房租和房价攀升以及服务业发展不足（国务院发展研究中心和世界银行联合课题组，2014）。城市建设用地向工业领域的偏向性配置导致了较为严重的资源错配和市场扭曲，不仅造成制造业超常规发展、产能过剩和资源配置效率损失，而且导致服务业有效供给不足（刘志彪，2015；李力行等，2016）。而生产性服务业发展滞后和有效供给不足势必影响集聚效应的充分发挥和制造业转型升级，进而阻碍经济发展中环境质量和发展质量双赢目标的顺利实现。那么，在土地市场扭曲背景下，生产性服务业集聚究竟对城市环境质量产生了怎样的影响效果？土地市场扭曲是否显著弱化了生产性服务业集聚的环境质量提升效应？对于不同细分生产性服务业和不同规模等级城市而言，生产性服务业集聚及土地市场扭曲的作用效果又有何差异？

阅读所及，目前直接从生产性服务业集聚视角研究城市环境质量提升机制的文献尚不多见，即使有文献涉及生产性服务业集聚与环境问题（韩峰和谢锐，2017；余泳泽和刘凤娟，2017），也只是关注城市环境质量的某一方面（如碳排放或环境污染），而未对实际意义上的环境质量问题进行系统探讨，更未涉及与产业发展和集聚密切相关的土地市场扭曲问题。本章节拟在系统分析生产性服务业集聚和土地市场扭曲对城市环境质量影响机制的基础上，进一步在科普兰和泰勒（Copeland & Taylor，1994）的污染排放决定模型中引入二者的空间外溢效应和空间交互效应构建空间计量模型，以中国2006～2016年277个地级城市面板数据为样本，系统探讨生产性服务业集聚和土地市场扭曲对城市环境质量的综合作用机制，以期为实现城市经济绿色转型和高质量发展提供有益借鉴。

与现有文献相比，本章节贡献在于，其一，与现有文献纯粹基于经验识别和数据检验来确定空间计量模型的具体形式不同，本章节将生产性服务业集聚外部性和土地市场扭曲的空间外溢效应纳入科普兰和泰勒（Copeland & Taylor，1994）的污染排放决定模型，从理论机制和模型演化过程本身来构建生产性服务业集聚和土地市场扭曲影响城市环境质量的空间分析框架、确定空间杜宾模型的具体形式，系统探讨生产性服务业集聚对城市环境质量作用机制的同时，也考察了土地市场扭曲和生产性服务业集聚对城市环境质量的交互效应；其二，与目前多数文献使用公开出版的土地协议出让数据和工矿仓储用地数据来衡量城市建设用地的错配程度不同，本章节采用网络爬虫技术从中国土地市场网收集了2006～2016年全国277个地级城市商服用地、住宅用地和工业用地的实际交易数据，通过测算工业用地价格偏离度来衡量城市土地市场扭曲程度；其三，本章节运用空间杜宾模型，综合采用地理距离、经济距离以及地理和经济嵌套的空间权重矩阵进行空间计量估计，尤其深入探讨了地理和经济距离嵌套矩阵的具体形式及其在生产性服务业集聚、土地市场扭曲影响城市环境质量中的直接效应和间接效应（空间外溢效应）；其四，从环境污染程度、生态环境状态和环境治理能力三个维度来综合测度城市环境质量，避免单一指标度量中的片面性；其五，本章节从行业和城市的双重异质性视角分析了生产性服务业集聚和土地市场扭曲对城市环境质量在不同细分生产性服务行业和城市间的作用差异。

二、生产性服务业集聚对城市环境质量的影响机制和研究假设

（一）生产性服务业集聚对环境质量的影响及其空间外溢效应

关于集聚效应，胡佛（Hoover，1936）首先将其划分为专业化集聚经济和多样化集聚经济，即企业既可以受到来自同行业集聚外部性的影响，又可以受到跨行业多样化集聚效应的影响。马歇尔（Marshall，1890；1961）认为同一产业的集中分布和专业分工使企业受益于企业之外、行业之内的集聚经济外部性，因而专业化集聚经济又称为马歇尔集聚外部性。而雅各布斯（Jacobs，1969）则强调城市和区域经济发展主要受益于产业间的多样化集聚，因为它能够提供支撑区域发展的多样化中间投入品和互补性知识外溢，因此跨行业企业的多样化集聚经济外部性又称为雅各布斯外部性。梁琦等（2014）进一步指出，专业化和多样化实质上是集聚在任意一个时点上的两种不同形态。生产性服务业作为国民经济的重要组成部分，其空间分布形态在一定时期内也必然有专业化和多样化之分。根据集聚经济和新经济地理理论，生产性服务业集聚可对城市环境质量产生三方面的积极影响。

首先，生产性服务业专业化集聚和多样化集聚可通过技术外溢效应，提升企业协同创新能力和技术进步水平，降低环境污染。技术进步在污染减排和环境治理中的关键作用已被多数文献证实。格罗斯曼和克鲁格（Grossman & Krueger，1991）的研究表明，环境污染与技术进步间存在单调递减的作用关系。生产性服务业集聚正是通过强化生产性服务企业与制造业企业以及制造业企业之间的知识外溢和信息交流，进而提高制造业企业技术进步水平，最终实现污染减排和环境治理的目的。由于生产性服务业多数具有明显的知识密集型特征，且多集中于城市中心以及信息和知识交流频繁的区域（Illeris & Pholippe，1993），因而其专业化集聚和多样化集聚也必然产生明显的知识外溢效应（韩峰等，2014）。基布尔和纳卡姆（Keeble & Nacham，2002）指出生产性服务业集聚的"集体学习过程"对于创新环境演化极为重要。"集体学习"不仅有助于集聚区内生产性服务企业提高自身的创新性，而且能够增强关联企业学习、分享和创造新知识的能力。陈建军等（2009）指出，生产性服务业集聚的知识外溢效应能够突破行业和空间限制而获得范围经济，从而知识溢出的作用效果更为显著。伴随生产过程复杂性的进一步加强和技术变革引致的知识更新速度加快，制造业企业为获得竞争优势势必投入更多

时间进行知识学习。生产性服务业集聚可通过深化专业化分工、降低交易成本、减少信息不对称等渠道，提高制造业企业学习效率，促使其在“干中学”中获得递增收益、提高全要素生产率，进而降低环境污染、提高环境质量（Cole et al.，2008；Otsuka，2014；宣烨和余泳泽，2017）。

其次，生产性服务业集聚有助于实现中间服务品生产和利用的规模经济效应，促进生产性服务在制造业价值链中的有效嵌入，推进制造业价值链向高端攀升，从而降低污染排放。与一般商品不同，生产性服务品的消费者是制造业。生产性服务业与制造业通过投入产出关联效应而在空间上形成协同集聚和联动发展，并产生明显的规模经济效应（Venables，1996；Ke et al.，2014）。生产性服务业集聚不仅有利于降低交易成本（冯泰文，2009），而且能够为制造业提供物美价廉的专业化中间服务品，从而降低生产成本，提高生产效率（Markusen，1989）。亚伯拉罕和泰勒（Abraham & Taylor，1996）认为，多数制造业企业逐步放弃生产性服务自给自足的主要原因在于，从外部市场购买生产性服务可以节约成本，获得规模经济收益。伴随制造业部门分工不断深化和竞争不断加剧，其内部服务职能也日趋复杂和多样，一些价值链环节（包括加工制造和服务环节等）为实现潜在规模经济，从制造业企业内部分离出来。由此，生产性服务业由“内部化”走向“外部化”（刘明宇等，2010）。在市场机制作用下，生产性服务业集聚产生的规模经济效应使下游制造业企业以较低价格获得专业化中间产品或服务，有利于优化要素投入结构，促使生产性服务业渗透至制造业价值链的各个环节，促进生产环节向低污染、高附加值的两端延伸（Eswaran & Kotwal，2002）。可见，生产性服务业集聚的规模经济有助于提高制造业企业能源资源利用效率，促进生产过程向低碳清洁转变，提升城市环境质量。

最后，生产性服务业集聚除对城市本身的环境质量产生影响外，其技术外溢效应和规模经济效应还能够突破本地限制而产生跨区域的空间外溢效应。伴随区域间产业分工的进一步深化和交通、通信技术的快速发展，区域经济一体化水平不断提升，区域间经济合作和产业关联效应不断增强。生产性服务业集聚产生的技术外溢效应和规模经济效应可通过区域间科研项目合作、人才流动、技术转移以及生产性服务业与制造业间的投入产出关联效应突破区域限制，而对周边地区环境质量产生空间外溢效应。已有研究证实，生产性服务业集聚与制造业集聚、工业生产效率及经济发展之间在不同地区之间存在空间协同效应（Ke et al.，2014；席强敏等，2015），因而某一地区生产性服务业集聚也可能通过这种协同效应对另一地区的城市环境质量产生影响。

费泽（Feser，2002）探讨了美国县级行政单位集聚经济的空间作用机制，指出生产性服务活动对周边县域农业机械制造业与仪器和控制装置制造业增长具有明显的空间外溢效应。韩峰和柯善咨（2012）通过研究制造业集聚的空间来源指出，中间服务品空间可得性在100公里范围内显著促进了中国制造业集聚。柯等（Ke et al.，2014）的研究结果显示，生产性服务业集聚与制造业集聚在中国不同城市之间存在协同效应。席强敏等（2015）研究了生产性服务业专业化集聚和多样化集聚对工业效率的空间影响，结果显示生产性服务业多样化集聚对周边城市工业生产率提升具有显著空间外溢效应。余泳泽等（2016）采用区位熵测度生产性服务业集聚，实际上探讨了生产性服务业专业化集聚对制造业生产效率的外溢效应，指出200公里是生产性服务业集聚空间外溢的密集区。韩峰和谢锐（2017）探讨了生产性服务业专业化集聚和多样化集聚对碳排放的空间影响，指出生产性服务业专业化集聚和多样化集聚分别在300公里和400公里范围内对碳排放产生了明显空间外溢效应。由此，本章节提出：

假设1：生产性服务业集聚的技术外溢效应和规模经济效应不仅有助于本地区降低环境污染、提升环境质量，而且对周边地区也具有空间外溢效应。

（二）土地市场扭曲对环境质量的影响及其空间外溢效应

除要素市场不完全和产权制度缺陷等原因外，财政分权和政府过度干预也是导致土地市场扭曲的重要原因（黄忠华和杜雪君，2014）。1994年分税制改革以来，中央政府将财权上收，但中央政府与地方政府事权划分却基本不变，地方政府财力日趋拮据。在财税最大化和以经济增长为标尺的政绩考核体系下，地方政府强烈偏好工业发展，纷纷通过建立新城区、各类工业园区以及城市开发区等形式，加大土地征用和供给规模，以低地价或零地价吸引工业投资。城市建设用地主要流入与工业相匹配的生产性基础设施建设及工业领域，导致资本密集型行业和重工业过度发展，加剧资源消耗和配置扭曲，降低城市环境质量。陆铭和欧海军（2011）认为经济增长竞争压力和税收最大化动机均使地方政府有动机引进投资规模巨大的企业，优先发展资本密集型行业或重工业。地方政府利用大量工业用地优惠和基础设施建设补贴等手段降低招商企业用地成本，竞相争夺外部工业资本，展开激烈的招商引资竞争，从而带来严重的土地资源配置扭曲（Restuccia & Rogerson，2013）。尽管资本密集型产业和重工业能够在短期内带来快速的经济增长，但其生产率往往偏低且对能源资源却消耗严重，不仅带来工业用地的粗放、低效利用，而且给环境质量带来不利影响。李勇刚和罗海艳（2017）认为土地市场扭曲进一步强化了以中低端制造业为主的产业结构刚性，从而抑制产业结构升级。李力行等（2016）也指出，一个城市以协议方式出让的建设用地比例越高，其工业企业间的资源配置效率越低。同时，作为地方政府为经济发展而竞争的手段，土地资源在各地区工业领域的偏向性配置还使各地区工业发展违背其资源禀赋优势，导致同类产业的重复投资和结构的低水平雷同（蔡昉等，2009；曲福田和谭荣，2010），造成资源浪费和要素配置扭曲，加剧各地区环境污染。

此外，作为地方政府间为经济发展和财税收入而展开竞争的手段，土地市场扭曲还具有竞争模仿的策略性互动特征。这一特征将使土地市场扭曲对生产性服务业集聚效应的弱化作用在空间上不断传导，从而产生空间外溢效应。在中国政治集权、经济分权的政治体制下，不论是为获得更多财政收入的"为增长而竞争"的锦标赛，还是"为政治晋升而竞争"的锦标赛，地方政府在 GDP、社会福利、基础设施投资、FDI 投资以及人才等方面均普遍存在竞争行为。为吸引新的内外资企业和创造更多就业机会，地方政府纷纷利用低地价或零地价以及降低引资质量和环境准入门槛、提供基础设施建设补贴等各类优惠政策来吸引投资，使工业用地出让陷入竞次式竞争（陶然等，2009；黄忠华和杜雪君，2014）。这种策略性互动行为不仅导致各地区竞相发展资本密集型产业和重工业，而且导致企业单纯为追逐"政策租"而非遵循市场规律和比较优势进行布局，从而造成各地产业结构同质和资源配置扭曲。资本密集型产业在各地区竞相发展以及由此造成的结构同质和资源配置扭曲，使环境质量在地区间竞相恶化，环境污染的外溢效应越发明显。可见，土地市场扭曲在地方政府间的竞争模仿性策略互动导致其对环境质量的影响具有明显的空间外溢效应。基于此，本章节提出：

假设 2：城市土地资源在基础设施和工业领域的偏向性配置，不仅导致各地区资本密集型工业过度发展和结构同质，加剧资源配置扭曲和城市环境污染，而且通过地方政府间的竞争模仿性策略互动行为对周边地区产生空间外溢效应。

（三）土地市场扭曲在生产性服务业集聚影响环境质量中的调节效应

生产性服务业集聚对城市环境质量的作用还会受到土地市场扭曲的影响。尽管城市空间扩张和土地供给规模增加，但土地配置往往向基础设施和工业倾斜，留给服务业、甚至生产性服务业的土地却相当有限且价格昂贵（国务院发展研究中心和世界银行联合课题组，2014）。这不仅直接导致生产性服务业发展不足，而且提高了生产性服务业生产和经营成本，不利于生产性服务业充分集聚（余泳泽等，2018）。刘志彪（2015）指出土地等资源在工业部门的偏向性配置，使得中国服务业增加值比重和就业比重低于同等经济发展水平国家；这种资源错配的直接结果就是制造业严重产能过剩和服务业有效供给不足。此外，在财税最大化和以经济增长为标尺的政绩考核体系下，地方政府强烈偏好工业发展，土地出让收入及其融资也主要流入与工业相匹配的生产性基础设施建设（蒋震，2014；范子英，2015），而用于支持生产性服务业的资金却很少或基本没有，由此导致资本密集型行业和重工业过度发展，而生产性服务业发展滞后。可见，城市土地资源在基础设施建设和工业发展的偏向性配置将削弱生产性服务业空间集聚效应，并由此对城市环境质量提升产生不利影响。基于此，本章节提出：

假设3：在与土地市场扭曲的互动中，生产性服务业集聚的环境质量提升效应将随着土地市场扭曲程度的提高而被削弱。

三、模型设计

（一）空间计量模型设定

本章节在影响机制分析的基础上构建生产性服务业集聚和土地市场扭曲影响城市环境质量的理论框架和检验模型。假设经济系统中包含 N 个城市，生产要素为资本和劳动力，则代表性城市 i 的生产函数可设定为：

$$Q_i = aL_i^{\alpha} K_i^{\beta} \tag{4.21}$$

其中，Q_i为城市 i 的产品产量，L 为城市的劳动力数量，K 为资本存量，α 和 β 分别为劳动力和资本的产出弹性系数，且 $0<\alpha<1$、$0<\beta<1$，a 为常数。假设代表性城市仅生产一种资本密集型产品 Z，且该产品生产中将同时产生污染物 P。由于城市在生产中产生了环境污染，因而还将投入比例为 λ 的资源用于控制环境污染，且 $0\leqslant\lambda<1$。当 $\lambda=0$ 时表示城市未对污染进行治理，其产量 $Z=Q$；当 $0<\lambda<1$ 时，表示城市投入比例 λ 的资源控制污染，此时产品 Z 的产量为：

$$Z = (1-\lambda_i)aL_i^{\alpha} K_i^{\beta} \tag{4.22}$$

代表性城市的排污量为：

$$P = \psi(\lambda_i)aL_i^{\alpha} K_i^{\beta} \tag{4.23}$$

其中，$\psi(\lambda)$ 为污染排放函数，且 $\psi'(\lambda)<0$。根据科普兰和泰勒（Copeland

& Taylor，1994），排污函数可设定为：

$$\psi(\lambda)=\frac{1}{A_i}(1-\lambda_i)^{\frac{1}{\sigma}} \tag{4.24}$$

其中，$0<\delta<1$，A 为生产技术或全要素生产率。则结合式（4.22）、式（4.23）和式（4.24）得到：

$$Z=(A_iP_i)^{\sigma}\ (aL_i^{\alpha}K_i^{\beta})^{1-\sigma} \tag{4.25}$$

结合式（4.22）和式（4.25）得到：

$$P=aA_i^{-1}L_i^{\alpha}K_i^{\beta}\ (1-\lambda_i)^{\frac{1}{\sigma}} \tag{4.26}$$

环境质量提升与环境污染程度负相关，以 T 代表城市环境质量，则 T 是 P 的倒数 $T_i=P_i^{-1}$。则式（4.26）可重写为：

$$T_i=\Phi A_iL_i^{-\alpha}K_i^{-\beta}\ (1-\lambda_i)^{-\frac{1}{\sigma}} \tag{4.27}$$

其中，$\Phi=a^{-1}$。令 $\kappa=1-\lambda$ 代表城市未用于改善环境质量的资源比例。对式（4.27）两边取对数，并重写为矩阵形式，得到：

$$T=\Phi+A-\alpha L-\beta K-\frac{1}{\sigma}\kappa \tag{4.28}$$

其中，Φ 为常数项对数的 $N\times1$ 向量，A 为生产技术或全要素生产率对数的 $N\times1$ 向量，L、K、κ 则分别为劳动力、资本、非治污资源比例对数的 $N\times1$ 向量。

根据本书的理论机制分析，生产性服务业专业化集聚和多样化集聚产生的技能人才“蓄水池”效应、中间投入品的规模经济效应和知识溢出效应不仅有助于降低本城市企业成本、提高要素生产率，而且还对周边城市生产率产生空间外溢效应；而土地市场扭曲则不仅降低本市要素生产效率，而且通过地方政府间的策略性互动对周边城市产生负向外溢效应。因而，生产技术水平 A 是本市和邻市生产性专业化集聚经济（马歇尔集聚外部性）和生产性服务业多样化集聚经济（雅各布斯集聚外部性）的增函数，是本市和周边城市土地市场扭曲的减函数。此外，根据埃尔图尔和科赫（Ertur & Koch，2007）的研究，生产技术或全要素生产率不仅依赖于本城市的特征变量和生产要素，而且也受到其他城市技术进步的影响（经济系统中所有其他城市 j）。我们假定城市间技术进步的相互依赖通过空间外部性而起作用，且某一城市生产性服务业专业化和多样化集聚产生的技术外部性将突破城市界线并延伸到其他城市，但由于在地理距离以及由社会经济和制度等差异所导致的各类摩擦影响下，城市间存在的边界效应将导致空间外溢的强度逐渐减弱。鉴于此，生产技术或全要素生产率（A_i）可设定为：

$$A_i = A_0 S_i^{\theta_1} D_i^{\theta_2} G_i^{-\eta} \prod_{j \neq i}^{N} S_j^{\vartheta_1 w_{ij}} D_j^{\vartheta_2 w_{ij}} G_j^{-\vartheta_3 w_{ij}} A_j^{\delta w_{ij}} \tag{4.29}$$

其中，A_0为所有城市所共有的外生技术进步；S_i和D_i分别为生产性服务业专业化集聚和多样化集聚；θ_1和θ_2分别为生产性服务业专业化集聚和多样化集聚的弹性系数，且$\theta_1 > 0$，$\theta_2 > 0$；G_i为土地市场扭曲程度，且$\eta > 0$；$S_j^{\vartheta_1 w_{ij}}$、$D_j^{\vartheta_2 w_{ij}}$、$G_j^{-\vartheta_3 w_{ij}}$和$A_j^{\delta w_{ij}}$分别为周边城市j生产性服务业专业化集聚、多样化集聚、土地市场扭曲及技术进步的地理加权平均。ϑ_1、ϑ_2、ϑ_3和δ来分别表示城市间生产性服务业集聚、土地市场扭曲和技术进步的相互依赖程度。我们以外生的摩擦项w_{ij}（$j = 1, \cdots, N$且$j \neq i$）来表示城市i与其周边城市j间的关联程度；城市间关联程度越高，则w_{ij}越大。

城市间技术进步的依赖性意味着必须将所有城市看作一个整体的系统来分析。对式（4.29）取对数，并写为矩阵形式，则有：

$$A = A_0 + \theta_1 S + \theta_2 D - \eta G + \vartheta_1 WS + \vartheta_2 WD - \vartheta_3 WG + \delta WA \tag{4.30}$$

其中，S和D分别为生产性服务业专业化集聚和多样化集聚的$N \times 1$矩阵，W为包含空间摩擦项w_{ij}的$N \times N$维矩阵。若$\delta \neq 0$且$1/\delta$并非矩阵W的特征根，则式（4.30）可重写为：

$$\begin{aligned} A = & (I - \delta W)^{-1} A_0 + \theta_1 (I - \delta W)^{-1} S + \theta_2 (I - \delta W)^{-1} D - \eta (I - \delta W)^{-1} G \\ & + \vartheta_1 (I - \delta W)^{-1} WS + \vartheta_2 (I - \delta W)^{-1} WD - \vartheta_3 (I - \delta W)^{-1} WG \end{aligned} \tag{4.31}$$

将式（4.31）代入式（4.28）并在两边同时乘以（$I - \delta W$），得到：

$$\begin{aligned} T = & \Omega + \delta WT + \theta_1 S + \theta_2 D - \eta G - \alpha L - \beta K - \theta_3 \kappa + \vartheta_1 WS \\ & + \vartheta_2 WD - \vartheta_3 WG + \vartheta_4 WL + \vartheta_5 WK + \vartheta_6 W\kappa \end{aligned} \tag{4.32}$$

其中，$\Omega = A_0 + (I - \delta W)\Phi$、$\theta_3 = \frac{1}{\sigma}$、$\vartheta_4 = \alpha\delta$、$\vartheta_5 = \beta\delta$、$\vartheta_6 = \frac{\delta}{\sigma}$。式（4.32）说明劳动力、资本及非治污资源份额均对本市环境质量产生了抑制作用，但周边城市这些变量却对本市环境质量产生了促进作用，这可能意味着周边城市劳动力、资本、非治污资源份额的提高使本市污染企业发生转移，从而提高了本市环境质量；而生产性服务业专业化集聚和多样化集聚对本市和周边城市环境质量提升均具有促进作用，土地市场扭曲则对本市和周边城市环境质量均具有抑制作用。将式（4.32）由矩阵形式写为一般形式，则城市 i 环境质量的决定方程可表示为：

$$\begin{aligned}\ln T_i = {} & \theta_0 + \delta\sum_{j\neq i}^{N} w_{ij}T_j + \theta_1\ln S_i + \theta_2\ln D_i - \eta\ln G_i - \alpha\ln L_i - \beta\ln K_i - \theta_3\ln\kappa_i \\ & + \vartheta_1\sum_{j\neq i}^{N} w_{ij}\ln S_j + \vartheta_2\sum_{j\neq i}^{N} w_{ij}\ln D_j + \vartheta_3\sum_{j\neq i}^{N} w_{ij}\ln G_j + \vartheta_4\sum_{j\neq i}^{N} w_{ij}\ln L_j \\ & + \vartheta_5\sum_{j\neq i}^{N} w_{ij}\ln K_j + \vartheta_6\sum_{j\neq i}^{N} w_{ij}\ln\kappa_j \end{aligned} \tag{4.33}$$

其中，$\theta_0 = \ln A_0\Phi - \delta\sum_{j\neq i}^{N} w_{ij}\ln\Phi$。

除生产性服务业集聚通过影响生产技术进而作用于环境质量外，土地市场扭曲还可通过削弱生产性服务业集聚的规模经济效应、技术外溢效应和生产率提升效应等而对城市环境质量提升产生不利影响。因而，式（4.33）中生产性服务业集聚对生产技术的影响弹性（θ_1、θ_2 和 ϑ_1、ϑ_2）又可看作土地市场扭曲的减函数，即：

$$\theta_1 = \phi_0 - \phi_1\ln G_i,\ \theta_2 = \phi_0' - \phi_2\ln G_i,\ \vartheta_1 = \overline{\phi}_0 - \phi_3\ln G_j,\ \vartheta_2 = \overline{\phi}_0' - \phi_4\ln G_j \tag{4.34}$$

其中，ϕ_0、ϕ_0'、$\overline{\phi}_0$ 和 $\overline{\phi}_0'$ 为常数，ϕ_1 和 ϕ_2 分别为土地市场扭曲对 θ_1 和 θ_2 的弹性系数，ϕ_3 和 ϕ_4 分别为土地市场扭曲对 ϑ_1 和 ϑ_2 的弹性系数，且 $\phi_1>0$，$\phi_2>0$，$\phi_3>0$，$\phi_4>0$。结合式（4.34）和式（4.33）得到：

$$\begin{aligned}\ln T_i = {} & \theta_0 + \delta\sum_{j\neq i}^{N} w_{ij}T_j + \phi_0\ln S_i + \phi'_0\ln D_i - \phi_1\ln G_i\ln S_i - \phi_2\ln G_i\ln D_i \\ & - \eta\ln G_i - \alpha\ln L_i - \beta\ln K_i - \theta_3\ln\kappa_i + \overline{\phi}_0\sum_{j\neq i}^{N} w_{ij}\ln S_j + \overline{\phi}_0'\sum_{j\neq i}^{N} w_{ij}\ln D_j \\ & - \phi_3\sum_{j\neq i}^{N} w_{ij}\ln S_j\ln G_j - \phi_4\sum_{j\neq i}^{N} w_{ij}\ln D_j\ln G_j - \vartheta_3\sum_{j\neq i}^{N} w_{ij}\ln G_j \\ & + \vartheta_4\sum_{j\neq i}^{N} w_{ij}\ln L_j + \vartheta_5\sum_{j\neq i}^{N} w_{ij}\ln K_j + \vartheta_6\sum_{j\neq i}^{N} w_{ij}\ln\kappa_j \end{aligned} \tag{4.35}$$

除以上变量外，影响城市环境质量的其他变量还可能有外商直接投资（FDI）、城市化水平（URB）和产业结构（IND）等。许和连和邓玉萍（2012）认为外商直接投资对降低本地区及邻近地区污染排放强度具有显著影响。城市化也是影响能源消耗和污染排放的重要因素，但其影响效果在学界并未达成一致（Poumanyvong & Kaneko，2010）。韩永辉等（2016）认为产业结构高度化既能提高本地也能提高邻近地区生态效率。本章节进一步在式（4.35）基础上引入以上控制变量，并加入时间 t 和计量估计中的误差项 ε 得到本章节用于估计的空间计量方程：

$$
\begin{aligned}
\ln T_{it} = {} & \theta_0 + \delta \sum_{j \neq i}^{N} w_{ij} T_{jt} + \phi_0 \ln S_{it} + \phi'_0 \ln D_{it} - \phi_1 \ln G_{it} \ln S_{it} - \phi_2 \ln G_{it} \ln D_{it} \\
& - \eta \ln G_{it} - \alpha \ln L_{it} - \beta \ln K_{it} - \theta_3 \ln(1 - \lambda_{it}) + \varphi_1 \ln FDI_{it} + \varphi_2 \ln URB_{it} \\
& + \varphi_3 \ln IND_{it} + \overline{\phi}_0 \sum_{j \neq i}^{N} w_{ij} \ln S_{jt} + \overline{\phi}'_0 \sum_{j \neq i}^{N} w_{ij} \ln D_{jt} - \phi_3 \sum_{j \neq i}^{N} w_{ij} \ln S_{jt} \ln G_{jt} \\
& - \phi_4 \sum_{j \neq i}^{N} w_{ij} \ln D_{jt} \ln G_{jt} - \vartheta_3 \sum_{j \neq i}^{N} w_{ij} \ln G_{jt} + \vartheta_4 \sum_{j \neq i}^{N} w_{ij} \ln L_{jt} + \vartheta_5 \sum_{j \neq i}^{N} w_{ij} \ln K_{jt} \\
& + \vartheta_6 \sum_{j \neq i}^{N} w_{ij} \ln(1 - \lambda_{jt}) + \vartheta_7 \sum_{j \neq i}^{N} w_{ij} \ln FDI_{jt} + \vartheta_8 \sum_{j \neq i}^{N} w_{ij} \ln URB_{jt} \\
& + \vartheta_9 \sum_{j \neq i}^{N} w_{ij} \ln IND_{jt} + \varepsilon_{it}
\end{aligned}
\tag{4.36}
$$

其中，φ_1、φ_2 和 φ_3 分别为外商直接投资、城市化和产业结构对城市环境质量的影响弹性，ϑ_7、ϑ_8 和 ϑ_9 则分别为其空间滞后项的弹性系数，φ_1、φ_3、ϑ_7、ϑ_9 预期为正，但 φ_2 和 ϑ_8 的符号有待进一步检验。由于式（4.36）中同时包含了被解释变量和解释变量空间滞后项，而未包含误差项的空间交互项，因而该空间计量模型称为空间杜宾模型。

（二）变量说明、指标测度与数据来源

本章节研究的样本为 2006～2016 年全国 277 个地级城市的面板数据。为使面板数据一致和平稳，本书对城市面板数据做了以下处理：首先，删除了拉萨、三沙、海东、巢湖、陇南和中卫六个数据缺失较多的地市；其次，由于北京、上海、天津和重庆等直辖市与一般地级市在城市规模、土地禀赋等方面存在明显差异，为使研究更具代表性，本章节也将这些城市样本删除；最后，由于使用网络爬虫技术获取土地交易数据时，常州、常德两市的工业用地和商服用地数据缺失较为严重，故本章节也将这两个城市从样本中删除。数据主要来自 2007～2017 年《中国城市统计年鉴》《中国国土资源统计年鉴》以及《中国人口和就业统计年鉴》。由于缺乏城市层面价格指数数据，本章节采用省级层面的价格指数对城市数据进行调整。省级层面价格指数来自《中国统计年鉴》。以下具体说明有关变量和指标的界定和测度方法。

（1）城市环境质量（T）。目前多数研究主要使用工业废水、废气和固体

废弃物中的一个或三个指标来反映地区环境污染程度或环境质量状况（邓玉萍和许和连，2016；黄寿峰，2017）。然而，生态环境作为一个系统整体，其质量水平仅用某一类或某几类环境污染指标难以全面反映，理应由组成这一系统的各类环境要素来综合决定。因而衡量一地区环境质量，不仅要考察该地区的综合环境污染程度，还要关注该地区已有的生态环境状态及其对环境污染的治理能力。本章节将从环境污染程度、生态环境状态和环境治理能力三个方面来衡量城市环境质量。具体而言，以市辖区工业废水排放量（万吨）、工业二氧化硫排放量（吨）、工业烟尘排放量（吨）来衡量城市总体的环境污染程度，以人均绿地面积（平方米）、建成区绿化覆盖率（%）来表示城市生态环境状态，以一般工业固体废物综合利用率（%）、工业废水处理率（%）、人均工业烟（粉）尘去除量（吨/人）来代表城市对环境污染的治理能力。首先对以上环境质量中的正向指标和逆向指标分别进行标准化处理；其次采用主成分分析法得到环境质量综合指数。其值越大代表城市环境质量状况越佳。

（2）生产性服务业专业化集聚（S）和生产性服务业多样化集聚（D）的测度方法与第三章第一节一致，本节在此不再赘述。

（3）土地市场扭曲（G）。本书所指的土地市场扭曲主要反映城市建设用地在工业领域的偏向性配置所导致的资源配置扭曲状况。国务院于 2006 年 8 月底颁布实施了《国务院关于加强土地调控有关问题的通知》，要求工业用地出让必须采取招标、拍卖、挂牌等市场化的方式进行。市场化的土地交易方式有助于根据土地供求关系形成合理的土地交易价格，降低地方政府对土地市场的干预，进而降低土地供给中的资源配置扭曲程度。然而，由于工业发展对 GDP 的贡献具有“立竿见影”的效果，在增长竞争和财政最大化激励下，地方政府为在短期内达到既定的增长目标、获得更多的财政收入，往往通过扩大工业用地征用与出让规模、压低工业用地实际出让价格的方式来招商引资。地方政府人为扩大土地出让规模、压低工业用地价格的做法实际上受到地方政府自身利益而非市场力量的左右，而企业也会在“低地租”或“零地租”而非市场效率驱使下在辖区内大量集聚，由此造成工业用地的错配和低效率使用。然而，目前官方出版的各类年鉴资料中并未报告详细的地方政府工业用地出让规模和价格数据，因而给直接测算土地市场扭曲程度带来了较大困难。为获得各地级及以上城市详细的工业用地出让数据，本书根据杨其静等（2014）的做法，利用网络爬虫技术从中国土地市场网收集了 2006 年 8 月 1 日 ~2016 年 12 月 31 日期间的每一笔土地交易数据，这些数据详细报告了每笔土地交易的供地对象、地块位置、供地面积、成交价款、供地方式、土地用途等信息。本章节根据土地出让用途，将各城市每年供地方式为招标、拍卖和挂牌的土地划分为广义商服用地、广义住宅用地和广义工业用地三类，并利用供地面积和成交价款数据测算了各城市各类土地的年均价格。这些价格数据便真实、准确反映了各城市土地市场的交易价格。本章节根据薛白（2011）的方法，通过测算工业用地价格偏离度来衡量城市土地市场扭曲程度。即：

$$G = \frac{r_B - r_M}{r_B} \tag{4.37}$$

其中，G 为土地市场扭曲程度，以工业用地价格偏离度表示；r_B为城市商服用地价格；r_M为城市工业用地价格。工业用地偏离度越大，代表地方政府通过压低工业用地价格、抬高商业用地价格以实现增长目标的程度就越大，土地市场扭曲水平就越高。

另外，本章节还构建了其他三个衡量土地市场扭曲程度的指标进行稳健性检验。一是依据范剑勇和莫家伟（2014）及李力行等（2016）的做法，采用地级及以上城市协议出让土地面积占总出让面积的比重来衡量土地市场扭曲程度。李力行等（2016）认为协议出让方式更多反映了地方政府的土地出让行为，当城市协议出让土地面积占比较大时，该城市很可能出现开发区大量占地、降低企业进入门槛等情况，从而在很大程度上导致土地市场扭曲，因而“协议出让土地”可以作为“工业用地”和“低价出让用地”的代理变量。该指标的测度区间为本章节样本期 2006 ~ 2016 年。二是从 2006 年工业用地出让必须采用“招拍挂”方式以后，协议出让土地比例在总出让土地中占比大幅下降，以协议出让土地面积代表工业用地出让面积将存在较大偏误，为此我们还根据李力行等（2016）的做法构建了工矿仓储用地供应面积占建设用地总出让面积的比重来衡量土地市场扭曲程度。《中国国土资源统计年鉴》从 2009 年起开始报告地级及以上城市分出让方式和分用地类型的土地出让数据，本章节用 2009 ~ 2016 年工矿仓储用地供应面积占建设用地总出让面积的比重来进一步对土地市场扭曲的影响进行稳健性检验。三是由于建设用地不仅偏向性地配置于工业领域，也被配置于与工业相关的基础设施建设领域，本章节在以上两个指标基础上进一步构建了地级及以上城市交通运输用地和工矿仓储用地占国有建设用地供地总量的比重指标来衡量土地市场扭曲程度进行稳健性检验。

（4）其他变量。本章节根据柯等（Ke et al.，2014）和席强敏等（2015）

的研究，根据中国城市分行业就业统计口径，将《中国城市统计年鉴》中19个行业中的交通运输、仓储和邮政业，信息传输、计算机服务和软件业，批发零售业，金融业，租赁和商业服务业，科学研究和技术服务业，环境治理和公共设施管理业七个行业代表生产性服务业。各行业就业人数取自《中国城市统计年鉴》中的单位从业人员数（万人）。本章节将市辖区第二产业单位从业人员数与个体从业人员数进行加总，代表工业就业（万人），其中第二产业个体从业人员数用城镇私营和个体从业人员与第二产业占GDP比重的乘积表示。城市工业资本存量（万元）利用永续盘存法或公式 $K_{i,t}=(1-\rho)K_{i,t-1}+I_t/\omega_{i,t}$ 来计算。式中，$K_{i,t}$ 是工业资本存量；ρ 是年折旧率，设为5%；I_t 是工业固定资产投资，以市辖区固定资产投资减去房地产开发投资的差额表示；$\omega_{i,t}$ 是各城市的累积资本价格指数。FDI存量计算参考韩峰和柯善咨（2012）的做法，依然采用永续盘存法来计算，且折旧率设定为5%。本章节以城市市辖区非农人口与总人口比例表示地级及以上城市的城市化水平（URB），由于《中国城市统计年鉴》中市辖区非农人口的统计仅到2010年，后续年份的非农人口数据根据《中国人口和就业统计年鉴》补齐。治污投入（λ）体现了城市对环境污染的治理力度。一般而言，治污投入越大，污染物的处理和利用能力就越强，则环境质量就越好，反之亦然。本章节以城市市辖区“三废”综合利用产品产值来代表城市的治污投入（万元）。由于《中国城市统计年鉴》中报告的“三废”综合利用产品为全市数据，本章节假设环境治理投资与城市经济规模成正比，采用全市“三废”综合利用产品产值乘以市辖区在全市的GDP份额来代表市辖区环境污染投入水平。鉴于年鉴中的城市“三废”综合利用产品产值额仅到2010年，本章节采用二次指数平滑法来近似补齐后续年份的环境污染治理投入指标（由于多数城市该指标的时间序列数据呈明显的上升发展趋势，平滑系数设定为0.7）[①]。为便于计量估计，我们以 $\theta_3\ln\lambda_{it}$ 来代替式（4.36）中的 $-\theta_3\ln(1-\lambda_{it})$，同时其空间滞后项也做类似处理。产业结构（IND）以城市市辖区地区增加值中第三产业的比重表示。所有货币价值的数据以2003年为基期进行调整。表4-12报告了中国地级及以上城市生产性服务业集聚、环境质量及其他变量的样本统计值。

① 由于多数城市该指标的时间序列数据呈明显的上升发展趋势，本章节选择0.6、0.7和0.8三个平滑系数进行试算，通过比较不同平滑系数值下的预测标准误差，选取预测标准误差最小的0.7作为治污投入的平滑系数值。

表 4-12　中国地级及以上城市生产性服务业集聚、环境质量及其他变量的样本统计值

变量	均值	标准差	最小值	最大值
T（环境质量）	5.30	0.44	0.83	6.85
L（工业劳动力数量，万人）	51.84	105.31	1.98	1729.08
K（工业资本存量，亿元）	2009.45	4181.31	23.16	48826.93
S（生产性服务业专业化集聚）	0.46	0.18	0.10	1.78
D（生产性服务业多样化集聚）	0.89	0.17	0.35	1.58
λ（治污投入，亿元）	2.40	8.32	0.00	219.98
G（土地市场扭曲,%）	81.57	51.64	56.21	98.79
FDI（外商直接投资存量，亿元）	197.20	592.13	0.00	7972.13
IND（产业结构,%）	41.88	10.89	5.08	80.89
URB（城市化率,%）	54.45	34.09	3.41	100.00

四、空间计量检验与结果分析

（一）空间权重矩阵

构造适当的空间权重矩阵是准确度量个体间空间交互效应的关键。由于传统的 0~1 邻阶矩阵既无法反映地理上相互接近但并非相连的空间单元间的空间影响，也不能完全体现各空间单元间经济上的相互作用。本章节构造了地理距离空间权重矩阵（W_d）、经济距离空间权重矩阵（W_e）和地理与经济距离的嵌套矩阵（W_{de}）三种空间权重矩阵。具体而言，地理距离权重矩阵 W_d 可设定为 $W_d = 1/d_{ij}$，其中，d_{ij} 是使用经纬度数据计算的城市间距离，且 $i \neq j$，$i = j$ 时则为 0。经济距离矩阵则根据张学良（2012）设置方法，采用人均 GDP 构建经济距离空间权重矩阵 $W_e = 1/|\overline{Q}_i - \overline{Q}_j|$，其中 $\overline{Q}$ 为城市在 2006~2016 年的人均 GDP 均值，该矩阵度量了城市间在经济发展上的相对位置；若两城市经济发展水平越接近，则其经济运行模式可能越相似。地理邻近和经济关联是影响经济活动空间布局的重要因素，地理距离矩阵和经济距离矩阵分别从相对地理区位和经济运行模式两个方面反映了空间个体间的相互关系。然而现实中城市间的关联效应可能并非仅来自地理区位或经济发展相似性的

某一方面，而是受到地理邻近和经济运行模式的双重影响。综合不同空间个体在地理区位与经济特征等方面因素来构建的空间权重矩阵，对于表征数据集在空间上的分布特征及其空间联系更具优势。基于此，本章节采用邵帅等（2016）的方法，通过构建地理和经济距离嵌套矩阵来反映空间个体在地理和经济上的双重空间邻近性。

$$W_{de} = \tau W_d + (1 - \tau) W_e \tag{4.38}$$

其中，$0 < \tau < 1$ 为地理距离矩阵的权重，表示空间交互作用中地理邻近性的相对重要性。为获得 τ 的最优值，本章节分别对 τ 取 0、0.1、0.2、0.3、…、0.9 和 1 时的模型进行空间计量估计，以选取使参数估计和拟合优度达到最优的模型和 τ 值。

（二）空间计量估计结果

本章节参考埃尔霍斯特（Elhorst，2014）的检验思路，采用拉格朗日乘数（LM）、似然比（LR）和沃尔德统计量（Wald statistics）来确定空间计量模型的具体形式。首先，按照"从具体到一般"的检验思路，估计非空间效应模型（nonspatial model）并利用拉格朗日乘数法（LM）来检验是否使用 SAR 或者 SEM 模型；其次，如果非空间效应模型被拒绝，且存在空间或时间固定效应，那么需要进一步估计空间杜宾模型（SDM），利用似然比（LR-test）检验计量模型是否存在空间固定效应（spatial fixed effects，SFE）或时间固定效应（time fixed effects，TFE）；再次，进行 Hausman 检验，判断面板空间杜宾计量模型是采用固定效应还是随机效应估计方法；最后，通过 Wald 或 LR 检验法检验假设：$H_0^1: \theta = 0$ 和 $H_0^2: \theta + \rho\beta = 0$，用以判断空间杜宾模型是否会简化为空间自回归（SAR）或空间误差模型（SEM）。检验结果显示，双重固定效应的 SDM 模型更适用于估计本章节的空间面板数据。[①] 由于 SDM 模型中城市环境质量的空间滞后项为内生变量，因而本章节基于埃尔霍斯特（2014）的偏误修正的最大似然法估计模型，以获得一致性的参数估计。为准确判断地理和经济距离嵌套矩阵中 τ 的取值，也便于比较和检验各变量参数估计的稳健性，本章节分别测算了 τ 取 0、0.1、0.2、0.3、0.4、0.5、0.6、0.7、0.8、0.9 和 1 时的空间权重矩阵，并采用 SDM 模型进行估计。表 4－13 报告了生产性服务业集聚、土地市场扭曲影响城市环境质量的 SDM 估计结果。

① 限于篇幅，本章节未报告详细的空间计量检验的统计值和伴随概率，欢迎感兴趣的读者来函索取全部检验结果。

表 4－13　　生产性服务业集聚、土地市场扭曲影响城市环境质量的 SDM 估计结果

变量	经济距离矩阵	地理和经济距离嵌套矩阵									地理距离矩阵
	κ=0	κ=0.1	κ=0.2	κ=0.3	κ=0.4	κ=0.5	κ=0.6	κ=0.7	κ=0.8	κ=0.9	κ=1
lnL	−0. 0699 ** (−2. 44)	−0. 0862 *** (−2. 74)	−0. 0707 *** (−2. 83)	−0. 0853 ** (−2. 16)	−0. 0732 *** (−2. 88)	−0. 0934 ** (−2. 28)	−0. 0851 ** (−2. 04)	−0. 1096 *** (−2. 73)	−0. 1052 ** (−2. 08)	−0. 0815 ** (−2. 19)	−0. 0879 ** (−2. 15)
lnK	−0. 5245 *** (−9. 65)	−0. 5362 *** (−7. 06)	−0. 5468 *** (−9. 41)	−0. 5268 *** (−8. 54)	−0. 5428 *** (−8. 61)	−0. 5528 *** (−7. 95)	−0. 5619 *** (−6. 81)	−0. 5782 *** (−11. 62)	−0. 5804 *** (−10. 08)	−0. 5681 *** (−11. 55)	−0. 5862 *** (−9. 88)
lnD	0. 0541 (1. 49)	0. 0611 ** (2. 17)	0. 0691 ** (2. 24)	0. 0681 * (1. 72)	0. 0709 ** (2. 17)	0. 0718 ** (2. 52)	0. 0543 ** (2. 29)	0. 0872 ** (2. 47)	0. 0854 *** (2. 73)	0. 0699 ** (2. 38)	0. 0947 ** (2. 32)
lnS	0. 3895 *** (5. 98)	0. 3462 *** (4. 63)	0. 3254 *** (3. 71)	0. 3474 *** (3. 92)	0. 3238 *** (4. 00)	0. 3408 *** (3. 86)	0. 3546 *** (4. 28)	0. 3032 *** (3. 66)	0. 2819 *** (3. 27)	0. 2931 *** (3. 58)	0. 2717 *** (3. 61)
lnλ	0. 2747 *** (16. 65)	0. 2889 *** (15. 00)	0. 3291 *** (16. 22)	0. 3296 *** (12. 64)	0. 3264 *** (12. 93)	0. 3289 *** (19. 49)	0. 3370 *** (16. 02)	0. 3341 *** (20. 68)	0. 3038 *** (18. 24)	0. 3126 *** (17. 61)	0. 3230 *** (15. 64)
lnG	−0. 0534 *** (−6. 42)	−0. 0693 *** (−5. 99)	−0. 0582 *** (−4. 63)	−0. 0482 *** (−2. 77)	−0. 0679 *** (−3. 44)	−0. 0533 ** (−2. 09)	−0. 0307 * (−1. 81)	−0. 0150 (−0. 89)	−0. 0215 (−1. 14)	−0. 0638 ** (−2. 30)	−0. 0409 (1. 25)
lnFDI	0. 0624 *** (7. 82)	0. 0559 *** (8. 80)	0. 0781 *** (7. 55)	0. 0654 *** (7. 68)	0. 0580 *** (9. 52)	0. 0585 *** (9. 49)	0. 0608 *** (8. 14)	0. 0495 *** (8. 99)	0. 0579 *** (6. 78)	0. 0438 *** (7. 11)	0. 0435 *** (5. 89)
lnIND	0. 3527 *** (5. 63)	0. 3559 *** (8. 90)	0. 3324 *** (5. 06)	0. 3264 *** (4. 95)	0. 3544 *** (5. 62)	0. 3681 *** (5. 92)	0. 3428 *** (7. 08)	0. 3504 *** (6. 03)	0. 3407 *** (4. 93)	0. 3705 *** (5. 44)	0. 5097 *** (6. 05)
lnURB	0. 1657 *** (7. 34)	0. 1973 *** (5. 88)	0. 1875 *** (5. 90)	0. 1759 *** (5. 70)	0. 1790 *** (7. 08)	0. 1781 *** (4. 43)	0. 1694 *** (6. 25)	0. 1763 *** (5. 54)	0. 1740 *** (6. 15)	0. 1527 *** (9. 00)	0. 1185 *** (4. 39)
ρ	0. 0732 * (1. 83)	0. 0934 ** (1. 99)	0. 1408 *** (2. 86)	0. 1408 *** (3. 66)	0. 1603 *** (4. 15)	0. 1805 *** (3. 69)	0. 1607 *** (5. 11)	0. 1307 *** (5. 69)	0. 1807 *** (4. 45)	0. 1650 *** (4. 83)	0. 1708 *** (5. 62)
W×lnL	−0. 5265 *** (−5. 73)	−0. 5276 *** (−2. 94)	−0. 5408 *** (−3. 91)	−0. 6038 *** (−4. 67)	−0. 5870 *** (−4. 74)	−0. 6179 *** (−4. 38)	−0. 5900 *** (−4. 05)	−0. 5929 *** (−3. 17)	−0. 4905 ** (−2. 43)	−0. 4079 * (−1. 79)	−0. 1216 (−1. 45)

续表

变量	经济距离矩阵	地理和经济距离嵌套矩阵									地理距离矩阵
	κ=0	κ=0.1	κ=0.2	κ=0.3	κ=0.4	κ=0.5	κ=0.6	κ=0.7	κ=0.8	κ=0.9	κ=1
$W\times\ln K$	−0.3278 ** (−4.15)	−0.3629 *** (−4.61)	−0.3805 *** (−3.58)	−0.3603 *** (−4.39)	−0.4279 *** (−4.76)	−0.4366 *** (−4.80)	−0.4412 ** (−2.49)	−0.4372 ** (−2.36)	−0.4007 * (−1.75)	−0.2757 (−0.72)	−0.2816 (−1.06)
$W\times\ln D$	−0.2683 * (−1.76)	−0.2946 ** (−2.15)	−0.3337 ** (−2.41)	−0.3241 ** (−2.46)	−0.3949 ** (−2.46)	−0.5376 *** (−2.78)	−0.5537 *** (−2.36)	−0.5706 *** (−3.00)	−0.6182 *** (−4.04)	−0.4132 ** (−2.25)	−0.4360 (−1.59)
$W\times\ln S$	0.7607 *** (4.83)	0.7665 *** (6.72)	0.7831 *** (4.86)	0.8259 *** (5.74)	0.8365 *** (5.44)	0.6641 *** (6.35)	0.5754 *** (5.91)	0.6317 *** (4.28)	0.5839 *** (3.97)	0.6804 *** (5.03)	0.5006 *** (3.55)
$W\times\ln\lambda$	0.0710 * (1.85)	0.0906 * (1.76)	0.0523 (1.08)	0.0475 (1.53)	0.0715 (0.74)	0.0321 (0.45)	0.0253 (1.39)	0.0308 (0.44)	0.0458 (1.35)	0.0751 (0.90)	−0.1612 (−1.41)
$W\times\ln G$	−0.1194 *** (−4.08)	−0.1263 *** (−3.13)	−0.1358 *** (−3.87)	−0.1213 *** (−3.69)	−0.1536 *** (−4.05)	−0.1437 *** (−4.30)	−0.1769 *** (−4.36)	−0.1973 *** (−4.31)	−0.1714 *** (−2.95)	−0.1442 *** (−2.85)	−0.1229 ** (−2.55)
$W\times\ln FDI$	0.0591 *** (4.84)	0.0472 *** (4.61)	0.0762 *** (3.09)	0.0757 *** (4.24)	0.0879 *** (3.07)	0.0866 *** (3.14)	0.0776 ** (2.11)	0.0265 (1.08)	0.0356 (1.46)	0.0627 (1.62)	0.0916 * (1.89)
$W\times\ln IND$	−0.1510 (−1.16)	−0.1054 (−1.07)	0.1250 (1.24)	0.1377 (0.88)	0.1882 * (1.83)	0.1805 ** (1.98)	0.1592 ** (2.55)	0.1792 *** (2.64)	0.1377 *** (3.65)	0.1568 *** (3.86)	0.1739 *** (4.06)
$W\times\ln URB$	−0.1612 *** (−2.93)	−0.1958 ** (−2.30)	−0.1549 * (−1.82)	−0.1541 ** (−2.19)	−0.1626 ** (−2.19)	−0.1746 *** (−2.80)	−0.1752 ** (−2.40)	−0.1366 *** (−2.22)	−0.1578 ** (−2.19)	−0.1105 ** (−2.49)	−0.1751 ** (−2.03)
log-lik	1973.834	1987.040	2037.216	2015.285	2173.780	1988.574	1946.527	2010.286	2083.046	2013.004	2010.319
R^2	0.7652	0.7941	0.8129	0.8513	0.8965	0.8826	0.8791	0.8309	0.8589	0.8672	0.8851
N	3047	3047	3047	3047	3047	3047	3047	3047	3047	3047	3047

注：***、**和*分别表示在1%、5%和10%水平上显著，log-lik为log-likelihood。

本章节参考安瑟琳等（Anselin et al.，2008）的方法，综合拟合优度、自然对数函数值（log-likelihood）等统计量对表4-13中各空间计量模型的最优模型进行判断和选择，并以此确定 τ 的取值。表4-13结果显示，当 $\tau=0.4$ 时，空间杜宾模型的拟合优度值（$R^2=0.8965$）和自然对数函数值（log-likelihood = 2173.780）在各空间模型中最大，因而 $\tau=0.4$ 是地理与经济距离嵌套矩阵中地理距离空间权重矩阵的最佳权重，其所对应的空间杜宾模型则为本书实证研究中的最优模型。$\tau=0.4$ 意味着在城市环境质量的空间相互作用过程中，环境外溢效应依赖于空间个体间地理距离和经济关联的共同作用，且城市之间在经济上的邻近关系比地理距离的邻近性更为重要。

表4-13中多数空间杜宾模型中的空间自回归系数 ρ 显著为正，说明在控制解释变量与环境质量间的外生空间交互效应后，空间经济关联和地理邻近性共同促使环境质量在城市间产生了内生空间交互效应。在包含全局效应设定的SDM模型中，变量的参数估计值及其显著性仅代表各变量的作用方向和影响效果，并非代表其对城市环境质量的边际影响。莱萨奇和佩斯（LeSage & Pace，2009）指出，通过使用一个或更多空间回归模型设定的点估计（ρ 或 θ）来判定是否存在空间溢出效应的做法可能导致错误的结论，而不同空间模型设定中变量变化的偏微分则可作为检验是否存在空间溢出效应假设的更为有效的方法。因而本章节基于莱萨奇和佩斯（LeSage & Pace，2009）的研究，根据表4-13中 $\tau=0.4$ 时的参数估计结果进一步估算生产性服务业专业化集聚、多样化集聚及其他控制变量对城市环境质量的直接效应和间接效应。其中，直接效应反映了生产性服务业专业化集聚、多样化集聚和土地市场扭曲等解释变量对本市环境质量的影响；间接效应则表示周边城市生产性服务业专业化集聚、多样化集聚和土地市场扭曲对本市环境质量（或本市各解释变量对邻市环境质量）的空间影响，反映了空间外溢效应。同时，为反映城市环境质量变化中土地市场扭曲对生产性服务业集聚效应的调节作用，本章节进一步根据式（4.36）将生产性服务业专业化集聚、多样化集聚与土地市场扭曲的交互项也引入空间杜宾模型中。表4-14报告了 $\tau=0.4$ 时地理距离和经济距离嵌套权重矩阵SDM模型的直接效应和间接效应。

首先分析生产性服务业集聚和土地市场扭曲对环境质量的影响。生产性服务业多业化集聚（lnD）对本市环境质量提升产生了明显促进作用，但对邻市环境质量的影响则显著为负，这一方面说明生产性服务业多样化集聚通过技术外溢效应和规模经济效应提高了本市环境质量，另一方面也说明生产性服务业多业化集聚对环境质量的积极影响并未对周边城市产生正向空间外

表 4-14　　生产性服务业集聚和土地市场扭曲对城市环境质量的直接效应和间接效应

	变量	模型 3.1	模型 3.2	模型 3.3	模型 3.4	模型 3.5
直接效应	lnL	-0.0832*** (-4.45)	-0.0926*** (-7.58)	-0.0798*** (-9.23)	-0.0874*** (-8.12)	-0.0813*** (-7.17)
	lnK	-0.6024*** (-15.18)	-0.5595*** (-14.17)	-0.5865*** (-17.06)	-0.5519*** (-13.61)	-0.5864*** (-14.57)
	lnD	0.0776** (2.08)	0.0897* (1.82)	0.0736** (2.26)		0.0601*** (3.74)
	lnS	0.1728*** (3.63)	0.1446*** (3.31)		0.1286*** (3.64)	0.1316*** (3.58)
	lnλ	0.3724*** (13.21)	0.3942*** (15.03)	0.3573*** (15.62)	0.3615*** (11.87)	0.3429*** (15.18)
	lnG		-0.0904*** (-4.24)	-0.0932*** (-3.64)	-0.0733*** (-2.60)	-0.0925*** (-2.93)
	lnG×lnD			-0.0165*** (-3.14)		-0.0247*** (-3.46)
	lnG×lnS				-0.0692*** (-3.11)	-0.0294*** (-3.30)
	lnFDI	0.0725*** (5.03)	0.0895*** (4.82)	0.0604*** (3.57)	0.0460*** (5.47)	0.0603*** (3.67)
	lnIND	0.1680*** (6.49)	0.1661*** (3.43)	0.1917*** (4.10)	0.1541** (2.49)	0.1625** (2.51)
	lnURB	0.1732*** (8.14)	0.1754*** (8.75)	0.1617*** (7.11)	0.1641*** (8.17)	0.1951*** (6.35)
间接效应	lnL	-0.0746*** (-3.82)	-0.0755*** (-4.20)	-0.0441 (-1.09)	-0.0185** (-2.00)	-0.0372*** (-3.54)
	lnK	-0.0815*** (-3.61)	-0.0971*** (-4.19)	-0.0491** (-2.01)	-0.0891* (-1.76)	-0.0756*** (-2.66)
	lnD	-0.1752** (-2.05)	-0.1574** (-2.22)	-0.0781* (-1.69)		-0.0923** (-1.97)
	lnS	0.3396*** (4.91)	0.3532*** (4.50)		0.4609*** (3.57)	0.4236** (2.55)

续表

	变量	模型 3.1	模型 3.2	模型 3.3	模型 3.4	模型 3.5
间接效应	lnλ	0.1327 (1.50)	0.1325 (1.64)	0.0501 (0.42)	0.0032 (1.14)	0.0107 (0.95)
	lnG		-0.1835*** (-3.96)	0.0313 (0.95)	0.0671 (1.63)	-0.0368 (-1.44)
	lnG × lnD			-0.0321** (-1.99)		-0.0218** (-2.35)
	lnG × lnS				-0.0423*** (-3.96)	-0.0478** (-2.43)
	lnFDI	0.0622** (2.50)	0.0511*** (3.28)	0.0194* (1.82)	0.0342 (0.73)	0.0283** (2.39)
	lnIND	0.0983** (2.16)	0.1406* (1.90)	0.0532** (2.44)	0.0644** (2.21)	0.0527* (1.80)
	lnURB	-0.1265*** (-2.80)	-0.1278* (-1.86)	-0.0722*** (-3.06)	-0.0562** (-2.40)	-0.1205*** (-3.19)

注：***、** 和 * 分别表示在 1%、5% 和 10% 水平上显著。

溢效应。究其原因可能在于，在近年国家对生产性服务业等现代服务业不断重视背景下，各地政府纷纷将国民经济中现代服务业比重作为产业结构升级和政绩考核的指标，在缺乏有效规划的情况下较易背离当地比较优势和资源禀赋特征，进而出现区间恶性同质竞争和重复建设等问题，由此形成生产性服务业的低质量多样化集聚特征（韩峰和谢锐，2017）。中国多数城市中多样化发展和集聚的生产性服务业并未与周边城市主导制造业通过投入产出关联形成优势互补，不仅未对周边城市主导制造业污染减排产生明显技术外溢效应和规模经济效应，反而会通过地方政府间在产业发展方面的策略性行为（即本市发展生产性服务业的经验可能导致邻市政府盲目随从）加剧周边城市制造业与生产性服务业间的错配程度和制造业盲目发展趋势，增加污染排放、降低环境质量。韩峰和柯善咨（2012）在政府干预背景下研究了中间服务品的空间可得性对制造业集聚的影响，他们指出地方政府对经济发展的过度干预导致不同地区中间服务品市场出现分割，加剧了中间服务品与制造业间的空间错配效应，从而大大削弱了生产性服务业与制造业间的空间关联效应及其对制造业集聚的促进作用。而制造业集聚不充分，势必降低企业在污染治理中的规模经济效应，不利于环境质量的提升（陆铭和冯皓，2014）。陈建军等（2016）探讨生产性服务业与制造业协同集聚对城市生产率的影响时指出，生产性服务业集聚对城市生产效率作用效果最大，制造业集聚次之，二者协同集聚最小，从而在一定程度上支持了生产性服务业与制造业协同集聚效应因空间错配而降低的观点。韩峰和谢锐（2017）通过研究生产性服务业集聚对碳排放的空间效应指出，生产性服务业多样化集聚在各城市中存在不同程度的错配问题，从而导致其对周边城市碳排放具有放大效应。可见，生产性服务业多样化集聚与制造业在空间上可能存在错配倾向，从而降低了应有的生产率提升效应和污染减排效应。生产性服务业专业化集聚（lnS）对本市和周边城市环境质量均起到了明显促进作用，从而印证了本书的理论预期。由于反映当地比较优势和工业结构特征的专业化生产性服务业集聚不仅可以提供以金融、法律、物流等为代表的专业化生产性服务业中间服务品和拥有专业劳动技能的娴熟劳动力，而且能够基于投入产出关联与制造业企业形成知识溢出和“集体学习”优势，进而实现专业化知识创造、积累与扩散，提高生产的技术水平、降低环境污染。可见，与生产性服务业多样化集聚相比，生产性服务业专业化集聚不仅通过专业化中间服务品的规模经济效应、知识外溢效应对本市环境质量提升产生了明显的促进作用，而且对周边城市也具有显著的正向空间外溢效应①。土地市场扭曲（lnG）的参数估计也与本书理论预期相符，对本市和邻市环境质量均具有明显抑制作用。这说明在财税最大化和政治晋升激励下，城市建设用地在工业领域的偏向性配置，加剧了城市环境污染，且这一影响效果在地方政府间竞争模仿的策略性互动作用下对周边城市也产生了明显空间外溢效应。

在式（2.16）和式（2.18）中加入生产性服务业多样化集聚与土地市场扭曲交叉项后，生产性服务业多样化集聚的直接效应和间接效应参数估计结果依然与式（2.14）和式（2.15）基本一致，说明生产性服务业多样化集聚对环境质量的影响效果具有较强的稳健性。土地市场扭曲的直接效应尽管依然显著为负，但其估计值明显降低，间接效应也未通过显著性检验，说明加入生产性服务业多样化集聚与土地市场扭曲交叉项后，土地市场扭曲对城市环境质量的影响效果明显削弱，即土地市场扭曲不仅直接对城市环境质量产生影响，而且部分地通过影响生产性服务业及其空间分布来实现。生产性服务业多样化集聚与土地市场扭曲交叉项直接效应和间接效应均显著为负，意

① 由于生产性服务业多样化集聚和生产性服务业专业化集聚对周边城市环境质量产生了截然相反的空间外溢效应，因而陈建军等（2016）认为的生产性服务业与制造业在空间上协同集聚效应偏低问题，很有可能是由生产新型服务业多样化集聚与城市制造业主导行业间的空间错配所导致。

味着土地市场扭曲不仅显著弱化了本市生产性服务业多样化集聚对城市环境质量的促进作用，而且进一步强化了其对周边城市环境质量提升的抑制作用。式（2.17）和式（2.18）中生产性服务业专业化集聚和土地市场扭曲交叉项的直接效应和间接效应均显著为负，说明在地方政府间的竞争模仿行为作用下，土地市场扭曲不仅显著削弱了本市生产性服务业专业化集聚对环境质量的提升效应，而且显著弱化了其对周边城市环境质量的空间外溢效应。为获取更多财政收入和政治晋升资本，地方政府一方面将更多城市土地用于工业发展，从而挤压生产性服务业在内的现代服务业发展空间、抬高生产性服务业发展成本，另一方面则利用土地出让收入加强生产性基础设施建设以吸引工业投资和促进工业发展，从而压缩生产性服务业发展的资金来源，限制生产性服务业发展和集聚，削弱了生产性服务业集聚的环境质量提升效应。在政治晋升激励下，地方政府间的策略性竞争模仿行为也使得土地市场扭曲对生产性服务业集聚效应的调节作用在空间中不断传导，从而强化了生产性服务业多样化集聚对邻市环境质量的抑制作用，弱化了生产性服务业专业化集聚的环境质量提升效应。

各控制变量中，劳动力供给数量增加（lnL）对本市和邻市环境质量均具有明显抑制作用，意味着劳动力数量增加将促使地方政府要求辖区内企业更多地选择有利于充分就业的发展策略，从而放松对高能耗、高污染、高排放企业的规制力度，降低环境质量。这一影响将在地区间地方政府政治晋升的策略性互动行为作用下，通过“示范效应”在空间中不断传导，导致本市劳动力供给增加对邻市环境质量产生同向的空间外溢效应。国内资本（lnK）对本市和邻市环境质量均产生了明显抑制作用，说明各地区资本投资依然倾向于基础设施建设和重工业等污染较为严重的领域，且资本投资在空间中也具有明显的“示范-模仿”效应，从而导致环境污染在城市间不断蔓延。治污投入（lnλ）的增加有利于提高本市环境质量，但对邻市影响不显著，说明治污投入增加对环境质量的改善作用具有明显的本地化特征，并不会引起周边城市的类似行为，各地区环境治理行为并未呈现明显协同效应。外商直接投资（lnFDI）在多数情况下有利于本市和周边城市环境质量提升，说明各地区引进的外商直接投资企业处于产业结构中高端，其产生的技术外溢效应不仅有利于本地区降低环境污染，也对邻近城市环境质量改善产生了正向空间外溢效应。产业结构升级（lnIND）对本市和邻市环境质量提高也起到了显著促进作用，意味着产业结构升级有利于促进城市间环境污染的协同治理，提高整个区域的生态环境质量。城市化进程（lnURB）有利于本市环境质量提升，但对邻市环境质量产生了负向影响。一般而言，城市化提高可对环境质量产生正负两方面的作用效果：一方面，城市化水平较高的城市往往会产生大量的住房、家电及机动车需求和交通拥堵，而这会导致环境质量下降；另一方面，城市化引致的人口规模扩大还可能产生规模经济效应，通过提高公共交通分担率、资源使用率及共享减排设施等途径来降低环境污染。从本章节估计结果来看，城市化显然通过规模经济效应对本市环境质量产生了促进作用，而本市城市化水平提高在一定程度上导致周边城市人口向本市迁移和流动，从而弱化了周边地区人口规模扩大而对污染减排产生的规模经济效应。

五、稳健性检验

本部分将从更换被解释变量指标、更换解释变量指标、更换空间估计方法及加入其他控制变量等四个方面对表 4－14 的结果进行稳健性检验。

（一）城市环境质量指标差异

本章节使用工业废水排放量、工业二氧化硫排放量以及工业烟尘排放量来代替城市环境质量综合指标，对生产性服务业集聚、土地市场扭曲影响城市环境的机制进行稳健性检验。空间杜宾模型的直接效应和间接效应结果如表 4－15 所示。

表 4－15　生产性服务业集聚和土地市场扭曲对城市环境污染的直接效应和间接效应

变量	工业废水排放量		工业二氧化硫排放量		工业烟尘排放量	
	直接效应	间接效应	直接效应	间接效应	直接效应	间接效应
lnD	－0.1157* （－1.73）	1.6947** （2.44）	－0.3466** （－2.45）	3.1901** （2.02）	－0.3772** （－1.98）	0.6410** （2.28）
lnS	－0.3421** （－1.99）	－1.0625*** （－2.68）	－0.9510** （－2.21）	－3.3544* （1.71）	－0.4441* （－1.90）	－0.9600** （－2.24）
lnG	0.0374** （2.24）	0.0481 （0.74）	0.0320* （1.78）	0.0508 （1.55）	0.0562** （2.13）	0.0644* （1.88）
lnG×lnD	0.0067** （2.48）	0.1456** （2.38）	0.0245* （1.75）	0.2304* （1.69）	0.0277** （2.23）	0.0472** （2.24）
lnG×lnS	0.0398** （2.46）	0.0803* （1.79）	0.0544** （2.45）	0.0704** （2.28）	0.0207** （2.04）	0.1349** （2.39）
控制变量	控制	控制	控制	控制	控制	控制

注：***、**和*分别表示在1%、5%和10%水平上显著；由于控制变量的估计结果与基准回归结果基本一致，表 4－15 中未报告控制变量的结果（下同）。

从表 4－15 估计结果来看，生产性服务业多样化集聚对工业废水排放量、工业二氧化硫排放量和工业烟尘排放量的直接效应均显著为负，间接效应显著为正，说明生产性服务业多样化集聚降低了本市污染排放水平，但对邻市污染排放起到了显著促进作用。土地市场扭曲与生产性服务业多样化集聚交叉项的直接效应和间接效应均显著为正，说明土地市场扭曲削弱了生产性服务业集聚对本市的污染减排效应，但强化了周边城市污染排放效果。生产性服务业专业化集聚对各污染物排放的直接效应和间接效应均显著为负，说明生产性服务业专业化集聚不仅对本市产生了明显污染减排效应，而且有利于降低周边城市污染排放。土地市场扭曲与生产性服务业专业化集聚的直接效应和间接效应均显著为正，说明土地市场扭曲显著抑制了生产性服务业专业化集聚对本市和邻市的污染减排效应。可见，更换被解释变量后，表 4－14 估计结果依然具有较强的稳健性。

（二）土地市场扭曲指标差异

本部分使用协议出让土地面积占总出让面积的比重（XY）、工矿仓储用地面积占建设用地总出让面积的比重（GK）以及交通运输用地和工矿仓储用地占国有建设用地供地总量的比重（JGK）三个指标来代替工业用地价格偏离度进行稳健性检验，结果如表 4－16 所示。

表 4－16　不同土地市场扭曲测度下生产性服务业集聚对城市环境质量的直接效应和间接效应

变量	土地市场扭曲指标为 XY		土地市场扭曲指标为 GK		土地市场扭曲指标为 JGK	
	直接效应	间接效应	直接效应	间接效应	直接效应	间接效应
lnD	0.0706*** (3.01)	－0.2209** (－2.18)	0.0322** (1.99)	－0.2801** (－2.44)	0.0117** (1.99)	－0.1401** (－1.98)
lnS	0.1661*** (3.11)	0.4462** (1.97)	0.0355* (1.73)	0.7783*** (2.84)	0.0047** (2.21)	0.4112*** (3.04)
lnG	－0.0118*** (－4.29)	－0.0136 (－1.52)	－0.0180*** (－5.29)	－0.0143* (－1.78)	－0.0057** (－2.31)	－0.0310 (－1.32)
lnG × lnD	－0.0067*** (－2.84)	－0.0185** (－2.09)	－0.0033** (－2.03)	－0.0406** (－2.23)	－0.0024** (－2.56)	－0.0428* (－1.77)
lnG × lnS	－0.0137*** (－2.94)	－0.0344* (－1.78)	－0.0035** (－2.24)	－0.1146*** (－3.25)	－0.0067* (－1.84)	－0.1198** (－2.42)
控制变量	控制	控制	控制	控制	控制	控制

注：***、** 和 * 分别表示在 1%、5% 和 10% 水平上显著。

替换土地市场扭曲指标后，生产性服务业多样化集聚依然对本市环境质量产生明显促进作用，而不利于邻市环境质量提升；其与土地市场扭曲交叉项的直接效应和间接效应均显著为负，从而说明协议出让面积比重、工矿仓储用地供应面积比重以及交通运输用地和工矿仓储用地占国有建设用地供地总量比重代表的土地市场扭曲依然显著强化了生产性服务业多样化集聚对邻市环境质量的抑制作用。生产性服务业专业化集聚均显著提升了本市和周边城市环境质量，而协议出让面积占总出让面积比重、工矿仓储用地供应面积占建设用地总出让面积的比重以及交通运输用地和工矿仓储用地占国有建设用地供地总量比重的不断提高则显著削弱了这一作用效果。该结果与表 4 - 14 估计结果也高度一致。

（三）估计方法差异：对内生性问题的处理

莱萨奇和佩斯（LeSage & Pace，2009）指出，空间杜宾模型可用于解决遗漏变量问题以及由遗漏变量所导致的内生性问题。然而，空间杜宾模型却无法解决由解释变量和被解释变量相互影响而产生的联立内生性问题。实际上，不仅生产性服务业集聚影响了城市环境质量，而且城市环境质量也可能对生产性服务业空间分布产生影响。环境质量越好的城市越有可能吸引污染严重地区的生产性服务业向该城市集聚，反之亦然。考虑生产性服务业集聚与城市环境质量间可能存在的联立内生性，本部分使用维加和埃尔霍斯特（Vega & Elhorst，2015）提出的空间滞后解释变量模型（spatial model of lagged explanatory variables，SLX），通过采用外生性指标作为生产性服务业集聚的工具变量对 SLX 模型进行 2SLS 估计。具体而言，我们借鉴拉姆查兰（Ramcharan，2009）和刘修岩（2014）的研究，采用地表粗糙度和地面平均坡度两个指标作为生产性服务业集聚的工具变量。[①] 由于地表粗糙度和地面坡度属于非时变变量，因而在实际估计中本部分将二者与面板数据中滞后一期年份的交互项作为工具变量进行最小二乘估计。在地表粗糙度较高和地面坡度较高的地方，由于道路建造成本和维护成本较高，生产性服务业集聚水平一般较低，而且即使在同样集聚水平情况下，商品流动的时间成本和交易成本也会较高。因此，城市地形特征会对生产性服务业集聚产生重要影响。由于这些地理变量只是反映一个地区的相对地理位置和地形特征，因而从历史和现实来看，均无法断定地理因素本身是决定城市环境质量的直接因素，具有明显的外生性特征。估计结果见表 4 - 17。

① Landsat TM 的土地覆盖数据、道路、高程、坡度、海岸线数据见网站 http：//www. dsac. cn/。地表粗糙度反映了地表起伏变化与侵蚀程度，而地面平均坡度则衡量了地面平均倾斜程度。

表 4-17 生产性服务业集聚、土地市场扭曲对城市环境质量的 SLX 模型估计

变量	被解释变量为环境质量	被解释变量为工业废水排放量	被解释变量为工业二氧化硫排放量	被解释变量为工业烟尘排放量	解释变量为土地市场扭曲 GK	解释变量为土地市场扭曲 JGK
lnD	0.0802*** (3.01)	-0.2489** (-2.21)	-0.3565* (-1.75)	-0.3829* (-1.84)	0.0336* (1.86)	0.0115** (1.98)
lnS	0.1652*** (3.27)	-0.3158* (-1.80)	0.9336** (2.10)	-0.4511* (-1.90)	0.0339* (1.68)	0.0348** (2.16)
lnG	-0.0117*** (-4.25)	0.1355*** (6.36)	0.0325 (1.34)	0.0557** (2.04)	-0.0182*** (-5.32)	-0.0057* (-1.76)
lnG × lnD	-0.0066*** (-2.84)	0.0238** (2.32)	0.0254* (1.85)	0.0282* (1.87)	-0.0035** (-2.11)	-0.0023** (-1.97)
lnG × lnS	-0.0136*** (-3.08)	0.0159** (2.47)	0.0535** (2.38)	0.0106** (2.02)	-0.0031** (-2.48)	-0.0063* (-1.80)
W × lnD	-0.1276** (-1.96)	0.7008* (1.68)	2.2228* (1.90)	1.1206* (1.85)	-0.2322** (-2.00)	-0.1196** (2.18)
W × lnS	0.8098*** (3.31)	-3.0274* (-1.88)	-2.0193* (-1.94)	-0.3622** (-2.15)	0.6817*** (3.04)	0.3435*** (3.21)
W × lnG	-0.0174 (-0.14)	0.1544* (1.89)	0.4245*** (3.78)	0.3621*** (2.87)	-0.0114* (-1.76)	-0.0269 (-1.44)
W × lnG × lnD	-0.0133** (-2.15)	0.0260** (2.29)	0.1601* (1.77)	0.0933* (1.82)	-0.0334*** (-2.22)	-0.0374* (-1.94)
W × lnG × lnS	-0.0796*** (-3.72)	0.3698** (2.23)	0.0120** (2.06)	0.1552* (1.73)	-0.1001*** (-3.48)	-0.1015*** (-2.63)
控制变量	控制	控制	控制	控制	控制	控制
R^2	0.7489	0.6823	0.5952	0.5525	0.6598	0.7459
F-test 工具变量 lnD	92.69 [0.0000]	94.37 [0.0000]	91.72 [0.0000]	97.68 [0.0000]	85.83 [0.0000]	96.31 [0.0000]
F-test 工具变量 lnS	88.62 [0.0000]	79.01 [0.0000]	85.47 [0.0000]	94.60 [0.0000]	89.88 [0.0000]	93.60 [0.0000]
F-test 工具变量 W × lnD	98.37 [0.0000]	85.60 [0.0000]	88.96 [0.0000]	87.17 [0.0000]	99.74 [0.0000]	87.56 [0.0000]
F-test 工具变量 W × lnS	105.39 [0.0000]	98.74 [0.0000]	110.38 [0.0000]	104.20 [0.0000]	113.28 [0.0000]	105.97 [0.0000]
Sargan test χ^2	33.261 [0.3680]	22.368 [0.2447]	34.192 [0.2386]	42.715 [0.2826]	38.104 [0.1962]	28.518 [0.2468]

注：***、** 和 * 分别表示在 1%、5% 和 10% 水平上显著。

根据维加和埃尔霍斯特（Vega & Elhorst，2015）以及莱萨奇和佩斯（LeSage & Pace，2009），空间外溢效应被定义为特定空间单元 j 的解释变量变化对其他空间单元 v 的被解释变量产生的影响。[①] 因而采用 SAR 和 SDM 模型测度空间外溢效应时，还需在 SAR 和 SDM 模型估计的基础上进一步测算解释变量对被解释变量产生的直接效应和间接效应（外溢效应）。而维加和埃尔霍斯特（Vega & Elhorst，2015）的研究显示，SLX 模型由于形式简洁，不仅可以灵活地使用各类估计方法进行实证分析，而且模型中解释变量空间滞后项的系数便反映了空间外溢效应，在用 SLX 模型进行估计时无须再进一步测算直接效应和间接效应，且直接采用 SLX 模型估计的空间外溢效应与 SDM 模型基础上测度的间接效应在效果上基本一致。因而 SLX 模型是对 SDM 模型估计结果进行稳健性检验的良好工具。表 4－17 中 F 检验结果显示，所选的工具变量与内生变量高度相关；Sargan 检验统计量均接受工具变量有效的原假设，因而本章节选择的工具变量是合理的，估计结果也是可取的。

被解释变量为环境质量、解释变量为工矿仓储用地供应面积占建设用地总出让面积的比重（GK）以及交通运输用地和工矿仓储用地占国有建设用地供地总量的比重（JGK）情况下，生产性服务业多样化集聚有利于本市环境质量提升，但对邻市环境质量产生了显著为负的空间外溢效应，而专业化集聚则对本市和邻市环境质量均具有明显促进作用。土地市场扭曲与生产性多样化集聚、专业化集聚交互项的直接效应和间接效应亦均显著为负，从而得到了与表 4－14 基本一致的估计结果。被解释变量为工业废水排放量、工业二氧化硫排放量和工业烟尘排放量时，土地市场扭曲和生产性服务业多样化集聚、专业化集聚的参数估计与表 4－14 中被解释变量为环境质量情况下的估计结果恰好相反，进一步印证了本书结果的稳健性。

（四）控制变量差异：加入其他控制变量的实证检验

资本密集型或污染型制造业对环境质量具有直接的不利影响，然而生产性服务业集聚水平提高并不一定意味着污染型制造业的减少。如果不对影响污染的直接变量加以控制，很有可能会导致严重的遗漏变量问题，进而使得估计结果变得不可靠。本部分进一步在解释变量中控制工业能源消耗量（Energy）、工业化水平（IDZ）、工业生产总值（SGDP）等变量对生产性服务业集聚、土地市场扭曲影响城市环境质量的结果进行稳健性检验。其中工业能源消耗量的计算较为繁复。目前有统计的城市能源主要有天然气、液化石油

① 特定单元取决于研究对象的特征，可以是厂商、城市、地区等。

气和电力等。本部分首先用市辖区天然气和液化石油气供气总量与家庭用量的差额近似表示天然气和液化石油气的工业用气量，进而将城市市辖区天然气、液化石油气和电力的工业消耗量按照“各种能源折标准煤参考系数”统一折算为标准煤使用量①，最后将工业天然气、液化石油气和电力的标准煤使用量相加，得到城市工业能源消耗量（万吨）。工业化水平以第二产业产值占城市市辖区 GDP 比重（%）表示。工业总产值以第二产业地区生产总值（万元）近似表示。表 4 - 18 报告了加入其他控制变量后空间杜宾模型的估计结果。

表 4 - 18　　加入其他控制变量后生产性服务业集聚和土地市场扭曲对城市环境质量的直接效应和间接效应

变量	(1)		(2)		(3)	
	直接效应	间接效应	直接效应	间接效应	直接效应	间接效应
lnD	0.1427 ** (2.26)	-0.7789 ** (-2.35)	0.1622 *** (3.02)	-0.2541 ** (-2.17)	0.0953 ** (2.02)	-0.1425 * (-1.74)
lnS	0.2783 ** (2.18)	0.4761 *** (2.73)	0.3046 ** (2.47)	0.4538 ** (2.26)	0.3080 *** (2.89)	0.2031 ** (2.32)
lnG	-0.0353 ** (-1.98)	-0.0512 * (-1.73)	-0.0329 * (-1.76)	-0.0714 (-1.49)	-0.0484 ** (-2.11)	-0.0732 * (-1.70)
lnG × lnD	-0.0158 ** (-2.24)	-0.1682 * (-1.87)	-0.0619 ** (-2.26)	-0.2185 ** (-2.02)	-0.0146 *** (-3.24)	-0.0436 ** (-2.39)
lnG × lnS	-0.0426 *** (-5.80)	-0.1065 ** (-2.57)	-0.0658 ** (-2.15)	-0.0637 *** (-4.69)	-0.1569 ** (-2.41)	-0.0977 ** (-2.27)
lnEnergy	-0.1652 *** (3.09)	-0.0586 ** (2.33)	—	—	—	—
lnIDZ	—	—	-0.0768 ** (-2.44)	-0.0896 *** (-5.56)	—	—
lnSGDP	—	—	—	—	-0.1779 *** (-4.17)	0.0699 ** (2.42)
原有控制变量	控制	控制	控制	控制	控制 (除 L 和 K 外)	控制 (除 L 和 K 外)

注：***、** 和 * 分别表示在 1%、5% 和 10% 水平上显著。

① 天然气、液化石油气和电力折标准煤参考系数分别为 1.3300 千克标准煤/立方米、1.7143 千克标准煤/千克、0.1229 千克标准煤/千瓦时。

表4－18结果显示，第（1）列和第（2）列中工业能源消耗量和工业化水平的直接效应和间接效应均显著为负，说明工业能源消耗量增加和工业化进程推进对本市及周边城市环境质量均造成了不利影响；第（3）列中工业生产总值的直接效应显著为负，间接效应显著为正，说明工业发展在降低本地区城市环境质量的同时，也可能吸引周边地区工业企业向本地区迁移，从而对周边地区产生了正向空间外溢效应。[①] 除土地市场扭曲自身的间接效应参数估计结果在第（2）列中未通过显著性检验外，土地市场扭曲、生产性服务业集聚以及二者交互项的直接效应和间接效应与表4－14相比并未发生明显改变。这说明即使在工业生产总值、工业产值份额以及工业能源消耗量不变的情况下，生产性服务业集聚和土地市场扭曲依然对城市环境质量产生了较为稳健的影响效果，因而本章节结论具有较强的稳健性和可靠性。

六、土地市场扭曲调节效应的中介传导路径

本章节研究结论显示，土地市场扭曲显著削弱了生产性服务业多样化集聚对本市以及生产性服务业专业化集聚对本市和邻市环境质量的提升效应，强化了生产性服务业多样化集聚对周边城市环境质量的抑制作用。而这一影响效果很有可能是土地市场扭曲通过强化资本密集型工业发展的偏向性政策来实现的。为检验这一机制，本部分选择地级及以上城市第二产业产值占地区生产总值比重（TIR）作为土地市场扭曲的中介变量，借鉴巴隆和肯尼（Baron & Kenny，1986）和张杰等（2016）的中介效应检验方法来分析土地市场扭曲调节效应产生的内在机理和传导路径。

$$\begin{aligned}\ln T_{it} = {} & \Phi_0 + \eta \ln G_{it} + \theta_0 \ln S_{it} + \theta'_0 \ln D_{it} + \phi_1 \ln S_{it} \times \ln G_{it} \\ & + \phi_2 \ln D_{it} \times \ln G_{it} + \delta_j \sum_{j=1}^{n} Z_{jit} + \xi_{it}\end{aligned} \tag{4.39}$$

$$\ln TIR_{it} = \gamma_0 + \gamma_1 \ln G_{it} + \bar{\theta}_0 \ln S_{it} + \bar{\theta}'_0 \ln D_{it} + \delta_j \sum_{j=1}^{n} Z_{jit} + \varepsilon_{it} \tag{4.40}$$

$$\begin{aligned}\ln T_{it} = {} & \Phi_0 + \eta_1 \ln G_{it} + \bar{\bar{\theta}}_0 \ln S_{it} + \bar{\bar{\theta}}'_0 \ln D_{it} + \phi'_1 \ln S_{it} \times \ln G_{it} + \phi'_2 \ln D_{it} \times \ln G_{it} \\ & + \eta_2 \ln TIR_{it} + \phi_3 \ln S_{it} \times \ln TIR_{it} + \phi_4 \ln D_{it} \times \ln TIR_{it} + \delta_j \sum_{j=1}^{n} Z_{jit} + \xi_{it}\end{aligned} \tag{4.41}$$

① 由于原有计量方程中工业劳动力和工业资本存量与工业生产总值密切相关，为避免多重共线性，本章节在表4－18第（3）列中并未报告工业劳动力和工业资本存量两个变量的参数估计。

首先，估计式（4.39），检验土地市场扭曲及其与生产性服务业专业化集聚、多样化集聚交叉项对城市环境质量产生显著为负的影响；其次，对式（4.40）进行回归，检验土地市场扭曲对中介变量的影响是否显著为正，若显著为正，则意味着建设土地向工业及其相关领域的偏向性配置显著强化了资本密集型行业为主的产业结构刚性；最后，对式（4.41）进行计量检验，如果 η_1、ϕ_1'、ϕ_2'这三个系数与 η_2、ϕ_3、ϕ_4 均显著为负，且系数 η_2、ϕ_3、ϕ_4 与 η、ϕ_1、ϕ_2 相比有所降低，则说明存在部分中介效应。若系数 η_1、ϕ_1'、ϕ_2'不显著而 η_2、ϕ_3、ϕ_4 显著，则意味着土地市场扭曲具有完全中介效应。表4-19 报告了相应的估计结果。

表4-19　土地市场扭曲调节效应的中介传导路径

变量	式（4.41）		式（4.42）		式（4.43）	
	直接效应	间接效应	直接效应	间接效应	直接效应	间接效应
lnG	-0.0516*** (-2.60)	-0.0436** (-2.22)	0.5855*** (3.72)	0.1434*** (2.83)	-0.0135 (-1.22)	-0.0193 (-1.62)
lnD	0.1482** (2.27)	-0.1406* (-1.81)	-0.1600** (-2.33)	-0.0742* (-1.76)	0.2209** (2.18)	-0.0671** (-2.05)
lnS	0.5657*** (2.73)	0.4577*** (2.86)	-0.1797** (-2.30)	-0.1913** (-2.43)	0.1462** (1.97)	0.0847** (2.06)
lnG×lnD	-0.0552** (-2.22)	-0.0452** (-2.51)			-0.0085 (-1.27)	-0.0071 (-1.02)
lnG×lnS	-0.0810** (-2.46)	-0.0936*** (-3.22)			-0.0044* (-1.78)	-0.0012 (-0.97)
lnTIR					-0.0475** (2.32)	-0.0335*** (-2.85)
lnTIR×lnD					-0.0887*** (-2.90)	-0.0671** (-2.26)
lnTIR×lnS					-0.0629** (-2.35)	-0.0789** (-2.58)
控制变量	控制	控制	控制	控制	控制	控制

注：***、**和*分别表示在1%、5%和10%水平上显著。

表4-19 显示，式（4.39）中土地市场扭曲的直接效应参数估计在1%统计水平上通过显著性检验，间接效应在5%水平上通过显著性检验，且均显著为负；土地市场扭曲与生产性服务业多样化集聚交叉项的直接效应和间接效应均在5%水平上显著为负，土地市场扭曲与生产性服务业专业化集聚交叉项的直接效应在5%水平上显著为负，间接效应在1%统计水平上显著为

负。式（4.40）的参数估计结果显示，土地市场扭曲的直接效应和间接效应均在1%水平上显著为正，说明土地市场扭曲显著提高了城市工业比重。式（4.41）的参数估计结果显示，土地市场扭曲（lnG）的直接效应和间接效应均未通过显著性检验；土地市场扭曲与生产性服务业集聚变量的各交互项中，仅土地市场扭曲与生产性服务业专业化集聚交叉项的直接效应在10%统计水平上通过显著性检验，其他交互项的直接效应和间接效应均未通过显著性检验；而城市第二产业比重（lnTIR）及其与生产性服务业多样化集聚、专业化集聚交互项的直接效应和间接效应参数估计均至少在5%水平上显著为负。且从参数估计值变化来看，在式（4.41）中土地市场扭曲及其与生产性服务业多样化集聚、专业化集聚交互项的直接效应和间接效应的系数值均明显低于式（4.39）的参数估计，这意味着工业产值比重（lnTIR）在土地市场扭曲影响生产性服务业集聚的环境质量提升效应中几乎起到了完全中介效应的作用。这充分验证了土地市场扭曲通过对城市土地供给和资本密集型行业发展的偏向性配置这一传导机制，在生产性服务业集聚影响城市环境质量变化中发挥了调节效应的结论。

七、进一步分析

（一）基于生产性服务业细分行业集聚的实证检验

由于生产性服务业集聚及其与土地市场扭曲交互项对城市环境质量的空间作用很可能受到生产性服务业细分行业的异质性影响，本部分进一步使用时空双重固定效应的SDM模型，探讨生产性服务业细分行业集聚对城市环境质量的空间作用。表4-20报告了相应的估计结果。由于各控制变量的参数估计效果在多数情况下与表4-14一致，本章节不再赘述。

生产性服务业细分行业专业化集聚指标衡量了城市中每个细分行业自身的专业化水平，而多样化集聚反映了每个细分行业在城市中所面临的行业多样化水平。表4-20结果显示，交通运输、仓储和邮政业专业化集聚有利于提高本市环境质量，但未对邻市产生明显空间外溢效应；该行业多样化集聚的直接效应和间接效应均通过了显著性检验，意味着只有在各类生产性服务业共同集聚的多样化集聚环境下，交通运输、仓储和邮政业才能够同时对本市和周边城市环境质量产生明显促进作用；土地市场扭曲显著削弱了交通运输、仓储和邮政业专业化集聚对本市城市环境质量的提升效应以及对本市和邻市环境质量产生的多样化集聚经济效应，但未对该行业专业化集聚的空间外溢效应产生明显影响。批发零售业专业化集聚并未对本市和周边城市环境质量产生明显促进作用，而多样化集聚在显著提升了本市环境质量水平的同时，也对邻市环境质量也产生了正向空间外溢效应，因而从城市环境质量提升视角来看，批发零售业在城市中更适合于选择与其他生产性服务行业互补共生的多样化集聚模式，而非专业化集聚。土地市场扭曲与批发零售业专业化集聚交互项的参数估计未通过显著性检验，与其多样化集聚交互项的直接效应和间接效应均显著为负，说明土地市场扭曲并未对批发零售业专业化集聚效应和空间外溢效应产生明显影响，但却降低了本市及周边城市批发零售业多样化集聚对城市环境质量的提升效应。租赁和商务服务业专业化集聚和多样化集聚的直接效应均显著为正，其专业化集聚的间接效应显著为负，多样化集聚的间接效应不显著，说明租赁和商务服务业集聚仅对本市环境质量提升有促进作用，而对周边城市则未产生积极的空间外溢效应。土地市场扭曲与租赁和商务服务业专业化集聚、多样化集聚交互项的参数估计显示，土地市场扭曲弱化了专业化集聚和多样化集聚对本市环境质量的提升效应，加剧了专业化集聚对邻市环境质量的抑制作用，但未对多样化集聚的空间外溢效应产生明显影响。

表 4-20 生产性服务业细分行业集聚和土地市场扭曲对城市环境质量的直接效应与溢出效应

效应	变量	交通运输、仓储和邮政业	批发零售业	租赁和商业服务业	金融业	信息传输、计算机服务和软件业	科学研究和技术服务业	环境治理和公共设施管理业
直接效应	lnD	0.0990*** (3.13)	0.0730** (2.21)	0.1600*** (4.81)	-0.0480* (-1.75)	0.0246 (0.73)	0.0663** (2.03)	0.0640* (1.82)
	lnS	0.0242** (2.54)	0.0104 (1.18)	0.0290*** (2.70)	-0.0217** (-2.57)	0.0338*** (3.90)	0.0094 (1.02)	0.0091 (1.06)
	lnG	-0.0122*** (-3.76)	0.0022 (0.70)	-0.0149*** (-4.06)	-0.0013 (-0.41)	-0.0098*** (-2.72)	-0.0030 (-0.81)	-0.0087** (-2.49)
	lnG × lnD	-0.0078*** (-2.87)	-0.0059** (-2.07)	-0.0134*** (-4.66)	-0.0034** (-2.25)	-0.0090 (-0.31)	-0.0053* (-1.88)	-0.0049* (-1.68)
	lnG × lnS	-0.0021** (-2.48)	-0.0100 (-1.27)	-0.0026*** (-2.90)	-0.0019** (-2.45)	-0.0035*** (-4.53)	-0.0063 (-0.77)	0.0079 (1.04)
	控制变量	控制	控制	控制	控制	控制	控制	控制

续表

效应	变量	交通运输、仓储和邮政业	批发零售业	租赁和商业服务业	金融业	信息传输、计算机服务和软件业	科学研究和技术服务业	环境治理和公共设施管理业
间接效应	lnD	0.4592** (2.10)	0.4358** (2.21)	0.2550 (1.08)	-0.3380* (-1.70)	0.3247 (1.48)	0.4102* (1.88)	0.3546* (1.69)
	lnS	0.0193 (0.34)	0.0666 (1.17)	-0.0950* (-1.81)	-0.0033* (-1.94)	0.1392** (2.47)	0.0870 (1.37)	0.0135 (0.81)
	lnG	-0.0303** (-2.12)	-0.0028 (-0.14)	-0.0514*** (-2.59)	-0.0267 (-1.40)	-0.0392* (-1.69)	-0.0123 (-0.54)	-0.0145 (-0.62)
	lnG×lnD	-0.0441** (-2.33)	-0.0429** (-2.51)	-0.0281 (-1.40)	-0.0328* (-1.87)	-0.0336* (-1.77)	-0.0404** (-2.14)	-0.0338* (-1.76)
	lnG×lnS	-0.0030 (-0.58)	-0.0067 (-1.32)	-0.0080* (-1.70)	-0.0026* (-1.85)	-0.0130*** (-2.59)	-0.0092 (-1.64)	-0.0013 (-0.26)
	控制变量	控制	控制	控制	控制	控制	控制	控制

注：***、** 和 * 分别表示在1%、5%和10%水平上显著。

信息传输、计算机服务和软件业专业化集聚的直接效应和间接效应均显著为正，而多样化集聚的直接效应和间接效应未通过显著性检验，意味着信息传输、计算机服务和软件业专业化集聚对本市和周边城市环境质量均产生了明显提升效应，但在多样化集聚环境下却未能充分发挥其对城市环境质量的作用效果。可见，信息传输、计算机服务和软件业在城市中更适合专业化集聚模式。土地市场扭曲与其专业化集聚交互项的直接效应和间接效应均显著为负，说明土地市场扭曲也整体削弱了该行业专业化集聚对环境质量的提升效应。尽管信息传输、计算机服务和软件业多样化集聚效应不显著，但其与土地市场扭曲交互项的间接效应却显著为负，说明土地市场扭曲均对信息传输、计算机服务和软件业多样化集聚的外溢效应也存在明显抑制作用。科学研究和技术服务业以及环境治理和公共设施管理业的专业化集聚的直接效应和间接效应均未通过显著性检验，其多样化集聚的直接效应和间接效应却均显著为正，意味着与专业化集聚相比，科学研究和技术服务业、环境治理和公共设施管理业更适合选择与各类生产性服务行业共同发展的多样化集聚模式。只有在各类生产性服务行业多样化集聚环境下，科学研究和技术服务业、环境治理和公共设施管理业集聚才能充分发挥规模经济和技术外溢等效应，促进本市和周边城市环境质量共同提升。

与其他生产性服务行业和生产性服务业整体层面的估计结果不同，金融业专业化集聚和多样化集聚的直接效应和间接效应均显著为负。这一与预期相悖的结论意味着，中国各城市金融业集聚不仅对本地区环境质量提升的规模经济效应和技术外溢效应没有得到充分、有效发挥，而且对邻市环境质量也产生了明显抑制作用。究其原因，可能与中国金融领域普遍存在的资源错配问题相关。首先，为降低金融风险，城市金融部门更多地愿为国有企业和大型重工企业提供金融服务和信贷支持（邵挺，2010），而国有企业和大型重工企业多为资本密集型行业（陆铭和冯皓，2014），具有明显的高能耗、高污染和高排放特征，因而金融业集聚水平不断提高，城市环境质量却不断降低。其次，企业发展与融资渠道和融资成本密切相关，可靠的融资支持是政府为获得增长优势而对辖区内企业提供的主要“政策租”之一（师博和沈坤荣，2013）。为获得增长竞争优势，地方政府有能力也有意愿通过金融机构贷款影响企业投融资行为，进而影响制造业集聚水平和效益。在政府的过度金融干预下，金融业集聚可能导致制造业集聚脱离市场规律和当地比较优势，不利于发挥集聚的技术外溢效应和规模经济效应，造成资源配置扭曲，降低能源和要素利用效率，加剧环境污染。地区间政府的竞争行为和策略性互动将通过示范效应使金融集聚对环境质量的抑制作用在空间中不断扩散，形成负的外溢效应和反馈机制。土地市场扭曲与金融业专业化集聚和多样化集聚交叉项的直接效应和间接效应显著为负，意味着土地市场扭曲进一步强化了金融业集聚对本市和邻市环境质量提升的抑制作用。

（二）基于不同等级城市样本的实证检验

席强敏等（2015）指出生产性服务业专业化集聚和多样化集聚效应受到城市规模的显著影响，因而生产性服务业集聚和土地市场扭曲对城市环境质量的影响效应也必然因城市规模不同而表现出明显差异。本章节进一步构建了不同等级城市地理和经济距离的嵌套矩阵进行空间计量分析以探讨生产性服务业集聚和土地市场扭曲对城市环境质量的异质性空间影响。本书城市规模等级划分标准参照2014年11月21日国务院颁布的《关于调整城市规模划分标准的通知》的要求，按市辖区常住人口将中国城市划分为Ⅰ型及以上大城市（人口300万人以上）、Ⅱ型大城市（人口100万～300万人）、中等城市（人口50万～100万人）和小城市（人口50万人以下）四类。[①] 表4-21报告了各等级城市空间杜宾模型的直接效应和间接效应估计结果。

① 之所以将Ⅰ型大城市、特大城市和超大城市归为一类，是因为这些城市在全国分布较少且在城市群或某一区域发展中的功能基本一致，均扮演着中心城市的角色。

表4－21　　生产性服务业集聚、土地市场扭曲对不同等级城市环境质量的直接效应和间接效应

变量	Ⅰ型及以上大城市		Ⅱ型大城市		中等城市		小城市	
	直接效应	间接效应	直接效应	间接效应	直接效应	间接效应	直接效应	间接效应
lnD	0.9262 ** (2.28)	1.8290 *** (3.14)	0.0662 ** (1.97)	1.0710 ** (2.54)	0.0463 (1.09)	－0.5717 (－1.38)	－0.1132 ** (－2.26)	－0.1414 * (－1.82)
lnS	0.0116 ** (1.97)	3.1498 ** (2.49)	0.1147 *** (3.86)	0.6460 *** (3.12)	0.0658 *** (3.10)	－0.2378 ** (－1.96)	0.0399 ** (2.13)	－0.1023 ** (－2.04)
lnG	0.0118 * (1.68)	0.2146 (1.55)	－0.0075 (－1.41)	－0.0037 (－1.11)	－0.0060 ** (－2.44)	－0.0074 ** (－2.53)	－0.0247 ** (－1.98)	－0.0386 ** (－2.02)
lnG × lnD	0.0766 (1.53)	0.7680 (1.35)	－0.0062 * (－1.81)	－0.0085 ** (－2.00)	－0.0083 * (－1.87)	－0.0493 ** (－2.01)	－0.0121 ** (2.51)	－0.0654 ** (－2.20)
lnG × lnS	0.0135 (1.15)	0.2393 (1.47)	－0.0098 *** (－4.07)	－0.0166 *** (－2.83)	－0.0056 *** (－2.97)	－0.0240 ** (－2.06)	－0.0884 ** (－2.30)	－0.0556 *** (－2.83)
控制变量	控制	控制	控制	控制	控制	控制	控制	控制

注：***、** 和 * 分别表示在1%、5%和10%水平上显著；由于各控制变量的参数估计效果在多数情况下与表4－14一致，限于篇幅，本章节未将其列出，欢迎感兴趣的读者来函索取详细估计结果。

表4－21显示，Ⅰ型及以上大城市和Ⅱ型大城市生产性服务业专业化集聚和多样化集聚均有利于提升本市和周边城市环境质量，意味着生产性服务业在大型城市中同时拥有高水平的专业化集聚和多样化集聚模式，使得知识外溢效应和规模经济效应不仅在特定生产性服务业内部得到充分发挥，而且能够在互补的生产性服务行业间溢出，从而有效促进城市环境质量提升。中等城市生产性服务业专业化集聚显著提高了本市环境质量，对周边城市环境质量却起到抑制作用；多样化集聚对本市和邻市环境质量均未产生明显影响，说明中等城市环境质量提升过程中，生产性服务业更适合专业化集聚模式，但该类城市专业化发展的生产性服务业与周边城市产业发展间可能存在明显空间错配，从而导致周边城市环境质量下降。小城市生产性服务业专业化集聚的估计效果与中等城市一致，但多样化集聚对本市和周边城市环境质量均产生了明显抑制作用，意味着生产性服务业专业化集聚模式在小城市中也对本市产生了明显集聚效应，但其多样化集聚与本市和周边城市产业发展间则可能存在明显错配问题，从而导致环境质量下降。一般而言，小城市由于市场规模小，工业发展对生产性服务业需求更为单一，满足工业主导需求的专

业化的生产性服务业集聚更有助于提升工业效率和环境质量，然而地方政府出于政绩考虑而在产业发展中存在的盲目模仿行为或跟进中央政策的生产性服务业发展策略使得生产性服务业发展脱离本市比较优势或工业发展需求，从而出现低水平重复建设和同构发展现象，进而造成小城市资源错配和效率扭曲，降低了环境质量。与此同时，生产性服务业多样化集聚的环境质量恶化效应还会由于地方政府间的策略性互动而在空间中不断传导，致使周边小城市环境质量受到损害。

Ⅰ型大城市土地市场扭曲仅在10%显著水平上提升了本市环境质量，但未对周边城市环境质量产生明显影响；Ⅱ型大城市土地市场扭曲对本市和邻市环境质量的影响为负，但未通过显著性检验；而中等城市和小城市土地市场扭曲对本市和邻市环境质量均具有明显的抑制作用。可见，城市规模越大则土地市场扭曲对环境质量的影响程度越小，影响效果亦越弱，反之则对城市环境质量的抑制作用就越明显。从土地市场扭曲与生产性服务业集聚交互项的参数估计结果来看，Ⅰ型大城市土地市场扭曲并未对本市和周边城市生产性服务业专业化集聚和多样化集聚的环境质量提升效应产生明显影响，而Ⅱ型大城市、中等城市和小城市土地市场扭曲却显著抑制了本市和邻市生产性服务业集聚的环境质量提升效应，且作用效果基本上随城市规模降低而不断增大。其可能的解释是，城市规模越大和经济发展水平越高的城市获取财政收入的税基也越大，其对于土地财政的依赖性就越小（李郇等，2013）；同时规模越大的城市，市场机制也更加完善，土地市场化进程推进较快，土地市场扭曲的程度也越小①，从而对生产性服务业集聚效应和环境质量的抑制作用就越小。反之，城市规模越小，城市建设用地越有动机向工业领域配置，因而对生产性服务业集聚效应和环境质量的抑制作用就越大。

八、小结

本章节运用空间杜宾模型（SDM）和空间滞后解释变量模型（SLX）对2006～2016年中国277个地级城市的面板数据进行空间计量分析，探讨生产性服务业集聚对城市环境质量的影响机制，并在此基础上进一步分析土地市场对生产性服务业集聚和城市环境质量提升的调节效应及其传导途径。研究

① 尽管高密度和规划限制较多地区往往拥有较高房价，高房价可能促使地方政府通过土地财政获得更多预算外收入，但是伴随中央政府对发达地区房价调控力度不断增大，房价上涨的空间也越来越小，因而地方政府从高房价中获取土地财政的空间将不断缩小。

发现，生产性服务业专业化集聚显著提升了本市和周边城市环境质量，而生产性服务业多样化集聚则仅对本市环境质量提升具有促进作用；城市建设用地在工业领域偏向性配置所导致的土地市场扭曲进一步削弱了生产性服务业集聚的环境质量提升效应；研究结果随生产性服务行业和城市规模等级不同而具有明显的异质性特征，且在更换核心变量指标、控制内生性问题后依然较为稳健。本章节研究的主要贡献在于，从环境污染程度、生态环境状态和环境治理能力三个维度综合测度城市环境质量，同时利用实际土地交易数据测度土地市场扭曲程度，系统探讨不同行业和不同等级城市生产性服务业专业化和多样化集聚对城市环境质量的空间效应以及土地市场的调节机制和中介传导路径。本章节研究结论对于各地区依托生产性服务业集聚有效推进发展方式转变和环境质量提升，进而实现经济高质量发展具有参考意义。

第五章

生产性服务业集聚与城市经济增长质量升级

本章主要探讨生产性服务业集聚在城市经济发展质量提升中的作用。第一节在集聚经济和新经济地理理论基础上，将生产性服务业集聚的空间外溢效应引入新经济地理理论构建生产性服务业集聚通过技术外溢效应影响城市经济增长的空间分析框架，进而使用面板回归模型和分位数回归模型相结合的方法识别了生产性服务业集聚的空间技术外溢效应的空间作用边界，探讨了不同地区和不同经济增长分位数下生产性服务业集聚通过空间技术外溢效应对城市经济增长的异质性作用。第二节是将生产性服务业集聚的技术外溢效应和规模经济效应纳入统一分析框架，在集聚经济理论和新经济地理理论基础上构建理论和计量模型，使用城市面板数据和系统GMM 方法探讨不同地区和不同经济增长分位数情况下生产性服务业集聚对城市经济增长的异质性作用效果。第三节则通过综合以上两节研究内容，从动能转换、结构升级、增长效率、绿色转型、成果共享等方面梳理生产性服务业集聚影响城市经济发展质量的作用机制、构建城市经济发展质量指标，并利用空间杜宾模型和空间滞后解释变量模型相结合的方法，基于城市面板数据对生产性服务业集聚影响城市经济发展质量的空间效应进行实证分析。这些研究对于各地区因地制宜地制定生产性服务业发展策略、选择适宜的生产性服务业集聚模式，进而推进城市经济转型升级和高质量发展具有重要的理论和现实意义。

第一节　生产性服务业集聚、空间技术外溢与城市经济增长

一、引言

近年来，面对不利的国际经济环境，在工业增长减速的情况下，以生产性服务业为主体的现代服务业保持了良好的发展势头，对保持中国经济平稳较快增长做出了贡献。以就业份额来看，从2000~2011年，生产性服务业就业占全国总就业比重由23.61%增加到35.43%。中国各省市也更加重视发展服务业集聚区和生产性服务业功能区，在做好规划、明确定位的基础上引导企业向集聚区集中，以期实现生产性服务业的专业化、规模化经营，进一步增强城市集聚效应，促进城市经济平稳、较快增长。陈建军等（2009）认为，生产性服务企业之间的关系并不是完全的上下游关系，在投入要素上也不存在互补性，更多的是一种竞争关系。从要素的集聚效应来看，生产性服务业集聚具有明显的技术溢出效应。生产性服务业集聚的技术溢出效应不仅有利于提升行业本身的生产效率，而且有利于营造良好的产业综合发展环境，促进制造业和整个地区经济的发展。可是目前中国生产性服务业的发展实践中，各地区对生产性服务业集聚的技术溢出效应产生的具体模式并未形成一致。而且现实中某地区经济发展所需的生产性服务不仅来自本地区还来自邻近（更发达）地区的溢出效应，而多数地区或城市在进行生产性服务业规划时缺乏全局观念和统筹思想，未考虑空间中其他地区或城市生产性服务业发展状况。这两个问题的存在必然导致地区生产性服务业发展中缺乏针对性和开放性，不利于中间服务部门规模经济效益的充分发挥和区域经济协调发展。本章节的重点就在于将空间因素和技术溢出效应引入生产性服务业集聚与经济增长的分析框架中，通过构建生产性服务业空间集聚指标，以城市经济增长模型为基础构建理论和计量模型，探讨生产性服务业集聚对区域经济增长的空间技术溢出效应及其有效作用方式。

本章节的结构如下：其一是归纳和总结生产性服务业集聚对经济增长影响的文献；其二是构建生产性服务业空间集聚影响经济增长的理论和计量模型；其三对相关变量和采用的数据进行说明；其四报告计量分析结果；其五是总结和政策启示。

二、文献综述

以往对于产业集聚的研究更多侧重工业或制造业领域，对服务业、尤其是生产性服务业集聚效应的研究则相对较少。从 20 世纪 80 年代开始，一些西方学者生产性服务业的研究促使区域和产业经济研究从工业领域转向服务业领域（Noyelle & Stanback，1984），他们认为服务业正逐步取代传统工业成为城市经济发展的重要驱动力。对于产业集聚，尽管人们大多关注的是制造业，但与之相比，服务业有更强的空间集聚效应（Illersis & Philippe，1993）。

外部性理论为解释经济增长中生产性服务业集聚的作用奠定了理论基础（Marshall，1890；1961；Jacobs，1969）。传统外部性理论认为集聚经济主要根源于三个方面的外部性：信息和技术溢出、中间投入的规模经济以及专业化劳动力市场共享。但陈建军等（2009）认为，生产性服务企业之间的关系并不是完全的上下游关系，在投入要素上也不存在互补性，生产性服务业集聚更多的是得益于技术溢出效应。而且这一技术溢出效应一旦产生会对整个经济部门的增长产生明显推动作用。格拉泽等（Glaese et al.，1992）认为技术经济外部性或动态外部性来源于两种不同的产业集聚模式：一种是同一产业厂商的集中布局或专业化集聚，另一种是不同产业厂商的集聚或多样化集聚。这两种布局方式均有利于企业间的联系与合作，注重知识的“集体学习过程”在外部性产生和经济增长中的作用。奥谢尔（Ochel，1987）以“新经济”视角研究了生产性服务业与经济增长的关系，认为商品与服务之间的互补性使服务功能得到加强，从而刺激对于技术、信息等市场化服务的需求，不仅对于服务业本身而且对于整个经济增长均具有促进作用。里维拉－布拉提兹（Rivera-Bratiz，1988）强调城市服务部门的多样性能够产生更大的集聚经济，在消费方面，多样化的服务有利于消费者福利的增加；在生产方面，生产性服务业的专业化和劳动分工的进一步深化最终全面提高了城市劳动生产率。科菲（Coffey，1992）的研究显示，从事知识密集型行业或创造性工作的劳动者数目具有不断增长的趋势，尤其对于信息通信、市场营销、广告等知识密集型商务服务业来说，行业内高素质专业人才的集聚有利于整个国民经济技术水平的提高。埃斯瓦兰和科特瓦尔（Eswaran & Kotwal，2002）指出，保险、银行及研发、计算机软件、技术咨询和广告等商务服务业是意大利拥有创新型企业最多的服务部门，生产性服务业集聚有利于改善地区投资经营环境，加强厂商间技术交流与合作，推动区域技术创新和科技进步，并通过吸纳高素质专业性人才向该地区集聚，进一步提高地区劳动生产率，促进经济增长。伍德（Wood，2005）进一步指出，服务业的信息化和高技术化是经济转型和发展的重要动力，在解释经济长期稳定增长中具有重要作用。伍德（Wood，2006）指出知识密集型的商务服务及集聚主要通过组织结构和管理模式改进、技术创新和市场的智能化分析等三个方面推动下游厂商进而整个经济的创新活动。因而生产性服务业集聚规模扩大提高了技术扩散效率，并引导所服务企业采用新技术、新方法和新生产工艺，增强区域经济适应外部市场竞争环境变化的能力，提高区域经济增长潜力。阿斯勒森和伊萨克森（Aslesen & Isaksen，2007）进一步分析了生产性服务业与经济增长的互动关系。他们认为，生产性服务业集聚有利于高新技术的产生，从而有助于经济增长；而经济的高速增长又会对高新技术产生更多需求，反过来促进生产性服务业的集聚和升级。布赖森等（Bryson et al.，2008）认为尽管有关技术进步和技术转型方面的研究更多关注制造业部门，但随着服务经济的不断发展，生产性服务业及其集聚在技术转型中的作用愈加突出。顾乃华（2010）引入地理距离、政策环境、工业企业整合价值链的能力变量，利用城市面板数据和随机前沿模型对生产性服务业对工业的外溢效应进行了研究，结果显示在中国城市中，就整体而言，生产性服务业对工业获利技术效率提升发挥着正向作用。徐从才等（2008）以大型零售商纵向约束与供应链流程再造为视角，分析了大型零售商主导下服务业与制造业价值链创新与流程再造的相互关系，认为生产性服务业与制造业的互动发展有利于提升整体产业竞争力。

综上所述，国内外学者对生产性服务业集聚对经济增长的作用机制从集聚产生的外部性进行了大量的理论和经验研究。而现实中，随着地区间交流与合作的进一步深入，某一地区经济发展所需的生产性服务的技术影响不仅来自本地区还来自邻近地区①，即一个地区生产性服务业集聚的技术溢出效应是包含自身在内更大距离范围内的空间技术外部性。可是现有研究并未充分考察生产性服务业集聚在空间上的技术溢出效应，对于这种空间外部性的有效测度、溢出效应的有效作用范围及其在不同地区间的影响差异更是无从得知。鉴于此，本章节将在以往研究基础上，把空间因素和技术溢出效应引入生产性服务业集聚与经济增长的分析框架中，并结合区域经济学中的潜力模型构建生产性服务业空间集聚指标，采用中国284个地级城市的面板数据

① 尤其是对于分布密集、规模较大的东部城市来说，一城市的经济增长可能同时受到本身及邻近其他城市和中心城市生产性服务业发展的作用。

检验生产性服务业集聚及其空间技术溢出效应对经济增长的影响。

三、理论与计量模型

（一）理论分析框架

根据新经济地理学逻辑，制造业在一个地区的集聚规模决定着生产性服务业市场需求的规模，而生产性服务业的规模经济又决定着该地区制造业的投入成本。考虑城市中有两个部门：差异化生产且报酬递增的最终产品部门和中间服务部门。中间服务品可为当地和邻近地区服务且其运输成本为零；最终产品可进行区际和国际贸易，运输成本为冰山成本，即城市 j 生产的 1 单位商品只有 $1/t_{jv}$ 到达城市 v。每个厂商的产品与其他厂商均不相同，且所有商品均在垄断竞争市场中交易。消费者效用采用以下 CES 形式：

$$U_v = \left[\sum_j \sum_{k=1}^{N} (y_{jv}{}^k)^{\frac{\sigma-1}{\sigma}}\right]^{\frac{\sigma}{\sigma-1}} = \left[\sum_j N_j (y_{jv}{}^k)^{\frac{\sigma-1}{\sigma}}\right]^{\frac{\sigma}{\sigma-1}},\ \sigma>1 \quad (5.1)$$

其中，U_v 为消费者效用，$y_{jv}{}^k$ 为从城市 j（包含城市 v 本身）销往城市 v 的第 k 种商品量，σ 为任意两种不同产品之间的替代弹性，N_j 为城市 j 中最终商品的种类数。式（5.1）中第二个式子运用了均衡状态下的结果，即每个城市 v 均以相同价格从城市 j 获得数量为 y_{jv} 的各种商品。以 CES 形式表示的任一城市 v 的价格指数 G_v 为：

$$G_v = \left[\sum_j N_j (P_{jv})^{1-\sigma}\right]^{1/(1-\sigma)} \quad (5.2)$$

式（5.2）中，$P_{jv} = P_j t_{jv}$ 为城市 v 市场中在城市 j 生产的商品的价格，P_j 为城市 j 商品的价格。

若 I_v 为城市 v 用于最终产品的总支出，则城市 v 对城市 j 生产的每种产品的需求量（或消费量）x_{jv} 表示为：

$$x_{jv} = \frac{(P_j t_{ij})^{-\sigma}}{\sum_j N_j (P_j t_{jv})^{1-\sigma}} I_v = (P_j t_{jv})^{-\sigma} I_v (G_v)^{\sigma-1} \quad (5.3)$$

进而对所有城市 v（包含城市 j）进行加总，我们得到了城市 j 的总产出 y_j：

$$y_j = N_j x_j = N_j \sum_v x_{jv} \cdot t_{jv} = N_j (P_j)^{-\sigma} \sum_v (t_{jv})^{1-\sigma} E_v (G_v)^{\sigma-1} \quad (5.4)$$

其中，$\sum_v (t_{jv})^{1-\sigma} E_v (G_v)^{\sigma-1}$ 被称为城市 j 的市场潜力，即：$MP_j = \sum_v (t_{jv})^{1-\sigma} E_v (G_v)^{\sigma-1}$。则（5.4）可重写为：

$$y_j = N_j (P_j)^{-\sigma} MP_j \tag{5.5}$$

由于存在递增收益，消费者对多样化产品的偏好使得均衡时每种商品均由一家垄断竞争厂商提供，且每种制造品生产均需一定的固定投入 f。假定劳动力为最终部门（主要是制造业）生产中唯一投入要素，最终产品部门的总成本可以表示为：

$$C_{jm} = f + c_m y_i \tag{5.6}$$

C_{jm}为最终产品生产中的全部成本投入。则城市 j 该最终厂商在各市场获得的总利润 π_j 为：

$$\pi_j = (P_j - wc_{mj}) y_j - wf \tag{5.7}$$

其中，w 为劳动工资水平，将式（5.7）对 y_j求导得到均衡状态下城市 j 的均衡价格 P_j^*：

$$P_j^* = \frac{\sigma}{\sigma - 1} c_{mj} w \tag{5.8}$$

目前为止，多数文献已经证实生产性服务业厂商集聚不仅对其本身、而且对整个经济部门都具有明显的技术溢出效应。生产性服务业集聚引起的厂商间的技术扩散和知识学习效应是地区经济形成集聚优势、获得竞争力的重要因素。格拉泽等（Glaese et al.，1992）则将技术溢出效应的产生归结为产业内部集聚（或专业化集聚）和产业间集聚（或多样化集聚）。然而不论专业化集聚还是多样化集聚，这些研究描述的技术外部性或溢出效应仅限于本地区或具有明显的地域化特征。随着交通和通信技术的创新和发展，地区通达性不断增强，生产性服务业集聚的作用范围随之扩大，技术溢出效应不仅来自城市内部生产性服务业厂商的集聚，而且来自邻近地区的集聚。据此，我们将地区空间因素纳入生产性服务业集聚的技术溢出机制，将生产性服务业集聚扩展为专业化的空间集聚和多样化空间集聚两个方面，并设定最终部门边际成本（或劳动生产率）是同时来自本城市及其他邻近城市生产性服务业专业化集聚和多样化集聚的减函数（或增函数）：

$$c_{mj} = \kappa_0 \left[(SA_j^s)^{\alpha} (DA_j^s)^{\beta} \right]^{-\theta};\ \theta > 0 \tag{5.9}$$

其中，κ_0 为常数，代表除生产性服务业集聚的空间技术溢出效应外其他因素对最终产品边际成本的影响；SA_j^s和 DA_j^s分别为生产性服务业专业化空间集聚和多样化空间集聚；θ 为生产性服务业集聚引起的总体空间技术溢出效应对最终部门边际成本的影响弹性；α 和 β 分别表示由生产性服务业专业化空间集聚和多样化空间集聚引起的技术溢出效应在总体空间技术溢出效应中的份额。

结合式（5.5）、式（5.8）、式（5.9）得到：

$$y_j = \left(\frac{\sigma - 1}{\sigma\kappa_0}\right)^{\sigma} N_j w_j^{-\sigma} (SA_j^s)^{\lambda_1} (DA_j^s)^{\lambda_2} MP_j \tag{5.10}$$

式（5.10）显示，城市经济增长是生产性服务业专业化空间集聚、多样化空间集聚、最终商品市场潜力以及产品多样化的增函数，是劳动成本的减函数。$\lambda_1 = \alpha\sigma\theta$ 和 $\lambda_2 = \beta\sigma\theta$ 分别为生产性服务业专业化空间集聚和多样化空间集聚对经济增长影响的弹性系数，反映由生产性服务业专业化空间集聚和多样化空间集聚引起的空间技术外部性或溢出效应的大小。

（二）计量模型设定

式（5.10）反映了生产性服务业空间集聚及市场潜力对经济增长的影响，对其两边取对数得：

$$\ln y_{jt} = a_0 + a_1 \ln N_{jt} + a_2 \ln w_{jt} + a_3 \ln SA_{j,t}^s + a_4 \ln DA_{j,t}^s + a_5 \ln MP_{jt} + \xi_{jt} \tag{5.11}$$

其中，$a_0 = \left(\frac{\sigma - 1}{\sigma\kappa_0}\right)^{\sigma}$，$a_2 = -\sigma$，$a_3 = \lambda_1$，$a_4 = \lambda_2$，$\xi_{jt}$为随机误差，反映了其他未知因素的影响。根据城市经济增长理论，外商直接投资和国内资本均对经济增长具有显著促进作用，因而我们在式（5.11）中加入国内资本（DK）和外商直接投资存量（FDI）来控制资本的影响。考虑到数据可得性和相关区域经济文献的论述，已有普遍共识的能够影响经济增长的重要变量还包括人力资本、城市交通和通信状况等。以 HK 代表人力资本、TRA 代表交通状况，式（5.11）可重写为：

$$\begin{aligned} \ln y_{jt} = {} & a_0 + a_1 \ln N_{jt} + a_2 \ln w_{jt} + a_3 \ln SA_{j,t}^s + a_4 \ln DA_{j,t}^s + a_5 \ln MP_{jt} \\ & + a_6 \ln FDI_{jt} + a_7 \ln DK_{jt} + a_8 \ln HK_{jt} + a_9 \ln TRA_{jt} + \xi_{jt} \end{aligned} \tag{5.12}$$

式（5.12）便是本章节要估计的计量方程。

四、变量与数据说明

除了个别数据严重缺失的城市外，本章节样本为 2003～2011 年全国 284 个地级及以上城市。数据主要来自 2004～2012 年《中国城市统计年鉴》《中国区域经济统计年鉴》，价格指数来自 2001 年以来各省份《统计年鉴》。下面是有关变量和测度的说明。

(1) 生产性服务业专业化空间集聚 SA。一般来说，区位熵（每一地区部门劳动就业份额与国家相同部门劳动就业份额的比值）是用于反映产业专业化水平的重要指标。我们结合区域经济学中具有空间相互作用意义的潜力模型，在费泽（Feser，2002）的基础上，用某一城市各生产性服务细分行业的区位熵的和作为潜力模型中“质量”的衡量，来构造生产性服务业专业化空间集聚指标：

$$SA_j^s = \sum_v \left(\sum_s \frac{E_{sv}/E_v}{E_s/E_T} \right) \cdot d_{jv}^{-\delta} \tag{5.13}$$

其中，E_{sv}表示城市 v 生产性服务行业 s 的就业人数，E_v表示城市 v 的就业人数，E_s表示全国生产性服务行业 s 的就业人数，E_T表示全国的就业人数；d_{jv}为两城市间的距离，δ 为距离衰减参数。该指标反映了城市 j 受到的来自本身及空间中其他城市生产性服务业专业化集聚引起的技术溢出效应的影响。计量分析中，其参数估计为正意味着存在专业化的空间技术溢出效应。全国生产性服务业就业人口数据直接取自 2003 ~2012 年《中国统计年鉴》；城市市辖区建成区面积与制造业就业数据均来源于 2003 ~2012 年《中国城市统计年鉴》。

(2) 生产性服务业多样化空间集聚 DA。为突出经济结构中各产业的重要程度以及各产业与国家层面相比的多样性差异。我们采用并改进了库姆斯（Combes，2000）的产业多样化指标，城市 j 的生产性服务业多样化集聚可以用改进的 H-H 系数（Herfindahl-Hirshman-index）来表示：

$$D_j^s = \sum_s \frac{E_{js}}{E_j} \left[\frac{1/\sum_{s'=1,s'\neq s}^{n} (E_{js'}/(E_j - E_{js}))^2}{1/\sum_{s'=1,s'\neq s}^{n} (E_{s'}/(E - E_s))^2} \right] \tag{5.14}$$

其中，D_j表示 j 城市生产性服务业的总体多样化程度，该指标越大表示多样性程度越高；E_s表示全国 s 产业的就业人数，E 表示全国的就业人数。当生产性服务业各部门所占劳动份额相同时，该指标达到最大值。在计量模型中，该指标的正参数表示存在雅各布斯技术外部性。将式（5.14）与潜力模型相结合，得到具有空间作用意义的生产性服务业多样化空间集聚指标：

$$DA_j^s = \sum_v D_v \cdot d_{jv}^{-\delta} = \sum_v \left[\sum_s \frac{E_{vs}}{E_v} \left(\frac{1/\sum_{s'=1,s'\neq s}^{n} (E_{s'v}/(E_v - E_{sv}))^2}{1/\sum_{s'=1,s'\neq s}^{n} (E'_{s'}/(E - E_s))^2} \right) \right] \cdot d_{jv}^{-\delta} \tag{5.15}$$

其中，n 为城市中生产性服务行业的数目。该指标反映了城市 j 受到的来自本身及空间中其他城市生产性服务业多样化集聚引起的技术溢出效应的影响。

（3）国内市场潜力 DMP。市场潜力反映了城市可能获得的整体的市场规模或城市对市场的接近性。国内市场潜力可表示为：

$$DMP_j = \sum_v \frac{Y_v}{d_{jv}^{\delta}} \quad (5.16)$$

其中，Y_v以城市市辖区全社会消费品零售总额（万元）表示。

（4）其他变量。市辖区生产总值（GDP，万元）、市辖区职工平均工资水平（w，元）数据直接取自历年《中国城市统计年鉴》。人力资本（HK）以市辖区每万人中学和大学生数（人/万人）表示。在计算生产性服务业空间溢出变量时，参考韩峰等（2011），并根据中国城市分行业就业统计口径，把 19 个行业中的电力煤气供水，建筑，交通运输、仓储和邮政，信息传输计算机服务和软件，批发零售，金融，租赁和商业服务，科技服务和地质勘查，水利环境和公共设施管理九个行业合并代表生产性服务业。城市交通状况或可达性（TRA）与路网情况有关，用城市市辖区单位建成区面积上道路长度（公里/平方公里）近似表示。城市中最终部门厂商数量以市辖区地级及以上城市工业企业数近似表示。城市各行业就业人数为市辖区单位从业人员数（万人）。城市资本存量（DK）计算过程参考韩峰和柯善咨（2013）的做法：第一，用 2000 年各城市限额以上工业企业流动资产和固定资产净值估计限额以上工业资本存量。第二，利用限额以上工业增加值占非农业增加值比例估计 2000 年各城市非农业资本存量。2000 年以后的资本存量用永续盘存法计算，$K_{i,t} = (1-\varepsilon)K_{i,t-1} + \Delta K_t/\omega_{i,t}$，设年折旧率 ε 为 5%；$\Delta K_t$是全社会实际投资，$\omega_{i,t}$是城市所在省份以 2000 年为基期的累积资本价格指数。FDI 存量也从 2000 年开始计算。假设 2000 年存量是当年吸收 FDI 的三倍，后续各年 FDI 存量用每年实际使用 FDI 和上述公式累计。以美元计算的 FDI 流入量按当年平均兑换率换算成人民币数值。所有货币价值的数据以 2000 年不变价计算。

利用城市中心坐标和距离公式 $\Omega \times \arccos(\cos(\alpha_j - \alpha_v)\cos\beta_j\cos\beta_v + \sin\beta_j\sin\beta_v)$ 可以计算城市间距离 d_{jv}，式中，Ω 为地球大弧半径（6378 公里），α_j、α_v为两市中心点经度，β_j、β_v为两市中心点纬度；考虑到城市本身对其经济增长的影响同时避免 $d_{ii}=0$ 出现在分母中，根据海德和梅耶（Head & Mayer，2004），令 $d_{jj} = (2/3)R_{jj}$，其中 R_{jj}为城市半径，利用《中国城市统计年鉴》中城市建成区面积数据（S）计算得到 $R_{ii} = \pi^{-1/2}S^{1/2}$，并设衰减参数

σ 等于 1 和 2（韩峰和柯善咨，2012）。根据韩峰和柯善咨（2012，2013）的经验研究结果，中国最终产品市场范围可以遍及各地，市场潜力变量计算包括全国范围；中间投入市场的空间作用范围基本在 100 公里以内，我们重点以 100 公里距离作为城市间生产性服务业对经济增长的作用界限。本章节还分别构建了 0 ~ 50 公里、50 ~ 100 公里、100 ~ 200 公里、200 ~ 500 公里、500 ~ 1000 公里以及 1000 ~ 2000 公里各范围内生产性服务业的空间外部性变量，以检验和确定生产性服务业的有效空间作用范围。表 5 - 1 报告了中国地级及以上城市生产性服务业在 100 公里的空间变量及其他变量的样本统计值。

表 5 - 1　　中国地级及以上城市生产性服务业空间外部性变量及其他变量的样本统计值

变量	均值	标准差	最小值	最大值
非农业 GDP（万元）	5246496	9685002	78977	165709324
厂商数（N：万人）	649. 716	889. 543	8. 000	23243. 00
工资水平（w：元）	16710. 24	18234. 904	1659. 416	204342. 1
厂商数（家）	553. 9586	1349. 078	3. 0000	18474
国内资本（DK：万元）	9812622	12478247	158235	70294397
FDI 存量（万元）	1725763	3385647	1823127	61483752
每万人中学和大学生数（EDU，人/万人）	1047. 9	391. 5	224. 8	5557. 9
交通状况（TRA，公里/平方公里）	7. 262651	5. 141282	0. 572519	61. 5625
市场潜力（MP）	8797919	9784171	108834. 2	64030456
生产性服务业专业化空间集聚（SA，δ = 1）	0. 06598	0. 10113	0. 00128	0. 55812
生产性服务业专业化空间集聚（SA，δ = 2）	0. 01651	0. 02418	0. 00012	0. 13989
生产性服务业多样化空间集聚（DA，δ = 1）	0. 03820	0. 06119	0. 00203	0. 39628
生产性服务业多样化空间集聚（DA，δ = 2）	0. 02418	0. 01235	0. 00008	0. 19868

五、计量分析与结果说明

（一）生产性服务业空间作用范围的检验

进行计量检验之前，我们顺序使用 F - 统计量、LM 检验和 Hausman 检验方法确定适宜的面板数据模型。每个城市均有 9 年的观测值，因而误差项可能存在自相关。式（5. 12）的误差项受到可观测值的影响，因而模型估计中可能会存在异方差问题。在接下来的分析中，我们用 Wooldridge test 检验面板数据自相关、LR 检验来检验异方差。表 5－2 列出了模型的检验结果。

表 5－2　　计量模型检验结果

检验类型	原假设	检验统计量	伴随概率	结论
F 检验（个体固定效应检验）	不具有个体固定效应	18.76	0.0000	拒绝原假设
F 检验（时间固定效应检验）	不具有年份固定效应	6.32	0.0005	拒绝原假设
LM 检验	不存在个体随机效应	1980.22	0.0000	拒绝原假设
Hausman 检验	应采用随机效应模型	562.31	0.0000	拒绝原假设
Wooldridge 检验	不存在一阶自相关	46.672	0.0000	拒绝原假设
LR 检验	不存在异方差	993.44	0.0000	拒绝原假设

表 5－2 的检验结果显示，F－统计量的伴随概率均低于 1% 的显著水平，拒绝应采用混合效应模型的原假设，方程中必含有时间和年份个体效应。LM 检验强烈拒绝“不存在个体随机效应”的原假设，即在“混合效应”与“随机效应”之间，应选择“随机效应”模型。Hausman 检验拒绝随机效应原假设，方程宜采用固定效应模型。Wooldridge 检验显示式（5.12）误差项具有一阶自相关；LR 检验也显示个体间误差项存在异方差。本章节用具有双向固定效应的面板 FGLS 法（可行的广义最小二乘法）来估计个体间误差项具有自相关和异方差的情况。表 5－3 列出了式（5.12）的面板 FGLS 估计结果。①

变量 lnDIV 表示城市中厂商数目，衡量了城市中产品的多样化水平。从各方程中该变量的参数估计结果来看，其系数均显著为正，表明产品多样化水平较高的城市拥有较高的经济增长水平，从而印证了新经济地理中消费者对产品多样性偏好导致地区市场需求规模扩大，进而促使企业获得递增收益的理论预期。各方程中工资水平（w）的参数估计显著为负，意味着过高的劳动力成本不利于地区经济增长。与新经济地理的理论预期相符，各方程中市场潜力（MP）的参数估计均为正，说明市场的空间规模或市场的空间可达性的提高促使城市需求不断扩大，厂商在规模收益递增的作用下不断向市场规模较大城市集聚，提高了城市产量和经济增长水平。外商直接投资（FDI）的参数估计也显著为正，与预期相符，外资分布越是密集的城市，越能便捷

① 检验结果显示，衰减参数为 1 时，方程显著性和参数估计效果均优于衰减参数为 2 时的情况，限于篇幅，本章节未列出生产性服务业空间外部性变量衰减参数为 2 时的面板 FGLS 估计结果，欢迎有兴趣的读者来函索取详细检验结果。

地获得所需资本补给和先进技术，经济增长水平也越高。国内资本（DK）也显著促进城市经济增长，其作用在各方程中均比较稳定。人力资本（EDU）的参数估计在各方程中均与预期相符，一地区较高的人力资本水平有利于吸收、消化先进技术的能力，从而提高经济增长水平。交通条件（TRA）在多数情况下对经济增长的作用为正，但不显著，意味着与其他条件相比，交通条件改善对经济增长的作用效果较小且正逐渐失去效力。

表 5－3　不同距离的生产性服务业对城市经济增长影响的估计结果

变量	0～50 公里	50～100 公里	100～200 公里	200～500 公里	500～1000 公里	1000～2000 公里
lnDIV	0.0315*** (11.22)	0.0275*** (12.39)	0.0306*** (10.69)	0.0299*** (12.55)	0.0288*** (14.47)	0.0309*** (9.18)
lnw	－0.0403*** (－9.13)	－0.0507*** (－10.17)	－0.0762*** (－8.35)	－0.0862*** (－9.12)	－0.0674*** (－8.31)	－0.0463*** (－7.17)
lnSA	0.0813*** (3.02)	0.0739** (2.57)	0.0702* (1.66)	0.0682 (1.17)	0.0328 (1.48)	0.0092 (0.86)
lnDA	0.0655*** (2.79)	0.0475** (2.10)	0.0106 (1.49)	0.0102 (1.53)	0.0122 (1.27)	0.0059 (0.72)
lnMP	0.0796*** (12.66)	0.0812*** (10.87)	0.0972*** (11.85)	0.0821*** (10.09)	0.0618*** (9.88)	0.0541*** (7.91)
lnFDI	0.0194*** (7.69)	0.0413*** (8.42)	0.0289*** (6.54)	0.0409*** (7.68)	0.0354** (2.45)	0.0205*** (4.81)
lnDK	0.8816*** (13.73)	0.8693*** (11.99)	0.8903*** (15.81)	0.9075*** (11.27)	0.8972*** (12.35)	0.9014*** (11.16)
lnHK	0.0029*** (2.71)	0.0055*** (3.38)	0.0035** (2.56)	0.0049*** (2.61)	0.0073** (2.26)	0.0032** (2.22)
lnTRA	0.0010* (1.91)	0.0041 (1.47)	0.0125 (1.16)	0.0129 (1.11)	0.0111 (1.15)	0.0059 (0.87)
Cons	0.2968*** (8.63)	0.3749*** (6.64)	0.2951 (6.13)	0.2658*** (5.12)	0.3519*** (7.12)	0.2532** (1.99)
样本数	2556	2556	2556	2556	2556	2556

注：括号中为 t 统计值；* 表示 $p<0.10$，** 表示 $p<0.05$，*** 表示 $p<0.01$。

研究生产性服务业空间集聚及其技术溢出作用是本章节的重点。变量 SA 和 DA 分别衡量了邻近地区一定距离范围内生产性服务业专业化集聚和多样化集聚引起的技术溢出效应对当地的影响。从各空间范围内的估计结果来看，生产性服务业专业化空间集聚（SA）和多样化空间集聚（DA）的参数估计均为正，且其估计系数和显著性基本上均随城市间距离增大而降低。具体来说，50 公里范围内生产性服务业专业化空间集聚和多样化空间集聚的参数估计在 1% 水平显著为正且对经济增长影响的弹性系数分别为 0.0813 和 0.0655；50 ~ 100 公里范围内生产性服务业专业化和多样化空间集聚对当地经济增长的影响亦显著为正，但其显著性和系数值小于 50 公里范围内的情况，参数估计值分别下降为 0.0739 和 0.0475；100 ~ 200 公里范围内生产性服务业专业化空间集聚的参数估计 t 检验值为 1.66，在 10% 水平显著，而生产性服务业多样化空间集聚的参数估计未通过显著性检验，且其参数估计值均小于 100 公里范围内的情况。当城市间距离超过 200 公里时，生产性服务业专业化和多样化空间集聚的参数估计开始不显著且其显著性和参数估计值总体呈现降低趋势，说明生产性服务业专业化和多样化空间集聚引起的技术溢出效应对经济的空间影响具有明显的衰减性。总体来看，生产性服务业集聚通过技术溢出效应对经济增长的有效空间作用范围应为 100 公里，在这一空间范围内不论由专业化集聚还是多样化集聚引起的技术溢出效应均对经济增长具有非常显著的促进作用。

（二）有效距离范围内生产性服务业对经济增长的影响

以上分析显示 100 公里内生产性服务业专业化集聚和多样化集聚对当地经济增长具有明显的促进作用，这就意味着这一范围内的城市生产性服务业与经济增长之间存在着明显的技术的空间溢出作用。因而本书估算了各城市 100 公里范围内生产性服务业专业化集聚和多样化集聚的空间变量，并将其引入式（5.12）来检验有效距离范围内生产性服务业空间集聚对城市经济增长的技术溢出效应。由于各地区经济空间结构差异明显，生产性服务业集聚在各地区对经济增长的作用方式和大小都可能存在显著差异，因而我们还对不同区域的城市样本分别进行了估计。[①] 表 5 - 4 报告了距离衰减参数为 1、包含生产性服务业空间外部性变量的面板 FGLS 估计结果。

① 我们把全国分成东、中、西部三个地区。考虑到东北地区数据量小，把比较发达的辽宁并入东部地区，吉林和黑龙江并入中部地区。因而，东部地区包括北京、福建、广东、海南、河北、江苏、辽宁、山东、上海、天津和浙江 11 个省份，中部地区包括安徽、河南、黑龙江、湖北、湖南、吉林、江西和山西 8 个省份，西部地区包括广西、贵州、内蒙古、宁夏、青海、陕西、甘肃、四川、新疆、云南和重庆 11 个省份。

表5-4 生产性服务业空间技术外部性在有效距离范围内的面板FGLS估计结果

变量	全国样本	东部样本	中部样本	西部样本
lnDIV	0.0427*** (10.55)	0.0516*** (10.88)	0.0218*** (5.28)	0.0355*** (6.56)
lnw	-0.0562*** (-13.62)	-0.0508*** (-6.59)	-0.0631*** (-7.56)	-0.0526*** (-5.43)
lnSA	0.0735*** (4.02)	0.0535*** (6.16)	0.0717*** (8.81)	0.0843*** (9.01)
lnDA	0.0341*** (11.47)	0.0458*** (7.71)	0.0259** (5.88)	0.0088*** (3.76)
lnMP	0.0466*** (11.21)	0.0591*** (9.15)	0.0295*** (7.40)	0.0200*** (7.39)
lnFDI	0.0341*** (7.87)	0.0259*** (5.02)	0.0162*** (4.25)	0.0082*** (3.19)
lnDK	0.8927*** (13.49)	0.8972*** (11.75)	0.8769*** (13.66)	0.8939*** (10.88)
lnHK	0.0031*** (3.35)	0.0156 (1.18)	0.0036* (1.74)	0.0059*** (2.66)
lnTRA	0.0131 (1.01)	0.0029 (1.16)	0.0049* (1.77)	0.0091** (2.20)
Cons	0.3847*** (4.34)	0.3876*** (3.39)	0.4029*** (4.06)	0.4032*** (2.59)
样本数	2556	909	909	738

注：括号中为t统计值；* 表示 $p<0.10$，** 表示 $p<0.05$，*** 表示 $p<0.01$。

各控制变量中，产品多样化（DIV）、国内资本（DK）和全要素生产率无论在全国样本估计还是在分地区估计中均显著促进了经济增长，而劳动工资（w）的参数估计依然显著为负，与表5-3的估计结果基本一致。外商直接投资的参数估计在各方程中均显著为正，且其估计系数值由东到西依次递减，说明外商直接投资在发达地区更有利于当地经济增长，与单纯的资本补给功能相比，FDI在发达地区拥有更强的技术溢出效应。人力资本（HK）的全国样本估计结果显著为正，而在分样本估计中我们看到，其系数值和显著性基本由东向西依次递增，说明教育投入在欠发达地区的回报远大于发达地区，应继续在欠发达地区增加教育投入，通过增加当地人力资本积累来促进欠发达地区经济增长。与人力资本的估计结果类似，交通条件改善对于经济增长的作用亦由东向西依次递增，意味着与东中部相比，加大对西部地区交通建设投资、增强区域内部各地区间的通达性将更有利于提高当地经济增长水平。然而，从全国样本估计结果来看，交通状况的参数估计并未通过显著性检验，即交通条件改善带来的经济回报具有明显的地域性，而对整体的作用并不明显，这一结果与表5-3一致。市场潜力（MP）的参数估计在全国样本估计中显著为正，而分样本估计中由东向西依次递减。显然，中国东部地区城市数目众多且分布密集、交通方便，城市之间更易于通过需求关联形成统一市场，有利于发挥规模经济效应，而西部地区受自然地理地形限制，城市数目分布较为分散，交通不及东部便利，城市之间难以形成统一大市场，经济增长难以充分发挥规模经济效益。

有效距离范围内生产性服务业专业化和多样化空间集聚（SA）的参数估计在全国样本估计中显著为正，说明在100公里范围内，城市之间的经济增长与生产性服务业集聚之间已建立起密切的技术关联。一方面，只要生产性服务业的空间作用距离并非仅限于本地区，而是超过了地区本身的地域范围，就有可能存在区域分工和专业化集聚；另一方面，由于其作用范围具有局限性和明显的地域化特征，所以在其有效作用范围内又存在多种生产性服务业并存的多样化集聚。因而一定空间范围内，生产性服务业专业化集聚和多样化集聚均对经济增长产生明显技术溢出效应。然而从分地区层面的估计结果来看，生产性服务业专业化集聚和多样化集聚表现出明显的地区差异。第一，生产性服务业专业化空间集聚的参数估计由东向西依次递增，从而意味着生产性服务业的专业化集聚及其技术溢出效应对西部地区经济发展至关重要。与东部地区相比，中西部欠发达地区通过充分挖掘和利用当地比较优势，发展与其优势要素、资源和产业相适应的生产性服务业、促进生产性服务业的专业化集聚将更有利于加快城市间技术扩散速度和溢出效率，培育和强化基于当地比较优势的竞争优势，加快欠发达地区结构调整、实现专业化和规模化生产，进而促使欠发达地区经济更好更快增长。第二，生产性服务业多样化空间集聚对经济增长的影响由东向西依次递减，从而说明生产性服务业多样化集聚产生的技术溢出效应在经济发达、产业发展较为成熟的地区更为显著。与欠发达地区相比，经济相对发达地区由于同时具有专业化程度高且相对完善和成熟的产业部门，因而更需要门类齐全、功能多样的生产性服务业与之相适应，生产性服务业在这些地区的多样化集聚有利于加强不同产业部门间的技术溢出效应、为产业发展提供技术支撑和多样化服务，降低了经济运行成本、提高了劳动生产率和经济增长速度。

（三）生产性服务业空间溢出对经济增长影响的分位数估计结果

上述固定效应的 FGLS 模型分析了生产性服务业专业化空间集聚（SA）和多样化空间集聚（DA）对经济增长的条件期望值 E（GDP | PS）的作用，实际上反映了生产性服务业的空间技术溢出效应对经济增长的平均边际影响，但均值回归结果难以体现空间外部性对整个条件分布的影响，我们需要进一步估计非农业经济规模的若干条件分位数，以反映生产性服务业空间集聚对经济增长不同分位点的技术溢出效应及其变化趋势。根据科恩克和巴塞特（Koenker & Bassett，1978），本部分以 0.10、0.25、0.50、0.75 和 0.90 为五个代表性分位点，并引入城市和年份虚拟变量来控制固定效应，采用线性规划方法进行估计。估计结果见表 5－5。

表 5－5　　生产性服务业可得性对经济增长影响的分位数估计结果

变量	分位点				
	0.10	0.25	0.50	0.75	0.90
lnDIV	0.0309*** (6.35)	0.0295*** (6.21)	0.0215*** (7.39)	0.0281*** (9.04)	0.0256*** (6.55)
lnw	−0.0641*** (−9.21)	−0.0729*** (−10.37)	−0.0489*** (−11.31)	−0.0404*** (−11.21)	−0.0375*** (−8.11)
lnSA	0.0489*** (3.56)	0.0535*** (4.97)	0.0899*** (6.18)	0.0601*** (5.13)	0.0204*** (5.21)
lnDA	0.0072*** (4.38)	0.0131*** (4.81)	0.0205*** (5.67)	0.0356*** (6.82)	0.0489*** (7.04)
lnMP	0.0323*** (8.54)	0.0470*** (8.81)	0.0588*** (10.16)	0.0338*** (8.11)	0.0123*** (6.27)
lnFDI	0.0121*** (3.12)	0.0223*** (3.81)	0.0446*** (5.33)	0.0136* (1.92)	0.0077* (1.76)
lnDK	0.8847*** (13.05)	0.9162*** (15.22)	0.8942** (13.81)	0.8746*** (11.11)	0.9165*** (13.69)
lnHK	0.0021* (1.95)	0.0027** (2.02)	0.0172*** (6.41)	0.0099*** (3.65)	0.0075* (1.88)
lnTRA	0.0158*** (3.38)	0.0097* (1.87)	0.0072 (1.19)	0.0058 (1.24)	0.0026 (1.03)

续表

变量	分位点				
	0.10	0.25	0.50	0.75	0.90
Cons	0.2451*** (3.61)	0.3021*** (3.12)	0.3452*** (3.02)	0.3034*** (2.95)	0.3122*** (2.63)
R^2	0.9363	0.9526	0.9531	0.9539	0.9621

注：括号中为 t 统计值；* 表示 $p<0.10$，** 表示 $p<0.05$，*** 表示 $p<0.01$。

表 5-5 显示多数控制变量分位数估计结果多数情况下与预期基本一致，但不同分位点的系数大小和变化趋势不同。产品多样化对经济增长的影响在各分位点比较稳定，均显著提高了城市的经济增长水平。劳动成本的上升对城市经济增长的抑制作用在低分位点较大，而在高分位点较小，说明越是欠发达地区，其经济增长对劳动成本的影响就越敏感。市场潜力的分位数回归系数在各分位点均显著为正，且随着分位数增加，表现出先升后降的倒“U”型趋势，说明市场潜力对经济增长条件分布的两端之影响小于对其中间部分的影响，即市场邻近性或市场的空间规模对欠发达城市和发达城市影响都比较小，而最大受益者为中等发达城市。人力资本对城市经济增长的贡献随分位数增加亦表现出先增后减的趋势，即人力资本对中等发达城市经济增长贡献最大，而对欠发达地区和发达城市的作用相对较小。与人力资本的边际贡献一致，随分位点的提高，外商直接投资分位数估计结果亦表现出先增加后减少的趋势。国内资本对城市经济增长的边际贡献在各分位点比较稳定。而交通条件改善仅对经济增长处于 10% 分位点的城市具有明显促进作用，这充分体现了交通基础设施建设对欠发达城市经济增长的重要性。

随着分位数增加，生产性服务业专业化集聚对经济增长的作用效果呈现先增后减的倒“U”型发展趋势，意味着随着经济增长水平的不断提高，生产性服务业专业化集聚对经济增长具有明显的技术溢出效应，但随着经济增长水平的进一步提高，进一步的专业化集聚将导致集聚不经济，从而导致生产性服务业专业化集聚对城市经济影响效果减弱。结合表 5-4 的生产性服务业专业化集聚的估计结果我们可以推断，中国西部地区尚未（或正）达到生产性服务业专业化集聚对经济增长影响的倒“U”型拐点，而中部和东部地区则已处于拐点右侧，生产性服务业专业化集聚在这些地区已经出现不经济。生产性服务业通过多样化集聚对城市经济产生的技术溢出效应也在不断增强。这一结果与表 5-4 的部分结果类似，表 5-4 的生产性服务业多样化集聚的参数估计基本上由东向西依次递减，而由东向西的地域顺序也基本是中国由发达地区向欠发达地区的过渡次序。这就进一步印证了生产性服务业多样化集聚在发达地区更易于对经济增长产生技术溢出效应的结论。

六、小结

本章节在新经济地理的框架下构建理论、计量模型及生产性服务业空间可得性测度，运用2003～2011年城市面板数据检验了生产性服务业的空间技术溢出效应对经济增长的影响。结果显示，生产性服务业空间集聚对经济增长具有明显的技术溢出作用，且其有效空间作用范围为100公里；有效距离范围内城市间生产性服务业专业化集聚对经济增长的影响由东向西依次递增，而多样化集聚的作用由东向西依次递减。生产性服务业空间集聚对经济增长不同分位点的技术溢出效应亦存在明显差异，随着经济增长分位数增加，有效空间范围内生产性服务业专业化集聚对经济增长的边际贡献呈先增后减的倒“U”型发展趋势，而多样化集聚的作用不断增强。

第二节　生产性服务业集聚的经济增长效应：基于技术外溢效应和规模经济效应的综合视角

一、引言

新常态下，“调结构、转方式”成为中国经济发展的主题。伴随国际经济危机影响的进一步深入，中国外向型经济增速趋缓，工业内部结构性矛盾突出。在此背景下，中国现代服务业异军突起，其在国民经济中比重在2013年首次超过工业，成为推动经济发展的重要生力军。国际经济危机中，中国外贸企业依托各种生产性服务连接的供应链体系而创造的“抱团取暖”的经验（裴长洪等，2011），更是体现了生产性服务业集聚提升制造业竞争力、促进城市经济发展的重要作用。2015年政府工作报告亦将发展现代生产性服务业置于产业结构调整的重要位置。可见，加快现代服务业、尤其是生产性服务业发展，引导生产性服务业合理集聚，可以成为优化经济结构、推进经济持续稳定增长的突破口。然而目前中国生产性服务业发展实践中，各地区并未对适宜的生产性服务业集聚模式进行具体考察，甚至出现背离当地比较优势和产业结构的盲目发展现象。而且地区经济发展所需生产性服务业可能并非完全来自本地区，还来自邻近地区生产性服务业的溢出效应（宣烨，2012），但多数地区进行生产性服务业规划时“各自为政”，导致生产性服务业存在市场规模小、低水平重复建设和资源错配等问题（程大中，2008）。这些问题的存在制约着生产性服务业集聚效应的充分发挥和城市经济协调持续发展。那么，中国城市经济增长中生产性服务业集聚效应的具体来源有哪些？应如何根据生产性服务业集聚机制合理安排城市经济布局、促进城市经济持续稳定增长？

传统集聚理论认为经济活动空间集聚来源于三个方面的外部性：劳动力共享、中间投入品的规模经济和技术外溢。马歇尔（Marshall，1890；1961）将这些经济外部性的产生归结为同一行业内不同厂商的专业化集聚，而雅各布斯（Jacobs，1969）则认为集聚外部性的产生主要由于不同行业厂商的多样化集聚。对于服务业企业而言，尽管系统解释生产性服务业集聚及其效应的理论尚未成熟，但生产性服务企业之间的关系并不是完全的上下游关系，在投入要素上也不存在互补性，更多的是一种竞争关系（陈建军等，2009）。从要素的集聚效应来看，无论是专业化集聚经济还是多样化集聚经济，生产性服务业的集聚效应可能仅与知识和技术溢出效应有关，而从市场的外部性来看则主要得益于生产性服务业空间集聚规模带来的规模报酬递增（Illersis & Philippe，1993）。[①] 可是目前鲜有研究综合技术和市场外部性两方面探讨生产性服务业集聚对城市经济增长的影响。本章节将以集聚外部性理论和新经济地理理论为基础，从供给和需求的综合视角探讨生产性服务业集聚对经济增长的影响，为各地区选择适合的生产性服务业集聚模式、促进地区间生产性服务业与经济增长协同发展提供理论支撑和现实依据。

二、文献综述

纵观已有研究，生产性服务业集聚主要通过两种渠道作用于城市经济增长：一是生产性服务业集聚通过技术外部性或技术溢出效应作用于城市经济增长；二是生产性服务业空间集聚规模扩大产生市场外部性或规模经济效应，进而促进城市经济增长。

（一）生产性服务业集聚通过技术外部性作用于经济增长

传统集聚经济理论认为，技术外部性主要来源于相同产业的专业化集聚

① 格莱泽等（Glaeser et al.，1992）将由产业专业化和多样化特征引起的集聚效应统称为动态外部性或知识与技术外部性。这两种不同形式的技术外部性可能共同推动着生产性服务业本身乃至整个国民经济部门生产效率的提高，而市场外部性有的研究则称为资金外部性或金融外部性。

(MAR外部性)和不同产业间的多样化集聚(雅各布斯外部性)。马库森(Markusen, 1989)指出,生产性服务业通过提供专业化服务降低制造业成本和提高效率。这种分工专业化既体现在行业内又体现在行业间,有利于生产性服务企业间的技术联系与合作,通过知识的"集体学习"提升制造业乃至整个经济部门效率。库姆斯(Combes, 2000)进一步将由同一生产性服务行业的专业化集聚和不同行业的多样化集聚引起的知识或技术溢出效应称为"动态外部性"。伍德(Wood, 2006)指出,服务业的信息化和高技术化是经济转型和发展的重要动力,在解释经济长期稳定增长中具有重要作用。阿斯勒森和伊萨克森(Aslesen & Isaksen, 2007)进一步分析了生产性服务业与经济增长的互动关系,认为生产性服务业集聚有利于催生高新技术,推进经济增长;而经济的高速增长又对高新技术产生更多需求,反过来促进生产性服务业集聚和升级。布赖森等(Bryson et al., 2008)指出随着服务经济不断发展,生产性服务业及其集聚在技术转型中的作用愈加突出。顾乃华(2011)和宣烨(2012)认为生产性服务业空间集聚会通过知识外溢及信息共享等途径降低生产性服务企业与制造业企业交易成本,提升制造业效率。这些研究从生产供给方面论证了生产性服务业集聚不仅对其本身而且对整个经济部门都具有明显的技术溢出效应,但对技术溢出效应具体来源于生产性服务业的哪种集聚模式并未给出明确解答。探讨生产性服务业集聚中技术外部性产生的具体集聚模式将是本章节的重要任务之一。

(二)生产性服务业集聚通过空间规模经济作用于经济增长

传统集聚经济理论(Marshall, 1890; 1961)和新经济地理理论的最新进展(Venables, 1996)均认为生产性服务业集聚通过上下游产业链接产生规模经济,不仅有利于下游厂商便捷地获得物美价廉、品种多样的中间服务品,而且能够降低交易成本和生产成本,吸引更多下游厂商集聚;而下游厂商的集聚又会对生产性服务创造更多需求,进一步促进生产性服务业集聚。生产性服务业与下游厂商的相互作用产生协同效率和累积因果关系(Andersson, 2004),并驱动着区域经济增长。汉斯达(Hansda, 2001)从产业间关联效应角度分析了服务导向下经济增长的可持续性,指出与其他行业相比,服务部门在前后向产业关联方面更有利于经济增长;服务部门的增长对其他部门的增长具有溢出效应。班加(Banga, 2005)认为生产性服务部门增长不仅通过产业关联效应对整体经济具有乘数作用,而且还能够产生大量市场价格信号无法反映的外部经济性。伦德奎斯特和奥兰德(Lundquist & Olander, 2008)分析了不同类型生产性服务业对于经济增长和转型的作用,发现生产性服务业与经济增长之间具有明显的协同上升趋势。对中国所有地、县级城市集聚效应的研究也发现，100 公里范围内邻近城市间的生产性服务业与制造业集聚存在协同效应，邻近市县间基于生产性服务业的投入—产出关联效应是集聚经济在空间上成片连续的重要机制（陈建军和陈菁菁，2011；韩峰和柯善咨，2012；Ke et al.，2014）。

以上文献分别从技术外部性和规模经济两个方面对生产性服务业集聚影响经济增长的机制进行探讨。实际上，生产性服务业集聚对经济增长的影响是一个系统过程，城市经济增长可能同时受到来自生产供给方面的技术外部性和市场需求方面的规模经济效应的共同作用。但是，迄今关于生产性服务业集聚效应的研究多停留于理论总结和统计描述阶段，从供给和需求两方面系统探讨集聚效应具体来源的理论和经验研究尚在少数。针对生产性服务业集聚中技术外部性产生的专业化或多样化集聚模式，以及城市间生产性服务业空间作用方式的研究依然不足。与已有研究相比，本章节意义在于：其一，在外部性和新经济地理的综合理论框架下，从技术外部性和规模经济效应的综合视角探讨生产性服务业集聚对城市经济增长的作用机制，拓展了理论视角；其二，讨论了技术外部性产生的具体集聚模式（城市内的专业化与多样化集聚）及城市间生产性服务业空间集聚中市场外部性的来源，拓展了对生产性服务业集聚效应产生渠道的研究。

三、理论框架与计量模型

（一）理论分析框架

根据新经济地理学逻辑，考虑城市中有两个部门：差异化生产且报酬递增的制造业部门和中间服务部门。中间服务品可为当地和邻近地区服务且其运输成本为零；制造业产品可进行区际和国际贸易，运输成本为冰山成本 t_{jv}。所有产品均在垄断竞争市场中交易。若 I_v 为城市 v 用于最终产品的总支出，则城市 v 对城市 j 生产的每种产品的需求量（或消费量）x_{jv} 表示为：

$$x_{jv} = \frac{(P_j t_{jv})^{-\sigma}}{\sum_j N_j (P_j t_{jv})^{1-\sigma}} I_v = (P_j t_{jv})^{-\sigma} I_v (G_v)^{\sigma-1} \tag{5.17}$$

其中，G_v 为以 CES 形式表示的城市价格指数，σ 为任意两种产品间的替代弹性，N_j 为城市 j 中最终商品种类数；P_j 为城市 j 最终商品价格。进而对所有城市 v 进行加总，得到城市 j 总产出 y_j：

$$y_j = N_j(P_j)^{-\sigma} MP_j \tag{5.18}$$

其中，$MP_j = \sum_v (t_{jv})^{1-\sigma} I_v (G_v)^{\sigma-1}$ 为城市 j 的市场潜力。假设生产性服务产品通过 CES 生产函数投入到最终部门，且最终部门本身是使用劳动和生产性服务业产品的 C－D 生产函数，则最终部门边际成本可表示为 $c_m = w^\alpha p_s^\beta / A$，其中 w 为劳动力工资水平、$p_s$为生产性服务价格，A 为全要素生产率，α 和 β 分别是劳动和生产性服务在制造业成本中的份额。根据维奈尔斯（Venables，1996）的研究，生产性服务品价格（最终部门中间投入成本）与生产性服务业集聚规模负相关。以 PS_j表示城市 j 生产性服务业集聚规模，则生产性服务品价格可表示为：$p_{sj} = \kappa (PS_j)^{-\theta}$，$\theta > 0$；其中 κ 为常数，衡量了生产性服务业部门规模报酬递增水平。因而最终部门边际成本为：

$$c_{mj} = \frac{Kw_j^\alpha}{A_j (PS)_j^\eta}, \quad K = \kappa^\beta, \ \eta = \beta\theta \tag{5.19}$$

生产性服务业集聚能够产生动态技术外部性。知识和技术的空间溢出效应或外部性，一方面可提高生产性服务企业本身生产效率及推出新产品和服务的能力；另一方面，有利于营造良好的投资和发展环境，推动制造业、甚至整个经济部门的技术创新和科技进步，提高全要素生产率。我们以 S_j表示城市 j 同一生产性服务业内部企业间的专业化集聚，以 D_j表示城市 j 不同生产性服务业企业间的多样化集聚，全要素生产率 Λ_j可表示为：

$$A_j = A_0 S_j^{\phi_1} D_j^{\phi_2} \quad \phi_1 > 0, \ \phi_2 > 0 \tag{5.20}$$

由于存在递增收益，均衡状态下每家垄断竞争厂商生产和提供一类产品，且每种制造业产品的生产均需一定的固定投入 f。城市 j 最终商品的均衡价格 P_j^* 为：

$$P_j^* = \frac{\sigma}{\sigma - 1} c_{mj} \tag{5.21}$$

结合式（11.2）~式（11.5）得到：

$$y_j = A_0^\sigma [(\sigma - 1)/K\sigma]^\sigma N_j w_j^{-\alpha\sigma} S_j^{\phi_1\sigma} D_j^{\phi_2\sigma} PS_j^{\eta\sigma} MP_j \tag{5.22}$$

（二）计量模型设定

式（5.22）显示，城市最终部门总产出是生产性服务业集聚规模、专业化集聚、多样化集聚、最终商品市场潜力以及产品多样化的增函数，是劳动成本的减函数。根据经济增长理论，外商直接投资和国内资本均是经济增长的重要来源，因而需在式（5.22）中控制国内资本（DK）和外商直接投资存量（FDI）的影响。考虑到相关区域经济文献的论述，已有普遍共识的影响经济增长的重要变量还包括人力资本、城市交通状况等。以 HK 代表人力资本、TRA 代表交通状况，式（5.22）可重写为：

$$\ln y_{jt} = a_0 + a_1\ln N_{jt} + a_2\ln w_{jt} + a_3\ln S_{jt} + a_4\ln D_{jt} + a_5\ln PS_{jt} + a_6\ln MP_{jt} + a_7\ln FDI_{jt} + a_8\ln DK_{jt} + a_9\ln HK_{jt} + a_{10}\ln TRA_{jt} + \xi_{jt} \tag{5.23}$$

其中，$a_0 = A_0^{\sigma}(\sigma - 1/K\sigma)^{\sigma}$，$\xi_{jt}$为随机误差。在计量分析中 $\ln(y_{jt}/y_{jt-1})$ 常与 $\Delta y_{jt}/y_{jt-1}$等价，表示经济增长率，故在式（5.23）两边各减去 $\ln y_{jt-1}$可得到城市经济增长率 $\ln(y_{jt}/y_{jt-1})$ 决定方程。即：

$$\ln(y_{jt}/y_{jt-1}) = a_0 + a_1\ln N_{jt} + a_2\ln w_{jt} + a_3\ln S_{jt} + a_4\ln D_{jt} + a_5\ln PS_{jt} + a_6\ln MP_{jt} + a_7\ln FDI_{jt} + a_8\ln DK_{jt} + a_9\ln HK_{jt} + a_{10}\ln TRA_{jt} + a_{11}\ln y_{jt-1} + \xi_{jt} \tag{5.24}$$

式（5.24）便是本章节需要估计的最终计量方程。

四、变量与数据说明

本章节样本为 2003 ~ 2011 年全国 286 个地级及以上城市①。数据主要取自 2004 ~ 2012 年《中国城市统计年鉴》《中国区域经济统计年鉴》；价格指数从各省份统计年鉴获得。下面是有关变量和测度的说明。

（1）生产性服务业空间集聚规模或空间关联性 PS。多数研究认为，地域相邻的生产性服务业与最终部门（制造业）能够产生协作关系和协同集聚（宣烨，2012；Ke et al.，2014）。因而城市 j 拥有的生产性服务业空间集聚规模可表示为：

$$PS_j = \sum_{v=1}^{V}\left[\left(\sum_{s} g_{vs}\frac{z_{ms}}{\bar{z}_{ms}}\right)\cdot d_{jv}^{-\delta}\right] \tag{5.25}$$

其中，V 为城市数；δ 为距离衰减参数，参考顾朝林和庞海峰（2008），设为 1；d_{jv}为城市间距离，利用城市中心坐标和距离公式 $\Theta \times \arccos[\cos(\alpha_i - \alpha_j)\cos\beta_i\cos\beta_j + \sin\beta_i\sin\beta_j]$ 进行计算，式中 Θ 为地球大弧半径（6378 公里），α_i、α_j为两市中心点经度，β_i、β_j为两市中心点纬度；城市内部距离为 d_{jj} =

① 根据陇南市和中卫市的行政区划，我们补齐了 2003 年陇南和中卫两市的数据。

$(2/3)R_{jj}$，其中 $R_{ii}=\pi^{-1/2}S^{1/2}$为城市半径，S 为城市建成区面积。参考韩峰和柯善咨（2012）的计算方法，以 100 公里距离作为城市间生产性服务业集聚的作用界限。g_{js}为城市 j 生产性服务行业 s 的集聚规模，本部分借鉴库古（Koo，2007）的方法，以城市某种生产性服务业 s 就业密度与全国生产性服务业 s 总就业的比值表示：$g_{js}=l_{js}/(l_{Cs}S_j)$，$S_j$为该市辖区建成区面积，$l_{js}$为城市 j 某生产性服务业 s 就业量，$l_{Cs}$为全国生产性服务业 s 就业量，该指标同时考虑了生产性服务活动在部门和地区之间的分布方式。z_{ms}和 $\bar{z}_{ms}$分别为单位最终产出对某一中间服务行业和全部中间服务行业的完全消耗系数，其计算步骤为：首先，根据各年行业标准和城市分行业就业统计口径对 2002 年、2005 年、2007 年和 2010 年投入产出表进行拆分、合并和估算，得到 19 个行业基本流量表；其次，利用插值法补齐缺失年份表格，计算 2002~2010 年直接消耗系数表；最后，根据式 $\Omega=(I-A)^{-1}$计算各年完全消耗系数表（2011 年沿用 2010 年表格）。生产性服务业空间集聚规模越大，空间关联效应越强，则空间规模经济效应就越明显。

（2）生产性服务业专业化集聚（S_j）和生产性服务业多样化集聚（D_j）指标的构建方法与第三章第一节一致，在此不再赘述。

（3）市场潜力 MP。市场潜力反映了城市可能获得的整体的市场规模，可表示为：

$$MP_j = \sum_{v=1}^{V}\frac{Y_v}{d_{jv}^{\delta}} + \frac{Y_{jF}}{d_{j,port}^{\delta}} \tag{5.26}$$

其中，Y_v以城市市辖区非农业 GDP（万元）表示。Y_{jF}为国际需求，以中国重要海陆和陆路贸易伙伴国内生产总值之和表示。[①] $d_{j,port}$为城市 j 到最近口岸的距离，分两种情况计算：对于非港口城市，以每个城市与就近港口城市最短距离表示；对于港口城市，以城市半径作为城市到国外需求的距离。[②] 由于最终产品市场范围可遍及各地，城市间市场潜力计算包括全国范围。

---

① 中国重要海路贸易伙伴有美国、日本、德国、法国、英国、韩国、澳大利亚、加拿大、新加坡、马来西亚等，重要陆路贸易伙伴有俄罗斯、印度、泰国、越南、老挝、哈萨克斯坦、巴基斯坦、吉尔吉斯斯坦、塔吉克斯坦、乌兹别克斯坦、蒙古国等。

② 中国的主要沿海港口城市有：丹东、大连、营口、锦州、秦皇岛、唐山、天津、烟台、威海、青岛、连云港、镇江、南通、上海、宁波、福州、厦门、汕头、广州、中山、深圳、珠海、湛江、海口和三亚；主要陆路口岸有凭祥、东兴、喀什、阿拉山口、漠河和满洲里。

（4）其他变量。市辖区生产总值（万元）①、就业（万人）和市辖区职工平均工资水平（元）数据直接取自《中国城市统计年鉴》。人力资本以市辖区每万人中学和大学生数（人/万人）表示。城市各行业就业人数为单位从业人员数（万人）。根据中国城市分行业就业统计口径，把电力煤气供水，建筑，交通运输、仓储和邮政业，信息传输、计算机服务和软件业，批发零售业，金融业，租赁和商业服务业，科学研究、技术服务业和地质勘查，水利环境和公共设施管理业等九个行业合并代表生产性服务业。城市交通状况（TRA）用市辖区单位建成区面积上道路长度（公里/平方公里）近似表示。城市中最终部门厂商数量以市辖区工业企业数近似表示。城市资本存量（DK）与FDI存量计算过程参考柯善咨和向娟（2012）的方法。所有货币价值数据以2000年不变价计算。表5－6报告了中国地级及以上城市生产性服务业在100公里的空间外部性变量及其他变量的样本统计值。

表5－6　中国地级及以上城市生产性服务业100公里的空间外部性变量及其他变量的样本统计值

变量	均值	标准差	最小值	最大值
经济增长率（%）	12.3669	13.4312	6.8301	22.5834
生产性服务业专业化集聚S	8.9899	4.2612	2.4888	22.6583
生产性服务业多样化集聚D	1.2287	2.3444	0.0262	2.9905
非农就业（万人）	49.63539	90.80925	1.86970	1121.983
工资水平（元）	16710.24	18234.904	1659.416	204342.1
厂商数（家）	649.716	889.543	8.000	23243.00
国内资本（万元）	9812622	12478247	158235	70294397
FDI存量（万元）	1725763	3385647	1823127	61483752
每万人中学和大学生数（人/万人）	1047.9	391.5	224.8	5557.9
交通状况（公里/平方公里）	7.262651	5.141282	0.572519	61.5625
市场潜力	8797919	9784171	108834.2	64030456
生产性服务业空间集聚规模	0.048195	0.041116	0.001787	0.39679

① 非农业GDP数据与其他变量相比向前扩展到2002年，以避免因滞后变量的存在而带来样本量的损失。

五、计量分析与结果说明

（一）全国样本的面板系统 GMM 估计结果

根据区域和城市经济学原理，不仅生产性服务业专业化集聚、多样化集聚和空间集聚规模对城市经济增长产生影响，而且城市经济增长也必将促进产业结构进一步优化，强化生产性服务业集聚，因而生产性服务业集聚与城市经济增长之间可能存在联立内生性。最终市场潜力与城市经济增长之间也可能具有类似的联立内生性问题。此外，模型设置中的遗漏变量诸如制度、自然条件、资源禀赋等，可能致使相关解释变量与随机扰动项之间存在相关性。为了得到无偏、一致的估计量，一般采用工具变量法或广义矩（GMM）估计消除内生性。但是工具变量法估计在很大程度上依赖于工具变量选取，将影响不同变量和模型估计的稳健性（祝树金等，2011）。本章节采用系统 GMM 法解决变量的内生性问题。表 5－7 列出了生产性服务业集聚对城市经济增长的系统 GMM 估计结果。根据检验方程联合系数显著性的 Wald 统计量、检验残差自相关的 AR(1)、AR(2) 统计量和检验工具联合有效性的 Sargan 统计量及其对应的 p 值，我们有理由拒绝各模型联合系数为零的原假设和接受残差无自相关、工具联合有效的原假设，工具选择是合理的。

表 5－7　生产性服务业集聚对城市经济增长影响的全国样本面板系统 GMM 估计结果

变量	模型一		模型二		模型三	
	参数估计	z 统计值	参数估计	z 统计值	参数估计	z 统计值
lnN	0.0305***	2.68	0.0126**	2.06	0.0209***	3.65
lnw	−0.0607***	−4.47	−0.0417**	−2.35	−0.0268	−1.52
lnS	0.0133**	2.19			0.0823**	2.30
lnD	0.0067*	1.82			0.0074*	1.78
lnPS			0.0628**	2.51	0.0102*	1.88
lnMP	0.0612***	2.87	0.0619**	2.08	0.0156*	1.90
lnFDI	0.0052*	1.72	0.0027	1.34	0.0049*	1.73
lnDK	0.3686***	4.29	0.2146***	3.01	0.2613**	2.46
lnHK	0.0061**	2.28	0.0053*	1.76	0.0079**	2.16
lnTRA	0.0038	1.03	0.0124	1.11	0.0092	0.98
$\ln y_{t-1}$	−0.5381***	−11.52	−0.5869**	−3.09	−0.4752*	−1.93
Cons	0.2289	1.64	0.2519	1.13	0.1268	1.05

续表

变量	模型一		模型二		模型三	
	参数估计	z统计值	参数估计	z统计值	参数估计	z统计值
统计检验	统计量	伴随概率	统计量	伴随概率	统计量	伴随概率
Wald 检验	8331.31	0.0000	9651.27	0.0000	8563.74	0.0000
Sargan 检验	71.62	0.970	92.88	0.571	61.04	0.898
Hansen 检验	91.39	0.557	80.16	0.845	66.16	0.987
AR(1) test	-1.39	0.167	-2.35	0.019	-2.16	0.030
AR(2) test	-1.02	0.308	-0.91	0.692	-1.34	0.182

注：系统 GMM 估计的内生变量为：lnS、lnD、lnPS、lnDMP、lnFMP；*** 表示在 1% 水平上显著，** 表示在 5% 水平上显著，* 表示在 10% 水平上显著。

从各方程控制变量的参数估计结果来看，变量 lnN 系数均显著为正，印证了新经济地理中消费者多样性偏好导致地区市场需求规模扩大，进而促使企业获得递增收益的理论预期。劳动力成本（w）过高不利于城市经济增长率提高，劳动成本成为各地区结构调整的重要阻力，进而降低城市经济增长水平。各方程中市场潜力（MP）参数估计均显著为正，说明城市之间互为市场，最终市场空间规模扩大有助于实现经济增长中的空间规模经济，进而推进经济结构的长期调整和优化升级，提升经济增长水平。外商直接投资（FDI）的参数估计对经济增长率影响显著为正，说明外资分布越是密集的城市，越能便捷地获得所需资本补给和先进技术，经济增长水平也越高。国内资本（DK）与人力资本（EDU）的参数估计与预期相符，均显著促进城市经济增长。目前交通条件（lnTRA）改善总体上对城市经济无增长效应。各方程上一期的经济规模参数估计显著为负，说明城市经济增长存在条件收敛，若某地区经济规模越大、经济发展越成熟，则其下一期调整结构和培育竞争优势的空间便趋于减小。

研究生产性服务业专业化和多样化集聚及其空间集聚规模的作用是本章节重点。各方程中生产性服务业专业化集聚（lnS）的参数估计均显著为正，意味着生产性服务业专业化集聚对经济增长具有显著促进作用，马歇尔集聚外部经济的存在性在城市经济增长中得到印证。生产性服务业专业化集聚有利于深化分工、促进企业间相互学习、交流与合作，产生明显的技术溢出效应。这不仅从需求方面促进了区域结构调整和优化升级，更重要的是从供给方面加快了区域竞争优势培育，最终推进经济增长潜力提升。生产性服务业多样化集聚（lnD）仅在 10% 显著水平促进了经济增长水平提高，意味着生产性服务业集聚亦对城市经济增长产生了明显的雅各布斯技术溢出效应，然而这一估计结果的显著性和系数估计值明显低于生产性服务业专业化集聚。这说明各地区生产性服务业"小而全、大而全"的多样化发展模式尽管可通过雅各布斯外部性使经济获得一定增长，但这一驱动效果可能并不具有持久性；而依据各地区比较优势、资源禀赋、区位特征和产业结构特点选择适宜的生产性服务业进行专业化经营、集聚和发展，可能是后工业化时代推进城市经济持续增长的更优选择。变量 PS 衡量了城市发展中对其他地区生产性服务业集聚规模的可达性，其显著的参数估计意味着城市经济增长与生产性服务业已建立起密切的空间关联，新经济地理所主张的空间中生产性服务业与制造业间的垂直关联效应在中国城市数据中得到印证。城市间基于投入—产出关系的密切经济联系不仅可为生产性服务业创造巨大需求空间，促进中间服务品生产实现规模经济，而且有助于降低最终部门中间服务品价格，促进当地乃至 100 公里范围内其他城市的经济发展。

可见，生产性服务业专业化与多样化集聚产生了形式不同的技术外部性，其中专业化集聚产生的马歇尔技术外部性对经济增长产生促进作用，而与之相比，多样化集聚产生的雅各布斯技术外部性则相对较弱。生产性服务业集聚的空间规模经济效应对中国城市经济增长亦产生明显促进作用，但更侧重从需求方面对城市经济增长的作用效果。总之，同一城市经济增长同时受到技术外部性或空间规模经济效应的一种或几种力量的共同作用，生产性服务业集聚产生的技术外部性和规模经济效应在解释城市经济增长中具有互补性。

（二）分地区样本的面板系统 GMM 估计结果

由于各地区经济空间结构差异明显，生产性服务业集聚在各地区的作用方式和大小都可能存在显著差异，因而我们还对不同区域的城市样本分别进行估计。[①] 表 5－8 报告了东、中、西部地区距离衰减参数为 1、包含生产性服务业空间集聚变量的面板系统 GMM 估计结果。

表 5－8　生产性服务业集聚对经济增长的分地区面板系统 GMM 估计结果

变量	东部地区	中部地区	西部地区
lnN	0.0135** (2.19)	0.0532** (1.97)	0.0117 (1.52)
lnw	－0.0218 (－1.27)	－0.0171* (－1.81)	－0.0281** (－2.43)

① 由于东北地区样本较小，我们根据 2005 年全国经济普查对东中西部地区的划分标准，将辽宁归入东部地区，吉林和黑龙江划入中部地区。

续表

变量	东部地区	中部地区	西部地区
lnS	0.0162** (2.25)	0.0196* (1.88)	0.0312** (2.55)
lnD	0.0364* (1.82)	0.0281 (1.43)	0.0097 (0.82)
lnPS	0.0491** (2.46)	0.0281** (2.00)	0.0216 (1.63)
lnMP	0.0618** (2.47)	0.0582*** (2.59)	0.0133* (1.94)
lnFDI	0.0217 (1.36)	0.0098* (1.69)	0.0187** (2.22)
lnDK	0.2872*** (2.91)	0.2289** (2.46)	0.3157** (1.99)
lnHK	0.0021 (1.63)	0.0133 (1.55)	0.0077 (1.36)
lnTRA	0.0349 (0.97)	0.0117 (1.27)	0.0092** (2.00)
$\ln y_{t-1}$	-0.5937*** (-10.11)	-0.4892*** (-9.27)	-0.4791** (-8.99)
Cons	0.2299* (1.91)	0.2876** (1.98)	0.3351 (0.67)
Wald 检验	5922.87 [0.0000]	6348.54 [0.0000]	5892.27 [0.0000]
Sargan 检验	67.65 [0.836]	56.65 [0.732]	59.62 [0.776]
Hansen 检验	77.581 [0.349]	69.81 [0.402]	68.291 [0.289]
Arellano-Bond AR(1) test	-2.60 [0.009]	-2.60 [0.009]	-1.95 [0.019]
Arellano-Bond AR(2) test	-0.41 [0.680]	-0.452 [0.651]	-0.48 [0.608]

注：系统 GMM 估计的内生变量为：lnS、lnD、lnPS、lnDMP、lnFMP；*** 表示在 1% 水平上显著，** 表示在 5% 水平上显著，* 表示在 10% 水平上显著；圆括号内为 z 统计值，方括号内为伴随概率。

由系统 GMM 估计的各类检验结果可以看出，各方程统计量均显示工具变量选择是合理的。各控制变量中，产品多样化（N）对东中部地区经济增长率具有显著的促进作用，而对西部地区影响不显著，且对中部地区经济增长的作用效果最大。这意味着尽管东部地区无论在产品多样化水平和市场需求规模均甚于中部地区，但中部地区具有比东部地区更强的增长效应；而西部地区由于厂商数量和产品种类均处于较低水平，产品多样化的经济增长效应不显著。多数情况下劳动工资（w）的参数估计依然显著为负，且对经济增长率的影响效果由东向西依次递增，这一结果意味着与东部发达地区相比，中西部欠发达地区经济增长对劳动工资的变动更为敏感，多数产业依然属于劳动密集型，劳动成本的提高降低了当地的比较优势或竞争优势。市场潜力（MP）的参数估计在分样本估计中由东向西依次递减，这一估计结果基本符合中国对外开放的区域差异及其演进历程。外商直接投资的作用由东向西依次递增，这说明西进的 FDI 对城市经济具有更强的增长效应。国内资本对各地区经济增长影响显著为正且作用效果均较稳定。人力资本（HK）的作用不显著，说明教育投入对各地区经济增长影响不明显，各地区更快的经济增长速度则更有赖于其他要素的作用。交通条件改善仅促进了西部地区经济增长率提高，这意味着与东中部相比，加大对西部地区交通建设投资、增强区域内部各地区间的通达性将更有利于提高当地经济增长水平。各地区上一期经济规模的参数估计与全国样本估计结果一致，在此不再赘述。

分析生产性服务业集聚效应的地区差异是本部分的重点。生产性服务业专业化集聚对城市经济增长率的作用效果由东向西依次递增。这意味着生产性服务业专业化集聚对西部地区经济发展至关重要。与东部地区相比，中西部欠发达地区通过充分挖掘和利用当地比较优势，发展与其优势要素、资源和产业相适应的生产性服务业，促进生产性服务业的专业化集聚将更有利于培育和强化当地竞争优势，加快欠发达地区结构调整、实现专业化和规模化生产，促使欠发达地区经济更好更快地增长。生产性服务业多样化集聚仅对东部地区经济增长率具有显著促进作用，说明生产性服务业多样化集聚产生的技术溢出效应在经济发达、产业发展较为成熟的地区更为显著。与欠发达地区相比，经济相对发达地区由于同时具有专业化程度高且相对完善和成熟的产业部门，因而更需要门类齐全、功能多样的生产性服务业与之相适应；生产性服务业多样化集聚有利于该地区加强不同产业部门间的技术溢出效应、为产业发展提供技术支撑和多样化服务。

生产性服务业空间集聚规模（PS）的参数估计在各地区均显著为正且由东向西依次递减。这意味着生产性服务业的空间溢出效应在东部地区比在中部和西部地区更为明显，东部地区城市间的空间关联效应明显高于中西部地区。其原因可能来自以下几个方面：首先，中国东部沿海城市密集，且彼此之间联系更为密切，各城市能便捷地从邻近城市获得所需中间服务品，而西部地区由于城市分散、交通不便，城市间生产性服务业与最终经济部门的投入—产出联系不及东部地区；其次，中西部地区历来是中国重工业优先发展地区，难以有效地带动相关产业、尤其是生产性服务业的发展，进而形成产业集聚；最后，中西部地区空间协同障碍还可能与地方保护主义有关的制度因素有关。黄玖立和李坤望（2006）的研究发现，内地省区的保护主义显著影响着产业的空间布局。中西部地区显著的地方保护主义降低了以生产性服务业供给为主要内容的中间投入可得性对制造业集聚的影响，从而难以在空间上形成生产性服务业与制造业相互促进与联动的状态，降低了生产性服务业空间规模经济效应。

（三）生产性服务业集聚对经济增长影响的分位数估计

面板系统 GMM 模型分析了生产性服务业集聚（lnS、lnD 及 lnPS）对经济增长条件期望值 E(GDP | PS)、E(GDP | S) 和 E(GDP | D) 的作用，但均值回归结果难以体现生产性服务业集聚对整个条件分布的影响。本部分进一步将经济增长率分为0.10、0.25、0.50、0.75 和0.90 五个代表性分位点，在控制城市和年份固定效应情况下，采用线性规划方法进行估计（见表5-9）。

表5-9　生产性服务业集聚对经济增长率不同分位点的估计结果

变量	经济增长率分位点				
	0.10	0.25	0.50	0.75	0.90
lnN	0.0138** (2.15)	0.0149*** (2.58)	0.0207** (2.34)	0.0219* (1.92)	0.0264* (1.89)
lnw	-0.0439*** (-8.46)	-0.0496*** (-6.41)	-0.0652*** (-7.75)	-0.0557*** (-7.96)	-0.0432*** (-6.55)
lnS	0.0291** (1.96)	0.0428** (1.97)	0.0751*** (2.63)	0.0766*** (3.53)	0.0256*** (3.11)
lnD	0.0168 (0.78)	0.0076 (1.20)	0.0111* (1.71)	0.0219** (1.97)	0.0471** (2.14)
lnPS	0.0193** (2.15)	0.0237** (2.45)	0.0318*** (3.23)	0.0288** (2.40)	0.0118** (2.03)
lnMP	0.0162** (2.47)	0.0320*** (2.74)	0.0243** (2.53)	0.0212** (2.03)	0.0143*** (2.26)
lnFDI	0.0457** (2.05)	0.0560** (2.11)	0.0823*** (2.83)	0.0644** (2.19)	0.0400*** (1.98)

续表

变量	经济增长率分位点				
	0.10	0.25	0.50	0.75	0.90
lnDK	0.3372** (1.99)	0.3199** (2.45)	0.3297*** (2.04)	0.3402*** (3.40)	0.3320*** (3.11)
lnHK	0.0107* (1.89)	0.0157** (2.10)	0.0212** (2.32)	0.0111* (1.92)	0.0033 (0.91)
lnTRA	0.0128** (2.13)	0.0051* (1.68)	0.1487 (1.01)	0.0127 (1.19)	0.0368 (0.95)
$\ln y_{t-1}$	-0.4147** (-2.21)	-0.4914*** (-2.70)	-0.5441*** (-2.91)	-0.5571** (1.98)	-0.5541* (-1.91)
Cons	0.2873* (1.70)	0.2781 (1.47)	0.4107* (1.91)	0.2241 (0.93)	0.3851 (1.09)
R^2	0.4182	0.4367	0.4712	0.4577	0.4109

注：*** 表示在1%水平上显著，** 表示在5%水平上显著，* 表示在10%水平上显著，圆括号内为t统计值。

各控制变量中，产品多样化对经济增长的影响在各分位点比较稳定，均显著提高了城市的经济增长水平。劳动成本的上升对城市经济增长均有明显的抑制作用，随分位点的增加，这一影响效果表现出先增后减的倒“U”型发展趋势。市场潜力与人力资本的回归系数随着分位数增加，表现出先升后降的倒“U”型趋势，说明市场邻近性或市场的空间规模及人力资本对欠发达城市和发达城市影响都比较小，而最大受益者为中等发达城市。随分位点的提高，外商直接投资对经济增长的作用效果均表现出先增后减的趋势，说明国际资本对中等发达城市经济增长的贡献最大。国内资本对城市经济增长的边际贡献在各分位点比较稳定。而交通条件改善仅对经济增长处于10%、25%分位点的城市具有明显促进作用，而对其他分位点城市影响不显著，从而意味着交通基础设施建设对欠发达城市经济结构调整和竞争优势培育、进而经济的长期增长都具有重要的现实意义。

生产性服务业专业化集聚在经济增长率各分位点上的作用效果呈先增后减的倒“U”型发展趋势。这意味着随着经济增长水平不断提高，生产性服务业专业化集聚对经济增长的技术溢出效应具有最优阈值，超过该最优阈值的更进一步集聚将导致不经济，从而造成城市经济增长高分位点区的作用效果不断降低。结合表5-8估计结果可以推断，中国西部地区距离生产性服务业专业化集聚影响经济增长的倒“U”型拐点最近，而中部和东部地区则已处于拐点右侧，生产性服务业专业化在东中部地区已经出现集聚不经济。随着经济增长分位数增加，生产性服务业通过多样化集聚（lnD）对经济增长的作用效果在不断增强。这一结果与表5－8的部分结果类似，进一步印证了生产性服务业多样化集聚在发达地区更易于通过竞争效应对经济增长产生技术溢出效应的结论。

生产性服务业空间可得性或空间规模（lnPS）在各分位点上对经济增长的分位数回归系数随分位点的增加呈现先增后减的倒“U”型趋势，不仅进一步证明了生产性服务业空间集聚对不同经济增长阶段城市均存在积极影响，而且还说明生产性服务业空间集聚规模对中等经济增长水平城市的影响效果更大，而对其他城市经济增长的影响较小。这一结论说明经济中等发达城市与发达和欠发达城市相比，拥有与周围城市更密切的投入—产出经济关联。这类城市在空间上可能是连接发达城市与欠发达城市产业发展的过渡带，与发达城市和欠发达城市产业发展存在高度互补性，可以更便捷地获得价格低廉的中间服务品而获得更高的规模经济效益。但表5－9的结果却显示生产性服务业空间集聚规模对不同分位点城市经济增长的影响由低分位点向高分位点呈现倒“U”型趋势，而非表5－8显示的由东向西（由发达地区向欠发达地区）依次递减，这两种看似差异的结果说明，生产性服务业空间集聚规模或空间可得性对多数中西部欠发达城市经济增长的影响可能尚处于倒“U”型拐点左侧且低于东部发达地区①。这进一步说明，中国中西部生产性服务业的整体空间集聚规模依然偏低，城市间生产性服务业发展的协同性和基于上下游产业关联的空间溢出效应依然滞后于经济发展的需要。

六、小结

本章节基于外部性和新经济地理理论综合视角构建理论、计量模型和生产性服务业集聚测度，估计中国286个地级及以上城市生产性服务业集聚效应。研究发现，生产性服务业专业化和多样化集聚主要通过技术外部性作用于经济增长，且专业化集聚的影响更明显；而生产性服务业空间集聚规模则是市场外部性的来源，通过城市间投入—产出的垂直关联效应作用于经济增

① 生产性服务业空间集聚或空间可得性对东部城市经济增长的影响可能正处于倒“U”型拐点的右侧，但其影响效果均大于中部和西部地区。

长。生产性服务业专业化集聚的作用由东向西逐步递增，而多样化集聚仅对东部地区影响显著；生产性服务业空间集聚规模的影响由东向西依次递减。伴随经济增长分位数增加，生产性服务业专业化集聚和空间集聚规模对经济增长的影响均呈倒“U”型趋势，而多样化集聚的影响不断增强。

第三节　生产性服务业集聚与城市经济高质量增长

一、引言

实现中国经济高质量增长已成为中国目前及未来经济发展的方向和着力点。近20年来，中国经济总量以9.13%的平均增长率实现高速增长，使中国一跃成为世界第二大经济体，但长期依赖“高投资、高能耗、高污染”的传统工业增长路径也遗留下了诸多问题，大大降低了中国的经济增长质量。产能过剩、能源短缺、环境污染、城乡差距等问题日益加剧，制约着中国经济持续高速增长。因此，党的十九大报告指出，中国经济已由高速增长阶段转向高质量发展阶段，必须坚持质量第一、效益优先，以供给侧结构性改革为主线，推动经济发展质量变革、效率变革、动力变革。2018年政府工作报告还进一步指出，应大力推动高质量发展，促进经济结构优化升级，实现经济平稳增长和质量效益提高互促共进。那么，如何实现“稳增长”与“提质量”的双赢目标呢？

生产性服务业是从制造业内部分离出来的，以金融服务、信息服务、研发及科技服务等为主导产业，具有知识密集、技术密集、信息密集、人才密集等特点（李平等，2017）。截至2016年，中国第三产业增加值占总产值比重为51.6%，其中，生产性服务业对总产值的贡献率超过30%①。生产性服务业作为现代服务业，不仅其自身发展能够带动经济增长，而且能通过空间集聚产生的知识溢出效应、规模经济效应、要素重组效应等有效促进经济结构升级（Francois & Woerz，2008；杨玲，2017；张虎，2017）、全要素生产率提升和技术进步（顾乃华，2011；余永泽等，2016；宣烨和余永泽，2017）、缩小区域收入差距（王海宁和陈媛媛，2010；杨仁发，2013）以及

① 资料来源：《中国统计年鉴》（2017年）。

节能减排（刘胜和顾乃华，2015；韩峰和谢锐，2017），进而提升中国的经济增长质量，实现中国经济“稳增长”与“提质量”的双赢目标。然而，目前直接探讨生产性服务业集聚对经济增长质量的文献尚不多见，多数文献主要分析了 FDI（沈坤荣和傅元海，2010；随洪光，2013）、城乡收入差距（钞小静和任保平，2014）、技术进步（张杰等，2016）、金融中介（随洪光，2017）、企业投资（郝颖，2014）等对经济增长质量的影响。但生产性服务业集聚是如何作用于经济增长质量，以及作用效果如何尚不得而知。本章节通过构建生产性服务业集聚对经济增长质量的作用机制，采用 2003～2015 年我国 283 个地级及以上城市面板数据对以上机制进行空间计量分析，以期在各地区产业结构调整和产业发展中，依托生产性服务业集聚推动经济高质量发展提供有力借鉴。

二、文献综述

目前中国经济已由高速增长阶段转向高质量发展阶段，如何提升发展质量和效益成为了中国经济发展的中心议题。在研究经济增长质量的国内外文献中，多数文献集中探讨了中国经济增长质量的界定、测度和评价。对经济增长质量的测度方法主要可分为单一指标法和指标体系法。单一指标法中，增加值率与全要素生产率作为衡量经济增长质量的单一指标使用频率最高。首先，增加值率是从总体上度量一个经济体投入产出效益的综合指标，也是一个衡量经济增长质量的指标（沈利生和王恒，2006）。一些学者指出增加值率与经济增长质量直接相关。某国家或地区增加值率越高，表示生产耗费越低，因而经济增长质量越高（Shishido et al.，2000）。沈坤荣、傅元海（2010）将内资经济增长质量界定为增加值与中间投入的比值，即增加值率，并利用 1999～2007 年 29 个中国地区的面板数据，系统地探讨外商直接投资的不同溢出效应对内资经济增长质量的影响及其制约因素。其次，一些有影响的国际机构如世界银行、经合组织（OECD）等在研究经济时，经常把全要素生产率的变动作为考察经济增长质量的重要内容（郑玉歆，2007）。刘海英等（2004）以全要素生产率为经济增长质量指标，研究了人力资本均化程度与经济增长质量的关系。但以全要素生产率作为经济增长质量衡量的重要指标存在明显的局限性。现阶段全要素生产率的测算方法难以全面反映生产要素的经济效果，不能全面反映资源配置状况（郑玉歆，2007）。全要素生产率的增长并不等于技术进步。对于一个国家经济的长期可持续发展来说，重要的是技术的不断创新，而不在于全要素生产率的高低（林毅夫、任若恩，2007）。大多数学者选择通过构建经济增长质量指标体系合成经济增长质量指数，以测度中国的经济增长质量。巴罗（Barro，2002）认为，经济增长质量是一个比经济增长数量更为宽泛的概念，经济增长质量除了包括经济系统自身的增长外，还应包括健康、人口出生率、收入分配、政治制度、犯罪和宗教等维度。郭克莎（1996）从经济增长的效率、国际竞争力的高低、通货膨胀的状况及环境污染的程度四个维度评价了中国的经济增长质量。钞小静和任保平（2011）则从经济增长的结构、稳定性、福利变化与成果分配、资源利用和生态环境代价四个维度，以1978～2007年我国28个省市面板数据为样本，采用主成分分析法测度了中国的经济增长质量指数。随洪光和刘廷华（2014）从增长效率、稳定性和可持续性三个维度对不同国家的经济增长质量进行刻画，并选取1990～2009年亚太、非洲和拉美地区FDI平均流入数量分别排名前7、6、9位的国家作为样本，采用主成分分析法合成经济增长质量指标。郝颖（2014）、张杰等（2016）采用《中国经济增长质量报告（2012）》[①]中的经济增长质量评价体系，以2001～2010年30个省份的经济增长质量总指数作为中国经济增长质量的衡量指标。李强和魏巍（2016）主要通过构建包含涵盖经济结构、科学与创新、民主、资源与环境、对外开放五个维度的经济增长质量指标体系，并采用主成分分析法测算了1997～2010年我国30个省份的经济增长质量指数。

关于经济增长质量的影响因素，多数研究探讨了FDI、城乡收入差距、人力资本、金融中介以及企业投资与技术进步等因素与经济增长质量的关系。随洪光和刘廷华（2014）认为FDI有效促进了发展中东道国的经济增长质量提高，其贡献主要在于其对增长效率和可持续性的影响，但对增长稳定性的作用有限。从国内角度来看，外资企业生产本地化反应的技术转移对经济增长绩效具有正面作用；外资参与度反应的溢出效应能提高经济增长绩效，但小于技术转移产生的作用（傅元海等，2010）。随洪光（2013）在研究FDI与中国经济增长质量的关系时，还加入了国际贸易与政府因素等变量，研究发现，FDI和国际贸易对经济增长质量发挥了积极作用；政府因素有效促进了FDI的积极作用，但对国际贸易的作用不显著。钞小静和任保平（2014）认为城乡收入差距过大，会影响经济增长的基础条件、运行过程以及最终结果，从而对经济增长质量产生制约作用，并且认为人力资本投资对经济增长

① 任保平等. 中国经济增长质量报告（2012）［M］. 北京：中国经济出版社，2012.

质量提高会产生积极影响。提高人均资本的“均化”程度，会使人力资本积累量上升，从而提高经济增长的质量（刘海英等，2004）。随洪光（2017）发现金融中介发展对提升经济增长质量具有显著的积极作用，中介规模的扩张显著提升了中国经济增长的质量，在增长效率、稳定性和可持续性三条渠道中产生了强烈显著的积极作用，但钞小静和任保平（2014）却认为金融发展和产业结构对中国经济增长质量具有负面的影响。在企业投资与技术进步方面，费希尔（Fisher，2006）、查士丁尼亚诺等（Justiniano et al.，2011）认为经济增长对固定资产投资的过度依赖，将引发企业投资缩胀与经济增减波动的叠加效应，破坏经济增长的稳定性与内部调节机制，损害经济增长的质量。就中国而言，尽管企业技术投入对经济增长质量具有正向作用，但只有在经济发展水平较高的地区，技术投资对经济质量的提升效果才被显著释放（郝颖，2014）。通过增加研发与技术（R&D）投资不仅可以提高全要素生产率、转变经济增长方式、降低资源消耗率（Fukao et al.，2009），而且能激发技术要素产出效率，为资本的价值最大化寻找可持续的方向（Acemoglu & Daron，2009；Jorgenson，2001），进而对地区经济增长质量的提升产生较强的促进作用。进一步地，张杰等（2016）发现1999年后发明专利、实用新型专利和外观设计专利对各省份经济增长质量并未造成理论预期的促进效应，但扣除专利资助政策信息后的发明和实用新型专利对各省份人均真实GDP增长率和经济增长质量造成了显著的促进作用。

国内外文献主要对经济增长质量的测度与评价以及FDI、技术进步、人力资本等因素与经济增长质量的关系进行了深入研究。而生产性服务业作为带动经济增长的新动能，对提高中国经济发展质量也同样发挥着不可替代的作用，目前直接从生产性服务业集聚视角研究经济增长质量的文献尚不多见。此外，经济增长质量变化并非区域问题，还可能因为要素流动、产业结构关联、商品贸易而在不同区域之间产生联动效应。此时需考虑生产性服务业集聚对经济增长质量的空间外溢效应，但目前文献极少涉及。鉴于此，本章节将生产性服务业集聚因素融入正规空间经济或集聚经济理论的框架中，从而构建生产性服务业集聚影响经济增长质量的作用机制，采用中国2003～2015年283个地级及以上城市面板数据构建面板空间计量模型研究生产性服务业集聚对经济增长质量的影响及其空间效应。本章节可能的贡献在于：（1）直接探讨了生产性服务业集聚对经济增长质量的影响，并构建了两者间的作用机制；（2）利用SDM模型探讨了生产性服务业集聚与经济增长质量的直接效应与外溢效应，并基于三种不同的空间权重矩阵进行了多视角的综合研究；

（3）从生产性服务行业和不同等级规模城市的异质性视角对生产性服务业集聚与经济增长质量的作用机制进行了更深层次的研究。

三、生产性服务业集聚影响城市经济增长质量的理论机制与研究假设

与传统粗放式经济增长相比，经济增长质量在经济增长动能方面更侧重于人力资本投资及创新能力培养，在经济增长结构方面更侧重于产业结构调整，在经济增长成果方面更侧重于成果分享、全要素生产率提升以及节能减排。根据集聚经济和新经济地理理论，生产性服务业集聚可以通过以下七个方面对经济增长质量产生影响。

（一）生产性服务业集聚、动能转换与经济增长质量

生产性服务业以其较高的技术进步水平以及对资本要素和劳动要素较强的集聚能力，完全可以成为新常态下中国经济高质量增长的新动能。一方面，随着对生产性服务业需求的不断增加，其对促进经济长期增长的重要性不容忽视（Lundquist et al.，2008）。生产性服务业集聚能通过提升城市整体经济配置效率（Illeris & Philippe，1993），推动人口城市化（韩峰等，2014），提高地区劳动生产率（Eswaran & Kotwal，2002）等途径拉动城市经济增长。生产性服务业集聚虽然对地区工资水平作用不显著，但制造业与生产性服务业共同集聚对地区工资水平具有正向作用，能够提高地区工资水平（杨仁发，2013）。城市经济发展水平的提升以及地区工资的提高，能够促进政府部门增加教育投资，并增加中国居民个人的教育支出，从而有利于提高中国的人力资本水平，提升经济增长质量。生产性服务业通过集聚产生的劳动力“蓄水池”效应（Marshall，1890），增加了技术人员间、技术人员与非技术人员间正式与非正式合作交流的机会，通过知识溢出效应进行知识传播和技术创新，在区域内形成良好的集体学习和创新环境（Keeble & Nacham，2002）。生产性服务业企业员工通过“干中学”能够提升自身知识技术水平，从而提高了该行业整体的人力资本水平，有利于经济增长质量的提升。另一方面，生产性服务业集聚还能通过促进制造业技术进步，从而提高制造业生产效率，增加制造业产品附加值，实现制造业价值链攀升，最终提升中国经济增长质量。其一，在弱技术关联下，生产性服务业与制造业的技术研发和创新活动具有协同效应。制造业在进行技术创新和研发时，需要生产性服务业随之进行技术革新以适应新的产品和生产工艺，并利用生产性服务业的技术创新可以获

得价格优势，从而扩大研发的投入（原毅军等，2007）。其二，生产性服务业进口可以显著促进中国制造业的技术进步，其中金融服务进口贸易、研发服务进口贸易和商业服务进口贸易作用最为显著（陈启斐和刘志彪，2014）。在进口生产性服务业的同时若增加本国创新人力资本投入，不仅可以提高对国外技术溢出的吸收能力，还可以获得可持续的“二次创新”研发力量，将“分散化”技术溢出整合成具有原创性的系统知识体系，从而间接地提高本国制造业自主创新能力（董也琳，2016）。由此本章节提出如下假设。

假设 H1：生产性服务业不仅能通过促进人力资本投资的增加，提升劳动力供给质量，而且能够促进其自身与制造业的协同创新，提升制造业生产效率及产品附加值，实现新旧增长动能转换，进而提升经济增长质量。

（二）生产性服务业集聚、结构升级与经济增长质量

首先，生产性服务业的发展能够优化中国产业结构，促进中国产业主导部门从传统工业向第三产业部门转移，改变中国经济依赖要素密集型和资本密集型重工业企业的传统发展路径，提高中国经济增长的稳定性。一方面，生产性服务业内部各部门与制造业均呈现互动发展关系（高觉民和李晓慧，2011）。中国“长三角”和京津冀两大经济圈制造业与生产性服务业耦合协调度对区域制造业竞争力具有明显提升作用（杜传忠，2013），两者协同集聚对区域经济增长、专业化水平及产业优化升级有正向促进作用（陈晓峰和陈昭锋，2014）。另一方面，生产性服务业还有深化制造业价值链内的分工、降低制造业价值链内部的相关成本和促进制造业价值链内创新三大支撑作用，从而促进制造业价值链升级，提升制造业在国际分工中的地位（路红艳，2009；周鹏，2010）。生产性服务业集聚还可以通过空间外溢效应对周边地区制造业升级产生明显的促进作用（盛丰，2014）。其次，生产性服务业集聚可促进劳动报酬增加，并改善收入分配结构（江小涓，2011），促进中国居民消费率提升（汤向俊和马光辉，2016），从而优化消费投资结构，实现经济增长由“投资驱动”向“消费驱动”转变，并有效提升经济增长质量。最后，生产性服务业集聚产生的专业化供应商、服务供应商、金融机构、相关产业的厂商及其他相关机构等组成的群体，提高了产品的多样性和专业化程度（Venables，1996），其在空间上形成紧密的产业联系，还能充分发挥外部经济效应，将科技研发、品牌营销、跨国兼并等附加值导入产品中，提高了产品在国际贸易中的竞争优势和附加收益（赵靓和吴梅，2016）。高效的运输及通信服务降低了企业出口的风险和不确定性，减少了企业出口的固定成本（盛丹等，2011）。生产性服务作为投入生产的高级要素可优化制造业的

出口结构，促进出口结构升级（武力超等，2016）。制造业产品国际竞争力的提升及产品附加值的增加，能够提升中国制造业企业在国际商品市场上的获利能力，生产性服务作为制造业生产的中间投入品，能够优化企业出口结构，从而改善中国国际收支结构，实现中国经济高质量增长。由此本章节提出以下假设。

假设 H2：生产性服务业集聚能通过促进产业结构升级、优化消费投资结构、改善国际收支结构，实现整体经济结构优化升级，进而提高城市经济增长质量。

（三）生产性服务业集聚、增长效率与经济增长质量

生产性服务业集聚能够有效提升经济增长效率。一方面，生产性服务业的扩张能够促进全要素生产率的提高（Hoekman，2006）。弗朗索瓦（Francois，1990）基于服务业部门外部专门化的视角，发现生产性服务业在调控专业化生产过程中起到了重要作用，并在与制造业的互动过程中促进了制造业效率的提升。生产性服务业集聚可以通过发挥知识扩散效应、劳动力“蓄水池”效应、投入品共享和风险投资分散效应、竞争效应等，显著提升本地工业的全要素生产率（顾乃华，2011），并以其较高的技术进步水平以及对资本要素和劳动要素较强的集聚能力，进一步提升宏观经济总体全要素生产率，进而推动中国经济的可持续和高质量增长（李平等，2017）。生产性服务业的空间集聚还存在空间溢出效应，能有效提升周边地区的制造业效率（宣烨，2013；张振刚，2014；余永泽等，2016）。另一方面，生产性服务业集聚有利于改善地区投资经营环境，加强厂商间技术交流与合作，推动区域技术创新和科技进步，并通过吸纳高素质专业性人才向该地区集聚，进一步提高地区劳动生产率（Eswaran & Kotwal，2002；惠炜和韩先锋，2016）。生产性服务业集聚能够通过规模经济效应、知识溢出效应、要素重组效应、空间外溢效应等途径提升制造业全要素生产率和劳动生产率，进而实现中国经济高质量增长。

假设 H3：生产性服务业集聚有利于知识传播和技术扩散，并通过规模经济效应降低自身生产成本，并为制造业提供专业化优质服务，进而提升制造业全要素生产率和劳动生产率，从而促进经济增长质量提升。

（四）生产性服务业集聚、节能减排与经济增长质量

关于集聚效应，马歇尔（Marshall，1890）指出产业在某一区域的专业化集聚将会对周边地区产生三种外部效应：劳动力“蓄水池”效应、中间投入品的规模经济效应以及知识溢出效应。另外，雅各布斯（Jacobs，1969）指出产业间的多样化集聚，不仅能够提供支撑区域发展的多样化中间投入品，而且能够促进知识外溢、提高劳动生产率。同样地，生产性服务业集聚效应也可分为专业化集聚效应与多样化集聚效应两大类。刘胜和顾乃华（2015）认为生产性服务业的集聚发展有利于促进城市工业污染减排，具体表现在：一方面，生产性服务业 Jacobs 外部性对城市工业污染减排具有显著的技术溢出效应，产业的融合、互补与竞争有助于促进技术溢出效应进而减少城市工业污染排放；另一方面，通过生产性服务企业与制造业企业之间投入产出关联的市场外部性，生产性服务业空间集聚规模可以作用于城市工业污染减排。进一步地，韩峰和谢锐（2017）测度了生产性服务业专业化集聚和多样化集聚对碳排放的空间溢出效应的有效边界。该范围内，低端服务业的专业化和多样化集聚在多数情况下显著提升了周边城市碳排放，而金融业专业化集聚、科学研究和技术服务业多样化集聚以及环境治理与公共设施管理业的专业化和多样化集聚对本市或周边城市产生了明显的碳减排效应。生产性服务业集聚不仅能够将节能减排的先进生产技术运用于制造业生产中，从而降低碳排放；还能通过促进制造业转型升级，改善制造业能源利用结构，提高制造业的能源利用效率，从而达到节能减排的目的，提高中国经济增长的可持续性。由此本章节提出以下假设。

假设 H4：生产性服务业集聚可以通过多样化集聚效应与专业化集聚效应，将节能减排的先进技术运用于制造业生产过程，并通过促进制造业转型升级，改善能源利用结构，提高能源利用效率，从而达到节能减排目的，提高城市经济增长质量。

（五）生产性服务业集聚、成果分享与经济增长质量

其一，制造业或生产性服务业规模报酬递增的地方化特性可加快由工业化带动的城市化步伐（范剑勇，2006），在城市化进程中，大量转移的农村剩余劳动力能够获得更多就业机会和可观的劳动报酬，有利于缩小城乡收入差距。产业集聚带来的劳动力市场的不断成熟、工人熟练程度的不断提高以及对劳动力需求的增加能够提高居民工资水平（王海宁和陈媛媛，2010），从而实现经济发展成果共享。其二，制造业与生产性服务业共同集聚对地区工资水平具有正向作用。在制造业与生产性服务业共同集聚水平较高的地区，技术外溢效应作用效果更为显著，制造业价值链得到明显提升，大大降低了要素成本和交易成本，从而提高了地区劳动生产率，进而提高地区工资水平（王海宁和陈媛媛，2010；杨仁发，2013）。由此本章节提出以下假设。

假设 H5：生产性服务业集聚可通过推动人口城市化，缩小城乡收入差距，以及与制造业协同集聚，促进知识溢出与技术进步，提高劳动生产率及地区工资水平等途径实现经济发展成果的普惠性与均等化，有效提升经济增长质量。

（六）生产性服务业类型、城市规模与经济增长质量

生产性服务业集聚对经济增长质量的影响还与生产性服务业所属类型、城市规模有关。生产性服务业集聚对制造业生产率的影响效应受限于行业特征、地区差异和城市规模等约束条件（于斌斌，2017）。柯善咨和赵曜（2014）认为生产性服务业—制造业部门结构对城市人均产出的影响取决于城市规模，低于门槛规模的城市无法使上下游关联的诸多产业同时实现集聚经济，服务业比例的增长不利于提高经济效率。跨越了门槛规模的城市可以从制造业向生产性服务业转型中以及从高端生产性服务业与大城市的知识溢出效应及更好地上下游关联产业匹配中提高效率，平均规模的城市生产性服务业—制造业结构比例提高会带来人均产出的增长。城市经济总量越大，集聚效益越显著。低端生产性服务业集聚对城市经济效率的影响在总体上并不显著，随经济体量的扩大呈现倒“U”型变化（张浩然，2015）。同时，宣烨和余永泽（2017）认为低端生产性服务业空间集聚相对于高端生产性服务业空间集聚对工业企业生产率的作用更加明显，但两者都显著提升了工业企业全要素生产率。由于中低端生产性服务业主要服务对象为劳动密集型和资本密集型制造业，而高端生产性服务业则主要为技术密集型或高端制造业提供服务（席强敏等，2015），生产性服务业的行业异质性会对制造业生产效率产生重要影响，高端生产性服务业集聚能够为制造业提供更高水平的中间服务投入，更有利于制造业生产效率提升。另外，生产性服务业集聚与城市规模是否匹配，同样会影响城市经济效率。大城市发展生产性服务业，改善了结构的不平衡，通过前后向关联提升城市生产率，而小城市发展生产性服务业却造成产业结构和需求结构不平衡，资源和要素过度集中于低生产率的服务业，反而降低城市生产率（金晓雨，2015），从而影响经济增长质量。由此本章节提出以下假设。

假设 H6：生产性服务业集聚对城市经济增长质量的影响受到行业异质性、城市规模的约束。相比于低端生产性服务业集聚，高端生产性服务业集聚更有利于提高经济增长质量。而生产性服务业集聚与城市规模是否匹配也直接影响生产性服务业集聚对城市经济增长质量的作用效果。

（七）生产性服务业集聚、空间溢出与经济增长质量

克鲁格曼（Krugman，1991）认为本地区要素的溢出效应不会因为地理或行政边界而只作用于初始溢出地。生产性服务业集聚可能通过要素流动效应、产业关联效应、示范模仿效应三条途径产生空间溢出，从而对邻近地区经济增长质量产生影响。第一，生产性服务业作为一种典型的知识和技术密集型行业，聚集了大量优质生产资源，较易产生学习效应（Banga，2005）。随着生产性服务业进一步发展，集聚程度进一步提高，技术人员间的交流与沟通和劳动力流动不再局限于本地区范围内，跨越行政边界的劳动力流动日益频繁，先进的生产技术和与研发创新有关的信息作为劳动力的附属品伴随劳动力流动而产生空间溢出，因此，要素的区际流动为区域间的知识技术溢出提供通道，对邻近地区经济增长质量产生空间外溢效应；第二，产业关联通过制造业和生产性服务业上下游关系促进了第二、第三产业共同集聚的实现（陈国亮和陈剑锋，2012），两者的协同集聚对区域经济增长、专业化水平及产业优化升级均有正向促进作用（陈晓峰和陈昭锋，2014），此外，协同集聚还具有空间溢出效应和空间反馈机制（宣烨，2013；张虎，2017），并且这种空间外溢效应会存在具有空间衰减特征的地理边界，省界对空间外溢效应的发挥具有一定的阻碍作用（韩峰等，2014；余永泽等，2016）。生产性服务业通过产业内关联与产业间关联（主要指与制造业协同集聚）与邻近地区产生经济贸易联系，逐渐形成产业结构互补，行业联动发展的新态势，有利于生产性服务业集聚产生空间溢出效应。第三，经济增长质量本身就具有明显的外部性特征。本地区的经济增长质量水平会通过“示范效应”将信号传递至邻近地区，在区域竞争与政治晋升的压力下，邻近地区将会保持与该地区经济增长质量水平趋同甚至赶超的态势，常常会形成“高质量—高质量”地区、“低质量—低质量”地区集聚的两极分化局面。由此本章节提出以下假设。

假设 H7：生产性服务业集聚可通过空间外溢效应作用于邻近地区经济增长质量。

四、计量模型、变量测度与数据说明

（一）空间计量模型设定

经济增长质量是评价地区经济发展水平的综合指标，随着商品贸易的发展及交通运输条件的不断完善，地区之间的经济联系日益密切，因此城市经济增长质量可能在空间上存在较为明显的关联效应。另外，我们在计量模型设置中也遗漏了诸如制度环境、区位条件、产业政策等变量，而这些不可观测遗漏变量也可能对城市经济增长质量产生影响并导致空间依赖性。因此，忽视空间关联效应的计量模型会导致估计结果的有偏与不一致，本部分通过构建空间计量模型来分析城市经济增长质量与生产性服务业集聚的空间关联效应。具体模型如下：

$$\ln JJZL_{it} = \alpha + \rho\sum_{j=1,j\neq i}^{N} w_{ij}\ln JJZL_{it} + X_{it}\beta + \sum_{j=1}^{N} w_{ij}X_{ijt}\theta + \mu_i + \nu_t + \varepsilon_{it}$$

$$\varepsilon_{it} = \psi\sum_{j=1,j\neq i}^{N} w_{ij}\varepsilon_{jt} + \mu_{it} \tag{5.27}$$

其中，ε_{it}为残差；μ_i、ν_t 分别表示地区效应、时间效应；ρ 和 ψ 分别为空间自回归系数和空间误差系数；w_{ij}代表空间权重矩阵；X_{ijt}为包含生产性服务业集聚指标在内的所有解释变量的集合。式（5.27）为包含所有类型交互效应的一般嵌套空间模型（GNS）。

由于空间计量分析中存在三类不同的空间交互效应，即内生交互效应、外生交互效应与误差项间的交互效应，因而衍生出空间自回归模型（SAR）、空间误差模型（SEM）、空间杜宾模型（SDM）、广义空间自回归模型（SAC）、空间杜宾误差模型（SDEM）和空间滞后解释变量模型（SLX）等空间计量模型，本书的研究重点在于生产性服务业集聚对城市经济增长质量的空间溢出效应，故将重点选用 SAR、SDM、SLX 模型进行实证研究，并通过各种检验方法判定最优估计模型。

（二）变量测度与数据说明

本书选取 2003 ~ 2015 年中国 283 个地级及以上城市为数据样本，考虑数据的可获性及一致性，本章节剔除了拉萨、三沙、海东、巢湖、陇南和中卫 6 个城市，部分城市缺失数据采用均值法与平滑法予以补齐。本章节数据主要来源于 2004 ~ 2016 年《中国城市统计年鉴》《中国区域统计年鉴》。下面具体说明相关变量与指标的界定与测度方法。

1. 被解释变量

城市经济增长质量指数（JJZL）。由于城市经济增长质量具有十分丰富的内涵，不是某个单一指标能予以反映与度量的，本章节将从经济增长动能、经济增长结构和经济增长成果三个方面构建经济增长质量指标体系。同时，本章节参考钞小静和任保平（2011）的研究，将经济增长质量指标体系进行进一步完善。具体指标内容如表 5 - 10 所示。考虑到本章节后面的计量模型中所使用的解释变量均为正项指标或适度指标，故须对该指标体系中的逆指标取倒数，保持适度指标与正指标不变。为克服不可通度性问题，本章节选用均值化法对所有指标进行无量纲处理。最后分年份采用主成分分析法，选定特征值大于1的成分为主成分，以各主成分的方差贡献率为权重进行线性加权，最终得到城市经济增长质量指数。

表5－10　　中国城市经济增长质量指标体系

分类指标	次级指标	基础指标	计量单位	指标属性		
				正指标	适度指标	逆指标
经济增长动能	人力资本	高等教育人口比重	%	√		
		教育支出/财政支出	%	√		
	创新能力	研发支出占GDP比重	%	√		
经济增长结构	产业结构	第三产业产值/第二产业产值	—	√		
		结构偏离的泰尔指数	—			√
	消费投资结构	消费率	%		√	
		投资率	%		√	
	金融结构	金融机构存贷款余额/GDP	%	√		
	国际收支结构	进出口总额/GDP	%	√		
经济增长成果	增长效率	全要素生产率	%	√		
		资本生产率	%	√		
		劳动生产率	%	√		
	资源消耗	单位产出能耗比	%			√
	环境污染	单位产出大气污染程度	吨/万元			√
		单位产出污水排放数	吨/元			√
		单位产出固体废弃物排放数	吨/万元			√
	成果分享	公共服务供给水平	—	√		
		职工平均工资	元	√		

在构建的经济增长质量指标体系中需要复杂计算的基础指标主要有结构偏离的泰尔指数、全要素生产率及公共服务供给水平，下面对这三项指标予以说明：

（1）结构偏离的泰尔指数（Indrt）。泰尔指数是利用信息论中的熵概念来衡量个人之间或地区之间收入差距的指标，也是一个很好的度量产业结构合理性的指标（干春晖等，2011）。因此本章节借鉴干春晖等的处理方法，构建衡量产业结构偏离程度的泰尔指数，具体计算方法如下：

$$Indrt = \sum_{j}^{n} (Q_{jt}/Q)\ln[(Q_{jt}/L_{jt})/(Q_t/L_t)] \quad (5.28)$$

其中，Q_{jt}为第 j 产业 t 时期的总产值，L_{jt}为第 j 产业 t 时期的就业人数，由于市辖区第一产业就业人数数据的大量缺失，这里使用全市各行业就业人数替代市辖区数据，计算得到该指标。

（2）全要素生产率（TFP）。本章节使用索洛余值法测度全要素生产率，由 C-D 函数可知：

$$Y_i = AK_{it}^{\alpha}L_{it}^{\beta} \quad (5.29)$$

其中，A 为技术进步率，可近似为全要素生产率，则全要素生产率（TFP_{it}）的分解方程为：

$$TFP_{it} = \exp(\ln GDP_{it} - \ln L_{it} - \ln K_{it}) \quad (5.30)$$

其中，GDP_{it}为城市 i 经价格调整后的生产总值，L_{it}为劳动力从业人数，K_{it}为资本存量。

（3）公共服务供给水平。借鉴武力超等（2014）的研究方法，从医疗卫生类公共服务、教育类公共服务、环境保护类公共服务、能源基础设施类公共服务和交通运输类公共服务 5 个维度构建公共服务供给指标评价体系，采用主成分分析法对各个地级市的公共服务整体水平进行测算，得到公共服务供给指标。

2. 核心解释变量

生产性服务业集聚指标（LQ）。区位熵可以用来衡量某一区域要素的空间分布情况，反映某一产业部门的专业化程度。故本章节选用区位熵来衡量生产性服务业集聚水平，其计算公式为：

$$LQ_i = \frac{E_{is}/\sum_{i}^{n} E_{is}}{E_i/\sum_{i}^{n} E_i} \quad (5.31)$$

其中，E_{is}表示城市 i 生产性服务行业 s 的单位从业人数，E_i表示城市 i 全部单位从业人员数。

3. 其他控制变量

劳动力供给（L）以城市 i 市辖区年末单位从业人员数表示。资本存量（K）与外商直接投资（FDI）均采用永续盘存法计算，参考柯善咨和向娟（2012）的研究，永续盘存法的计算公式为 $K_{it} = K_{i(t-1)}(1-\delta) + I_{it}$，其中，$\delta$

为固定资产折旧率，参照以往研究经验，本章节取 $\delta = 5\%$；设固定资产建设周期为3年，则城市i第t年新增固定资产投资为 $I_{it} = [I_{it} + I_{i(t-1)} + I_{i(t-2)}]/3$；初始资本存量 $K_{i0} = I_{i0} \times \sum_{t=0}^{n} \left(\frac{1-\delta}{1-g_i}\right)^t$，$g_i$ 为固定资本投资 I_i 的平均增长率，资本折旧采用几何递减法。FDI存量的计算，应先采用当年平均外汇汇率将以美元计价的FDI流入折算为人民币数值，然后采用永续盘存法计算得到该指标。城市规模（POP）以城市i市辖区年末总人口数衡量。政府干预（Igov）以城市财政收入占市辖区GDP比重表示。表5－11是中国地级及以上城市经济质量、生产性服务业集聚及其他变量的描述性统计结果。

表5－11 中国地级及以上城市经济质量、生产性服务集聚及其他变量的描述性统计结果

变量	均值	标准差	最小值	最大值
经济质量（JJZL）	2.1241	0.8112	1.2887	19.7091
生产性服务业集聚（LQ）	0.9366	1.8298	0.0304	98.9646
劳动力供给（L，万人）	51.8476	105.2503	1.3900	1729.0757
资本存量（K，万元）	20094465.9833	41813148.8950	231584.8071	488269275.5228
城市规模（POP，万人）	136.8220	177.8887	14.0800	3190.0000
政府干预（Igov,%）	8.6782	4.5512	0.4648	47.7808
外商直接投资（FDI，万元）	1971980.1265	5921322.6370	0.0000	79721306.4441

五、空间计量检验及结果分析

（一）空间权重矩阵与中国经济增长质量的空间相关性分析

构造适合的空间权重矩阵能够充分刻画空间单元之间的相互关联程度。由于“0～1”邻接矩阵仅基于空间单元间是否相邻来表征不同区域观测数据集的相互关系，“1”表示相邻，“0”为不相邻，因而无法反映地理上相互接近但并非相连的空间单元间的空间影响，也不能完全体现各空间单元间经济上的相互作用。因此，本章节选用城市间地理距离的倒数建立地理距离权重矩阵（W_d），可设定为：

$$W_d = 1/d_{ij}, i \neq j \tag{5.32}$$

其中，d_{ij} 为利用经纬度数据计算的城市距离。地理距离矩阵度量了空间单元地理位置上的邻近性，往往在地理上越接近的城市其经济联系也越紧密。

为检验中国城市经济增长质量是否存在空间自相关性，本章节采用 Moran's I 指数进行实证检验。莫兰指数的公式和测度方法见第二章第二节。表 5-12 报告了地理距离矩阵下的中国城市经济增长质量的截面 Moran's I 值。从表 5-12 中可以看出，在地理距离权重矩阵下，中国城市经济增长质量的截面 Moran's I 值基本在 1% 的水平下通过检验，且表现为正相关关系。同时，本章节还估计了面板数据的全局 Moran's I 值，结果显示，中国城市经济增长质量的 Moran's I 值为 0.59，且在 1% 的显著性水平上通过检验，这说明经济增长质量较高的城市周边也同样聚集着大量经济增长质量较高的城市，与截面数据的 Moran's I 检验结果相符。

表 5-12　地理距离矩阵下中国城市经济增长质量的截面 Moran's I 值

年份	Moran's I 值	统计值	P-value	年份	Moran's I 值	统计值	P-value
2003	0.0024	1.16	0.2452	2010	0.0158	3.48	0.0005
2004	0.0787	14.48	0.0000	2011	0.0224	4.67	0.0000
2005	0.0419	8.07	0.0000	2012	0.0142	3.27	0.0011
2006	0.0640	11.93	0.0000	2013	0.0082	2.20	0.0282
2007	0.0048	1.62	0.1048	2014	0.0023	1.16	0.2440
2008	0.0263	5.40	0.0000	2015	-0.0001	0.74	0.4565
2009	0.0157	3.51	0.0005				

（二）空间计量估计策略选择

根据埃尔霍斯特（Elhorst，2014）的检验思路，并借鉴韩峰等（2017）的检验方法，采用“具体到一般”和“一般到具体”相结合的方法对空间计量模型进行检验。第一，遵循“具体”到“一般”的检验思路，进行拉格朗日乘数法（LM）检验，其目的在于判别应选择 SAR 模型或 SEM 模型；第二，遵循“一般”到“具体”的检验思路来估计 SDM 模型，并利用似然比（LR-test）检验法判断 SDM 模型是否存在空间固定效应、时间固定效应或时空双重固定效应；第三，进行 SDM 模型的 Hausman 检验，进一步判断面板 SDM 模型是否采用固定效应或者随机效应估计方法；第四，利用 Wald 检验或 LR 检验法，判定 SDM 模型是否能弱化为 SAR 模型或 SEM 模型。表 5-13 报告了采用地理距离权重矩阵下的空间计量检验结果。

表 5 - 13　地理距离权重矩阵下的空间计量检验结果

检验内容	检验方法	检验结果	
		统计值	伴随概率
SAR 模型与 SEM 模型检验	LM-lag 检验	65726. 1729	0. 0000
	R-LM-lag 检验	33. 5415	0. 0000
	LM-err 检验	74557. 4631	0. 0000
	R-LM-err 检验	8864. 8318	0. 0000
SDM 模型的固定效应检验	SFE-LR 检验	2616. 1529	0. 0000
	TFE-LR 检验	130. 0580	0. 0000
	STFE-LR 检验	2665. 8307	0. 0000
SDM 模型的 Hausman 检验	Hausman 检验	45. 0169	0. 0000
SDM 模型的简化检验	Wald-lag 检验	90. 8864	0. 0000
	LR-lag 检验	89. 3951	0. 0000
	Wald-err 检验	94. 6783	0. 0000
	LR-err 检验	94. 9642	0. 0000

由表 5 - 13 可知，第一，LM 检验结果显示，LM-lag 检验、R-LM-lag 检验、LM-err 检验、R-LM-err 检验均在 1% 的显著性水平上通过了检验，说明 SAR 模型与 SEM 模型均适用。第二，由于非空间效应模型被拒绝，且可能存在空间或时间固定效应，因此需进行 SDM 模型的固定效应检验，结果显示，该模型在 1% 的显著性水平上同时拒绝了“不存在空间固定效应”和“不存在时间固定效应”的原假设，故应优先选用时空双重固定效应的 SDM 模型。第三，进行 Hausman 检验，结果表明应采用固定效应的 SDM 模型。第四，进行 SDM 模型的简化检验，Wald 检验与 LR 检验同时在 1% 的显著性水平上拒绝了“可弱化为 SAR 模型或 SEM 模型”的原假设，故不可简化为 SAR 模型或 SEM 模型，而应采用 SDM 模型。鉴于以上检验结果，本章节选用时空双重固定效应的 SDM 模型进行空间计量估计①，为了比较和检验各变量参数估计的稳健性，本章节还分别列出了时空双重固定效应的 OLS、SAR、SEM、SLX 模型的估计结果。

（三）空间计量估计结果

1. 基准空间计量估计结果

本书以地理距离矩阵为空间权重矩阵，分别采用 SAR、SEM、SDM、OLS

① 通过实际计量估计后发现，时间固定效应的 SDM 模型结果更理想，且以上检验并未拒绝时间固定效应的 SDM 模型，因此，本章节实际选择时间固定效应的 SDM 模型进行空间计量分析。

模型进行估计，表5-14报告了地理距离矩阵下SAR、SEM、SDM、OLS模型的估计结果。由表5-14可知，SAR、SEM、SDM模型的空间自回归系数（ρ）均显著为正，说明模型中被解释变量与各解释变量间存在明显的空间交互效应。其中，SDM模型的空间自回归系数（ρ）显著为正，不仅说明被解释变量与解释变量间存在明显的外生交互效应，还说明各地区被解释变量间存在明显的内生交互效应。

表5-14　生产性服务业集聚与城市经济增长质量的空间效应估计结果

变量	SAR	SEM	SDM	OLS
lnLQ	0.0220*** (3.82)	0.0229*** (-3.95)	0.0241*** (-4.14)	0.0233*** (2.57)
lnL	0.0663*** (9.68)	0.0652*** (-9.33)	0.0594*** (-8.42)	0.0575*** (5.23)
lnK	-0.0077 (-1.27)	-0.0064 (-1.02)	-0.0088 (-1.35)	-0.0073 (-0.74)
lnFDI	0.0003 (0.35)	0.0002 (0.33)	0.0000 (-0.05)	-0.0005 (-0.32)
lnPOP	-0.0270*** (-4.73)	-0.0264*** (-4.48)	-0.0194*** (-3.23)	-0.0146 (-1.57)
lnIgov	0.0104* (1.90)	0.0143** (2.54)	0.0167*** (2.91)	0.0109 (1.23)
ρ	0.8440*** (29.04)	0.8430*** (28.41)	0.7750*** (18.73)	
W×lnLQ			-0.3807*** (-4.78)	-0.0858 (-0.84)
W×lnL			-0.1275* (-1.78)	0.1886*** (6.92)
W×lnK			0.2009*** (3.59)	-0.1523*** (-6.47)
W×lnFDI			0.0385*** (4.52)	-0.0050 (-0.41)
W×lnPOP			-0.2390*** (-4.13)	-0.5175*** (-6.13)

续表

变量	SAR	SEM	SDM	OLS
W × lnIgov			−0.3234*** (−5.50)	0.1448*** (4.01)
Intercept				4.3704*** (11.48)
log-lik	1781.1048	1778.3233	1825.7939	
R^2	0.6182	0.5964	0.6263	0.0828

注：***、** 和 * 分别表示在 1%、5% 和 10% 的水平上显著。

虽然从表 5－14 中可以看出，生产性服务业集聚（lnLQ）对城市经济增长质量（lnJJZL）的估计系数为正，且均在 1% 的显著性水平上通过了检验。SDM 模型中，生产性服务业集聚的空间滞后项（W × lnLQ）的估计系数显著为正，但这并不能解释生产性服务业集聚对城市经济增长质量的边际影响。莱萨奇和佩斯（LeSage & Pace，2009）指出，通过简单的点估计结果分析地区间与地区内的溢出效应将得出错误的结论。他们提出使用变量变化的偏微分解释，即使用直接效应来解释某地区自变量对该地区因变量的影响，使用间接效应来解释某地区自变量对其他地区因变量的影响。本章节依据莱萨奇和佩斯（LeSage & Pace）的方法，进一步估算了地理距离矩阵下 SDM 模型的直接效应与间接效应，表 5－15 报告了该估计结果。

表 5－15　生产性服务业集聚对城市经济增长质量的直接效应与间接效应

变量	直接效应		间接效应		总效应	
	系数	t 值	系数	t 值	系数	t 值
lnLQ	0.0179***	2.93	−1.6492***	−3.33	−1.6313***	−3.28
lnL	0.0581***	8.30	−0.3916	−1.20	−0.3336	−1.02
lnK	−0.0055	−0.87	0.8984***	2.97	0.8929***	2.95
lnFDI	0.0006	0.50	0.1768***	3.55	0.1774***	3.56
lnPOP	−0.0237***	−3.95	−1.1594***	−3.56	−1.1831***	−3.64
lnIgov	0.0115**	2.04	−1.4172***	−3.90	−1.4057***	−3.87

注：***、** 和 * 分别表示在 1%、5% 和 10% 的水平上显著。

首先分析控制变量的参数估计。劳动力供给数量（lnL）增加能够提升本地区的经济增长质量，但对邻近地区的影响不显著，原因可能在于：第一，劳动力供给数量增加，能够降低劳动力成本，增加各行业尤其是劳动力密集型行业企业利润，带动城市经济增长，提升城市经济增长质量；第二，城市劳动力供给数量的增加主要源于大量农村剩余劳动力向城市转移，这有利于缩小城乡收入差距，实现经济发展成果共享，有利于提升中国城市经济增长质量。而目前中国农村仍存在大量剩余劳动力，本地区劳动力供给数量增加并不会减少邻近地区的劳动力供给，且增加的劳动力供给主要流向位于制造业价值链低端的劳动力密集型行业，这些行业生产技术含量较低，具有明显的本地化特征，很难通过技术外溢效应、规模经济效应与邻近地区形成产业联动，因此，劳动力供给数量对邻近地区经济增长质量的影响并不显著。国内资本投资（lnK）对本地区经济增长质量影响不显著，但能促进邻近地区经济增长质量的提升，说明国内资本仍主要投向基础工业、重化工业等资本密集型行业，而目前中国以钢铁、煤炭、化工行业等为代表的资本密集型行业存在严重的产能过剩现象，增加投资只会加剧中国供给结构失衡，因此，增加国内资本投资并不能显著提升本地区城市经济增长质量。流向非产能过剩行业如高端制造业、生产性服务业等的国内资本投资能够促进该行业中企业产生知识技术溢出，或与邻近地区进行更密切的经济贸易往来，有利于实现邻近地区经济增长质量的提升。外商直接投资（lnFDI）能显著提升邻近地区经济增长质量，却对本地区作用不显著。其原因可能在于，其一，目前许多外资企业为保护其核心生产技术，采用核心中间投入品直接从海外进口等方式，使得中国员工在外资企业本地化生产过程中无法接触到产品生产的核心技术，而只是从事简单机械式生产。其二，FDI 溢出更多的是某个环节中间产品（非完整的产品生产流程）生产技术，本地企业无法获得产品完整流程的生产技术（沈坤荣和傅元海，2010）。本地企业为保持其在商品市场上的竞争力，只能从国外引进先进的生产技术或直接进口高端中间投入品，从而降低了企业的投入产出率，不利于本地区经济增长质量提升。FDI 增加虽然未能提高本地区经济增长质量，但最终会迫使本地企业生产出具有高技术含量的产品，为邻近地区的企业或居民提供高质量的中间投入品或最终消费品，大大降低邻近地区从国外进口产品的成本，提高了邻近地区企业的投入产出率，因此有利于邻近地区经济增长质量的提升。城市规模（lnPOP）的直接效应和间接效应均为负，意味着城市规模扩张均不利于本地区与邻近地区经济增长质量提升。城市规模不断扩张可能导致“城市病”，引发环境恶化、交通拥堵、住房紧张、就业困难等一系列问题，不利于经济的可持续发展，也不利于本地区经济的高质量增长。本地区城市规模的扩张会吸纳和占用邻近地区的部分经济和社会资源，因而不利于邻近地区经济增长质量的提高。政府干预（lnIgov）有利于本地区经济增长质量提升，但对邻近地区的影响显著为负，说明地方政府为了保护本地区经济发展，常常采取一些“损人利己”的政策措施，行政干预市场行为，引导社会资源向最有利于本地区发展的方向配置，忽视区域之间的经济联系与协同发展，大大降低了资源配置效率。

其次分析生产性服务业集聚对城市经济增长质量的影响。表5－15中的结果表明，生产性服务业集聚能够促进本地区经济增长质量提升，但不利于邻近地区经济高质量增长。这说明本地区生产性服务业集聚能够通过知识溢出效应、规模经济效应、要素重组效应等提升本地区经济增长质量。生产性服务业集聚的空间溢出效应显著为负，说明本地区的生产性服务业集聚阻碍了邻近地区经济增长质量的提升，原因可能在于，地方保护主义为保护本地区产业发展而向邻近地区设置经济壁垒，加大了区域间的交易成本，阻碍了本地区生产性服务业与邻近地区相关产业间形成空间产业联动。另外，本地区生产性服务业的发展经验易通过“示范效应”进行空间传导，导致邻近地区政府部门盲从效仿，进而加剧了邻近地区生产性服务行业内部的低水平重复建设以及生产性服务业与制造业发展间的错配现象，反而制约了当地经济增长质量的提升。余永泽等（2016）认为目前大量生产性服务业尤其是高端生产性服务业往往集聚于省会城市，因此生产性服务业集聚的空间溢出也主要表现为省内溢出。出于巩固地位及平衡区域差距的政策性目的，政府对资源分配的控制往往会阻碍本地生产性服务业服务于其他省份的制造业企业。这样会弱化区域间第二、第三产业共同集聚的形成，削弱本地区生产性服务业集聚所产生的辐射作用，同时也阻碍了邻近地区制造业生产效率的提升（陈国亮和陈建军，2012）。顾乃华（2010）认为中国城市之间生产性服务业发展缺乏有效的区域分工和协作机制，同省份所辖城市间存在比较严重的生产性服务业重复发展和结构趋同，对工业的外溢效应存在负作用。韩峰和谢锐（2017）指出生产性服务业专业化集聚在各城市中存在不同程度的错配问题，从而导致其对周边城市碳排放具有放大效应。可见，对生产性服务业的行政干预较易导致生产性服务行业内部的低水平重复建设及资源错配问题，进而使得本地区的生产性服务业集聚对邻近地区经济的高质量增长产生了抑制作用。

2. 机制检验

本章节研究结果表明，生产性服务业集聚能够对本地区经济增长质量产生显著的促进作用，却明显抑制了邻近地区经济增长质量的提升。结合本章节的理论分析和研究假设，本部分进一步从动能转换、结构升级、增长效率、节能减排和成果分享五个方面进行机制检验，分别探究生产性服务业集聚对经济增长质量综合指标中各组成要素的具体影响。在加入劳动供给、资本存量、外商直接投资、城市规模、外商直接投资等控制变量后，采用 SDM 模型对生产性服务业集聚与城市经济增长质量的各项机制进行空间计量估计。由于城市经济增长质量指标构建和测度中本身包含了动能转换、结构升级、增长效率、节能减排和成果分享五方面内容，因而生产性服务业集聚引起这些因素的变化也必然导致经济增长质量的同向变化。表 5－16 报告了生产性服务业集聚对各中介变量的直接效应与空间溢出效应。

表 5－16　生产性服务业集聚对各中介变量的直接效应与间接效应

	变量	动能转换	结构升级	增长效率	节能减排	成果分享
直接效应	lnLQ	0.1937*** (14.26)	0.4046*** (23.17)	0.0014* (1.78)	－0.2756*** (－7.04)	0.0303*** (3.51)
	lnL	0.2071*** (13.21)	0.1133*** (5.28)	－0.0073*** (－7.25)	－0.3187*** (－7.76)	－0.0154*** (－1.62)
	lnK	0.1427*** (9.56)	－0.3036*** (－15.77)	0.0059*** (6.45)	0.2507*** (6.71)	0.2078*** (25.07)
	lnFDI	0.0113*** (5.57)	0.0114*** (4.27)	0.0001 (0.87)	－0.0072 (－1.26)	－0.0087*** (－7.23)
	lnPOP	－0.3382*** (－26.49)	0.2794*** (15.97)	0.0027*** (3.09)	－0.2529*** (－7.81)	－0.0992*** (－12.62)
	lnIgov	0.0237* (1.89)	0.0970*** (5.59)	0.0021*** (2.65)	0.0740** (2.24)	0.0366*** (4.91)
间接效应	lnLQ	3.2219*** (3.22)	－0.5503*** (－1.00)	0.0329 (1.27)	23.0355*** (4.06)	0.7056 (0.55)
	lnL	2.7927*** (3.22)	0.6010 (1.25)	0.0419* (1.75)	2.3761 (0.88)	－3.2020*** (－2.62)
	lnK	－5.9063*** (－5.21)	1.4709** (3.28)	－0.0247 (－1.32)	－1.4667 (－0.70)	2.9855*** (2.97)
	lnFDI	0.0882 (1.00)	－0.0305 (－0.53)	－0.0060** (－2.14)	－2.5020*** (－4.35)	0.4128*** (2.77)
	lnPOP	2.1118*** (3.19)	－4.5876*** (－5.40)	－0.0093 (－0.54)	－3.6802 (－1.57)	1.7931** (1.95)
	lnIgov	3.0888*** (3.87)	－0.5555 (－1.32)	－0.0141 (－0.78)	5.4507** (2.25)	－3.0649*** (－2.96)

注：括号中数值为 t 统计值。***、** 和 * 分别表示在 1%、5% 和 10% 的水平上显著。

从表5-16中可以看出，在动能转换方面，生产性服务业集聚的直接效应与间接效应均显著为正，且均在1%的水平上通过检验，说明生产性服务业集聚能够促进本地区与邻近地区的增长动能向人力资本提升与技术创新转变，从而实现各地区经济增长动能转换升级。在结构升级方面，生产性服务业集聚的直接效应显著为正，间接效应显著为负，说明生产性服务业集聚能够促进本地区产业结构优化升级，而对邻近地区的产业结构升级产生了明显的抑制作用。在增长效率方面，生产性服务业集聚的直接效应为正，间接效应未通过显著性检验，说明生产性服务业集聚对本地区经济增长效率的提升产生了积极作用，但未显著影响到邻近地区的增长效率。在节能减排方面，生产性服务业集聚的直接效应为负，间接效应为正，且均在1%的水平上通过了显著性检验，说明生产性服务业集聚能够有效改善本地区的环境污染状况，却加剧了邻近地区的环境污染。在成果分享方面，生产性服务业集聚的直接效应在1%的水平上显著为正，间接效应未通过显著性检验，说明生产性服务业集聚有利于实现本地区的经济发展成果共享，而对邻近地区无显著影响。而生产性服务业集聚对本市和周边城市经济增长质量的影响正是其对以上五个方面作用机制影响的整体反映。以上估计结果进一步说明，生产性服务业集聚能够通过动能转换、结构升级、增长效率、节能减排和成果共享等机制作用于城市经济增长质量。从表5-16中可以看出，在动能转换方面，生产性服务业集聚的直接效应与间接效应均显著为正，且均在1%的水平上通过检验，说明生产性服务业集聚能够促进本地区与邻近地区的增长动能向人力资本提升与技术创新转变，从而实现各地区经济增长动能转换升级。在结构升级方面，生产性服务业集聚的直接效应显著为正，间接效应显著为负，说明生产性服务业集聚能够促进本地区产业结构优化升级，而对邻近地区的产业结构升级产生了明显的抑制作用。在增长效率方面，生产性服务业集聚的直接效应为正，间接效应未通过显著性检验，说明生产性服务业集聚对本地区经济增长效率的提升产生了积极作用，但未显著影响到邻近地区的增长效率。在节能减排方面，生产性服务业集聚的直接效应为负，间接效应为正，且均在1%的水平上通过了显著性检验，说明生产性服务业集聚能够有效改善本地区的环境污染状况，却加剧了邻近地区的环境污染。在成果分享方面，生产性服务业集聚的直接效应在1%的水平上显著为正，间接效应未通过显著性检验，说明生产性服务业集聚有利于实现本地区的经济发展成果共享，而对邻近地区无显著影响。而生产性服务业集聚对本市和周边城市经济增长质量的影响正是其对以上五个方面作用机制影响的整体反映。以上估计结果进一步说明，生产性服务业集聚能够通过动能转换、结构升级、增长效率、节能减排和成果共享等机制作用于城市经济增长质量。从表 5－16 中可以看出，在动能转换方面，生产性服务业集聚的直接效应与间接效应均显著为正，且均在 1% 的水平上通过检验，说明生产性服务业集聚能够促进本地区与邻近地区的增长动能向人力资本提升与技术创新转变，从而实现各地区经济增长动能转换升级。在结构升级方面，生产性服务业集聚的直接效应显著为正，间接效应显著为负，说明生产性服务业集聚能够促进本地区产业结构优化升级，而对邻近地区的产业结构升级产生了明显的抑制作用。在增长效率方面，生产性服务业集聚的直接效应为正，间接效应未通过显著性检验，说明生产性服务业集聚对本地区经济增长效率的提升产生了积极作用，但未显著影响到邻近地区的增长效率。在节能减排方面，生产性服务业集聚的直接效应为负，间接效应为正，且均在 1% 的水平上通过了显著性检验，说明生产性服务业集聚能够有效改善本地区的环境污染状况，却加剧了邻近地区的环境污染。在成果分享方面，生产性服务业集聚的直接效应在 1% 的水平上显著为正，间接效应未通过显著性检验，说明生产性服务业集聚有利于实现本地区的经济发展成果共享，而对邻近地区无显著影响。而生产性服务业集聚对本市和周边城市经济增长质量的影响正是其对以上五个方面作用机制影响的整体反映。以上估计结果进一步说明，生产性服务业集聚能够通过动能转换、结构升级、增长效率、节能减排和成果共享等机制作用于城市经济增长质量。

3. 加入政府干预与生产性服务业集聚交互项的空间计量估计结果

由表 5－15 中的估计结果可见，生产性服务业集聚对本地区经济增长质量产生了显著的促进作用，但明显抑制了邻近地区经济增长质量提升，本章节将这一结果归因于政府的过度干预及地区间的绩效竞争。服务业本身以其高附加值、高就业率、提供“无形”服务易于隐蔽干预等特点，通常受到地区保护的程度很高（黄赜琳和王敬云，2006）。盛龙和陆根尧（2013）认为地方保护会阻碍地区的生产性服务业集聚，而宋马林等（2016）却认为一定程度的地方保护通过扭曲区域要素价格来保护区域传统落后产业或新生幼稚产业免受外部企业进入引致的自由竞争，短期内可以起到扩大区域产出规模和刺激经济增长的作用。因此，为进一步验证政府干预与生产性服务业集聚间的交互作用，本章节在式（5.27）基础上引入政府干预与生产性服务业集聚的交互项。表 5－17 报告了加入政府干预与生产性服务业集聚交互项后，生产性服务业集聚对经济增长质量的直接效应与空间外溢效应。

表 5-17　加入交互项后生产性服务业集聚对经济增长质量的直接与间接效应

变量	直接效应		间接效应		总效应	
	系数	t 值	系数	t 值	系数	t 值
lnLQ	0.0577**	2.11	-3.0114	-1.47	-2.9537	-1.44
lnL	0.0164	1.52	-0.5501	-0.71	-0.5337	-0.69
lnK	0.0584***	8.09	-0.3974	-1.15	-0.3390	-0.98
lnFDI	-0.0062	-0.95	0.9293***	2.97	0.9232***	2.94
lnPOP	0.0008	0.83	0.1679***	3.44	0.1687***	3.45
lnIgov	-0.0233***	-3.88	-1.1694***	-3.48	-1.1927***	-3.55
lnIgov × lnLQ	0.0138**	2.34	-1.5014***	-3.70	-1.4875***	-3.66

注：***、** 和 * 分别表示在 1%、5% 和 10% 的水平上显著。

从生产性服务业集聚的参数估计来看，生产性服务业集聚的直接效应依然为正，且其参数估计值增大；间接效应虽然为负，同时其参数估计值明显增大，但未通过显著性检验。政府干预直接效应的参数估计显著为负，与表 5-15 的估计结果恰好相反；间接效应仍然为负，且估计值增大，说明加入交互项后，政府干预不仅直接对经济增长质量产生影响，还通过影响产业结构及产业规模等间接作用于经济增长质量。具体而言，政府干预与生产性服务业集聚的交互项直接效应显著为正，间接效应显著为负，说明政府干预强化了生产性服务业集聚对本地区经济增长质量的促进作用，也加强了生产性服务业集聚对邻近地区经济增长质量的抑制作用。政府干预与市场自发调节相结合，能够解决在单纯依靠市场配置资源时出现的盲目竞争、过度投资等问题，有利于促进生产性服务业集聚发挥对提升本地区经济增长质量的积极作用。在中国式分权的行政体制下，各地区政府会对邻近地区设置经济壁垒，阻碍地区之间的生产要素流动及经济贸易往来，以保护本地工业健康发展。迫于地区竞争和政治晋升的压力，各级地方政府通过“示范模仿效应”，盲目照搬邻近地区的经济发展模式，而与本地区的经济发展现状不匹配，导致低水平重复建设、地区内产业结构同质化和资源错配等问题。因此，政府干预加剧了生产性服务业对邻近地区经济增长质量的抑制作用。

六、稳健性检验

以上估计结果均基于地理距离矩阵，那么更换空间权重矩阵会对计量结果造成影响吗？如果采用除 SDM 模型之外的其他空间计量模型进行估计，实证结果能否保持稳健？本章节选用各地级市生产性服务业区位熵作为生产性服务业集聚指标得到以上分析结果，那么如果以各地级市的生产性服务业就业密度作为新的生产性服务业集聚指标，估计结果又会发生怎样的变化？本部分从以上三个方面对上述空间计量结果进行稳健性检验。

（一）基于不同空间权重矩阵的稳健性检验

目前，在空间计量分析中使用最为广泛的空间权重矩阵主要有地理距离矩阵、经济距离矩阵及地理与经济距离嵌套矩阵等。为检验上述空间计量估计结果的稳健性，本部分将分别以经济距离矩阵、地理与经济距离嵌套矩阵为新的空间权重矩阵进行空间计量估计。空间权重矩阵构建方法如下：

1. 经济距离矩阵

经济距离矩阵度量了区域间经济上的邻近性，经济发展水平越接近的城市可能具有相似的生产模式和经济发展策略。借鉴张学良（2012）对经济距离的计算方法，本部分采用人均 GDP 为元素构建经济距离矩阵（W_e），设定如下：

$$W_e = 1/\left|\overline{Q}_i - \overline{Q}_j\right|, \quad i \neq j \tag{5.33}$$

其中，$\overline{Q}_i$表示城市 i 在 2003～2015 年的人均 GDP。

2. 地理与经济距离嵌套矩阵

该矩阵是基于地理距离矩阵与经济距离矩阵的基础上，选择不同权重进行加权而得到，同时考虑空间单元的地理邻近与经济联系，能够更全面地表征空间单元间的空间关联，地理与经济距离嵌套矩阵（W_{d-e}），设定如下：

$$W_{d-e} = \varphi W_d + (1-\varphi) W_e \tag{5.34}$$

其中，W_d 为地理距离矩阵，W_e 为经济距离矩阵，$\varphi \in (0, 1)$，表示地理距离矩阵所占比重，本章节中 φ 取 0.5。表 5－18、表 5－19 分别报告了经济距离矩阵及地理与经济距离嵌套矩阵下中国城市经济增长质量的截面 Moran's I 值。同时，本章节还估计了在经济距离矩阵及经济与地理距离嵌套矩阵下中国城市经济增长质量面板数据的全局 Moran's I 值，估计结果显示，面板 Moran's I 值均为 0.58，且均在 1% 的水平上通过显著性检验，表现出明显的正相关关系。与表 5－18、表 5－19 报告的截面数据 Moran's I 值基本一致。

表 5－20 报告了不同空间权重矩阵下 SDM 模型的直接效应与间接效应估计结果。从生产性服务业集聚与城市经济增长质量的参数估计来看，生产性服务业集聚的直接效应均显著为正，间接效应均不显著。这说明生产性服务业集聚能够显著促进本地区经济增长质量的提升，而其间接效应与地理距离

矩阵下的SDM模型的估计结果不一致，说明以不同方法度量空间单元的空间关联程度会对估计结果造成一定影响。一般地，地理距离上越邻近的城市往往存在越密切的经济联系，且以经济距离矩阵和经济与地理距离的嵌套矩阵为空间权重矩阵的间接效应仅表现为未通过显著性检验，并未表现为明显的正效应，因此可认为核心解释变量生产性服务业集聚的参数估计仍具有稳健性。

表5-18 经济距离矩阵下中国城市经济增长质量的截面Moran's I值

年份	Moran's I值	统计值	P-value	年份	Moran's I值	统计值	P-value
2003	-0.0025	0.09	0.9318	2010	-0.0229	-0.61	0.5414
2004	-0.0194	-0.50	0.6168	2011	0.0004	0.21	0.8316
2005	-0.0148	-0.33	0.7435	2012	-0.0022	0.12	0.9061
2006	-0.0360	-1.07	0.2836	2013	-0.0087	-0.11	0.9108
2007	-0.0010	0.15	0.8775	2014	-0.0044	0.04	0.9718
2008	-0.0236	-0.64	0.5236	2015	-0.0099	-0.16	0.8763
2009	-0.0176	-0.42	0.6726				

表5-19 经济—地理距离嵌套矩阵下中国城市经济增长质量的截面Moran's I值

年份	Moran's I值	统计值	P-value	年份	Moran's I值	统计值	P-value
2003	-0.0001	0.31	0.7540	2010	-0.0035	0.09	0.9271
2004	0.0296	2.36	0.0181	2011	0.0114	1.13	0.2581
2005	0.0136	1.27	0.2038	2012	0.0060	0.76	0.4475
2006	0.0140	1.30	0.1933	2013	-0.0003	0.32	0.7466
2007	0.0019	0.47	0.6381	2014	-0.0011	0.26	0.7915
2008	0.0014	0.43	0.6652	2015	-0.0050	-0.01	0.9954
2009	-0.0009	0.28	0.7823				

表5-20 不同空间权重矩阵下生产性服务业集聚对城市经济增长质量的直接与间接效应

变量	经济距离矩阵			经济—地理距离嵌套矩阵		
	直接效应	间接效应	总效应	直接效应	间接效应	总效应
lnLQ	0.0172*** (2.91)	0.0016 (0.10)	0.0190 (1.06)	0.0183*** (3.00)	-0.0579 (-1.45)	-0.0391 (-0.94)
lnL	0.0701*** (9.93)	0.0342 (1.62)	0.1024*** (4.80)	0.0673*** (9.08)	0.1079** (2.28)	0.1782*** (3.58)

续表

变量	经济距离矩阵			经济—地理距离嵌套矩阵		
	直接效应	间接效应	总效应	直接效应	间接效应	总效应
lnK	-0.0022 (-0.28)	-0.0413** (-2.24)	-0.0427** (-2.49)	-0.0086 (-1.10)	-0.0687 (-1.62)	-0.0785* (-1.95)
lnFDI	0.0016* (1.85)	-0.0052** (-2.55)	-0.0036* (-1.66)	0.0017* (1.87)	-0.0021 (0.41)	-0.0004 (-0.08)
lnPOP	-0.0370*** (-5.14)	0.0506*** (3.11)	0.0146 (0.91)	-0.0296*** (-3.99)	0.0327 (0.85)	0.0008 (0.02)
lnIgov	0.0110** (1.98)	0.0086 (0.57)	0.0216 (1.36)	0.0112** (1.97)	-0.0581 (-1.54)	-0.0500 (-1.39)

注：括号中数值为t统计值。***、**和*分别表示在1%、5%和10%的水平上显著。

从控制变量的参数估计来看，控制变量劳动力供给、资本存量、外商直接投资、城市规模与政府干预的直接效应参数估计系数均与地理距离矩阵下的估计结果基本一致。各控制变量对周边城市经济增长质量的空间溢出效应存在差异性，如在经济距离矩阵下，增加资本投入会抑制周边地区经济增长质量的提升，增加外商直接投资也同样对周边地区经济增长质量产生了抑制作用，城市规模扩张促进了周边城市经济增长质量提升，而政府干预对周边城市的经济增长质量未产生显著影响。但综合来看，三种空间权重矩阵下各控制变量参数估计基本一致，模型估计结果仍具有稳健性。

（二）基于空间滞后变量模型（SLX）的稳健性检验

SDM 模型主要用于解决空间计量中的遗漏变量问题和由遗漏变量引起的内生性问题（LeSage & Pace，2009），但无法解决由于解释变量与随机扰动项相关而引起的内生性问题。维加和埃尔霍斯特（Vega & Elhost，2015）认为SLX模型形式简洁且灵活多变，可以与多种面板数据计量方法结合，其解释变量空间滞后项度量了空间外溢效应。因此，本部分选用SLX模型，并以外生变量为工具变量进行两阶段最小二乘估计（2SLS）。对于时间序列或面板数据，常常使用内生解释变量的滞后变量作为工具变量。一方面，内生解释变量与其滞后变量相关；另一方面，由于滞后变量已经发生，从当期来看，其取值已经固定，可能与当期的扰动项不相关（陈强，2014），故本部分采用生产性服务业集聚及其空间滞后项的滞后一期（lnLQ(-1)，W×lnLQ(-1)）为工具变量。在SLX模型中，解释变量本身的参数估计即为直接效应，解释变量空间滞后项的参数估计反映了空间外溢效应，表5-21报告了不同空间权重矩阵下SLX模型的估计结果。

表 5-21 生产性服务业集聚与城市经济增长质量的 SLX 估计结果

变量	地理距离矩阵	经济距离矩阵	经济—地理距离嵌套矩阵
lnLQ	0.0471*** (3.01)	0.0237 (1.54)	0.0282* (1.85)
lnL	0.0549*** (5.66)	0.0482*** (5.20)	0.0613*** (6.44)
lnK	0.0067 (0.75)	0.0095 (0.88)	0.0055 (-0.52)
lnFDI	-0.0020 (-1.57)	-0.0002 (-0.16)	-0.0000 (-0.02)
lnPOP	-0.0296*** (-3.59)	-0.0233** (-2.30)	-0.0000 (-2.25)
lnIgov	0.0025 (0.33)	0.0284*** (3.71)	0.0117 (-2.25)
W×lnLQ	-1.4743*** (-10.37)	-0.0880** (-2.05)	-0.3092*** (-3.96)
W×lnL	-0.2841*** (-4.37)	-0.1415*** (-6.99)	-0.1746*** (-4.94)
W×lnK	0.0542*** (2.59)	0.0726*** (4.91)	0.0590*** (3.54)
W×lnFDI	0.0276** (2.50)	-0.0103*** (-3.55)	-0.0097* (-1.76)
W×lnPOP	-0.0994 (-1.32)	0.1123*** (4.85)	0.1714*** (3.97)
W×lnIgov	0.3879*** (12.17)	0.1763*** (9.82)	0.2975*** (11.47)
R^2	0.2382	0.1943	0.2100
工具变量 lnLQ(-1)	602.65 [0.0000]	618.69 [0.0000]	612.04 [0.0000]
工具变量 W×lnLQ(-1)	1268.01 [0.0000]	604.29 [0.0000]	651.8 [0.0000]
Hausman test	1229.79 [0.0000]	1067.01 [0.0000]	1136.72 [0.0000]

注：括号中数值为 t 统计值。***、** 和 * 分别表示在 1%、5% 和 10% 的水平上显著。

表 5-21 中豪斯曼检验（Hausman）结果表明，该模型存在内生解释变量，使用 2SLS 估计该模型优于使用普通最小二乘估计（OLS）。F 检验结果

表明，所选的工具变量与内生解释变量高度相关，可见，所选择的工具变量是合理的，基于2SLS的SLX模型是进行稳健性检验的良好工具。从生产性服务业集聚与城市经济增长质量的估计结果来看，生产性服务业集聚有利于本地区经济增长质量的提升，但对邻近地区经济增长质量产生了负向的空间溢出效应，与表5-15的参数估计结果高度一致。从各控制变量的参数估计来看，资本存量、外商直接投资的参数估计与表5-15中基本一致，其他控制变量的估计结果存在细微差异，如劳动力供给对邻近地区经济增长质量产生了负向的空间溢出效应；城市规模对经济增长质量的间接效应未通过显著性检验；政府干预对本地区经济增长质量的直接效应未通过显著性检验，但能显著提升邻近地区的经济增长质量。虽然存在个别控制变量参数估计的不一致，但核心解释变量参数估计高度一致，其他解释变量参数估计也基本保持一致，故可认为该模型估计结果具有稳健性。

（三）基于不同生产性服务业集聚指标的稳健性检验

本部分使用生产性服务业就业密度（Des）替代区位熵（LQ）作为新的生产性服务业集聚指标，对生产性服务业集聚与城市经济增长质量的作用机制进行稳健性检验。SDM模型估计的直接效应与间接效应结果如表5-22所示。

从表5-22的估计结果来看，以生产性服务业就业密度测度的生产性服务业集聚指标对城市经济增长质量的直接效应显著为正，间接效应显著为负，说明生产性服务业集聚能够提升本地区经济增长质量，但不利于邻近地区经济增长质量提升。这一结果与前文高度一致（表5-15）。就各控制变量的参数估计而言，均与表5-15的估计结果保持一致，进一步印证了该模型参数估计具有明显的稳健性。

七、进一步分析

（一）基于生产性服务业细分行业的实证检验

前文中主要探讨了生产性服务业综合集聚指标与城市经济增长质量的作用机制，由于生产性服务业可以具体细分为交通运输、仓储和邮政业，信息传输、计算机服务和软件业，批发与零售业等9个行业，不同类型生产性服务行业集聚对城市经济增长质量的影响可能存在行业异质性，因此，本部分进一步基于地理权重矩阵，使用时间固定效应的SDM模型探究不同类型生产性服务行业集聚对城市经济增长质量的直接与间接效应，估计结果见表5-23。

表 5－22　生产性服务业集聚对城市经济增长质量的直接效应与间接效应

变量	经济距离矩阵			经济距离矩阵			经济—地理距离嵌套矩阵		
	直接效应	间接效应	总效应	直接效应	间接效应	总效应	直接效应	间接效应	总效应
ln*Des*	0.0110 ** (2.40)	－0.6366 ** (－2.26)	－0.6256 ** (－2.22)	0.0066 (1.39)	0.0098 (0.77)	0.0164 (1.19)	0.0070 (1.50)	－0.0381 (－1.28)	－0.0312 (－1.00)
ln*L*	0.0561 *** (7.91)	0.2396 (0.76)	0.2957 (0.93)	0.0658 *** (8.69)	0.0294 (1.51)	0.0969 *** (4.45)	0.0638 *** (8.73)	0.1224 *** (2.67)	0.1840 *** (4.03)
ln*K*	－0.0062 (－0.99)	0.6310 ** (2.15)	0.6248 ** (2.13)	－0.0000 (－0.00)	－0.0404 ** (－2.21)	－0.0411 ** (－2.35)	－0.0060 (－0.78)	－0.0766 * (－1.90)	－0.0814 ** (－2.03)
ln*FDI*	0.0009 (1.03)	0.1804 *** (3.47)	0.1813 *** (3.48)	0.0017 * (1.89)	－0.0054 ** (－2.52)	－0.0037 * (－1.61)	0.0017 * (1.87)	－0.0013 (－0.26)	0.0006 (0.10)
ln*POP*	－0.0216 *** (－3.59)	－1.3724 *** (－3.80)	－1.3940 *** (－3.85)	－0.0360 *** (－4.80)	0.0541 *** (3.34)	0.0168 (1.08)	－0.0302 *** (－4.07)	0.0304 (0.81)	0.0010 (0.03)
ln*Igov*	0.0123 ** (2.17)	－1.5795 *** (－3.99)	－1.5672 *** (－3.95)	0.0125 ** (2.21)	0.0077 (0.48)	0.0188 (1.20)	0.0116 ** (2.01)	－0.0643 * (－1.72)	－0.0524 (－1.38)

注：括号中数值为 t 统计值。***、** 和 * 分别表示在 1%、5% 和 10% 的水平上显著。

表 5 – 23　细分生产性服务行业集聚对城市经济增长质量的直接与间接效应

	变量	交通运输、仓储和邮政业	租赁与商务服务业	批发与零售业	金融业	信息传输、计算机服务和软件业	科学研究和技术服务业	环境治理和公共设施管理业
直接效应	ln*LQ*	0.0188*** (4.20)	0.0080*** (2.95)	0.0208*** (5.20)	-0.0047 (-0.87)	0.0165*** (4.00)	-0.0019 (-0.50)	0.0073* (1.65)
	lnL	0.0596*** (8.58)	0.0596*** (8.58)	0.0594*** (8.62)	0.0588*** (8.48)	0.0630*** (9.09)	0.0549*** (7.89)	0.0565*** (7.64)
	ln*K*	-0.0074 (-1.18)	-0.0096 (-1.51)	-0.0075 (-1.18)	-0.0065 (-1.03)	-0.0083 (-1.29)	-0.0035 (-0.53)	-0.0035 (-0.53)
	ln*FDI*	0.0008 (0.94)	0.0014 (1.57)	0.0008 (0.84)	0.0014 (1.49)	0.0010 (1.08)	0.0006 (0.73)	0.0007 (-3.95)
	ln*POP*	-0.0244*** (-4.05)	-0.0213*** (-3.51)	-0.0246*** (-4.34)	-0.0230*** (-3.78)	-0.0222*** (-3.86)	-0.0247*** (-4.26)	-0.0239*** (-3.95)
	ln*Igov*	0.0106* (1.86)	0.0111* (1.95)	0.0140** (2.42)	0.0121** (2.08)	0.0115** (2.03)	0.0106* (1.88)	0.0111* (1.93)
间接效应	ln*LQ*	-0.3953 (-1.32)	-0.0499 (-0.29)	-0.5201*** (-2.69)	-0.5810* (-1.79)	0.1444 (0.67)	-1.0791*** (-3.74)	-0.9130*** (-3.87)
	ln*L*	0.0940 (0.29)	0.0933 (0.30)	0.1611 (0.4836)	-0.0707 (-0.22)	0.1596 (0.50)	-0.5227 (-1.49)	-0.8158** (-2.29)
	ln*K*	0.7606** (2.47)	0.7866*** (2.59)	0.6518** (2.02)	0.8668*** (2.81)	0.7209** (2.40)	1.2986*** (3.44)	1.4659*** (3.74)
	ln*FDI*	0.2026*** (3.59)	0.1837*** (3.31)	0.1743*** (3.18)	0.1824*** (3.43)	0.1569*** (3.11)	0.1467*** (3.17)	0.0804* (1.95)
	ln*POP*	-1.416*** (-3.68)	-1.4649*** (-3.86)	-1.2331*** (-2.98)	-1.4632*** (-3.92)	-1.3485*** (-3.7)	-1.5089*** (-3.99)	-1.3522*** (-4.04)
	ln*Igov*	-1.7582*** (-4.10)	-1.7432*** (-4.18)	-1.6635*** (-3.72)	-1.6647*** (-4.04)	-1.5888*** (-4.10)	-1.8532*** (-4.45)	-1.5038*** (-4.09)

注：括号中数值为 t 统计值。***、** 和 * 分别表示在 1%、5% 和 10% 的水平上显著。

从表5-23估计结果来看，劳动力供给、资本存量、外商直接投资等控制变量的参数估计与前文（见表5-15）中的参数估计结果基本一致，这里不再赘述。本部分将集中讨论不同生产性服务行业集聚对城市经济增长质量作用机制的差异性。交通运输、仓储和邮政业集聚对城市经济增长质量的直接效应为正，但间接效应未通过显著性检验，说明交通运输、仓储和邮政业有利于提高本地区的经济增长质量，但对邻近地区经济增长质量未产生显著影响。同样地，租赁与商务服务业集聚对经济增长质量的直接效应为正，间接效应未通过显著性检验，说明租赁与商务服务业能够促进本地区经济增长质量提升，但对邻近地区经济增长质量未产生明显影响。批发与零售业集聚对城市经济增长质量的直接效应为正，间接效应为负，说明批发与零售业能提高本地区经济增长质量，但不利于邻近地区经济增长质量的提升。信息传输计算机服务和软件业对城市经济增长质量的直接效应显著为正，间接效应未通过显著性检验，说明信息传输计算机服务和软件业能够促进本地区经济增长质量提升，但对邻近地区经济增长质量未产生显著影响。环境治理和公共设施管理业对城市经济增长质量的直接效应显著为正，间接效应则显著为负，说明环境治理和公共设施管理业能够对本地区经济增长质量产生促进作用，而对邻近地区经济增长质量则会产生抑制作用。

金融业对城市经济增长质量的直接效应未通过显著性检验，间接效应显著为负，说明金融业对本地区经济增长质量提升无显著影响，却抑制了邻近地区经济增长质量的提升，原因可能在于，目前中国金融业普遍存在资源错配现象，削弱了金融业对促进经济增长质量提升的正向作用，因此未对本地区经济增长质量产生显著影响。国有金融体系的“所有制歧视”严重扭曲了信贷资本市场按照效率最大化的原则进行金融资源配置的行为（邵挺，2010），商业银行的贷款规模管制也会导致中国金融资源出现错配，使得缺乏投资机会的成熟大型企业可以获得大量贷款，而成长性企业只能寻求高成本的表外融资，导致融资溢价，受到更强的融资约束，在这样流动性错配的环境下，金融与实体经济有所脱离，降低了企业投资（于泽等，2015）。金融业普遍存在的资源错配，降低了金融资源的利用效率，制约了中国经济增长质量提升。另外，各级政府的行政干预会迫使商业银行或其他金融机构在配置信贷资金时更多地服从于政府意志而偏离了市场效率标准（白俊和连立帅，2012）。这种由于行政干预而导致的金融资源错配会通过“示范效应”传递至邻近地区，从而加剧邻近地区金融资源的低效率配置，制约邻近地区经济增长质量的提升。科学研究和技术服务业对城市经济增长质量的直接效应未通过显著性检验，间接效应显著为负，说明科学研究和技术服务业对本地区经济增长质量无明显促进作用，却抑制了邻近地区经济增长质量的提升。可能是由于部分城市过分追求在本地区发展高科技产业，而忽视了高科技产业配套产业的发展以及高科技产业的内部关联性，造成高科技产业发展同质化。在各地方政府政绩锦标赛驱动下，这种高科技产业同质化的发展模式通过“示范模仿”效应传递至邻近地区，致使邻近地区忽视了本地区的产业结构特征及经济发展实力，片面追求高科技产业发展，造成高科技产业低端化发展及大量资源闲置，反而制约了邻近地区经济增长质量的提升。

（二）基于不同等级城市样本的实证检验

陈建军等（2009）认为生产性服务业集聚与城市规模存在非线性关系，城市和政府规模对生产性服务业集聚都有显著的影响，并且表现出一定的区域差异性。生产性服务业集聚对城市经济增长质量的影响也可能由于所处城市规模等级的不同而表现出一定的差异性。本部分依据 2014 年 11 月 20 日国务院颁布的《关于调整城市规模划分标准的通知》，按市辖区常住人口将中国城市划分为Ⅰ型及以上大城市（人口 300 万人及以上）、Ⅱ型大城市（人口 100 万 ~300 万人）、中等城市（人口 50 万 ~100 万人）、小城市（人口 50 万人及以下）四类。将超大城市、特大城市及Ⅰ型大城市合并为Ⅰ型及以上大城市的依据在于，超过一定人口规模的大城市在城市群或经济带中几乎均扮演着中心城市的地位，对周边的中小型城市具有相似的辐射作用。本部分通过构建不同城市规模的地理距离矩阵，使用时间固定效应的 SDM 模型对不同规模等级城市样本进行空间计量估计，具体参数估计结果如表 5 - 24 所示。

表 5 - 24　不同城市规模等级下生产性服务业集聚对城市经济增长质量的直接与间接效应

变量	Ⅰ型及以上大城市		Ⅱ型大城市		中等城市		小城市	
	直接效应	间接效应	直接效应	间接效应	直接效应	间接效应	直接效应	间接效应
lnLQ	0.0779*** (2.87)	-0.0808* (-1.74)	0.0209* (1.66)	-0.4310*** (-4.07)	0.0120 (1.46)	-0.7188*** (-3.34)	-0.0129 (-1.31)	-0.0614 (-0.98)
lnL	0.0668*** (3.13)	-0.0515 (-0.90)	0.1321*** (9.28)	-0.4134*** (-3.77)	-0.0327*** (-3.33)	-0.3981 (-1.58)	0.0175 (1.24)	-0.1133 (-1.21)
lnK	-0.0943* (-1.92)	0.1776 (1.58)	-0.0943*** (-6.38)	0.4044*** (3.68)	0.0055 (0.56)	0.1450 (0.72)	-0.0185* (-1.81)	0.1781** (2.28)

续表

变量	Ⅰ型及以上大城市		Ⅱ型大城市		中等城市		小城市	
	直接效应	间接效应	直接效应	间接效应	直接效应	间接效应	直接效应	间接效应
lnFDI	0.0523 * (1.88)	0.0647 (1.17)	0.0132 ** (2.47)	0.1727 *** (4.20)	0.0259 *** (7.51)	0.0731 * (1.72)	-0.0004 (-0.53)	0.0039 (0.98)
lnPOP	0.1341 *** (3.84)	-0.2369 * (-1.91)	0.0060 (0.34)	-0.8442 *** (-4.23)	-0.0346 ** (-2.14)	-0.8195 * (-1.78)	-0.0250 * (-1.89)	-0.0183 (-0.24)
lnIgov	0.0735 * (1.99)	-0.0724 (-0.74)	0.0039 (0.28)	-0.7925 *** (-5.40)	0.0193 ** (2.31)	-0.7102 *** (-3.32)	0.0029 (0.39)	0.0496 (0.95)

注：括号中数值为t统计值。***、** 和 * 分别表示在1%、5%和10%的水平上显著。

第一，看生产性服务业集聚与城市经济增长质量的参数估计。Ⅰ型及以上大城市、Ⅱ型大城市的参数估计结果与表5-15一致，中等城市和小城市生产性服务业集聚的直接效应未通过显著性检验，说明中等城市和小城市生产性服务业集聚并未明显促进本地区经济增长质量提升，可能是由于中等城市和小城市的生产性服务业大多属于低端生产性服务业，且可能存在低水平重复建设等问题，使得本地区的生产性服务业集聚未能充分发挥知识溢出效应、要素重组效应及规模经济效应，不能满足本地区制造业发展需要，因而未能显著促进本地区经济增长质量提升。小城市生产性服务业集聚的间接效应也未能通过显著性检验，说明小城市生产性服务业集聚对邻近地区经济增长质量未产生显著影响，主要是由于小城市生产性服务业集聚仍属于低水平的产业集聚，其空间溢出效应并不明显。

第二，看控制变量的参数估计，各等级城市劳动力供给的参数估计与表5-15在多数情况下基本一致，中等城市劳动力供给的直接效应显著为负，说明中等城市增加劳动力供给会抑制本地区经济增长质量提升，这可能是由于中等城市劳动力供给已处于饱和状态，继续增加劳动力供给只会大量增加失业人口，不利于本地区经济增长质量的提升。小城市劳动力供给的直接效应未通过显著性检验，说明增加小城市劳动力供给对本地区经济增长质量的提升并无显著影响。Ⅱ型大城市劳动力供给的间接效应显著为负，说明Ⅱ型大城市劳动力供给增加会明显抑制邻近地区经济增长质量提升，原因可能在于，增加劳动力供给能够降低劳动力成本，增加Ⅱ型大城市制造业、服务业等行业企业利润，提高企业生产经营效率，从而促进本地区经济增长质量提升。而各规模等级城市间经济的辐射作用主要是由高等级城市向同级或低等级城市蔓延，低等级城市对高等级城市的外溢作用并不明显。这一“示范效应”在空间中不断传递，Ⅱ型大城市周边的中小城市纷纷效仿，但实际上由表5－24可知，增加劳动力供给会制约中等城市及小城市的经济增长质量提升，因此，Ⅱ型大城市劳动力供给变动会对邻近地区经济增长质量产生负向影响。各等级城市资本存量的参数估计与表5－15出现较大差异，Ⅰ型及以上大城市、Ⅱ型大城市及小城市资本存量的直接效应显著为负，说明Ⅰ型及以上大城市、Ⅱ型大城市及小城市的国内资本投资会抑制本地区经济增长质量的提升，这印证了中国目前国内资本投资仍集中于基础工业、重化工业等资本密集型行业，增加国内资本投资会加剧中国供给侧结构失衡，加重经济和环境负担，从而不利于经济增长质量提升的结论。Ⅰ型及以上大城市及中等城市资本存量的间接效应未通过显著性检验，说明Ⅰ型及以上大城市及中等城市的国内资本投资对邻近地区经济增长质量并未产生显著影响。各等级城市外商直接投资的参数估计与表5－15存在较大差异，Ⅰ型及以上大城市、Ⅱ型大城市及中等城市外商直接投资的直接效应显著为正，说明Ⅰ型及以上大城市、Ⅱ型大城市及中等城市增加国外资本投资能够提升本地区经济增长质量，主要原因在于，外商直接投资所带来的先进生产技术及管理经验能够通过知识外溢效应传递至本土企业，从而提升本土企业的生产效率，促进本地区经济实现高质量增长。Ⅰ型及以上大城市外商直接投资的间接效应未通过显著性检验，说明Ⅰ型及以上大城市国外资本投资对邻近地区经济增长质量并无显著影响。城市规模的参数估计与表5－15基本一致，Ⅰ型及以上大城市城市规模的直接效应为正，说明扩大城市规模有利于促进本地区经济增长质量提升，城市规模扩张能够扩大消费品市场、投入品市场和要素市场容量和运输成本节约，实现对土地的更有效利用，增强产业配套能力，完善基础设施和生产、金融、信息、技术服务条件，并产生技术、知识、信息传递、人力资本贡献等方面的溢出效应，使得大城市具有更高的生产率（王小鲁，2010），给城市经济增长带来正外部性。同时，城市规模过大而导致的“城市病”等问题又会对城市经济增长质量产生负外部性，政府部门通过投入公共成本进行社会环境治理可以消除这种负外部性的影响。因此，对于Ⅰ型及以上大城市而言，城市规模扩张带来的正外部性大于负外部性，有利于本地区经济增长质量的提升。Ⅱ型大城市城市规模的直接效应未通过显著性检验，说明Ⅱ型大城市城市规模对本地区经济增长质量无显著影响。小城市的城市规模间接效应未通过显著性检验，说明小城市的城市规模对邻近地区经济增长质量无显著影响。政府干预的参数估计与表5－15基本一致，Ⅰ型及以上大城市政府干预的间接效应未通过显著性检验，说明Ⅰ型及以上大城市的政府干预对邻近地区经济增长质量未产生显著影响，原因可能在于Ⅰ型及以上大城市经济发展水平较高，政府干预对市场的控制力度减弱，资源配置主要依靠市场力量自发进行，出于保护本地市场目的而采取的“损人利己”行为逐渐减少，因此Ⅰ型及以上大城市的政府干预并未对邻近地区产生明显的负面影响。

八、小结

本章节运用空间杜宾模型对2003～2015年中国283个地级及以上城市面板数据进行空间计量分析，探究生产性服务业集聚对城市经济增长质量的影响机制。研究发现，生产性服务业集聚显著提升了本地区经济增长质量，但对邻近地区经济增长质量却产生了抑制作用，且该影响效果因生产性服务行业和城市规模不同而存在明显的异质性特征。其中，交通运输、仓储和邮政业，信息传输、计算机服务和软件业，租赁和商业服务业集聚有效促进了本地区经济增长质量提升，而批发与零售业、金融业、科学研究与技术服务业、环境治理和公共设施管理业集聚却对邻近地区经济增长质量产生了显著为负的空间外溢效应；Ⅰ型及以上大城市、Ⅱ型大城市的生产性服务业集聚有助于本地区经济增长质量提升，而中等城市和小城市的生产性服务业集聚则对本地区及邻近地区经济增长质量均未产生明显积极影响。研究结论为依托生产性服务业集聚推动城市经济实现高质量增长提供了有益借鉴。该研究创新性地从动能转换、结构升级、增长效率、节能减排、成果分享等方面系统构建了生产性服务业集聚对城市经济增长质量的作用机制及中国城市经济增长质量测度指标，并从行业及城市规模异质性视角探讨了生产性服务业集聚对城市经济增长质量的直接效应和空间外溢效应。

第六章

生产性服务业集聚推进城市经济转型发展的政策建议

本章主要内容是在前文研究结果的基础上提出生产性服务业集聚推进城市经济转型发展的政策建议。其中，第一节主要从生产性服务业集聚视角提出的促进城市效率提升的政策建议，第二节从生产性服务业集聚视角提出的促进城市经济结构升级的政策建议，第三节依托生产性服务业集聚推进城市经济实现绿色转型的政策建议，第四节则从生产性服务业集聚视角提出促进城市经济发展质量升级的政策建议。

第一节　生产性服务业集聚促进城市效率提升的政策建议

一、基于国家和地区层面的政策措施

首先，本章节结果显示生产性服务业专业化集聚对本市与周边城市绿色全要素生产率均有促进作用，而生产性服务业专业化集聚仅对本市有影响，因而各地区在打造生产性服务业集聚区、发展现代服务业产业集群时，应因地制宜，根据自身要素禀赋、比较优势、制造业结构及主导产业需求，重点推进特色生产性服务业的专业化集聚，充分发挥知识溢出效应与规模经济效应以提升生产性服务业发展质量和效益，进而转变经济发展方式和优化产业结构，提升绿色全要素生产率。

其次，各城市生产性服务业“小而全、大而全”的低层次多样化发展模式是导致生产性服务业多样化集聚对工业能源效率的负向空间外溢效应明显大于专业化集聚的重要原因，因而各级城市应积极转变生产性服务业发展方

式，结合自身要素禀赋、比较优势、制造业结构及主导产业需求，对城市生产性服务功能进行合理分工、科学规划，确定生产性服务业发展方式和集聚模式。在以“转方式、调结构”和“促减排、降能耗”为目标对地方政府进行政绩考核时，不能单纯以生产性服务业发展规模、比重为标准判断地方政府在产业结构调整和发展方式转变中的业绩，而是更应注重生产性服务业内部结构的合理化和高度化，注重生产性服务业发展质量和效益。通过形成高质量的生产性服务业专业化和多样化集聚，促进制造业生产方式转变和结构优化，提高劳动生产率和能源利用效率。

再次，由于土地财政弱化了中部地区生产性服务业专业化和多样化集聚效应的作用效果，但却对东部地区生产性服务业多样化集聚以及西部地区生产性服务业专业化集聚规模经济效应起强化作用，因而地方政府在实施土地财政策略时，应根据不同地区经济发展水平和产业结构状况，统筹规划、合理选择适宜的生产性服务业集聚模式，最大限度地发挥生产性服务业的空间规模经济效应，协同推进东中西部地区城市间的绿色全要素生产率。

最后，生产性服务业专业化和多样化集聚对工业能源效率的负向空间外溢效应具有明显的长期性特征，这意味着如果不尽快转变生产性服务业发展方式、促进生产性服务业内部结构优化，其专业化或多样化集聚对能源利用效率的抑制作用将在一定时期内持续存在，长此以往将造成低端生产性服务业结构的固化，并通过示范效应在空间中传导，阻碍制造业结构优化升级和产业层次的整体提升。因而依托生产性服务业发展和集聚推进能源效率提升的策略必须常抓不懈，在推进生产性服务业规模增长的同时积极提高高端生产性服务业发展水平和质量，以防止生产性服务业集聚和能源效率在低水平上出现路径依赖。

二、基于细分生产性服务行业层面的政策措施

由于生产性服务业、尤其是高端生产性服务业发展滞后是导致生产性专业化和多样化集聚未对本市工业能源效率产生明显影响，并对邻市能源效率产生抑制作用的主要原因。因而各地区在调结构、转方式中应进一步提高生产性服务业发展规模和速度，尤其注重信息传输、计算机服务和软件业、科学研究和技术服务业以及环境治理和公共设施管理业等高端生产性服务行业的发展，促使高端生产性服务在制造业价值链中有效嵌入，推进制造业生产环节由高排放、低附加值向低排放、高附加值的两端延伸，有效提升城市产

业层次和产业结构优化水平，充分发挥生产性服务业集聚对能源利用效率的提升效应。具体而言，由于科学研究和技术服务业多样化集聚在短期和长期均明显提升了本市和邻市工业能源效率，因而应重点促使科学研究和技术服务业在城市中形成与其他生产性服务行业互补共生的多样化集聚模式，有效发挥其规模经济效应和技术外溢效应，提高能源利用效率。鉴于信息传输、计算机服务和软件业及环境治理和公共设施管理业的专业化和多样化集聚对本市和周边城市工业能源效率的促进作用具有明显长期效应，因而各城市依托发展高端生产性服务业促进能源效率提升的过程中，要始终同时加强信息传输、计算机服务和软件业以及环境治理和公共设施管理业的专业化和多样化集聚水平，以使其对能源效率的长期提升作用得到充分发挥。此外，由于政府过度干预是导致金融业对工业能源效率未产生预期集聚效应的重要原因，因而在推进金融市场和金融业发展过程中，应进一步规范政府行为、界定政府干预金融市场的尺度，充分发挥市场在金融资源配置中的决定作用，同时更好发挥政府在金融业发展中的因势利导作用，使政府行为与金融业良性发展相吻合、金融业集聚与制造业集聚相协调，真正使金融业集聚在工业能源效率提升中发挥应有作用。

第二节　生产性服务业集聚促进城市经济结构升级的政策建议

一、基于国家层面的整体政策措施

第一，生产性服务业多样化集聚仅对本省制造业结构升级产生促进作用，但对邻省制造业结构升级的影响却不显著，因而各地区在根据自身工业结构选择发展适宜的生产性服务业时还应统筹考虑与周边地区产业结构变动间的相互作用和协同协作关系，地方政府在产业政策制定和实施中应摒弃单纯“以服务业比重或规模论英雄”的发展理念，更多注重生产性服务业内部结构的优化和高端生产性服务业的集聚和发展，通过积极纠正地方政府间在生产性服务业发展中的盲目模仿和竞争行为降低生产性服务业多样化集聚与跨区域制造业间的空间错配程度。同时，进一步强化生产性服务业专业化集聚与当地主导制造业及周边地区制造业间基于投入产出的垂直关联效应，使制造业结构升级过程中生产性服务业专业化集聚的技术外溢效应和规模经济效应能够在更大空间范围内发挥作用。

第二，由于与短期效应相比，生产性服务业集聚对制造业结构升级具有更为深远的长期影响，因而未来很长时期内生产性服务业集聚将是制造业结构升级的强劲推动力量，二者的协同集聚和共同发展是大势所趋。各地区既不能为“结构升级”而盲目倚重服务业、推行“退二进三”策略，降低工业比重，也不能单纯为达成经济增长目标而忽视生产性服务业的支撑作用，盲目推进生产性基础设施建设和资本密集型行业发展。各地区应在夯实实体经济发展的同时，兼顾生产性服务业集聚在推动制造业发展和结构升级中的支撑作用。

第三，应鼓励制造业将非核心生产环节分离外包，打破制造业内部“封闭式自我服务模式”，充分发挥生产性服务业集聚的技术溢出效应与规模经济效应，加强生产性服务业与制造业发展过程中的优势互补，形成积极的产业关联互动，更好更快地推进制造业价值链攀升。一方面可运用财政、税收工具加强制造业对服务要素的投入力度，给予一定的税收优惠；另一方面引导区域生产性服务业发展的同时注重区域内部知识的积累与传递，加快生产性服务业尤其是服务设施平台的发展，促使其优化升级，通过为制造业提供专业性与多样性的服务，为培育高端的制造业匹配合适的发展条件和要素投入。

第四，由于成本降低和生产率的提高是生产性服务业集聚促进中国制造业价值链攀升的可能途径，因而应着力降低企业成本，培育企业创新意识。一方面，应贯彻落实中央、国务院关于从服务供给侧角度降低企业发展成本的战略部署，包括进一步降低制造业企业用地成本、社会保险成本、用电成本、运输成本、融资成本和制度性交易成本；另一方面，支持生产性服务业企业创新，通过职业教育和技术培训培养专业性人员，不仅能为制造业产业链上的技术研发、管理和法律咨询服务、会计服务和信息搜索等关键环节提供优质服务，还能通过知识溢出效应倒逼制造业企业创新意识的提升。

第五，关于城市化推进过程中生产性服务业集聚效应的发挥方面，各地区在制定生产性服务业和城市化发展战略时，既要根据自身经济发展状况发展适宜的生产性服务业、调整和完善生产性服务业内部结构，从而充分发挥生产性服务业集聚的技术溢出效应，又要兼顾邻近城市生产性服务业、经济发展和产业结构状况，从而充分利用当地与周边城市的协同效应和规模经济效应，从要素供给和市场需求两方面推进生产性服务业集聚和发展，以生产性服务业改造和优化城市工业结构、促进产业和城市融合发展，更好更快推进新型城市化。

二、基于地区层面的政策措施

（一）依托生产性服务业集聚推进制造业升级和价值链攀升方面

第一，在依托生产性服务业集聚推进制造业全球价值链攀升方面，由于生产性服务业集聚只在东部地区及城市规模较大城市对制造业攀升有促进作用，因此，不同地区和城市规模的城市之间应注重分工合作，协同共进，发挥各地区的比较优势，如较大城市规模的城市可将低端的生产性服务业分流至小规模城市中，不仅缓解了大城市的经济环境压力，也能发挥中心城市的辐射带动作用，有利于周边城市的产业结构升级。

第二，在依托生产性服务业集聚推进制造业结构升级方面，应根据各地区优势条件因地制宜地选择适宜的生产性服务业集聚模式、发挥集聚效应，有序推进制造业结构升级。本章节结果显示，生产性服务业专业化集聚在现阶段更有助于建立区域间基于投入产出关联的生产性服务业与制造业空间关联机制。然而，这并不意味着各地区要忽视多样化集聚而单纯积极推进生产性服务业专业化集聚；生产性服务业集聚模式的选择应与不同地区工业结构、要素禀赋和经济布局等特征密切相关。东部地区既拥有高度的生产性服务业专业化集聚也有高水平的生产性服务业多样化集聚，二者对制造业结构升级均具有积极的空间外溢效应，因而该地区应进一步提升生产性服务业专业化集聚的层次和多样化集聚的质量，通过推进生产性服务业集聚为制造业结构升级提供不竭的动力来源。中部地区应促使各地区以自身主导制造业行业和要素禀赋特征为依据选择适宜的生产性服务业进行专业化集聚，降低地方政府间通过盲目模仿而导致的生产性服务业与制造业空间错配效应。西部地区由于地区分布分散、市场规模小、工业结构单一，各地区间在生产性服务业发展中存在明显同构特征，生产性服务业低水平的多样化集聚不仅降低了对单一工业结构的支撑作用，而且造成资源浪费和要素配置扭曲，给制造业结构升级带来不利影响。从这个意义上说，西部各省份应根据自身主导工业结构和要素禀赋比较优势推进生产性服务业专业化集聚，因地制宜地选择发展适宜的特色生产性服务业，在推进制造业结构调整过程中充分发挥专业化集聚的规模经济效应和技术外溢效应，提高生产性服务业对工业发展的精准支撑能力。

（二）依托生产性服务业集聚推进人口城市化方面

在依托生产性服务业集聚推进城市化方面，应根据不同生产性服务业集聚模式发挥的集聚效应差异因地制宜地引导各地区有序推进人口城市化。

第一，由于生产性服务业专业化和多样化集聚对城市化的作用分别由东向西依次递增和递减，且与多样化集聚相比，专业化集聚的作用效果更为明显，因此各地区、尤其是西部欠发达地区发展现代生产性服务业应更加注重专业化经营，通过不断调整产业结构发展与当地优势制造业或优势资源相匹配的生产性服务业，依托专业化的生产性服务激活当地制造业、加快产业结构调整，提高城市创造就业和吸纳劳动力能力，促进当地剩余劳动力就近转移；而东部和中部发达地区则需要在保证生产性服务业专业化规模的同时更加注重其多样化发展，通过构建形式多元、产业间协同共进的生产性服务业集聚区来满足当地多样化产业发展的需要，提升城市化发展质量。

第二，生产性服务业空间集聚规模对城市化的影响由东向西依次递减，意味着中国东部沿海等相对发达地区各城市间在空间上以生产性服务业为媒介形成了城市化推进的协同效应，而欠发达地区城市化依然未能走出孤立发展的境地。因而在保证东部地区城市间生产性服务业与城市化协同关系的同时，更应从经济和制度方面综合关注中西部欠发达地区城市群和经济圈（带）建设。这些地区要在进一步调整经济结构、继续改善交通和通信条件以克服自然地理障碍、增强城市间通达性的同时，着力打破生产性服务业仅为当地服务的限制性措施和地方保护主义趋势，根据不同地区比较优势和综合竞争优势构筑以生产性服务链接的协同城市化机制，最大限度地发挥生产性服务业的空间规模经济效应，促进中西部地区城市间城市化进程的协同推进。

第三，各地区还应根据城市化进程中内外市场对生产性服务业集聚效应的作用方式及其差异实施切实有效的对内对外开放策略。对于东部地区而言，由于国内、国际市场均有利于生产性服务业空间规模经济效应发挥，而且与国内市场相比，国际市场更增强了生产性服务业专业化和多样化集聚、尤其是多样化集聚的技术溢出效应的作用效果，因而东部地区一方面要更加积极参与国际合作与竞争，依靠跨国生产组织和外商企业优化生产性服务业内部结构、提升生产性服务业技术含量和发展质量，有效促进生产性服务业在跨国企业与当地企业，以及当地企业之间的技术溢出效应，推进东部地区城市经济转型升级、提高城市化质量；另一方面要在推进新一轮对外开放的同时，积极扩大国内城市之间的开放水平，消除制度障碍，加强城市间投入—产出关联，依靠国内国际两个市场促进生产性服务业空间规模经济效应的充分发挥，增强城市化潜力。对于中部地区而言，由于国内、国际市场均对生产性服务业专业化和多样化集聚的技术溢出效应具有促进作用，且在对生产性服务业空间规模经济效应的影响方面，国内市场对该影响具有强化作用，而国际市场不显著，因而应积极利用国内、国际两个市场对生产性服务业专业化集聚和多样化集聚影响的互补性，根据城市经济发展阶段和产业结构状况，以国内、国际市场为参考，统筹规划、合理选择适宜的生产性服务业集聚模式，充分发挥生产性服务业集聚在城市化进程中的技术溢出效应，与此同时，还应更加倚重国内市场制定使外贸企业由外销转内销的激励和优惠政策，鼓励企业依托国内市场形成生产性服务业链接的投入—产出体系，构建生产性服务链接的城市化空间协同机制，促进大中小城市协同共进，以更大空间范围的规模经济效应推进城市化协调发展。对于西部地区而言，国内市场依然在生产性服务业集聚对城市化的规模经济效应中发挥着重要作用，且国内、国际市场共同加强了生产性服务业专业化集聚对城市化的影响，因而应以立足国内市场为主，在充分发挥生产性服务业对城市化推进的空间协同作用（以摆脱孤立发展境地）的同时，结合国际市场中跨国公司和外商企业在组织生产性服务中的先进经验和技术，以当地比较优势和主导产业为依据推进生产性服务业的专业化分工和集聚，增强城市产业部门发展潜力和综合竞争力，促进经济结构转型和城市化有效推进。

三、基于行业和企业层面的政策措施

第一，由于制造业结构升级过程中，不同生产性服务业细分行业集聚产生了明显的异质性空间影响，因而对于“交通运输、仓储和邮政业”以及“租赁和商务服务业”，应选择更适合的多样化集聚模式进行发展，并加强地区间交通运输、物流及商务服务等方面的统筹规划和协同推进，充分发挥该类行业集聚的空间外溢效应；零售业在各地区应选择专业化集聚模式进行发展，同时打通区域间商品流通壁垒、降低区域间商品流通成本，使各地区制造业商品生产与当地和周边地区零售商有效对接，构建批发零售业推进制造业发展和结构升级的长效机制；金融业应加强专业化集聚，降低地方政府在金融发展中的不当干预，使专业化的金融服务为当地和周边地区优势产业、战略性新兴产业和高端技术行业发展服务，使金融集聚的外溢效应惠及更多周边地区；各地区在发展“信息传输、计算机服务和软件业”“环境治理和公共设施管理业”以及“科学研究和技术服务业”过程中，应创造条件促进专业化集聚，提高其在经济结构中的比重，进一步强化信息技术、科学研究和环境治理等专业化服务对当地和周边地区制造业结构升级的推进作用。

第二，由于生产性服务业专业化集聚显著促进了一般贸易、加工贸易和非国有企业价值链攀升，但是多样化集聚只能推动加工贸易企业价值链的攀升，因此，中国在推进生产性服务业集聚的进程中，一方面，要提升生产性服务业的专业化水平，鼓励高素质人才和资本注入，为制造业包含人事、财务、研究开发等在内的支持性活动提供支撑；另一方面，要注重匹配制造业的发展需求构建形式、服务多元化的生产性服务业，发挥不同产业集中分布带来的雅各布斯外部性及规模经济效应，拉动制造业价值链攀升。

第三节 生产性服务业集聚促进城市经济绿色转型的政策建议

一、基于国家层面的整体政策措施

首先，由于生产性服务业专业化集聚和多样化集聚对碳排放的空间外溢效应有效边界分别为300公里和400公里，这一距离与高铁时速基本相当，因而与一小时经济群或城市群的空间范围基本一致。因此有效发挥生产性服务业集聚的碳减排效应需以城市群为载体，统筹兼顾城市群内各等级城市发展阶段、生产性服务业行业性质、集聚方式以及制造业结构特征，科学规划生产性服务功能在城市间的分工，实现生产性服务业集聚、内部结构升级及制造业结构优化在城市群空间的良性互动和有效融合，以期依托生产性服务业协同集聚推进城市碳排放的联防联控和协同发展，有效发挥生产性服务业集聚在空间上的碳减排效应。

为充分利用生产性服务业集聚的空间外溢效应来提升城市环境质量，各城市一方面在促进本市生产性服务业专业化集聚和发展的同时，还应进一步强化其与周边城市间的经济联系和产业合作，促进生产性服务业与制造业在空间上优势互补、有效匹配和联动发展，使生产性服务业专业化集聚对环境质量的规模经济效应和技术外溢效应在更大空间范围内得到充分发挥；另一方面则要在专业化基础上进一步提高生产性服务业的多样化集聚水平，使多样化集聚建立在高度专业化基础之上，加强城市间基于生产性服务业与制造业间的投入产出关联效应，使生产性服务业集聚对本市和周边城市环境质量的提升效应在更多行业互补共生中得到更为充分的发挥。

其次，由于生产性服务业专业化集聚仅对本地区能源利用结构优化具有促进作用，而对周边地区对能源利用结构产生负向空间外溢效应；生产性服务业多样化集聚显著促进了本地区和周边地区能源利用结构优化，因而各地区应积极转变生产性服务业发展方式，结合自身要素禀赋、比较优势、制造业结构及主导产业需求，对城市生产性服务功能进行合理分工、科学规划，确定生产性服务业发展方式和集聚模式。在以“转方式、调结构”和“促减排、降能耗”为目标对地方政府进行政绩考核时，不能单纯以生产性服务业发展规模为标准判断地方政府在产业结构调整和发展方式转变中的业绩，而是更应注重生产性服务业内部结构的合理化和高度化。各地区应注重生产性服务业专业化发展与周边地区制造业发展间的有效联结和协同推进，同时进一步提高生产性服务业的多样化集聚水平，提高生产性服务业集聚的质量和效益。通过形成高质量的生产性服务业专业化集聚，使生产性服务业多样化集聚建立在更有效的专业化集聚基础之上，促进生产性服务业集聚对本地区和周边地区能源利用结构优化的影响效应在更多行业互补共生中得到更为充分的发挥，促进制造业生产方式转变和结构优化，进而推进能源利用结构优化。进一步地，生产性服务业专业化集聚对能源利用结构的负向空间外溢效应具有明显的长期性特征，这意味着如果不尽快转变生产性服务业发展方式、促进生产性服务业内部结构优化，其专业化集聚对能源利用结构的抑制作用不仅将在一定时期内持续存在，而且还可能影响多样化集聚的影响效果。不仅如此，长此以往还将造成生产性服务业低质量集聚模式的固化，并通过示范效应在空间中传导，阻碍制造业结构升级和能源利用结构的优化。因而依托生产性服务业发展和集聚推进能源利用结构优化的策略必须常抓不懈，在推进生产性服务业规模增长的同时积极优化生产性服务业内部结构和集聚模式，提高高端生产性服务业发展水平和质量，以防止生产性服务业集聚和能源利用结构在低水平上出现路径依赖。

最后，要进一步规范和监督地方政府的土地供给行为，使土地供给规模、速度与城市产业和人口规模、增长速度相吻合，土地供给类型与当地比较优势产业的发展需要相匹配，纠正地方政府通过土地市场扭曲盲目推进资本密集型行业发展的扭曲行为，防止城市空间无序扩张，使土地供给更多地在优势产业发展和环境保护方面发挥积极作用。此外，还要进一步推进土地市场化进程，让市场在土地资源配置中起决定性作用，以市场为导向发现并形成土地价格，提高工业用地“招标、拍卖、挂牌”出让比例，降低城市建设用地向基础设施和工业领域的偏向性配置倾向，进而降低土地市场扭曲水平。

二、基于城市层面的政策措施

第一，生产性服务业集聚模式与城市规模不匹配也是导致生产性服务业集聚、尤其是多样化集聚对碳排放产生正向空间外溢效应的重要原因。本书结果显示，各等级城市中只有特大和超大城市生产性服务业多样化和专业化集聚对本市和周边城市产生了明显的碳减排效应，而大城市、中等城市和小城市生产性服务业集聚模式与城市规模间均存在不同程度的错配问题。在国家对生产性服务业发展日益重视背景下，出于政绩考虑，各级城市政府纷纷依据中央产业政策加大了对生产性服务业发展的支持力度，在缺乏顶层设计和有效规划的情况下较易出现重复建设和区间恶性同质竞争等问题，由此导致了各级城市生产性服务业高水平但低质量的多样化集聚，造成了极大的要素配置扭曲和资源浪费，不利于生产性服务业集聚的碳减排效应的有效发挥。鉴于此，各级城市应结合自身要素禀赋、比较优势、制造业结构及主导产业的需求，对城市间生产性服务功能合理分工、科学规划。特大和超大城市（如北京、上海、广州、深圳等）由于城市规模大、产业层级高、制造业分工更为细化，对生产性服务的需求也更为专业化和多样化，因而该类城市中的生产性服务业应同时具备高度专业化和多样化特征，以满足产业结构优化升级对生产性服务的多样化和高端化需求。大城市（如省会城市、人口在100万人以上的其他城市等）尽管城市规模和产业层次不及特大和超大城市，但由于其工业门类较为齐全且正处于结构调整关键期，其工业发展可能同时需要专业化水平较高且具备一定多样化特征的生产性服务业作为支撑，因而该类城市生产性服务业集聚模式可能正处于由高度专业化向高质量多样化的过渡阶段，应在保证生产性服务业专业化发展的同时不断扩展生产性服务的种类和服务外延，以适应工业发展和工业结构调整对生产性服务的需求。中小城市应根据自身比较优势和主导工业发展需求，重点推进特色鲜明的专业化生产性服务业集聚，以提高工业能源效率和劳动生产率，降低碳排放。伴随中国经济发展进入新常态，各地区为达到“调结构、转方式”的经济发展目标纷纷采取“退二进三”政策，该政策尽管有其合理性，但并不适用于每个城市，尤其是城市规模相对较小的中小城市。对中国中小城市而言，专业化的工业发展方式依然在其产业发展中处于主导地位，应避免生产性服务业发展中盲目追求“小而全、大而全”的发展模式和低质量高水平的多样化集聚模式，根据主导工业发展需求来制定生产性服务业发展规划，以生产性服务业专业化集聚推进工业效率提升、形成城市经济发展特色，有效提升中小城市碳减排水平。

第二，对于城市整体的环境质量而言，各级城市应根据自身产业结构、规模特征和禀赋差异等因地制宜地选择合适的生产性服务业集聚模式，依托产业发展和集聚夯实经济基础并摆脱土地市场扭曲依赖，充分发挥生产性服务业集聚的环境质量提升效应。Ⅰ型及以上大城市和Ⅱ型大城市应进一步同时强化生产性服务业专业化和多样化集聚，使生产性服务业多样化集聚建立在高度专业化基础之上，不断适应并引领工业发展和工业结构调整，为本市及腹地制造业发展提供多样化高质量的生产性服务产品，充分发挥生产性服务业集聚的规模经济效应和技术外溢效应提高环境质量。中小城市生产性服务业发展和集聚应以适应主导制造业发展需求为目标，通过特色生产性服务业专业化集聚提升集聚经济效应和城市环境质量。同时，Ⅱ型大城市、中等城市和小城市应根据城市规模特征、比较优势等进一步夯实其产业发展基础、促进产业集聚，提高经济规模和经济发展水平。通过提高这三类城市经济规模和产业发展水平，提高土地资源利用效率，降低地方政府通过对城市土地资源的扭曲性配置而对环境质量产生的抑制作用。

三、基于细分生产性服务行业层面的政策措施

首先，在能源利用结构方面，各地区在调结构、转方式中应进一步提高生产性服务业发展规模和速度，尤其注重信息传输、计算机服务和软件业、科学研究和技术服务业以及环境治理和公共设施管理业等高端生产性服务行业的发展，促使高端生产性服务在制造业价值链中有效嵌入，推进制造业生产环节由高排放、低附加值向低排放、高附加值的两端延伸，充分发挥生产性服务业集聚对能源利用结构优化的促进作用。具体而言，应着力推动科学研究和技术服务业及环境治理和公共设施管理业集聚和发展，使其在能源利用效率提升和能源结构优化中有效发挥其规模经济效应和技术外溢效应。鉴于信息传输、计算机服务和软件业的专业化集聚和多样化集聚对本地区和周边地区能源利用结构优化的促进作用具有明显长期效应，因而各城市依托发展高端生产性服务业促进能源利用结构优化的过程中，要致力于加强信息传

输、计算机服务和软件业的专业化集聚和多样化集聚水平，以使其对能源利用结构优化的长期推进机制得到充分发挥。此外，在推进金融市场和金融业发展过程中，应进一步规范政府行为、界定政府干预金融市场的尺度，充分发挥市场在金融资源配置中的决定作用，同时更好发挥政府在金融业发展中的因势利导作用，使政府行为与金融业良性发展相吻合、金融业集聚与制造业集聚相协调，真正使金融业集聚在能源利用结构提升中发挥应有作用。

其次，由于交通运输、仓储和邮政业、批发零售业与租赁和商务服务业集聚仅对本地区能源利用结构优化产生了促进作用，而未对周边地区能源利用结构优化产生积极影响，因而在推进高端生产性服务业集聚和发展的同时，还应进一步发挥中低端生产性服务业集聚对本地区能源利用结构优化的促进作用，并构建中低端生产性服务业集聚与周边地区制造业结构间的长效关联机制，使其对周边地区能源利用结构优化也发挥积极作用。交通运输、仓储和邮政业、批发零售业与租赁和商务服务业等中低端行业集聚未对周边地区能源利用结构优化产生积极影响，原因可能在于其正向影响效应仅限于本地区，而未与周边地区产业发展形成长效关联机制。应进一步强化其与周边地区间的经济联系和产业合作，促进生产性服务业与制造业在空间上优势互补、有效匹配和联动发展，使生产性服务业专业化集聚优化能源利用结构的规模经济效应和技术外溢效应在更大空间范围内得到充分发挥。

再次，生产性服务业、尤其是高端生产性服务业发展滞后是导致生产性专业化和多样化集聚未对本市碳排放产生明显影响，并对邻市碳排放产生促进作用的主要原因。因而各地区在调结构、转方式中应进一步提高生产性服务业发展规模和速度，尤其注重信息传输、计算机服务和软件业、金融业、科学研究和技术服务业等高端生产性服务行业的发展，促使高端生产性服务在制造业价值链中有效嵌入，推进制造业生产环节由高排放、低附加值向低排放、高附加值的两端延伸，有效提升城市产业层次和产业结构优化水平，使生产性服务业集聚充分发挥碳减排效应。具体而言，由于金融业专业化集聚、科学研究和技术服务业多样化集聚以及环境治理和公共设施管理业的专业化和多样化集聚对本市或周边城市产生了明显的碳减排效应，因而各城市在发展高端生产性服务业过程中，应不断提高金融业专业化集聚水平，促使科学研究和技术服务业在城市中形成与其他生产性服务行业互补共生的多样化集聚模式，同时提升环境治理和公共设施管理业的专业化和多样化集聚水平。此外，信息化滞后于工业化是信息传输、计算机服务和软件业专业化和多样化集聚均未对本市和邻市碳排放产生明显影响的重要原因，因而各城市发展高端生产性服务业过程中也要同时加强信息传输、计算机服务和软件业的专业化和多样化集聚水平。

最后，对于城市的整体环境质量而言，各城市应根据每类生产性服务行业不同集聚模式对环境质量的影响特征有分别地制定相应的产业发展政策、实施相应的推进措施，以有效提升城市产业层次和产业结构优化水平，充分发挥生产性服务业集聚对城市环境质量的提升效应。具体而言，交通运输、仓储和邮政业、批发零售业、科学研究和技术服务业以及环境治理和公共设施管理业应重点促使其在城市中形成与其他生产性服务行业互补共生的多样化集聚模式，有效发挥其规模经济效应和技术外溢效应，提高城市环境质量；对于信息传输、计算机服务和软件业，各城市依托发展高端生产性服务业促进环境质量提升的过程中，要始终加强其专业化集聚水平，以使其对城市环境质量的提升效应和空间外溢效应得到充分发挥；对于租赁和商务服务业，各城市在发展该行业过程中不能仅限于城市本身，更应从城市群或区域系统的整体层面统筹布局、合理规划，加强商务服务与周边城市产业发展间的关联效应，使其在与周边城市产业联动发展中扩展集聚经济效应的空间作用边界，促进本市环境质量改善的同时也对周边城市环境质量提升产生明显的空间外溢效应。此外，在推进金融市场和金融业发展过程中，应进一步规范政府行为、界定政府干预金融市场的尺度，充分发挥市场在金融资源配置中的决定作用，同时更好发挥政府在金融业发展中的因势利导作用，使政府行为与金融业良性发展相吻合、金融业集聚与制造业集聚相协调，真正使金融业集聚在城市环境质量提升中发挥应有作用。

第四节　生产性服务业集聚促进城市经济高质量发展的政策建议

一、基于国家和行业层面的整体政策措施

首先，由于生产性服务业专业化、多样化集聚和空间集聚规模分别通过技术溢出效应和规模经济效应从供给和需求方面作用于经济增长，各地区在制定生产性服务业发展战略时，既要根据自身经济发展状况发展适宜的生产性服务业、调整和完善生产性服务业内部结构，从而充分发挥生产性服务业集聚的技术溢出效应，又要兼顾邻近城市生产性服务业发展和产业结构状况，

充分利用当地与周边城市的协同效应和规模经济效应，从供给和需求两方面充分发挥生产性服务业的集聚效应。此外，由于城市经济增长中生产性服务业专业化集聚效果明显高于多样化集聚，各地区在选择适宜的生产性服务业集聚模式、依托生产性服务业集聚提升经济结构过程中，应更多根据当地比较优势和区域经济结构状况扩大特色生产性服务业规模、发展专业化经济，充分释放生产性服务业集聚的技术外溢效应。

其次，生产性服务业集聚能够显著促进本地区经济增长质量提升，但对邻近地区具有抑制作用。各地区不仅应当注重自身生产性服务业发展，还应当注重其与邻近地区的协调发展，通过推进行政体制改革，打破区域壁垒和地方保护主义，消除阻碍生产性服务业要素流动的体制性障碍，由市场决定要素自由流动，充分发挥生产性服务业集聚所产生的知识溢出效应、要素重组效应和规模经济效应，加强各区域生产性服务业间、生产性服务业与制造业间的产业优势互补，实现区域间产业协同发展，形成相互促进经济增长质量提升的良好局面。

最后，由于生产性服务业集聚对城市经济增长质量的影响具有明显的行业异质性，而金融业与科学研究和技术服务业等高端生产性服务业集聚并未明显促进本地区经济增长质量提升，因而对于金融业而言，其内部可能存在明显的资源错配问题，政府部门应当出台具体的行业发展政策，引导金融资源进行合理配置，使得金融业发展与本地区其他行业发展相匹配，并使金融资源更多地普惠到非国有企业或具有成长空间的中小企业。对于科学研究和技术服务业而言，应首先优化地区产业布局，充分考虑自身产业结构特征，根据当地高新技术产业发展情况因地制宜地发展科学研究和技术服务业、促进科学研究和技术服务业集聚，使其更好地合理嵌入本地区产业链中并对高新技术产业发展提供技术服务和支撑。同时也应当充分考虑高新技术产业的前后关联性，注重高新技术产业内部的合理分工及其配套产业的优势互补，真正发挥出科学研究和技术服务业对提升经济增长质量的促进作用。

二、基于地区和城市层面的政策措施

首先，由于生产性服务业专业化集聚对经济增长的作用由东向西依次递增且在东中部地区已经出现集聚不经济，而生产性服务业多样化集聚则对经济相对发达、产业发展相对成熟地区影响更显著，因此西部欠发达地区发展现代生产性服务业应更加注重专业化经营，通过不断调整产业结构发展与当地优势制造业或优势资源相匹配的生产性服务业，打造专业化的生产性服务业集聚区，而东部和中部发达地区则需要在保证生产性服务业专业化规模的同时更加注重其多样化发展，通过构建形式多元、产业间协同共进的生产性服务业集聚区来满足当地多样化产业发展的需要。进一步地，由于生产性服务业专业化和多样化空间对经济增长的影响在不同的分位区间具有不同的变化趋势，因而各地区应统筹考虑当地经济增长受到的生产性服务业集聚的空间技术作用方式以及该空间作用方式在不同的经济增长分位区间可能产生的具体影响，因地制宜地安排经济活动空间分布和生产性服务业发展政策。以生产性服务业专业化集聚在西部地区的作用为例，我们可首先对西部地区各城市非农业 GDP 规模进行排位，并针对该地区不同分位点的城市制定不同的经济活动区位和生产性服务业发展政策。如为了提高非农业 GDP 处在低分位点城市的经济增长水平，可以在保证这些城市与其他城市投入产出联系和通达性的基础上，进一步根据当地优势积极发展与其周边主要城市制造业相匹配的有特色生产性服务业或与主要溢出城市生产性服务业相适应的制造业，提高生产性服务业的专业化集聚水平，加强和深化城市间生产性服务业与经济增长的空间协同效应。

其次，鉴于生产性服务业的空间规模经济效应在中西部多数地区依然偏低，应着重从结构和制度方面加强中西部欠发达地区城市群和经济圈（带）建设。第一，中西部地区应继续改善交通和通信条件以克服自然地理障碍、增强城市间通达性；第二，这些地区要积极调整产业结构，逐步放弃因重工业优先发展而形成的制度安排，发展与当地比较优势相适应的产业，带动生产性服务业集聚；第三，应将应对地方保护主义的着力点由最终商品市场向生产性服务等中间要素市场倾斜，根据不同地区比较优势构建城市间生产性服务连接和协调的供应链机制，增强生产性服务业的发展潜力及其对当地经济增长的推进作用。

最后，由于生产性服务业集聚对城市经济增长质量的影响具有明显的城市规模异质性，因而不同规模城市之间应当合理分工，注重协同发展。充分利用大城市对优势经济资源的集聚作用，在促进自身经济增长质量提升的同时，通过知识外溢效应、要素重组效应及规模经济效应辐射周边的中小城市，弥补中小城市对高端生产性服务业的需求。并将部分较低端生产性服务业转移至中小城市，在缓解了大城市经济环境压力的同时，也带动了周边中小城市的经济发展。截至 2015 年，在 104 个中等城市样本中，仅有 28 个城市的第三产业产值占 GDP 比重超过第二产业占比，在 59 个小城市样本中，仅有

14 个城市第三产业占比超过第二产业，可见中小城市目前的发展模式仍以工业为主导，生产性服务业发展仍处于较低水平。因此，中小城市不可片面追求生产性服务业“大而全”的发展模式，应避免生产性服务业的低水平重复建设，积极发展与当地制造业发展水平相适应的生产性服务业，充分发挥生产性服务业集聚的知识溢出效应和规模经济效应，促进生产性服务业与制造业协同集聚和协调发展，从而实现中国城市经济增长质量提升。

第七章

总结和展望

城市经济转型发展问题是中国区域和城市经济研究领域长期关注的问题，然而学者们对于城市经济转型方向、转型方式和转型机制的探讨并未形成统一共识，也未对这些问题进行系统分析。中国经济已经由工业经济转向服务经济时代，以生产性服务业为代表的现代服务业在推进城市经济发展中的重要性越来越得到凸显。如何更好地发展现代生产性服务业，使其成为推动中国城市经济转型升级和高质量发展的重要动能，成为学界关注的热点现实问题。本书从生产性服务业集聚视角系统探讨城市经济转型发展问题，提出了依托生产性服务业集聚促进中国城市经济向效率提升、结构升级、绿色转型、质量升级四个方面转型的方向、机制和路径，并综合利用地区、城市和行业的多维数据和空间计量方法，实证检验了生产性服务业集聚的城市经济转型升级效应。本章将对这些研究进行总结，并说明不足之处和未来的研究方向。

第一节　理论观点总结及主要研究结论

一、理论观点

（1）与制造业集聚经济效应相比，生产性服务业集聚效应的识别具有自身特殊性，更加体现为知识外溢效应和人力资本的“蓄水池”效应。对于制造业而言，马歇尔（Marshall, 1890；1961）认为制造业集聚经济效应主要来源于三个方面的外部性机制：劳动力“蓄水池”效应、中间投入的规模经济效应和技术外溢效应。在制造业集聚区中，各企业不仅可以共享技能劳动力、完善的基础设施和专业化的供应商，而且能够在与其他企业不断互动中学习到新的经验和知识，从而提升自身劳动生产率。制造业上下游企业间的界限较为明显，上下游间的投入产出关系也较为明确。然而，对于服务业企业而言，尽管系统解释生产性服务业集聚及其效应的理论尚未成熟，但生产性服务企业之间的关系并不是完全的上下游关系，在投入要素上也不具有明显互补性，更多的是一种竞争关系。生产性服务业属于知识密集型或技术密集型行业，其投入要素更多的是带有先进技能或知识的专业人才，因而人力资本和技术是生产性服务生产中的投入要素。从要素的集聚效应来看，无论是专业化集聚经济还是多样化集聚经济，生产性服务业自身的集聚效应更多地体现为专业技能人才的“蓄水池”效应以及技术（或知识）溢出效应，而不存在严格意义上的中间投入的规模经济效应或投入产出关联效应。

（2）在与制造业或经济增长的关系方面，生产性服务业集聚效应要从供给和需求两个方面进行识别。尽管对于生产性服务业自身而言，其集聚可以产生技能劳动力“蓄水池”效应和技术外溢效应两类集聚外部性。但与制造业互动中，可以产生供给和需求两方面的集聚外部性。从供给方面来看，生产性服务业集聚的技术外溢效应可通过其与制造业间的投入产出关联进一步影响到制造业的生产效率，即生产性服务业集聚也可对制造业产生技术外溢效应。从需求方面来看，在制造业需求拉动作用下，生产性服务业集聚能够产生中间服务供给中的规模经济效应，生产性服务业空间集聚规模带来的规模报酬递增有助于制造业降低成本，提高劳动生产率。可是目前鲜有文献综合供给方面的技术外部性和需求方面的市场外部性（规模经济效应）来系统探讨生产性服务业集聚对制造业乃至城市经济发展的影响。本书则是以集聚外部性理论和新经济地理理论为基础，从供给和需求的综合视角探讨生产性服务业集聚对城市经济转型发展的影响，为各地区选择适合的生产性服务业集聚模式、促进地区间生产性服务业与经济增长协同发展提供理论支撑和现实依据。

（3）生产性服务业集聚效应的发挥需要完善的市场机制作为保障，因而会受到内外市场的影响。生产性服务业集聚和发展中的市场敏感性因内外市场开放程度而各异。市场开放程度差异将影响生产性服务业集聚的技术溢出效应和空间规模经济效应的有效发挥。目前已有研究初步探讨了对外开放对生产性服务业集聚效应的影响。如顾乃华（2010）认为在服务业发挥外溢效应过程中，对外开放起着显著调节作用，我国各地区经济绩效差距不断扩大的一个重要原因就在于在低对外开放地区，服务业扩大就业、与工农业互动等外溢效应会受到限制；裴长洪等（2011）等也认为对外开放程度不同的地区具有不同的生产性服务组织化水平，并决定了不同地区制造业企业集群实行专业化分工协作的能力。然而这些研究并未在理论和实证上对国际市场影响生产性服务业集聚效应的研究进行系统探讨，也未在同一框架中探讨国内、国际市场开放对生产性服务业集聚效应的影响差异。本书则在这方面做了进一步拓展。本书研究结果显示，国际、国内市场均增强了生产性服务业专业化集聚的本地技术溢出效应，但国内市场的作用效果更为明显；国际市场对生产性服务业多样化集聚的本地技术溢出效应具有强化作用，但国内市场的作用不显著。国内市场有助于生产性服务业空间规模经济效应的发挥，国际市场却抑制了这一效应的作用效果；国内、国际市场对生产性服务业空间规模经济效应的影响具有替代性。

（4）在中国产业发展普遍受到政府干预影响情况下，探讨城市经济转型发展过程中生产性服务业的集聚效应，还要特别注重对于适宜性生产性服务业集聚模式的研究。中国生产性服务业发展实践中，各地区并未对适宜的生产性服务业集聚模式进行具体考察，甚至出现背离当地比较优势和产业结构的盲目发展现象。从 2006 年开始，中央政府开始将“加快发展现代服务业”写入一年一度的政府工作报告中，以此作为各级地方政府推进产业结构调整、促进经济发展的重要纲领和依据。受其影响，各地政府纷纷加大对生产性服务业发展的投入力度。在缺乏有效规划的情况下，这种“遍地开花”式的发展模式较易背离当地比较优势和资源禀赋特征而导致生产性服务业存在市场规模小、恶性同质竞争、低水平重复建设和资源错配等问题。这些问题的存在制约着生产性服务业集聚效应的充分发挥和城市经济健康发展。因而，生产性服务业集聚和发展应顺应市场规律，选择与不同地区工业结构、要素禀赋和经济布局等特征相符合的生产性服务业类型和集聚模式进行发展，而政府则应在该过程中发挥因势利导的作用，提高生产性服务业集聚对城市经济转型发展的精准支撑能力。

（5）生产性服务业集聚产生的规模经济效应和技术外溢效应并不会直接对制造业结构升级和城市经济转型发展产生影响，而是需要首先对技术创新过程产生促进作用，进而才会对结构升级和转型发展产生作用。规模经济效应和技术外溢效应是直接作用于厂商生产过程并促进要素生产率提升的重要机制，并不能直接对制造业结构调整和城市经济转型发展起作用。多数研究先验地认为只要生产性服务业集聚产生了规模经济效应或技术外溢效应便会直接对制造业结构升级和城市经济转型发展产生影响的理论设想，实际上掩盖了二者更深层次的作用机制。结构升级和转型发展的根本动力在于技术进步，集聚经济理论尽管阐释了递增收益的来源，但却未能解释生产性服务业集聚产生的外部经济究竟通过何种方式作用于制造业的研发和创新过程，进而产生推进制造业结构升级和城市经济转型的技术进步动力。溯源于熊彼特创新和内生增长理论，基于创新活动而形成的“创造性破坏”机制在促进技术进步、推进经济结构调整和经济内生增长中发挥了重要作用。这种“创造性破坏”机制为现代服务业与制造业相融合，利用生产性服务业改造和提升制造业结构和质量，进而实现“有秩序的经济结构调整”提供了可靠的理论依据。本书便在集聚经济理论和熊彼特内生增长理论的综合视角下，探讨了生产性服务业集聚的技术外溢效应和规模经济效应通过降低制造业创新风险或不确定性，进而影响制造业行业间技术进步增长率差异和产品相对价格变化，最终从供给端推动制造业结构升级、城市绿色转型，进而城市经济转型升级和高质量发展的作用机制。

二、主要研究结论

本书基于集聚经济理论、新经济地理理论、熊彼特内生增长理论、企业污染排放理论、贸易附加值理论的综合视角，从效率提升、结构升级、绿色转型、质量升级四个方面构建理论框架，使用空间计量、宏观计量相结合的方法探讨了生产性服务业集聚对城市经济转型发展的影响，并从不同地区、不同等级城市和不同行业层面对研究结果进行了深入检验。

(1) 生产性服务业集聚的效率提升效应。生产性服务业专业化集聚与多样化集聚均促进了本市绿色全要素生产率，且专业化集聚显著提升了周边城市的绿色全要素生产率，而多样化集聚却显著降低了周边城市的绿色全要素生产率；土地财政与生产性服务业专业化集聚的交互项对本市与周边城市绿色全要素生产率的提升均产生明显的抑制作用；土地财政与生产性服务业多样化集聚的交互项提升了本市绿色全要素生产率，却降低了周边城市的绿色全要素生产率，但其影响不显著。而单从能源效率提升而言，无论在短期还是长期，生产性服务业专业化和多样化集聚均未对本市能源效率产生明显影响，但却显著降低了邻市的能源利用效率，且该负向外溢效应的长期影响大于短期，多样化集聚的作用效果大于专业化集聚。由于中国生产性服务业发展中的低端化倾向依然较为明显，较高比重低端生产性服务业集聚对工业能源效率的负向溢出效应在整体上可能掩盖了高端生产性服务业集聚的正向溢出效应，从而使得生产性服务业集聚在短期和长期均未有效提升周边城市工业能源效率。

（2）生产性服务业集聚的结构升级效应。生产性服务业专业化集聚通过发挥规模经济效应和技术外溢效应对本地和周边地区制造业结构升级均产生了显著促进作用，而多样化集聚仅通过规模经济效应促进了本地区制造业结构升级，且长期效应大于短期。进一步研究发现，地方政府盲目跟进中央的相似产业政策是导致生产性服务业低质量多样化集聚、进而未对周边地区产生空间外溢效应的重要原因；生产性服务业在东部地区的专业化集聚和多样化集聚以及在中西部地区的专业化集聚均显著促进了本地和周边地区制造业结构升级，而在中西部地区的多样化集聚则产生了极为有限、甚至不利的影响。在制造业结构升级过程中，金融业、信息传输、计算机服务业等高端生产性服务业更适合选择专业化集聚模式，而交通运输、商务服务业、批发零售业等中低端生产性服务业则在多样化集聚环境中更易于发挥结构升级效应。不同的是，金融业专业化集聚、批发零售业多样化集聚仅有短期影响，而无长期效应；而交通运输、租赁和商务服务业多样化集聚则仅有本地效应，而无空间外溢效应。生产性服务业专业化与多样化集聚均能有效推动制造业向价值链高端攀升，其中生产性服务业专业化集聚可通过技术溢出效应放大企业生产率对制造业价值链攀升的促进作用，多样化集聚则通过规模经济效应弱化了企业成本对制造业价值链攀升的消极影响。对于人口城市化进程而言，生产性服务业专业化和多样化集聚主要从供给方面通过技术溢出效应作用于城市化，且专业化集聚的作用效果更明显；而生产性服务业空间集聚规模则侧重从需求方面通过规模经济效应作用于城市化。生产性服务业专业化集聚对西部地区作用甚于东、中部地区；而多样化集聚则对东部和中部相对发达地区影响更显著；生产性服务业空间集聚规模对城市化的影响由东向西依次递减。国内、国际市场均加强了东部地区生产性服务业空间规模经济效应、中西部地区生产性服务业专业化集聚效应以及中部地区多样化集聚效应的作用效果。但对东部地区生产性服务业专业化和多样化集聚效应、中西部地区空间规模经济效应的影响效果，国内和国际市场则存在明显差异。

（3）生产性服务业集聚的环境质量提升效应。整体而言，生产性服务业多样化集聚仅对本市环境质量提升有促进作用，而生产性服务业专业化集聚则对本市和邻市环境质量均具有显著提升效应。城市建设用地在工业及相关领域的偏向性配置进一步削弱了生产性服务业集聚对本市和邻市环境质量的提升效应。进一步研究发现，信息传输、计算机服务和软件业专业化集聚以及交通运输、仓储和邮政业，批发零售业，科学研究和技术服务业，环境治理和公共设施管理业多样化集聚均有利于本市和邻市环境质量提升，而租赁和商务服务业专业化集聚和多样化集聚仅对本市环境质量产生明显促进作用，金融业专业化集聚和多样化集聚则对本市和邻市环境质量均具有明显抑制作用。城市规模越大，生产性服务业的专业化集聚和多样化集聚效应就越明显，土地市场扭曲的作用就越弱；反之，则土地市场扭曲对生产性服务业集聚效应及环境质量的抑制作用越明显。而从构成城市环境质量的不同方面来看，生产性服务业集聚的作用效果却存在较大差异。其中，生产性服务业专业化集聚有助于促进本省能源利用结构优化，但对周边地区能源利用结构优化却产生了负向空间外溢效应；生产性服务业多样化集聚则对本省和邻省能源利用结构优化均具有明显促进作用，且长期影响大于短期。生产性服务业专业化和多样化集聚非但未产生预期中的碳减排效应，反而显著提升了周边城市的碳排放水平，且多样化集聚的空间溢出效应明显大于专业化集聚。除特大及超大城市外，大城市、中小城市生产性服务业集聚模式与城市规模间均存在不同程度的错配现象，进而导致生产性服务业集聚无法充分发挥碳减排效应。

（4）生产性服务业集聚的经济发展质量升级效应。生产性服务业专业化和多样化集聚主要通过技术外部性作用于经济增长，且专业化集聚的影响更明显；而生产性服务业空间集聚规模则是市场外部性的来源，通过城市间投入—产出的垂直关联效应作用于经济增长。生产性服务业专业化集聚的作用由东向西逐步递增，而多样化集聚仅对东部地区影响显著；生产性服务业空间集聚规模的影响由东向西依次递减。伴随经济增长分位数增加，生产性服务业专业化集聚和空间集聚规模对经济增长的影响均呈倒“U”型趋势，而多样化集聚的影响不断增强。通过构建城市经济发展质量综合指标，探讨生产性服务业集聚对城市经济发展质量的影响效应发现，生产性服务业集聚显著提升了本地区经济增长质量，但对邻近地区经济增长质量却产生了抑制作用，且该影响效果因生产性服务行业和城市规模不同而存在明显的异质性特征。其中，交通运输、仓储和邮政业，信息传输、计算机服务与软件业，租赁与商务服务业集聚有效促进了本地区经济增长质量提升，而批发与零售业、金融业、科学研究与技术服务业、环境治理和公共设施管理业集聚却对邻近地区经济增长质量产生了显著为负的空间外溢效应；Ⅰ型及以上大城市、Ⅱ型大城市的生产性服务业集聚有助于本地区经济增长质量提升，而中等城市和小城市的生产性服务业集聚则对本地区及邻近地区经济增长质量均未产生明显积极影响。

第二节　研究展望

在经济高质量发展背景下，本书探讨生产性服务业集聚对城市经济转型发展的影响具有重要的理论和现实意义。由于涉及的理论较多，在同一框架中系统梳理生产性服务业集聚推进城市经济转型发展的机制是本书的一个难点。由于本书的研究工作前后经历了八年多的时间，报告形成时各章节所用样本数据的时间段难以统一。笔者试图更新所有实证分析的样本区间，但在大量稳健性检验支撑下，增加样本区间的实证结果与使用原有时间区段的结果相比并未发生明显改变，再加上有些章节微观数据可得性限制，最终笔者没有对样本区间进行全部更新。纵观目前关于生产性服务业集聚与城市经济发展关系的文献以及本书所有内容，仍有一些问题需要做更为深入的研究。

首先，尽管生产性服务业集聚在城市经济发展中的重要作用已为多数研究所证实，但对于生产性服务业集聚效应的来源以及不同集聚外部性的作用差异依然未能得到充分刻画和论证。从生产性服务业集聚本身产生的集聚经济效应来看，技能劳动力“蓄水池”效应和技术外溢效应是生产性服务业集聚外部性的主要来源。然而，这两类效应却无法在生产性服务业集聚框架中进行具体测度和论证。一个非常重要的问题便是数据限制。要测算生产性服务业集聚内部的技能劳动力“蓄水池”效应和技术外溢效应，就需要中国各城市、甚至各省份的生产性服务业微观企业数据（包括从业人员、增加值、研发投入等），然而这些微观企业数据在各地区是缺失的或不可得的。这使得对于生产性服务业内部集聚效应的分析受到极大阻碍。从生产性服务业集聚与制造业或城市经济发展的关系来看，尽管可以通过分析生产性服务业集聚与制造业和城市经济间的关系，近似得到关于生产性服务业集聚效应存在性的论证，但仍然无法得到关于生产性服务业集聚与制造业间更为确切的作用机制。比如，生产性服务业集聚可通过投入产出关联对制造业产生技术外溢效应和规模经济效应，那么究竟是技术外溢效应的作用占主要地位还是规模经济效应？二者的空间作用边界究竟有何差异？这些问题的解答一方面需要更为细致的微观数据作为支撑，另一方面则需要更为精细的技术手段作为保障。随着大数据技术的发展和现代计量技术的不断完善，或许这些技术和数据问题在不久的将来会得到解决。

其次，探讨城市经济转型发展中各地区生产性服务业集聚的类型和适宜性模式仍是一个重要研究方向。在中国产业发展受到地方政府普遍干预情况下，生产性服务业如何才能够更好地顺应市场规律在各地区实现有效集聚依然是需要加以深入研究的重要内容。这里需要重点解决三个问题：一是各城市适合生产性服务业集聚的优势条件有哪些？二是各城市现有的生产性服务业集聚模式是否符合了当地优势条件？三是如果不符合，那么各城市生产性服务业集聚和发展状况与当地制造业发展的匹配程度究竟如何？只有回答了以上问题，适宜性生产性服务业集聚问题才能得到解答，而这严重受制于数据可得性。

最后，也是最为重要的一个方面，是关于生产性服务业集聚的理论框架构建问题。目前研究生产性服务业集聚的文献，多是基于传统集聚经济理论（马歇尔集聚外部性和雅各布斯外部性）而展开。然而，传统集聚经济理论的适用对象实际上是制造业而非生产性服务业。几乎所有文献理所当然地将适用于制造业的集聚经济理论应用于生产性服务业来探讨生产性服务业集聚及其外部性问题。我们知道，生产性服务业是与制造业存在很大差异的行业，其集聚形态、集聚演化过程与制造业存在天然的区别。将传统集聚经济理论或机制不加验证地“嫁接”或“移植”对于生产性服务业集聚效应的分析是否合适呢？对于这个问题的解答，还需要大量关于生产性服务业集聚实践的调研、经验总结和分析，从国内外生产性服务业集聚实践中归纳理论机制、构建理论分析框架。此外，目前学术界对于制造业生产函数的分析已经较为成熟，一些研究成果也已经形成定论。然而，对于究竟应使用怎样的生产函数对生产性服务业的生产经营行为进行刻画，目前学术界鲜有人进行深入研究。而生产性服务业生产函数的分析，对于进一步探讨生产性服务业市场行为、结构升级和空间布局都至关重要。这也是在后续研究中需要重点关注的方面。

参考文献

[1] 安筱鹏．制造业服务化路线图：机理、模式与选择［M］．北京：商务印书馆，2012.

[2] 白俊，连立帅．信贷资金配置差异：所有制歧视抑或禀赋差异？［J］．管理世界，2012（6）：30－42，73.

[3] 蔡昉，王美艳，曲玥．中国工业重新配置与劳动力流动趋势［J］．中国工业经济，2009（8）：5－16.

[4] 岑丽君．中国在全球生产网络中的分工与贸易地位——基于 TiVA 数据与 GVC 指数的研究［J］．国际贸易问题，2015（1）：3－13，131.

[5] 曾文慧．流域越界污染规制：对中国跨省水污染的实证研究［J］．经济学（季刊），2008（2）：447－464.

[6] 查建平，唐方方，别念民．结构性调整能否改善碳排放绩效？——来自中国省级面板数据的证据［J］．数量经济技术经济研究，2012，29（11）：18－33.

[7] 钞小静，任保平．城乡收入差距与中国经济增长质量［J］．财贸研究，2014，25（5）：1－9.

[8] 钞小静，任保平．中国经济增长质量的时序变化与地区差异分析［J］．经济研究，2011，46（4）：26－40.

[9] 陈斌开，林毅夫．发展战略、城市化与中国城乡收入差距［J］．中国社会科学，2013（4）：81－102.

[10] 陈国亮，陈建军．产业关联、空间地理与二三产业共同集聚——来自中国 212 个城市的经验考察［J］．管理世界，2012（4）：82－100.

[11] 陈淮．我国能源结构的战略调整与国际化对策［J］．中国工业经济，2000（7）：29－34.

[12] 陈建军，陈国亮，黄洁．新经济地理学视角下的生产性服务业集聚及其影响因素研究——来自中国 222 个城市的经验证据［J］．管理世界，2009

(4): 83-95.

[13] 陈建军，陈菁菁. 生产性服务业与制造业的协同定位研究——以浙江69个城市和地区为例 [J]. 中国工业经济, 2011 (6): 141-150.

[14] 陈建军，刘月，邹苗苗. 产业协同集聚下的城市生产效率增进——基于融合创新与发展动力转换背景 [J]. 浙江大学学报（人文社会科学版）, 2016 (3): 150-163.

[15] 陈启斐，刘志彪. 反向服务外包对我国制造业价值链提升的实证分析 [J]. 经济学家, 2013 (11): 68-75.

[16] 陈强. 高级计量经济学及Stata应用 [M]. 高等教育出版社, 2014.

[17] 陈诗一. 能源消耗、二氧化碳排放与中国工业的可持续发展 [J]. 经济研究, 2009, 44 (4): 41-55.

[18] 陈体标. 技术增长率的部门差异和经济增长率的“驼峰形”变化 [J]. 经济研究, 2008, 43 (11): 102-111.

[19] 陈晓峰，陈昭锋. 生产性服务业与制造业协同集聚的水平及效应——来自中国东部沿海地区的经验证据 [J]. 财贸研究, 2014, 25 (2): 49-57.

[20] 程大中. 中国生产性服务业的水平、结构及影响——基于投入—产出法的国际比较研究 [J]. 经济研究, 2008 (1): 76-88.

[21] 代谦，别朝霞. 人力资本、动态比较优势与发展中国家产业结构升级 [J]. 世界经济, 2006 (11): 70-84, 96.

[22] 戴永安. 中国城市化效率及其影响因素——基于随机前沿生产函数的分析 [J]. 数量经济技术经济研究, 2010 (12): 102-117.

[23] 邓玉萍，许和连. 外商直接投资、集聚外部性与环境污染 [J]. 统计研究, 2016, 33 (9): 47-54.

[24] 董也琳. 生产性服务进口会抑制中国制造业自主创新吗 [J]. 财贸研究, 2016, 27 (2): 47-55.

[25] 杜传忠，王鑫，刘忠京. 制造业与生产性服务业耦合协同能提高经济圈竞争力吗？——基于京津冀与长三角两大经济圈的比较 [J]. 产业经济研究, 2013 (6): 19-28.

[26] 杜宇玮. 中国生产性服务业促进制造业升级影响因素研究——基于超效率DEA和Tobit模型的实证分析 [J]. 商业研究, 2017 (6): 145-153.

[27] 段文斌，刘大勇，皮亚彬. 现代服务业集聚的形成机制：空间视角

下的理论与经验分析［J］. 世界经济, 2016 (3): 144 – 165.

［28］段文斌, 余泳泽. 全要素生产率增长有利于提升我国能源效率吗? ——基于35个工业行业面板数据的实证研究［J］. 产业经济研究, 2011 (4): 78 – 88.

［29］樊杰, 孙威, 任东明. 基于可再生能源配额制的东部沿海地区能源结构优化问题探讨［J］. 自然资源学报, 2003, 18 (4): 402 – 411.

［30］范剑勇, 冯猛, 李方文. 产业集聚与企业全要素生产率［J］. 世界经济, 2014, 37 (5): 51 – 73.

［31］范剑勇, 莫家伟. 地方债务、土地市场与地区工业增长［J］. 经济研究, 2014, 49 (1): 41 – 55.

［32］范剑勇. 产业集聚与地区间劳动生产率差异［J］. 经济研究, 2006 (11): 72 – 81.

［33］范金, 姜卫民, 刘瑞翔. 增加值率能否反映经济增长质量?［J］. 数量经济技术经济研究, 2017, 34 (2): 21 – 37.

［34］范子英. 土地财政的根源: 财政压力还是投资冲动［J］. 中国工业经济, 2015 (6): 18 – 31.

［35］冯泰文. 生产性服务业的发展对制造业效率的影响——以交易成本和制造成本为中介变量［J］. 数量经济技术经济研究, 2009, 26 (3): 56 – 65.

［36］傅元海, 唐未兵, 王展祥. FDI溢出机制、技术进步路径与经济增长绩效［J］. 经济研究, 2010, 45 (6): 92 – 104.

［37］傅元海, 叶祥松, 王展祥. 制造业结构优化的技术进步路径选择——基于动态面板的经验分析［J］. 中国工业经济, 2014 (9): 78 – 90.

［38］干春晖, 郑若谷, 余典范. 中国产业结构变迁对经济增长和波动的影响［J］. 经济研究, 2011, 46 (5): 4 – 16, 31.

［39］高鸿鹰, 武康平. 集聚效应、集聚效率与城市规模分布变化［J］. 统计研究, 2007, 24 (3): 43 – 47.

［40］高觉民, 李晓慧. 生产性服务业与制造业的互动机理: 理论与实证［J］. 中国工业经济, 2011 (6): 151 – 160.

［41］高鸣, 陈秋红. 贸易开放、经济增长、人力资本与碳排放绩效——来自中国农业的证据［J］. 农业技术经济, 2014 (11): 101 – 110.

［42］葛立成. 产业集聚与城市化的地域模式——以浙江省为例［J］. 中国工业经济, 2004 (1): 56 – 62.

[43] 公维凤，周德群，王传会．全国及省际能耗强度与碳强度约束下经济增长优化研究［J］．财贸经济，2012（3）：120-128.

[44] 顾朝林，庞海峰．基于重力模型的中国城市体系空间联系与层域划分［J］．地理研究，2008，27（1）：1-12.

[45] 顾乃华．城市化与服务业发展：基于省市制度互动视角的研究［J］．世界经济，2011（1）：126-142.

[46] 顾乃华．对外开放门槛与服务业的外溢效应［J］．当代经济科学，2010，32（6）：74-81.

[47] 顾乃华．生产性服务业对工业获利能力的影响和渠道——基于城市面板数据和SFA模型的实证研究［J］．中国工业经济，2010（5）：48-58.

[48] 顾乃华．我国城市生产性服务业集聚对工业的外溢效应及其区域边界——基于HLM模型的实证研究［J］．财贸经济，2011（5）：115-122.

[49] 郭凯明，余靖雯，吴泽雄．投资、结构转型与劳动生产率增长［J］．金融研究，2018（8）：1-16.

[50] 郭克莎．论经济增长的速度与质量［J］．经济研究，1996（1）：36-42.

[51] 郭文，孙涛．城镇化对中国区域能源消费及居民生活能源消费的影响［J］．中国环境科学，2015（10）：3166-3176.

[52] 郭文杰．改革开放以来FDI、城市化对服务业的影响研究［J］．财贸经济，2007（4）：91-95.

[53] 国务院发展研究中心和世界银行联合课题组，李伟，Sri Mulyani Indrawati，刘世锦，韩俊，Klaus Rohland，Bert Hofman，侯永志，Mara Warwick，Chorching Goh，何宇鹏，刘培林，卓贤．中国：推进高效、包容、可持续的城镇化［J］．管理世界，2014（4）：5-41.

[54] 韩峰，柯善咨．空间外部性、比较优势与制造业集聚——基于中国地级市面板数据的实证分析［J］．数量经济技术经济研究，2013，30（1）：22-38.

[55] 韩峰，柯善咨．追踪我国制造业集聚的空间来源：基于马歇尔外部性与新经济地理的综合视角［J］．管理世界，2012（10）：55-70.

[56] 韩峰，王琢卓，李玉双．生产性服务业集聚与城市经济增长——基于湖南省地级城市面板数据分析［J］．产业经济研究，2011（6）：19-27.

[57] 韩峰，郑腾飞．空间供给外部性、经济集聚与城市劳动生产率——对中国城市面板数据的实证分析［J］．上海经济研究，2013（4）：59-73.

[58] 韩峰，冯萍，阳立高. 中国城市的空间集聚效应与工业能源效率[J]. 中国人口·资源与环境，2014 (5): 72-79.

[59] 韩峰，洪联英，文映. 生产性服务业集聚推进城市化了吗？[J]. 数量经济技术经济研究，2014 (12): 1-17.

[60] 韩峰，扈晓颖. 环境规制对技术进步的影响研究——基于山东省的动态计量分析 [J]. 中国科技论坛，2011 (4): 97-102.

[61] 韩峰，王琢卓，李玉双. 生产性服务业集聚与城市经济增长——基于湖南省地级城市面板数据分析 [J]. 产业经济研究，2011 (6): 19-27.

[62] 韩峰，王琢卓，阳立高. 生产性服务业集聚、空间技术溢出效应与经济增长 [J]. 产业经济研究，2014 (2): 1-10.

[63] 韩峰，谢锐. 生产性服务业集聚降低碳排放了吗？——对我国地级及以上城市面板数据的空间计量分析 [J]. 数量经济技术经济研究，2017, 34 (3): 40-58.

[64] 韩永辉，黄亮雄，王贤彬. 产业结构优化升级改进生态效率了吗？[J]. 数量经济技术经济研究，2016, 33 (4): 40-59.

[65] 郝颖，辛清泉，刘星. 地区差异、企业投资与经济增长质量 [J]. 经济研究，2014, 49 (3): 101-114, 189.

[66] 何大安. 投资流向与结构调整、结构升级的关联分析 [J]. 经济研究，2001 (11): 45-51.

[67] 侯新烁，张宗益，周靖祥. 中国经济结构的增长效应及作用路径研究 [J]. 世界经济，2013, 36 (5): 88-111.

[68] 黄玖立，李坤望. 对外贸易、地方保护和中国的产业布局 [J]. 经济学（季刊），2006, 5 (3): 733-760.

[69] 黄寿峰. 财政分权对中国雾霾影响的研究 [J]. 世界经济，2017, 40 (2): 127-152.

[70] 黄赜琳，王敬云. 地方保护与市场分割：来自中国的经验数据 [J]. 中国工业经济，2006 (2): 60-67.

[71] 黄忠华，杜雪君. 土地资源错配研究综述 [J]. 中国土地科学，2014, 28 (8): 80-87.

[72] 惠炜，韩先锋. 生产性服务业集聚促进了地区劳动生产率吗？[J]. 数量经济技术经济研究，2016, 33 (10): 37-56.

[73] 贾敬全，殷李松. 财政支出对产业结构升级的空间效应研究 [J]. 财经研究，2015, 41 (9): 18-28.

[74] 江静，刘志彪，于明超．生产者服务业发展与制造业效率提升：基于地区和行业面板数据的经验分析［J］．世界经济，2007（8）：52－62.

[75] 江小涓．服务经济理论的引进借鉴和创新发展——《服务经济译丛》评介［J］．经济研究，2013，48（5）：154－156.

[76] 江小涓．服务业增长：真实含义、多重影响和发展趋势［J］．经济研究，2011，46（4）：4－14，79.

[77] 蒋震．工业化水平、地方政府努力与土地财政：对中国土地财政的一个分析视角［J］．中国工业经济，2014（10）：33－45.

[78] 解维敏，方红星．金融发展、融资约束与企业研发投入［J］．金融研究，2011（5）：171－183.

[79] 解学梅，霍佳阁，祝效国．能源强度与经济增长的动态关系——基于能源结构、政府干预多维视角的计量经济模型［J］．系统管理学报，2016，25（5）：777－786.

[80] 金晓雨．中国生产性服务业发展与城市生产率研究［J］．产业经济研究，2015（6）：32－41.

[81] 柯善咨，韩峰．中国城市经济发展潜力的综合测度和统计估计［J］．统计研究，2013，30（3）：64－71.

[82] 柯善咨，向娟．1996～2009年中国城市固定资本存量估算［J］．统计研究，2012，29（7）：19－24.

[83] 柯善咨，赵曜．产业结构、城市规模与中国城市生产率［J］．经济研究，2014，49（4）：76－88，115.

[84] 孔婷，孙林岩，冯泰文．生产性服务业对制造业效率调节效应的实证研究［J］．科学学研究，2010，28（3）：357－364.

[85] 刘斌，王乃嘉．制造业投入服务化与企业出口的二元边际——基于中国微观企业数据的经验研究［J］．中国工业经济，2016（9）：59－74.

[86] 寇宗来，刘学悦．中国城市和产业创新力报告2017［M］．复旦大学产业发展研究中心，2017.

[87] 蓝庆新，陈超凡．新型城镇化推动产业结构升级了吗？——基于中国省级面板数据的空间计量研究［J］．财经研究，2013，39（12）：57－71.

[88] 李金滟，宋德勇．专业化、多样化与城市化集聚经济——基于中国地级单位面板数据的实证研究［J］．管理世界，2008（2）：25－34.

[89] 李力行，黄佩媛，马光荣．土地资源错配与中国工业企业生产率差异［J］．管理世界，2016（8）：86－96.

[90] 李平，付一夫，张艳芳．生产性服务业能成为中国经济高质量增长新动能吗［J］．中国工业经济，2017（12）：5－21.

[91] 李强，魏巍．提高经济增长质量会抑制中国经济增长吗［J］．财贸研究，2016，27（1）：28－35.

[92] 李思慧．产业集聚、人力资本与企业能源效率——以高新技术企业为例［J］．财贸经济，2011（9）：128－134.

[93] 李文秀，谭力文．服务业集聚的二维评价模型及实证研究——以美国服务业为例［J］．中国工业经济，2008（4）：55－63.

[94] 李郇，洪国志，黄亮雄．中国土地财政增长之谜——分税制改革、土地财政增长的策略性［J］．经济学（季刊），2013，12（4）：1141－1160.

[95] 李影，沈坤荣．能源结构约束与中国经济增长——基于能源“尾效”的计量检验［J］．资源科学，2010（11）：2192－2199.

[96] 李勇刚，罗海艳．土地资源错配阻碍了产业结构升级吗？——来自中国35个大中城市的经验证据［J］．财经研究，2017，43（9）：110－121.

[97] 梁琳琳，卢启程．基于碳夹点分析的中国能源结构优化研究［J］．资源科学，2015，37（2）：291－298.

[98] 梁琦等．空间经济：集聚、贸易与产业地理［M］．北京：科学出版社，2014.

[99] 林伯强，蒋竺均．中国二氧化碳的环境库兹涅茨曲线预测及影响因素分析［J］．管理世界，2009（4）：27－36.

[100] 林伯强，李江龙．环境治理约束下的中国能源结构转变——基于煤炭和二氧化碳峰值的分析［J］．中国社会科学，2015（9）：84－106.

[101] 林伯强，姚昕，刘希颖．节能和碳排放约束下的中国能源结构战略调整［J］．中国社会科学，2010（1）：58－71.

[102] 林毅夫，任若恩．东亚经济增长模式相关争论的再探讨［J］．经济研究，2007（8）：4－12，57.

[103] 刘斌，王乃嘉．制造业投入服务化与企业出口的二元边际——基于中国微观企业数据的经验研究［J］．中国工业经济，2016（9）：59－74.

[104] 刘海英，赵英才，张纯洪．人力资本“均化”与中国经济增长质量关系研究［J］．管理世界，2004（11）：15－21.

[105] 刘华军，刘传明，孙亚男．中国能源消费的空间关联网络结构特征及其效应研究［J］．中国工业经济，2015（5）：83－95.

[106] 刘明宇，芮明杰，姚凯．生产性服务价值链嵌入与制造业升级的

协同演进关系研究 [J]. 中国工业经济, 2010 (8): 66 - 75.

[107] 刘胜, 顾乃华. 行政垄断、生产性服务业集聚与城市工业污染——来自260个地级及以上城市的经验证据 [J]. 财经研究, 2015 (11): 95 - 107.

[108] 刘修岩. 空间效率与区域平衡: 对中国省级层面集聚效应的检验 [J]. 世界经济, 2014, 37 (1): 55 - 80.

[109] 刘奕, 顾乃华. 上游生产性服务业价值链嵌入与制造业资源错配改善 [J]. 产业经济研究, 2018 (3): 13 - 26.

[110] 刘奕, 夏杰长, 李垚. 生产性服务业集聚与制造业升级 [J]. 中国工业经济, 2017 (7): 24 - 42.

[111] 刘宇. 外商直接投资对我国产业结构影响的实证分析——基于面板数据模型的研究 [J]. 南开经济研究, 2007 (1): 125 - 134.

[112] 刘志彪. 全面深化改革推动服务业进入现代增长轨道 [J]. 天津社会科学, 2015 (1): 122 - 127.

[113] 陆铭, 冯皓. 集聚与减排: 城市规模差距影响工业污染强度的经验研究 [J]. 世界经济, 2014, 37 (7): 86 - 114.

[114] 陆铭, 欧海军. 高增长与低就业: 政府干预与就业弹性的经验研究 [J]. 世界经济, 2011 (12): 3 - 31.

[115] 路红艳. 生产性服务与制造业结构升级——基于产业互动、融合的视角 [J]. 财贸经济, 2009 (9): 126 - 131.

[116] 吕云龙, 吕越. 制造业出口服务化与国际竞争力——基于增加值贸易的视角 [J]. 国际贸易问题, 2017 (5): 25 - 34.

[117] 吕政, 刘勇, 王钦. 中国生产性服务业发展的战略选择——基于产业互动的研究视角 [J]. 中国工业经济, 2006 (8): 5 - 12.

[118] 吕政. 以结构调整促进发展方式的根本性转变 [J]. 求是, 2009 (17): 40 - 42.

[119] 马丽梅, 刘生龙, 张晓. 能源结构、交通模式与雾霾污染——基于空间计量模型的研究 [J]. 2016 (1): 147 - 160.

[120] 马丽梅, 张晓. 中国雾霾污染的空间效应及经济、能源结构影响 [J]. 2014 (4): 19 - 31.

[121] 马忠海, 潘自强, 贺惠民. 中国煤电链温室气体排放系数及其与核电链的比较 [J]. 核科学与工程, 1999 (3): 268 - 274.

[122] 裴长洪, 彭磊, 郑文. 转变外贸发展方式的经验与理论分析——中国应对国际金融危机冲击的一种总结 [J]. 中国社会科学, 2011 (1): 77 - 87.

[123] 裴长洪. 吸收外商直接投资与产业结构优化升级——"十一五"时期利用外资政策目标的思考 [J]. 中国工业经济, 2006 (1): 33-39.

[124] 曲福田, 谭荣. 中国土地非农化的可持续治理 [M]. 科学出版社, 2010.

[125] 邵帅, 范美婷, 杨莉莉. 资源产业依赖如何影响经济发展效率? ——有条件资源诅咒假说的检验及解释 [J]. 管理世界, 2013 (2): 32-63.

[126] 邵帅, 李欣, 曹建华, 杨莉莉. 中国雾霾污染治理的经济政策选择——基于空间溢出效应的视角 [J]. 经济研究, 2016, 51 (9): 73-88.

[127] 邵挺. 金融错配、所有制结构与资本回报率: 来自1999~2007年我国工业企业的研究 [J]. 金融研究, 2010 (9): 51-68.

[128] 申玉铭, 吴康, 任旺兵. 国内外生产性服务业空间集聚的研究进展 [J]. 2009, 28 (6): 1494-1507.

[129] 沈鸿, 向训勇. 专业化、相关多样化与企业成本加成——检验产业集聚外部性的一个新视角 [J]. 经济学动态, 2017 (10): 81-98.

[130] 沈坤荣, 傅元海. 外资技术转移与内资经济增长质量——基于中国区域面板数据的检验 [J]. 中国工业经济, 2010 (11): 5-15.

[131] 沈利生, 王恒. 增加值率下降意味着什么 [J]. 经济研究, 2006 (3): 59-66.

[132] 沈能, 赵增耀. 集聚动态外部性与企业创新能力 [J]. 科研管理, 2014, 35 (4): 1-9.

[133] 沈能. 局域知识溢出和生产性服务业空间集聚——基于中国城市数据的空间计量分析 [J]. 科学学与科学技术管理, 2013, 34 (5): 61-69.

[134] 盛丹, 包群, 王永进. 基础设施对中国企业出口行为的影响: "集约边际"还是"扩展边际" [J]. 世界经济, 2011, 34 (1): 17-36.

[135] 盛丰. 生产性服务业集聚与制造业升级: 机制与经验——来自230个城市数据的空间计量分析 [J]. 产业经济研究, 2014 (2): 32-39, 110.

[136] 盛龙, 陆根尧. 中国生产性服务业集聚及其影响因素研究——基于行业和地区层面的分析 [J]. 南开经济研究, 2013 (5): 115-129.

[137] 师博, 沈坤荣. 政府干预、经济集聚与能源效率 [J]. 管理世界, 2013 (10): 6-18.

[138] 石敏俊, 周晟吕. 低碳技术发展对中国实现减排目标的作用 [J].

管理评论，2010，22（6）：48-53，47.

［139］宋马林，金培振．地方保护、资源错配与环境福利绩效［J］．经济研究，2016，51（12）：47-61.

［140］随洪光，段鹏飞，高慧伟，周瑾．金融中介与经济增长质量——基于中国省级样本的经验研究［J］．经济评论，2017（5）：64-78.

［141］随洪光，刘廷华．FDI是否提升了发展中东道国的经济增长质量——来自亚太、非洲和拉美地区的经验证据［J］．数量经济技术经济研究，2014，31（11）：3-20.

［142］随洪光．外资引入、贸易扩张与中国经济增长质量提升——基于省际动态面板模型的经验分析［J］．财贸经济，2013（9）：85-94.

［143］孙兆斌．金融发展与出口商品结构优化［J］．国际贸易问题，2004（9）：64-67.

［144］孙作人，周德群，周鹏．工业碳排放驱动因素研究：一种生产分解分析新方法［J］．数量经济技术经济研究，2012（5）：63-74，133.

［145］孙作人，周德群．基于迪氏指数分解的我国碳排放驱动因素研究——人口、产业、能源结构变动视角下的解释［J］．经济学动态，2013（5）：54-61.

［146］汤向俊，马光辉．城镇化模式选择、生产性服务业集聚与居民消费［J］．财贸研究，2016，27（1）：45-51.

［147］唐荣，顾乃华．上游生产性服务业价值链嵌入与制造业资源错配改善［J］．产业经济研究，2018（3）：13-26.

［148］陶然，陆曦，苏福兵，汪晖．地区竞争格局演变下的中国转轨：财政激励和发展模式反思［J］．经济研究，2009，44（7）：21-33.

［149］王锋，冯根福．优化能源结构对实现中国碳强度目标的贡献潜力评估［J］．中国工业经济，2011（4）：127-137.

［150］王海宁，陈媛媛．产业集聚效应与地区工资差异研究［J］．经济评论，2010（5）：72-81.

［151］王建民，杨文培，杨力．双赢目标约束下中国能源结构调整测算［J］．中国人口·资源与环境，2016，26（3）：27-36.

［152］王蕾，魏后凯．中国城镇化对能源消费影响的实证研究［J］．资源科学，2014，36（6）：1235-1243.

［153］王平，刘致秀，朱帮助等．能源结构优化对广东省碳强度目标的贡献潜力［J］．中国人口·资源与环境，2013，23（4）：49-54.

[154] 王恕立，胡宗彪．中国服务业分行业生产率变迁及异质性考察[J]．经济研究，2012（4）：15－27.

[155] 王文举，李峰．中国工业碳减排成熟度研究[J]．中国工业经济，2015（8）：20－34.

[156] 王向，城市化进程与服务业发展的动态互动关系研究——来自上海的经验（1949－2010）[J]．上海经济研究，2013（3）：125－134.

[157] 王小鲁，樊纲．中国经济增长的可持续性[M]．北京：经济科学出版社，2000.

[158] 王小鲁．中国城市化路径与城市规模的经济学分析[J]．经济研究，2010，45（10）：20－32.

[159] 王玉．低碳发展成效明显，生产性服务业集聚[N]．经济参考报，2015.

[160] 王珍珍，陈功玉．我国物流产业集聚对制造业工业增加值影响的实证研究——基于省级面板数据的分析[J]．上海财经大学学报，2009，11（6）：49－56.

[161] 魏楚，沈满洪．规模效率与配置效率：一个对中国能源低效的解释[J]．世界经济，2009（4）：84－96.

[162] 魏楚，沈满洪．能源效率及其影响因素：基于DEA的实证分析[J]．管理世界，2007（8）：66－76.

[163] 魏巍贤，马喜立．能源结构调整与雾霾治理的最优政策选择[J]．2015，25（7）：6－14.

[164] 吴彼爱，高建华，徐冲．基于产业结构和能源结构的河南省碳排放分解分析[J]．经济地理，2010，30（11）：1902－1907.

[165] 吴意云，朱希伟．中国为何过早进入再分散：产业政策与经济地理[J]．世界经济，2015，38（2）：140－166.

[166] 吴玉鸣，李建霞．中国省域能源消费的空间计量经济分析[J]．中国人口·资源与环境，2008（3）：93－98.

[167] 吴振信，谢晓晶，王书平．经济增长、产业结构对碳排放的影响分析——基于中国的省际面板数据[J]．中国管理科学，2012，20（3）：161－166.

[168] 武力超，林子辰，关悦．我国地区公共服务均等化的测度及影响因素研究[J]．数量经济技术经济研究，2014，31（8）：72－86.

[169] 武力超，张馨月，侯欣裕．生产性服务业自由化对微观企业出口

的机制研究与实证考察［J］．财贸经济，2016（4）：101－115.

［170］席强敏，陈曦，李国平．中国城市生产性服务业模式选择研究——以工业效率提升为导向［J］．中国工业经济，2015（2）：18－30.

［171］谢康，肖静华，周先波，乌家培．中国工业化与信息化融合质量：理论与实证［J］．经济研究，2012，47（1）：4－16，30.

［172］徐从才，丁宁．服务业与制造业互动发展的价值链创新及其绩效——基于大型零售商纵向约束与供应链流程再造的分析［J］．管理世界，2008（8）：77－86.

［173］徐盈之，董琳琳．如何实现二氧化碳减排和经济发展的双赢？——能源结构优化视角下的实证分析［J］．中国地质大学学报（社会科学版），2011，11（6）：31－37.

［174］许和连，成丽红，孙天阳．制造业投入服务化对企业出口国内增加值的提升效应——基于中国制造业微观企业的经验研究［J］．中国工业经济，2017（10）：62－80.

［175］许和连，邓玉萍．外商直接投资导致了中国的环境污染吗？——基于中国省际面板数据的空间计量研究［J］．管理世界，2012（2）：30－43.

［176］许珊，范德成，王韶华，张伟．基于“能源—经济—环境模型”的能源结构合理度分析［J］．经济经纬，2012（4）：131－135.

［177］宣烨，余泳泽．生产性服务业层级分工对制造业效率提升的影响——基于长三角地区38城市的经验分析［J］．产业经济研究，2014（3）：1－10.

［178］宣烨，余泳泽．生产性服务业集聚对制造业企业全要素生产率提升研究——来自230个城市微观企业的证据［J］．数量经济技术经济研究，2017，34（2）：89－104.

［179］宣烨．生产性服务业空间集聚与制造业效率提升——基于空间外溢效应的实证研究［J］．财贸经济，2012（4）：121－128.

［180］宣烨．本地市场规模、交易成本与生产性服务业集聚［J］．财贸经济，2013（8）：117－128.

［181］薛白．财政分权、政府竞争与土地价格结构性偏离［J］．财经科学，2011（3）：49－57.

［182］阳立高，龚世豪，韩峰．劳动力供给变化对制造业结构优化的影响研究［J］．财经研究，2017，43（2）：122－134.

［183］阳立高，龚世豪，韩峰．新生代劳动力供给变化对制造业升级的

影响研究——基于新生代劳动力供给和制造业细分行业数据的实证 [J]. 中国软科学, 2015 (11): 136-144.

[184] 杨玲. 破解困扰“中国制造”升级的“生产性服务业发展悖论”的经验研究 [J]. 数量经济技术经济研究, 2017, 34 (7): 73-91.

[185] 杨其静, 卓品, 杨继东. 工业用地出让与引资质量底线竞争——基于2007~2011年中国地级市面板数据的经验研究 [J]. 管理世界, 2014 (11): 24-34.

[186] 杨仁发. 产业集聚与地区工资差距——基于我国269个城市的实证研究 [J]. 管理世界, 2013 (8): 41-52.

[187] 杨珍增. 知识产权保护、国际生产分割与全球价值链分工 [J]. 南开经济研究, 2014 (5): 130-153.

[188] 杨智峰, 汪伟, 吴化斌. 技术进步与中国工业结构升级 [J]. 社会科学文摘, 2017 (1): 63-64.

[189] 姚博, 魏玮. 参与生产分割对中国工业价值链及收入的影响研究 [J]. 中国工业经济, 2012 (10): 65-76.

[190] 易信, 刘凤良. 金融发展、技术创新与产业结构转型——多部门内生增长理论分析框架 [J]. 管理世界, 2015 (10): 24-39, 90.

[191] 尹宗成, 江激宇, 李冬嵬. 技术进步水平与经济增长 [J]. 科学学研究, 2009, 27 (10): 1480-1485.

[192] 于斌斌. 生产性服务业集聚能提高制造业生产率吗? ——基于行业、地区和城市异质性视角的分析 [J]. 南开经济研究, 2017 (2): 112-132.

[193] 于泽, 陆怡舟, 王闻达. 货币政策执行模式、金融错配与我国企业投资约束 [J]. 管理世界, 2015 (9): 52-64.

[194] 余泳泽, 刘大勇, 宣烨. 生产性服务业集聚对制造业生产效率的外溢效应及其衰减边界——基于空间计量模型的实证分析 [J]. 金融研究, 2016 (2): 23-36.

[195] 余泳泽, 刘凤娟. 生产性服务业空间集聚对环境污染的影响 [J]. 财经问题研究, 2017 (8): 23-29.

[196] 余泳泽, 宋晨晨, 容开建. 土地资源错配与环境污染 [J]. 财经问题研究, 2018 (9): 43-51.

[197] 余泳泽. 我国节能减排潜力、治理效率与实施路径研究 [J]. 中国工业经济, 2011 (5): 58-68.

[198] 俞国琴. 城市现代服务业的发展 [J]. 上海经济研究, 2004 (12): 58-63.

[199] 原毅军, 耿殿贺, 张乙明. 技术关联下生产性服务业与制造业的研发博弈 [J]. 中国工业经济, 2007 (11): 80-87.

[200] 原嫄, 席强敏, 孙铁山, 李国平. 产业结构对区域碳排放的影响——基于多国数据的实证分析 [J]. 地理研究, 2016, 35 (1): 82-94.

[201] 詹浩勇, 冯金丽, 袁中华. 我国城市生产性服务业集聚模式选择——基于制造业内部结构分类的研究 [J]. 宏观经济研究, 2017 (10): 92-107.

[202] 张桂文, 孙亚南. 人力资本与产业结构演进耦合关系的实证研究 [J]. 中国人口科学, 2014 (6): 96-106, 128.

[203] 张浩然. 生产性服务业集聚与城市经济绩效——基于行业和地区异质性视角的分析 [J]. 财经研究, 2015, 41 (5): 67-77.

[204] 张虎, 韩爱华, 杨青龙. 中国制造业与生产性服务业协同集聚的空间效应分析 [J]. 数量经济技术经济研究, 2017, 34 (2): 3-20.

[205] 张华. 地区间环境规制的策略互动研究——对环境规制非完全执行普遍性的解释 [J]. 中国工业经济, 2016 (7): 74-90.

[206] 张杰, 高德步, 夏胤磊. 专利能否促进中国经济增长——基于中国专利资助政策视角的一个解释 [J]. 中国工业经济, 2016 (1): 83-98.

[207] 张杰, 刘志彪, 郑江淮. 产业链定位、分工与集聚如何影响企业创新——基于江苏省制造业企业问卷调查的实证研究 [J]. 中国工业经济, 2007 (7): 47-55.

[208] 张杰, 杨连星, 新夫. 房地产阻碍了中国创新么?——基于金融体系贷款期限结构的解释 [J]. 管理世界, 2016 (5): 64-80.

[209] 张彤, 李涵, 宋瑞超. 产业结构调整与经济转型下的产业现状与展望——“2014产业经济与公共政策双年会”综述 [J]. 经济研究, 2014, 49 (6): 185-188, 192.

[210] 张伟, 朱启贵, 高辉. 产业结构升级、能源结构优化与产业体系低碳化发展 [J]. 2016 (12): 62-75.

[211] 张伟, 朱启贵, 李汉文. 能源使用、碳排放与我国全要素碳减排效率 [J]. 经济研究, 2013, 48 (10): 138-150.

[212] 张小蒂, 王永齐. 企业家显现与产业集聚: 金融市场的联结效应 [J]. 中国工业经济, 2010 (5): 59-67.

[213] 张秀媛，杨新苗，闫琰．城市交通能耗和碳排放统计测算方法研究［J］．中国软科学，2014（6）：142－150.

[214] 张学良．中国交通基础设施促进了区域经济增长吗？——兼论交通基础设施的空间溢出效应［J］．中国社会科学，2012（3）：60－77.

[215] 张振刚，陈志明，胡琪玲．生产性服务业对制造业效率提升的影响研究［J］．科研管理，2014，35（1）：131－138.

[216] 张宗益，李森圣．高技术产业集聚外部性特征的动态性和差异性研究——基于时变参数估计的分析［J］．产业经济研究，2014（3）：22－31.

[217] 赵靓，吴梅．我国生产性服务业对出口产品竞争优势的影响研究［J］．数量经济技术经济研究，2016，33（3）：112－127.

[218] 郑吉昌，夏晴．服务业与城市化互动关系研究——兼论浙江城市化发展及区域竞争力的提高［J］．经济学动态，2004（12）：49－52.

[219] 郑玉歆．全要素生产率的再认识——用 TFP 分析经济增长质量存在的若干局限［J］．数量经济技术经济研究，2007（9）：3－11.

[220] 支燕．碳管制效率、政府能力与碳排放［J］．统计研究，2013，30（2）：64－72.

[221] 中国经济增长与宏观稳定课题组．城市化、产业效率与经济增长［J］．经济研究，2009（10）：4－21.

[222] 周鹏，余珊萍，韩剑．生产性服务业与制造业价值链升级间相关性的研究［J］．上海经济研究，2010（9）：55－62.

[223] 周县华，范庆泉．碳强度减排目标的实现机制与行业减排路径的优化设计［J］．世界经济，2016，39（7）：168－192.

[224] 祝树金，戢璇，傅晓岚．出口品技术水平的决定性因素：来自跨国面板数据的证据［J］．世界经济，2010（4）：28－46.

[225] Abdel-Rahman H., Fujita M. Product Variety, Marshall an Externalities, and City Sizes [J]. Journal of Regional Science, 1990 (30): 165－183.

[226] Abraham K., Taylor S. Firm's Use of Outside Contractors: Theory and Evidence [J]. Journal of Labour Economics, 1996 (14): 394－424.

[227] Acemoglu, Daron. Introduction to Modern Economic Growth [M]. Princeton: Princeton University Press, 2009.

[228] Aghion P., Howitt P. The Effect of Financial Development of Convergence: Theory and Evidence [J]. Quarterly Journal of Economics, 2005 (120): 173－222.

[229] Aghion P., Howitt P. A Model of Growth Through Creative Destruction [J]. Econometrica, 1992, 60 (2): 323-351.

[230] Aghion P., Howitt P. The Economics of Growth [M]. Cambridge, MA: MIT Press, 2009.

[231] Agnolucci P., Ekins P., Iacopini G., et al. Different Scenarios for Achieving Radical Reduction in Carbon Emissions: A Decomposition Analysis [J]. Ecological Economics, 2009, 68 (6): 1652-1666.

[232] Andersson M. Co-location of manufacturing and producer service [R]. Working Paper in Economics and Institutions of Innovation, 2004.

[233] Andersson M. Co-location of Manufacturing and Producer Services: A simultaneous equations approach [M]. New York: Routledge, 2006: 94-124.

[234] Anselin L., Gallo J. L., Jayet H. Spatial Panel Econometrics [J]. The Econometrics of Panel Data, 2008: 625-660.

[235] Arrighetti A., S. Gilberto, W. Guglielmo. Social Capital Institutions and Collective Action between Firms, in the Handbook of Social Capital, Edited by Dario Castiglione, Jan Van Deth, and Guglielmo Wolleb [M]. New York: Oxford University Press, 2008.

[236] Arrow K. J. The Economic Implications of Learning by Doing [J]. The Review of Economic Studies, 1962, 29 (3): 155-173.

[237] Aslesen H. W., Isaksen A. Knowledge Intensive Business Services and Urban Industrial Development [J]. The Service Industries Journal, 2007, 27 (3): 321-338.

[238] Aslesen H. W., Isaksen A. New Perspectives on Knowledge-intensive Services and Innovation. Geografiska Annaler: Series B [J]. Human Geography, 2007 (89): 45-58.

[239] Au C., Henderson V. Estimating, Net Urban Agglomeration Economies: with an Application to China [R]. Working Paper, Brown University, 2004.

[240] Banga Rashmi. Critical Issues in India's Service-Led Growth [R]. ICRIER Working Paper, 2005: 171.

[241] Banga R. Role of Service in Growth Process: A Survey [R]. Indian Council for Trade and International Economic Relations (ICRIER), Working Paper, 2005: 159.

[242] Baron R. M., Kenny D. A. The Moderator Variable Distinction in Social Psychological Research: Conceptual, Strategic and Statistical Considerations [J]. Journal of Personality and Social Psychology, 1986 (6): 1173 - 1182.

[243] Barro R. J. Quantity and Quality of Economic Growth [R]. Central Bank of Chile Working Papers, 2002.

[244] Becattini G. Industrial Districts: A New Approach to Industrial Change [M]. Cheltenham: Edward Elgar, 2004.

[245] Bryson J. R., Taylor M., Daniels P. W. Commercializing Creative Expertise: Business and Professional Services and Regional Economic Development in the West Midlands, UK [J]. Politics and Policy, 2008, 36 (2): 306 - 328.

[246] Camagni R., R. Capello. Milieux Innovateurs and Collective Learning: From Concepts to Measurement, in Acs Z., H. De Groot, and P. Nijkamp (eds.) [J]. The Emergence of the Knowledge Economy: A Regional Perspective, Berlin: Springer Verlag, 2002.

[247] Camagni R., R. Rabellotti. Footwear Production Systems in Italy: A Dynamic Comparative Analysis, in R. Ratti, A. Bramanti and R. Gordon (eds.) [M]. The Dynamics of Innovative Regions: the GREMI Approach, Aldershot: Ashgate Publishing Ltd, 1997.

[248] Capello R., Regional Economics [M]. Routledge, London, 2007.

[249] Coffey W., A. Bailly. Producer Services and Systems of Flexible Production [J]. Urban Studies, 1992, 29 (1): 857 - 868.

[250] Cole M. A., Elliott R. J. R., Wu S. Industrial Activity and the Environment in China: An Industry-level Analysis [J]. China Economic Review, 2008 (3): 393 - 408.

[251] Combes P. P., L. Gobillon. The empirics of agglomeration economies, In Gilles Duranton, Vernon Henderson, and William Strange (eds.) Handbook of Regional and Urban Economics [J]. Amsterdam: North-Holland, 2015 (9): 247 - 348.

[252] Combes P. P. Economic Structure and Local Growth: France, 1984 ~ 1993 [J]. Journal of Urban Economics, 2000 (47): 329 - 355.

[253] Copeland B. A., Taylor M. North-South Trade and the Environment [J]. Quarterly Journal of Economics, 1994 (3): 755 - 787.

[254] Dietz T., Rosa E. A. Rethinking the environmental impacts of popula-

tion, affluence, and technology [J]. Human Ecology Review, 1994 (1): 277 - 300.

[255] Dietz T., Rosa E. A. Effects of population and affluence on CO_2 emissions [J]. Proceedings of the National Academy of Sciences, 1997 (94): 175 - 179.

[256] Drennan M. P. The Dominance of International Finance by London, New York and Tokyo, in P. W. Daniels, & W. F. Lever [J]. The global economy in transition, 1996: 352 - 371.

[257] Drucker J., E. Feser. Regional Industrial Structure and Agglomeration Economies: An Analysis of Productivity in Three Manufacturing Industries [J]. Regional Science and Urban Economics, 2012 (42): 1 - 14.

[258] Duranton G., Puga D. Diversity and Specialisation in Cities: Why, Where and When Does It Matter? [J]. Urban Studies, 1999, 37 (3): 533 - 555.

[259] Duranton G., Diego Puga. Micro-foundations of Urban Agglomeration Economies [J]. Handbook of Regional and Urban Economics, 2004 (4): 2063 - 2117.

[260] Elhorst J. P. Matlab Software for Spatial Panels [J]. International Regional Science Review, 2014 (3): 389 - 405.

[261] Elhorst J. P. Dynamic Spatial Panels: Models, Methods and Inferences [J]. Journal of Geographical System, 2012a, 14 (1): 5 - 18.

[262] Ertur C., Koch W. Growth, Technological Interdependence and Spatial Externalities: Theory and Evidence [J]. Journal of Applied Econometrics, 2007 (6): 1033 - 1062.

[263] Eswaran M., Kotwal A. The Role of Service in the Process of Industrialization [J]. Journal of Development Economics, 2002, 68 (2): 401 - 420.

[264] Ezcurra R. P. P., Rapùn M., Regional Specialization in the European Union [J]. Regional Studies, 2006, 40 (60): 601 - 616.

[265] Feser E. J. Tracing the Sources of Local External Economies [J]. Urban Studies, 2002, 39 (13): 2485 - 2506.

[266] Fisher J. The Dynamic Effects of Neutral and Investment-specific Technology Shocks [J]. Journal of Political Economy, 2006 (114): 413 - 451.

[267] Francois J. F. Trade in Producer Services and Returns due to Speciali-

zation under Monopolistic Competition [J]. Canadian Journal of Economics, 1990, 23 (1): 109 - 124.

[268] Francois J. Producer Services, Scale, and the Division of Labor [J]. Oxford Economic Papers, 1990, 4 (4): 715 - 729.

[269] Francois J., Woerz J. Producer Services, Manufacturing Linkages, and Trade [J]. Ind Comp Trade, 2008, 8: 199 - 229.

[270] Fujita M., Thisse J. -F. Economics of Agglomeration: Cities, Industrial Location and Regional Growth [M]. Cambridge: Cambridge University Press, 2002.

[271] Fukao, Kyoji, Hamagata S., Miyagawa T., Tonogi K. Intangible Investment in Japan: Measurement and Contribution to Economic Growth [J]. Review of Income and Wealth, 2009 (55): 717 - 736.

[272] Garbaccio R. F., Ho M. S., Jorgenson D. W. Why Has the Energy-Output Ratio Fallen in China? [J]. Energy Journal, 1999, 20 (3): 63 - 91.

[273] Glaeser E L. Learning in Cities [J]. Journal of Urban Economics, 1997, 46 (46): 254 - 277.

[274] Glaeser E., Hedi K., Jose S., Andrei S. Growth in Cities [J]. Journal of Political Economy, 1992, 100: 1126 - 1152.

[275] Griliches Z. Issues in Assessing the Contribution of Research and Development to Productivity Growth [J]. The Bell Journal of Economics, 1979 (10): 92 - 116.

[276] Grossman M., Krueger A. B. Environmental Impacts of A North American Free Trade Agreement [R]. NBER Working Paper, 1991: 3914.

[277] Hansda S. K. Sustainability of Services-led Growth: An Input-Output Analysis of Indian Economy [R]. RBI Occasional Working Paper, 2001, 22 (1).

[278] Head K., T. Mayer. Market Potential and the Location of Japanese Investment in the European Union [J]. The Review of Economics and Statistics, 2004, 84 (6): 959 - 972.

[279] Henderson J. V., A. Kuncoro, M. Turner. Industrial Development in Cities [J]. Journal of Political Economy, 1995 (103): 1067 - 1090.

[280] Hendriks, Paul. Why Share Knowledge? The Influence of ICT on Motivation for Knowledge Sharing [J]. Knowledge and Process Management, 1999, 6 (2): 91 - 100.

[281] Hoekman B. Liberalizing Trade in Services: A Survey [R]. World Bank Discussion Paper, 2006.

[282] Hoover E. M. Location Theory and the Shoe and Leather Industries [M]. Cambridge, MA: Harvard University Press, 1936.

[283] Hoyt H. A Development of Economic Base Concept [J]. Land Economics, 1939 (1): 182 -187.

[284] Illeris S., Jean Philippe. Introduction: The Role of Services in Regional Economic Growth [J]. Service Industrial Journal, 1993 (2): 3 -10.

[285] Illeris S. Producer Services: the Key Factor to Economic Development [J]. Entrepreneurship and Regional Development, 1989, 1 (3): 267 -274.

[286] Jacobs J. The Economy of Cities [M]. New York: Vintage, 1969.

[287] Jacobs W., Koster H. R. A., van Oort F. Co-agglomeration of knowledge-intensive business services and multinational enterprises [J]. Journal of Economic Geography, 2013: 1 -33.

[288] Jeffrey Kentor. Structural Determinants of Peripheral Urbanization: The Effects of International Dependence [J]. American Sociological Review, 1981, 46 (2): 201 -211.

[289] Jorgenson, Mun S., Kevin J. A Retrospective Look at the U. S. Productivity Resurgence [J]. Journal of Economic Perspective, 2008 (22): 3 -24.

[290] Justiniano, Alejandro G. E., Primiceri, Tambalotti. A. R. Investment Shocks and the Relative Price of Investment [J]. Review of Economic Dynamics, 2011 (14): 101 -121.

[291] Kam Wing Chan. Fundamentals of China's Urbanization and Policy [J]. The China Review, 2010, 10 (1): 63 -94.

[292] Kambara T. The Energy Situation in China [J]. The China Quarterly, 1992 (131): 608 -636.

[293] Ke S., He M., Yuan C. Synergy and Co-agglomeration of Producer Services and Manufacturing: A Panel Data Analysis of Chinese Cities [J]. Regional Studies, 2014 (11): 1829 -1841.

[294] Kee H. L., Tang H. Domestic Value Added in Exports: Theory and Firm Evidence from China [J]. Social Science Electronic Publishing, 2015, 106 (6).

[295] Keeble D., Nacham L. Why do business service firm cluser? Small con-

sultancies, clustering and decentralization in London and Southern England [J]. Transactions of the Institute of British Geographers, 2002 (27): 67 -90.

[296] Keeble D. Small Firms, Innovation and Regional Development in Britain in the 1990s, Regional Studies, 1990, 31 (3): 281 -293.

[297] Keeble D. , Wilkinson F. Collective Learning and Knowledge Development in the Evolution of Regional Clusters of High-technology SMS in Europe [J]. Regional Studies, 1999 (33): 295 -303.

[298] Koenker R. , Bassett G. Regression Quantiles [J]. Econometrica, 1978 (46): 107 -112.

[299] Koo J. Determinants of Localized Technology Spillovers: Role of Regional and Industrial Attributes [J]. Regional Studies, 2007, 41 (7): 995 - 1011.

[300] Krugman P. Increasing Returns and Economic Geography [J]. Journal of Political Economy, 1991, 99 (3): 483 -499.

[301] Krugman P. R. , A. J. Venables. Globalization and the Inequality of Nations [J]. Quarterly Journal of Economics, 1995 (60): 857 -880.

[302] Krugman P. Increasing Returns and Economic Geography [J]. Journal of Political Economics, 1994 (43): 279 -293.

[303] Krugman P. Geography and Trade [M]. Cambridge: MIT Press, 1991a.

[304] Krugman P. Increasing Returns and Economic Geography [J]. Journal of Political Economy, 1991b, 99 (3): 483 -499.

[305] Lall S. , Weiss J. , Zhang J. The 'Sophistication' of Exports: A New Measure of Product Characteristics [R]. Qeh Working Papers, 2005, 34 (2): 222 -237.

[306] Lee L. F. , J. Yu. A spatial dynamic panel data model with both time and individual effects [J]. Econometric Theory, 2010 (26): 564 -594.

[307] LeSage J. P. , R. K. Pace. Introduction to Spatial Econometrics [M]. Boca Raton, FL: Chapman & Hall/CRC, 2009.

[308] Lundquist K. J. , Olander L. O. , Henning M. S. Producer Services: Growth and Roles in Long-term Economic Development [J]. The Service Industries Journal, 2008 (28): 463 -477.

[309] Ma Chunbo, David I. Stern. China's Changing Energy Intensity

Trend: A Decomposition Analysis [J]. Energy Economics, 2008 (30): 1037 - 1053.

[310] Maier G., S. Sedlacek. Spillovers and Innovations—Space, Environment and the Economy [M]. Vienna: Springer Verlag, 2005.

[311] Maine E. M., S. A. R. Vining. The Role of Clustering in the Growth of New Technology-Based Firms [J]. Small Business Economics, 2010, 34 (2): 127 - 146.

[312] Markusen J. R. Trade in Producer Services and Other Specialized Intermediate Inputs [J]. American Economic Review, 1989 (1): 85 - 95.

[313] Marshall A. Principles of Economics: An Introductory Volume, 9th edn [M]. London: Macmillan, 1890/1961.

[314] McCann P. Agglomeration Economies, in C. Karlsson eds., Handbook of Reserch on Cluster Theory [J]. Cheltenham: Edward Elgar, 2008: 28 - 38.

[315] Meliciani V., Savona M. The Determinants of Regional Specialization in Business Services: Agglomeration Economies [J]. Vertical Linkages and Innovation. Journal of Economic Geography, 2014: 1 - 30.

[316] Midelfart-Knarvik K. H., Overman H. G., Venables A. J. Comparative Advantage and Economic Geography: Estimating the Location of Production in the EU [J]. CEPR Discussion Paper, 2000: 2618.

[317] Ngai L. R., C. A. Pissarides, Structural Change in A Multi-Sector Model of Growth [J]. The American Economic Review, 2007 (97): 429 - 443.

[318] Noyelle T, Stanback T. The Economic Transformation of American Cities [M]. Totawa: Rowman & Allanheld, 1984.

[319] Oakey R. P., A. T. Thwaites, P. A. Nash. The Regional Distribution of Innovative Manufacturing Establishments in Britain [J]. Regional Studies, 1980, 14 (3): 235 - 253.

[320] Ochel W., Wegner M. Services Economy in Europe: Opportunities for Growth [M]. West View Press, 1987.

[321] Otsuka A., Goto M., Sueyoshi T. Energy Efficiency and Agglomeration Economies: the Case of Japanese Manufacturing Industries [J]. Regional Science Policy & Practice, 2014 (2): 195 - 212.

[322] Porter M. E. Clusters and New Economics of Competition [J]. Harvard Business Review, 1998, 76 (6): 77 - 90.

[323] Poumanyvong P., Kaneko S. Does Urbanization Lead to less Energy Use and Lower CO_2 Emissions? A Cross-country Analysis [J]. Ecological Economics, 2010 (70): 434-444.

[324] Puga D. The Rise and Fall of Regional Inequalities [J]. European Economic Review, 1999, 43 (2): 303-334.

[325] Ramcharan R. Why an Economic Core: Domestic Transport Costs, Journal of Economic Geography [J]. 2009 (4): 559-581.

[326] Redding S., A. J. Venables. Economic Geography and International Inequality [J]. Journal of International Economics, 2004 (62): 53-82.

[327] Restuccia D., Rogerson R. Misallocation and Productivity [J]. Review of Economic Dynamics, 2013 (1): 1-10.

[328] Rivers-Batiz L. Increasing Returns, Monopolistic Competition and Agglomeration Economies in Consumption and Production [J]. Regional Science and Urban Economics, 1988 (18): 125-153.

[329] Romer P. M. Endogenous Technological Change [J]. Journal of Political Economy, 1990, 98 (5): S71-S102.

[330] Roodman D. How to Do Xtabond2: An Introduction to "difference" and "system" GMM in Stata [R]. Center for Global Development, Working Paper, 2006: 103.

[331] Rosenthal S. S., William C. Strange. The Determinants of Agglomeration [J]. Journal of Urban Economics, 2001 (50): 191-229.

[332] Shahbaz M., Nasreen S., Ozturk I. FDI, Growth and CO_2 Emissions Relationship: Evidence from High, Middle and Low Income Countries [J]. Bulletin of Energy Economics, 2016, 4 (1): 54-69.

[333] Shishido S., Nobukuni M., Kawamura K., Akita T., Furukawa S. A International Comparison of Leotief Input-output Cofficients and its Application to Structural Growth Pattern [J]. Economic System Research, 2000, 12 (1): 20-45.

[334] Smarzynska Javorcik B. Multi-Product Exporters: Diversification and Micro-Level Dynamics [J]. Social Science Electronic Publishing, 2016, 120 (544): 1-37 (37).

[335] Tone K., Tsutsui Miki. An Epsilon-based Measure of Efficiency in DEA-A Third Pole of Technical Efficiency [J]. European Journal of Operational Research, 2010 (207): 1554-1563.

[336] Vaga S. H., J. P. Elhorst. Regional Labour Force Participation across the European Union: A Time-space Recursive Modelling Approach with Endogenous Regressors [J]. Spatial Economic Analysis, 2017, 12 (2-3): 138-160.

[337] Vaga S., Elhorst J. P. the SLX Model [J]. Journal of Regional Science, 2015, 55 (3): 339-363.

[338] Venables A. J. Equilibrium Locations of Vertically Linked Industries [J]. International Economic Review, 1996 (2): 341-359.

[339] Wang Y., Y. Yao. Sources of China's Economic Growth 1952 ~ 1999: Incorporating human capital accumulation [J]. China Economic Review, 2003, 14 (1): 32-52.

[340] Weber A. Uber Den Standort Der Industrien, 1. Teil [M]. Reine Theorie Des Standortes, 1909.

[341] Wei B. R, Ya gita H., Inaba A, Sagisaka M. Urbanization impact on energy demand and CO_2 emission in China [J]. Journal of Chongqing University-Eng. Ed, 2003 (2): 46-50.

[342] Wood P. A Service-informed approach to regional innovation-or adaptation? [J]. Service Industries Journal, 2005, 25 (4): 429-445.

[343] Wood P. Urban Development and Knowledge-intensive Business Services: Too many unanswered questions? [J]. Growth and Change, 2006 (37): 335-361.

[344] Zhang W. J., Xu H. Z. Effects of Land Urbanization and Land Finance on Carbon Emissions: A Panel Data Analysis for Chinese Provinces [J]. Land Use Policy, 2017 (63): 493-500.